今生有缘

文志祥 著

兰州大学出版社

图书在版编目(CIP)数据

今生有缘/文志祥著.—兰州:兰州大学出版社,2008.8

ISBN 978-7-311-03099-5

Ⅰ.今... Ⅱ.文... Ⅲ.①新闻报道—作品集—中国—当代②通讯—作品集—中国—当代 Ⅳ.I253

中国版本图书馆CIP数据核字(2008)第119088号

责任编辑 饶 慧
封面设计 张友乾

书 名 今生有缘
作 者 文志祥 著
出版发行 兰州大学出版社 (地址:兰州市天水南路222号 730000)
电 话 0931-8912613(总编办公室) 0931-8617156(营销中心)
0931-8914298(读者服务部)
网 址 http://www.onbook.com.cn
电子信箱 press@onbook.com.cn
印 刷 兰州残联福利印刷厂
开 本 787×1092 1/16
印 张 20.25
字 数 400千字
版 次 2008年8月第1版
印 次 2008年8月第1次印刷
书 号 ISBN 978-7-311-03099-5
定 价 42.50元

序

温克立

一杯青茗，闻麝兰之香，清心可也；一卷妙文，饮醍醐佳酿，明心可也。翻开志祥同志的《今生有缘》，就犹如开启一瓮窖藏多年的老酒，浓洌的芬芳扑面而来。无疑，这是志祥同志继出版《映日荷花》短短三载之后推出的又一部新闻佳作。

新闻，记录昨天的历史；新闻，也有着“新闻无文”和“易逝品”的说法。相信，当您读完《今生有缘》后就会有全新的感悟。今天，志祥同志携来的《今生有缘》是他多年采编生涯的荣誉见证，更是他打开珍藏的记忆，厚积薄发呕心沥血之作。不论是深情追忆灵机一动地策划出席中国工会十二大的我省裕固族女代表为总书记敬献哈达，还是追述和罗干同志一同下到窑街矿务局百米地层深处和采煤工人亲切交谈；不论是述说与倪志福、郑万通、张丁华等全总领导的幸识与交往，还是和子奇老书记在白银公司欢度大年初一、专访新当选的省长贾志杰、四访省人大常委会主任卢克俭；不论是发自心灵深处的呼唤“永远的王主席”，还是描述与赵宝生主席难以割舍的“戈壁情缘”；不论是追溯和王光美同志的巧遇，还是与一生的知己老新闻人韩长智的款款情深，与新西兰友人弗雷泽交往的跨国情谊；不论是描写陇原大地国有企业的风采神韵，还是描绘国企领导的雄才伟略、胆识奇谋；不论是述说今年年初 1300 名陇原电力职工奔赴千里南征三湘大地抗冰抢险的赤胆忠魂，还是白描“5·12”特大地震后省总工会的想灾区人民群众之所想、帮灾区人民群众之所需的那段特殊日子……《今生有缘》字里行间跳动着的字符没有华丽的辞藻，完全采用淡墨简洁的素描手法，依然是志祥同志一以贯之朴实无华的文风，清新隽永。手捧《今生有缘》，如沐杨柳之风、如迎杏花之雨，又仿佛在听一位老友娓娓道来一个个亲历的人生经典故事。以清明之光视之，以悟道之心解之，当让你可亲，让你明心，亦让你深思！

洋洋三十万字，煌煌三十嘉文，真的很难想象，从《映日荷花》出版到短短三年后《今生有缘》的成书，志祥同志作为《甘肃工人报》的总编是何等的锲而不舍、孜孜以求、钻之弥深。迎接着今朝报业竞争日益激烈的巨大挑战，肩负工作繁多、事务繁杂、压力繁重的管理重任，工作生活学习之余，志祥同志依旧保持着报人的本色，依旧笔耕不辍，一部接着一部地推出新闻佳作上品，着实令人感佩！

志祥同志钟爱新闻事业，挚爱工会宣传工作，把全部的身心都投入到了《甘肃工人报》而痴心不改、矢志不渝。在他和他的团队的共同努力下，《甘肃工人报》由四开四版的小报而壮大为对开四版的大报，由周二刊成长为周五刊，跻身省内强势主流媒体行列，深受广大职工群众喜爱。《甘肃工人报》也是白银公司广大干部职工群众的最爱，是发行量最大亦是最有影响力的报刊之一。不为其他，就为《甘肃工人报》是咱们企业和职工群众自己的报纸。

志祥同志是甘肃新闻界的名人，声名远播陇原大地。他与我相识而君子之交经年，其人格的魅力、敬业的精神、不懈的努力和事业的成就无不感染着我，为我良师益友，情谊甚笃。志祥同志嘱我为其《今生有缘》作序，实在汗颜，愧不敢当。今勉为其难，望不负志祥同志所托。

愿志祥同志百尺竿头更进一步，笔耕出满园春色！

目录

向总书记献哈达

事情虽然已经过去十多年了，可在中国工会十二大上，我省裕固族女代表高菊花，向时为中共中央总书记江泽民敬献哈达的场景总还是那样让我兴奋、激动。为把洁白的哈达献给总书记，我与高菊花等出席中国工会十二大的甘肃代表团中的几位少数民族代表一起商量的情景总是一幕幕浮现在眼前……

1993年10月24日是中国工会第十二次全国代表大会开幕的日子。作为甘肃代表团的随团记者，尽管我已是继中国工会十一大之后，第二次随团采访中国工会代表大会，可大会开幕的头一天，也就是1993年10月23日的晚上，我的心情还是很不平静。思谋着有关报道大会盛况的一些想法，不经意间我便走出了住的房间，乘电梯来到代表团住地的京西宾馆院子里，一边散步，一边思考着……

10月的北京，虽然已近初冬，却没有丝毫寒气。晚风习习，倒令人倍感惬意。环顾四周，装饰一新的京西宾馆霓虹闪烁，雄伟壮观。仰望天空，繁星闪闪，皓月高挂。只见出席会议的代表总是三五成群的出出进进，一个个脸上都挂满笑容。尤其是一些少数民族的代表，也许是头一次到北京，每个人都穿着各式各样的民族服装，佩戴着各式各样的头饰，要么在一起嬉闹，要么在一起说着、笑着，在溶溶的月光下，成为京西宾馆偌大的院子里一道引人注目的风景……

就这样，在宾馆的院子里，我走走看看，转了一圈又一圈，不知不觉已是晚上10点多钟。虽然一丝困意也没有，我还是朝着住的房间走去。正当我在宾馆一楼的大厅里按动电梯开关的时候，住在我隔壁的我省裕固族代表高菊花和蒙古族女代表阿尔玛突然出现在面前。高菊花忙喊着："文记者，等一等。"说着我们一起走进了电梯。说来也巧，电梯里就我们三个人，看得出她俩的高兴劲，从眉宇间都涌了出来。

"头一次到北京吗？"我不禁问了一声。"可不是嘛，不要说到北京是头一回，到省城兰州也是头一回呢，这回可让我们大开眼界了。"阿尔玛激动地说。我又随口问道："你们怎么不穿民族服装啊，你看院子里的那些代表，有的穿着藏族服装，有的穿着维族服装，多漂亮啊！""我们要等到明天大会开幕，中央领导接见的时候才穿呢！"她俩几乎不约而同地说。

说话间，电梯停在了我们住的楼层。走出电梯一拐弯就到了她俩住的房间。就在楼层服务员打开房门时，高菊花说："文记者，到我们房间坐一会。"我也连忙点头："好，好。"说着我便走进了她们的房间。一进门，我们谁也没来得及坐下，高菊花就拿出一个大提包来，一下子从包里掏出几套民族服装，平展地铺在床上，高兴地说："你看我带来的民族服装，有好几套呢。得知要来参加全国工会代表大会，家里人特意为我赶制的。"看着高菊花拿出自己的民族服装，阿尔玛也来了精神，连忙也拿出自己的民族服装摆弄起来。看着她俩的高兴劲，我不禁脱口而出："穿起来，穿起来！"她俩毫不推辞，又忙乎着穿戴起来。

就在高菊花和阿尔玛穿戴好各自的民族服饰，在房子里来回走动的当儿，我不禁动了心思："明天中央领导在人民大会堂接见参加会议的全体代表，为什么不能让她们向江泽民总书记等领导现场敬献哈达呢？"

于是我又脱口而出："你们带没带哈达啊？"

我的话音一落，她俩几乎异口同声地说："带了，带了，带来好多条呢！"说着两个人又分别从自己的提包里，一下子拿出来足足十多条哈达。

"就没有想给中央领导敬献哈达吗？"我又兴冲冲问道。

"咋没有想，打离开县城的那天我就想过了，要代表我们裕固族人民亲手给江泽民总书记敬献一条洁白的哈达。"高菊花一下子打开了话匣子，滔滔不绝地说个不停。她还告诉我，她是肃南裕固族自治县医药公司的药库保管员，参加工作以来，连续10年被评为单位的先进工作者。1993年8月出席了甘肃省工会第八次代表大会，并被选为参加中国工会第十二次大会的代表。临进京前，许多裕固族职工纷纷找到她，再三叮咛，到了北京一定要向中央领导转达裕固族人民的问候和祝福。离开县城那天，县委、县人大、县政府、县政协的领导还专门举行座谈会，特意为她送行，嘱咐她一定要把裕固族儿女的情意带给中央领导，并特意准备了六条哈达，托她敬献给党和国家的领导人。

高菊花越说越兴奋，我也抑制不住激动的心情："一定要实现裕固族人民的这个美好心愿！"

高菊花眼睛先是一亮，紧接着又有些犯难地说："我怎么才能将哈达献给江总书记呢？"

"明天下午3时整，党和国家领导人在人民大会堂接见全体代表，这是一个难得的机会。"我不禁为高菊花出起了主意。

"会场那么多的人，我又怎么能到中央领导身边呢？"高菊花还是有点犯愁。

这时，我们三个人好像都没了主意，一时间，房子里的空气似乎都要凝固了，每个人都在静静地想着……

我突然双手一拍："我看这就么办，等到明天中央领导接见参加会议的代表，走到我们甘肃代表团面前时，你就从队伍里冲出去，把哈达献给江总书记！"

高菊花和阿尔玛两个人高兴得差点跳了起来，高菊花还连连说："那就这么办，我一定要把哈达献给总书记！"

接着我们三个人又仔细揣摩着敬献哈达的一些具体细节。考虑到时间紧张，高菊花和阿尔玛都要提早把哈达放在衣袖里或者民族服装的上衣袍子里。于是她们俩把哈达叠了又叠，放在衣袖和长袍里试了又试，一直忙到深夜1点钟。我离开她们回到自己的房间后，也是一夜难眠，满脑子似乎都想着敬献哈达那一幸福而又激动人心的时刻。

1993年10月24日，激动人心的时刻终于来到了！

下午3时整，当江泽民、李鹏、乔石、李瑞环、刘华清、胡锦涛等党和国家领导人步入接见大厅时，大厅内顷刻间爆发出雷鸣般的掌声。中央领导不时向代表们频频招手致意，还不断与一些代表亲切握手，气氛热烈，情景感人，数千名代表沉浸在无比幸福的暖流之中。

那天我们代表团特意把高菊花等几位少数民族代表安排在最前排，恰巧高菊花就站在我的前面，我也不时地提醒着她。机敏的高菊花把准备好的哈达早就拿在手里，只是迎候着中央领导的到来。当江泽民等中央领导缓步来到我们甘肃代表团面前时，身着裕固族服饰的高菊花连忙小跑步走上前去，把一条洁白的哈达用双手高高举起，敬献给江泽民总书记。只见江泽民总书记高兴地接过哈达，握着高菊花的双手，微笑着连连点头致意。高菊花双眼闪动着泪花，一个劲说着："我们裕固族人民向总书记问好。"此刻，接见大厅里的2000多双眼睛都聚焦于甘肃代表团，摄影师们无不争相拍下这一珍贵的镜头。

下午的开幕大会结束后，在人民大会堂大厅里，在大会堂门前的广场上，不时可以听到一些代表团代表都在称赞说，今天甘肃代表团真是风光啊！听到这些，我们每一个甘肃代表团的人，心里都是乐滋滋的。

高菊花向总书记敬献了哈达，就别提有多高兴了。那一天见到我就说："文记者，要感谢你出的好主意啊！"我也受她的情绪感染，连声说："你可给咱们甘肃人争光了啊！"就在这天晚上，我们甘肃和山东、河南等省的代表团在京西宾馆的餐厅里就餐。

为庆祝全国工会十二大开幕，我省出席中国工会十二大的特邀代表、武威皇台酒厂厂长张景发，让酒厂在北京的办事处送来了几箱皇台酒。在王新中主席和张景发厂长的带领下，高菊花穿起了裕固族盛装，唱着裕固族民歌，挨着桌子向代表们敬酒，让整个餐厅变成了欢乐的海洋。至今我还清楚地记得高菊花唱的裕固族民歌：

姑娘我手捧洁白的哈达，
小伙我端上热腾腾的酥油茶，
亲人啊，亲人啊，
请把我的情意收下，
……

那歌声合着代表们此起彼伏的掌声，响彻餐厅上空。

随同罗干下矿井

自参加工作以来，我曾两次下到煤矿井下的掌子面，实实在在感受到了煤矿工人的辛苦。一次是随同曾任甘肃省总工会主席的王新中，下过靖远煤矿的一个矿井；一次是随同时任中华全国总工会副主席、书记处第一书记的罗干同志下过窑街矿务局的一个矿井。而正是随同罗干同志的那次下矿井的情景，至今还深深印在我的脑海里。

记得那是1985年的3月，时任全国总工会副主席、书记处第一书记的罗干同志一行四人来甘肃考察工会工作。我作为记者采访了罗干同志在甘肃为期八天的考察调研活动。

就在罗干同志在甘肃考察的第六天，也就是1985年3月9日，上午，罗干同志在时任省总工会主席窦恒通的陪同下，来到刘家峡水电厂调研考察，下午便驱车前往距兰州市二百多公里的窑街矿务局继续调研考察。

罗干同志是这天早上到刘家峡电厂调研的。来到素有“黄河明珠”称誉的刘家峡水电厂后，罗干同志显得格外高兴，他兴致勃勃参观了雄伟壮观的水库大坝，不时发出由衷的赞叹：“真是人定胜天啊！”他又下到几十米深的地下发电厂房，了解生产经营情况，与值守岗位的职工亲切交谈，详细询问生产工艺、运行流程，连连称赞这是我国工人阶级治理黄河、造福人民所创造的伟大奇迹。在与该厂领导和职工代表座谈中，罗干同志代表全国总工会向刘家峡电厂的职工表示亲切慰问，并高度评价刘电职工为中国工人阶级争了光，为发展我国电力工业立了功。说着他还从座位上站了起来，举着拳头说：“刘家峡水电厂的建成投产，是全中国人民的光荣，是全中国工人阶级的骄傲和自豪啊！”他的一番激情洋溢的讲话，使在场每一个人的情绪都受到了极

大感染，整个会场上鼓掌声、欢笑声不时响成一片。当天中午，就在刘家峡电厂的职工餐厅里，罗干同志吃了顿便餐，也顾不上休息一会儿，就准备赶往窑街矿务局。那几天，我和罗干同志的秘书刘展同志已经混得很熟了，记得吃过中午饭后，我们一行人都在院子里等着上车，可却不见了刘展同志。当我到处找他时，发现他急匆匆从饭厅里出来。我忙迎上去说："我看您早就从饭厅里出来了，怎么又回去了？"刘展同志边走边说："我是去找食堂的管理人员，交伙食费了！"听他说完，我不禁一愣："噢，你还去交伙食费了！"刘展同志说："这次出来，罗干同志再三交待，不论到哪里吃饭都要交费，决不能有丝毫含糊。"现在我已经记不清那顿饭是交了2元钱还是5元钱，可这件事我一直深深记在心里。

大约是中午不到2点钟的时候，罗干同志一行离开了刘家峡水电厂，驱车前往窑街矿务局。

那时，通往窑街矿务局的公路，狭窄不说，还坑洼不平，一百多公里的路程，汽车足足跑了三个来小时，当来到窑街矿务局时，已经快下午六点钟了。这里的天也黑得早，整个矿区都笼罩在暮霭之中。虽说已是初春，可仍然寒气袭人。细心的窑街矿务局的同志们，还找来几件黄色军大衣让罗干同志和我们大家御寒。当天晚上，罗干同志就和随行的同志们一道，住在窑街矿务局当时非常简陋的招待所里。房间最多有十来平方米，一张单人床上，除普通的被褥外，还有一条红色的腈纶毛毯。当天晚上，时任窑街矿务局局长的党一民等局领导，都来陪罗干同志一行吃晚饭，说是为全国总工会领导接风。其实晚饭就在职工食堂的大餐厅里，都是像牛肉拉面、手抓羊肉等一些家常便饭，最高档的一道菜记得好像就是条糖醋鱼了。在吃饭中我注意到罗干同志吃饭的速度很快，往往是一碗米饭，夹一些菜，然后再喝几口汤，一顿饭很快就吃完了。吃完后他也不急着离开，而是看着同桌吃饭的人一个个都吃饱吃好，还不时叮咛大家不要着急。尽管罗干同志平易近人，不时招呼着大家吃饭，还叮咛大家不要剩菜剩饭，可看到他已经吃完了饭，谁还好意思让他久等，只能是吃几口菜和几口饭草草结束。细想起来那时与罗干同志一起在职工食堂吃的"接风"饭，比起现在一些私人聚会时的饭菜来，那简直是太逊色了。当天晚上，罗干同志不顾疲劳，又观看了窑街矿务职工秦腔剧团的演出，记得演出的是秦腔戏《三对面》等剧目。看得出，罗干同志没有看过秦腔戏，也许是听不懂演员唱的什么，只能一直看着舞台旁边打出的字幕，坐在他身边的窦恒通主席还不时向他介绍着戏的内容。就这样，罗干同志一直看完了演出，还走上舞台接见演员，并称赞说：煤矿上能有职工自己的剧团，对丰富职工的业余文化生活大有好处。还祝愿这个剧团越办越好，为煤矿工人演出更多更好的节目，让矿区的文化生活更加丰富多彩。

直到晚上10点多钟，罗干同志一行才离开窑街矿务局俱乐部。不知什么时候，天空飘起了雪花，地面上已是白茫茫的一片，星星点点的灯光洒满整个矿区，把矿山的夜景装扮得别有一番意趣。

一天的奔波，我们几个人的确都感到有些倦意，回到招待所后，大家也都忙乎着准备睡觉。正要关闭房门的时候，又见罗干同志的秘书刘展同志急匆匆走来。“怎么还不休息，还忙乎着？”我不禁问道。刘展同志一边走一边回答说：“罗干同志还要看看今天矿务局送来的几份材料，说是要了解点情况，我现在就给他拿材料。”直到我们几个人都睡下后，我还看到罗干同志住的房间的灯一直亮着……睡到半夜，只听见外面刮起了风，还不时把窗上的玻璃震得阵阵作响，屋内也显得格外的冷。我睡在床上虽然盖着厚厚的被子，还不由得当起了“团长”。就这样，罗干同志和我们大家一道，在窑街矿务局招待所里度过了难忘的一夜。

第二天，一阵接一阵的西北风还是刮个不停，窑街上空下着淅淅细雨，时而还夹着一些雪花。仍然是在头天晚上吃饭的那个职工食堂里，罗干同志和我们大家在不到30分钟的时间里吃完了早餐后，就又急忙向矿务局办公楼的会议室走去。这时我才注意到，与头一天不尽相同的是，包括罗干同志在内，因为天冷，我们都穿上了矿务局临时为大家找来的军大衣。

窑街矿务局会议室不是很大，设施也很简单，四周摆放的几个沙发，不仅式样过时，而且显得非常陈旧。倒是几面墙上挂满锦旗、镜框，给会议室增色不少。就是在这个会议室里，罗干同志听取了矿务局领导的工作汇报，与一些职工代表进行了座谈，详细了解了企业安全生产、工会工作、职工生活等方面的情况。每当一些职工代表发言时，罗干同志不仅认真记录，而且还不时插话，使整个座谈会的气氛轻松而又活跃。座谈结束后，罗干同志又在矿务局领导的陪同下，深入一些基层单位看望职工。每到一处，他都要看一看职工的活动场所，看一看职工食堂的食谱，还要细心了解职工劳保用品发放的情况。并不时对矿务局的领导说：“煤矿工人很辛苦，不仅要把工人的安全生产搞好，还要十分重视职工的物质文化生活。”就这样，他一连走访了几个基层单位，中午饭坚持在一个基层单位的职工食堂吃。吃饭中间，罗干同志又提出吃完饭要下矿井看望一线工人。矿务局的党一民局长忙说:“已经忙碌了一个上午,矿井就不下了吧,再说我们这里井下条件也比较差……”还没等党局长说完话,罗干同志就笑着说:“既然到了煤矿,不下井看看采掘一线的职工,怎么能说得过去。如果井下条件差,就更应该下去看看啊!”这时,秘书刘展同志禁不住也冒了一句:“您都已经着凉了,能下井吗?”窦恒通主席也忙接上话茬:“罗主席,我看井就不用下了,下午还要去西宁呢,时间太紧啊!”罗干同志摆了摆手说:“还是要下井看看,时间紧咱们现在就行动。”说着他就从饭桌站起身来,矿务局的同志们,眼看着罗干同志执意要下井,便连忙安排有关人员去做准备。

不一会儿,在矿务局领导的陪同下,我们随同罗干同志来到了一个矿井前,说实话我已经记不清是窑街二矿还是三矿。走进更衣室时,这里已为大家准备了工作服、矿工帽、深腰雨靴和一条白色的毛巾。我们每个人都换好衣服,只见罗干同志头戴矿工帽,脖子上扎条白毛巾,穿一双齐膝深的胶靴,本来就高高的个头,显得更加精神与威风。

记得我们这次下的矿井是平井,顺着洞口我们一直向前走去。对我来说这是头一次下矿井,还颇有些好奇,开始还兴致勃勃地一边前行一边观看。只见矿井里挂在洞壁上的电灯,犹如黑夜里布满天空的星星在闪烁。罗干同志个头高,走起路来速度也快,开始我还觉得能跟得上,可走着走着就感觉到很吃力,一会儿停下来喘口气,一会儿又赶紧追上几步,越走就越觉得憋气。再往里走,坑道里先是出现了水,后来便是水和着泥,前进起来更加费劲。大约走了40分钟,我们终于来到了采煤的掌子面。只见纵横交错的木头支撑着煤层,工人们正在支架的空间挥着镐头、铁锹采掘着煤炭,一个个脸上汗水与煤黑已经混在一起,除了两只眼睛还能看见外,整个脸上都是黑色。头一回下煤井,看到如此艰苦的劳动环境,心里还确实有些害怕。再看看工人师傅们有的站着、有的蹲着,有的甚至跪着干活的场景,又深为煤矿工人的辛勤劳动而感叹。罗干同志和我们大家在密布的矿井支架中穿梭着,时而要弯着腰前行,时而要侧着身子通过。尽管他已经满脸挂着汗水,嘴里也不时喘着粗气,但他依然在每一个工人们采煤的现场,都要和工人们一一握手,亲切交谈。在一个采掘点上,罗干同志一手扶着支护架,一边喘着气与工人们交谈,详细询问工人们的工资收入、生活待遇甚至婚姻等方面的情况。当工人们回答说:矿上对下井职工实行计件工资制,按采煤多少计发工资,只要出勤好,每人每月都能拿上百元以上的工资。罗干同志听了笑着说:“好啊,你们的工资比我还要高啊!煤矿工人是为社会开掘光明的人,就应该享受较高的工资待遇,更应该受到党、政府和全社会的尊重。”他的一番话把在场的工人们一个个都说得乐呵呵的。这阵儿,我正和刘展同志坐在一起,他悄悄说:“罗干同志每月也就是百余元的工资,真的还没煤矿工人多呢。”我们两个也不约而同地一笑。我说:“煤矿工人这么辛苦，井下作业随时都有危险，给再高的工资，保准谁也不会有意见。”此时，我们在井下已经足足待了近两个小时，罗干同志和我们大家一样，每个人脸上都是汗水和煤黑。由于井下空气稀薄，再加上闷热，似乎人人心里都憋得慌，连说句话都要费很大的气力。

看到罗干同志和我们大家精疲力尽的样子，矿务局的领导建议再不要前行了，可罗干同志却喘着气说：“既然到了井下，就要把掌子面走完了，工人们长年累月在井下干活，我们就累一次还有什么！”说着他用围在脖子上的毛巾擦了把汗，又继续前行。走了不大一会儿，来到一个几乎是垂直的坡道前，只有翻过这个坡道，才能到另一个采掘面。这时，我们大家都已是气喘吁吁，看见这个陡坡确实有点发怵。可罗干同志还是坚持要越过陡坡。眼尖的省公安厅专门派来警卫的小伙子，赶忙上前扶着罗干同志走向陡坡。因为坡度实在太陡，我们每个人几乎都是弯着腰爬上了陡坡。一到坡顶，罗干同志和我们大家一样，都不约而同地席地坐了下来。幸好这里有一个通气口，大家坐在这里，一个个都大口喘着气，谁也不说一句话，有的人甚至还躺在地上休息。看着大家都缓过气来，罗干同志说：“今天，我们真正体验了一次煤矿工人兄弟的辛苦，也才深深感受到了劳动的光荣和伟大。”他又对矿务局的同志们说：“井下工人真是太辛苦了，我们当干部的，要时刻记挂着他们的安危冷暖。我们的工会组织，更应该多为井下工人办实事，做好事，为他们的生产、生活甚至婚姻，努力创造良好条件。尤其是行政部门，要在奖金工资分配等方面，切实向井下采掘一线的工人倾斜。”至今，回味罗干同志的这一番讲话，还让人感到是那样的亲切。

就这样，罗干同志和我们大家在井下度过近三个小时。当走出井口时，我们一个个都成了煤黑子。罗干同志又和我们大家一起走进矿工们洗澡的大浴池里洗了澡，换衣服时，罗干同志诙谐地说：“我们的煤矿工人每天都要洗一次澡，他们才是世界上最干净的人啊！”

离开浴池，罗干同志便与矿务局的领导握手告别，又驱车向青海省西宁市赶去，结束了在甘肃的考察活动。

现在我仍然清楚地记得，罗干同志那次在甘肃考察调研期间，曾先后深入国营五〇四厂、兰州炼油厂、兰州石油化工机器厂、兰化公司、兰州高压阀门厂等企业，就企业生产经营、工会工作、职工权益维护等方面的情况进行了深入了解，并发表了一系列讲话。在当时《甘肃工人报》刊发的我采写的题为“全总领导罗干在甘肃调研时强调：工会工作一定要服务于改革”的长篇报道中，这样记述着罗干同志的重要讲话：

> 工会工作要以四化建设为中心。工会的一切工作都要围绕提高企业的经济效益进行。在经济体制改革的形势下，工会工作必须服务并服从于改革，工会工作要围绕企业的生产发展、技术进步和企业的改革进行。要把职工的积极性引导

到搞好生产和改革，提高经济效益上来，不能脱离企业生产实际，片面强调职工福利。工会开展的文体活动，要坚持业余自愿，小型多样，尽量少搞大规模活动，这样就能赢得党政的支持，职工的欢迎。

要努力提高职代会参政议政的能力。建立职代会的企业，要切实保证职工代表参政议政的权利。参政议政的重点要放在审议企业生产计划、技术进步、改革方案、工资分配、职工福利等重大问题上。

在改革中要处理好党政工之间的关系。实行厂长负责制以后，给党委和工会工作提出了许多新问题，党政工三方面关系怎么摆，各方面都在研究，许多问题还需要探索，但有一条必须明确，实行厂长负责制并不等于一切厂长说了算。党委和工会都要支持厂长行使职权，但是如果厂长损害国家和集体利益，党委和工会就要站出来说话。

工会整建工作必须服务于改革。工会的自身改革和整组建家，必须服务于城市经济改革。要把改革的重点放在基层，省、市总工会要由行政型变为服务型。要面向基层重点搞好调查研究，少搞一些大型活动，多总结一些指导性的典型经验，少搞些指令性的文件。省市产业系统工会也要精简会议，减少全局性的活动，结合行业特点开展工作。公司一级工会要简政放权，多增强基层工会活力，不能把基层统得过死。工业不发达的县区，工会干部配合要少而精，工作重点可放在文教和财贸系统。建设“职工之家”，要突出重点，不宜层层分解指标。验收应以自检为主，会员通过，上级认可，避免逐级验收过于繁琐。

工会要支持和引导职工勤劳致富。工会支持职工勤劳致富，关键是要组织引导职工，通过开展劳动竞赛，提合理化建议，推广先进技术等形式，在本职工作岗位上，多超定额，多超计划，提高企业经济效益，争取个人多得。工会经费管理也要改革，可以用工会经费办一些服务性事业，但所办事业要与工会机关脱钩，工会干部不得兼任职务，参与收入分配。工会所属文化宫、俱乐部应允许个人或集体承包，但不能改变为职工服务的经营宗旨。

23年后的今天，重温罗干同志的这些重要讲话，令人还是感到十分亲切，他对工会工作的精辟而又深刻的论述，至今让人回味无穷，对做好新世纪、新阶段的工会工作，仍然有着重要的指导意义和很强的针对性。

三见倪志福

倪志福的名字，连同他发明的“倪钻”，使他“钻头大王”的美誉早在上个世纪50年代就已家喻户晓。从60年代起，他相继走上中共中央政治局委员、全国人大常委会副委员长、中华全国总工会主席等重要领导岗位，更让全国工人阶级引以为自豪。80年代中期和90年代末，我分别在兰州和北京先后有幸三次见到过这位由一个普通工人成长起来的党和国家领导人。聆听过他的讲话，随着他到过企业，看着他接见劳模，与他同一个桌上就餐……此情此景虽然随着岁月的流逝，显得十分久远，但每每想起，常让我感到历历在目，仿佛就在昨天。志福同志高高的身影，浓浓的上海口音，和蔼可亲的笑容，常常总会在眼前浮现，有时在电视上看到他的镜头，一种亲切感总会涌上心头，免不了勾起对往事的深情回味……

我第一次见到志福同志是在1991年的7月。

记得那年7月兰州似乎格外的热。25日那天，由于一连几天的持续高温，使兰州到处都蒸腾着一股股热浪。也就是这天，时任全国人大常委会副委员长、中华全国总工会主席的倪志福同志来甘肃视察。当天上午，时任甘肃省总工会主席的王新中特意告知我：“今天晚上倪志福同志来甘肃视察工作，报社要精心安排好这次新闻报道活动。”并要我当天晚上采访省上领导在火车站迎接志福同志的情况。

听完新中主席的交待，我的心情格外的激动，当天中午连家也顾不上回，就忙起了对志福同志来甘肃视察期间新闻报道的策划和安排。

这天晚上，虽然已到午夜，可兰州仍然弥漫着浓浓的暑气。时任甘肃省委书记顾金池、时任甘肃省顾问委员会主任李子奇、时任甘肃省人大常委会主任许飞青、时任甘肃省省长贾志杰和时任甘肃省省委副书记阎海旺等领导在王新中等省总工会几位

领导的陪同下，早早就来到火车站迎候倪志福同志的到来。尽管每个人额头上都沁满密密麻麻的汗珠，可脸上都溢满笑容。在火车站的一站台上，领导们也在热情地谈论着，话题都是围绕着志福同志：说到他是全国著名的劳动模范；说到他曾到过兰州石油化工机器厂传授过钻工技术，他用过的车床至今还保留在兰石厂他曾经呆过的生产车间；说到他是连续几届的中央政治局候补委员和委员；说到他还曾担任过天津和上海的市委书记；也说到他已经是连续几届的全国总工会主席等等，言谈间无不充满对志福同志的敬意。顾金池书记还笑着对王新中主席说："新中同志，看来你们工会工作搞得不错，把全总领导，把倪志福同志都吸引来了！"王新中连忙说："都是省委领导得好，是省委和省政府对工会工作重视支持得好！"李子奇笑呵呵地说："还是咱们的新中说得好啊！"引起在场的领导们一阵爽朗的笑声。当时的情景，也深深感染着我和在场的《甘肃日报》、甘肃电视台、甘肃人民广播电台的几位记者……

说话间，随着一阵悠长的汽笛声掠过长空，飞驰而来的由北京开往兰州的43次列车，缓缓停在了一站台。车门刚一打开，倪志福同志就在时任全国总工会书记处书记张国祥等人的陪同下，健步走下车来。我现在还能记得，志福同志当时身穿一套湖蓝色夏装，身材颀长，颇有神采。

我还清楚地记得，一见到志福同志的时候，顾金池、李子奇、许飞青、贾志杰、阎海旺等领导连忙迎上去，志福同志和他们一一握手，互致问候。顾金池书记与志福同志的手紧紧握在一起，颇显激动地说："志福同志，我们欢迎您来甘肃视察工作。"

倪志福朗朗一笑，连连摇着顾金池书记的手，用浓重的上海口音风趣地说："我是特意来看看甘肃的职工，也算是故地重游，也学学你们的好经验，可不能叫什么视察噢！"一番话引来现场一片笑声。接着志福同志就在省上领导的陪同下，驱车前往下榻的宁卧庄宾馆。此时，由兰州火车站通往宁卧庄宾馆的天水路上，仍然车辆穿梭，人来人往。我和其他几位记者同行被安排在一辆面包车上，也随着车队向宁卧庄宾馆赶去。

记得就在他下榻的当时被称为宁卧庄宾馆北小楼的一间会议室里，直到晚上12点钟的时候，志福同志全然不顾旅途劳顿，仍然饶有兴致地和省上的几位领导交谈着。劝他早点休息，他却连连摆手，忙说不累不累，认真听着顾金池书记和贾志杰省长关于我省工农业主产等方面的情况介绍，时而点头赞许，时而面露微笑，时而凝目静思……直到凌晨1点钟，志福同志坚持把省上几位领导送到楼门口，才回到房间休息。

等把一切都安排好后，王新中主席才和我们一起坐面包车各自回家，当走到位于我居住的农民巷家属院时，我抬起手看了看手表，已经快凌晨2点钟了，四周万籁俱寂，一轮皓月当空。此时肚子咕咕叫个不停，我才想起从中午到现在，已经两顿饭都没有吃了，身体也确实感到有些倦意。回到家里，妻子和女儿早已进入梦乡，我倒杯热水随便吃了几口妻子还放在桌子上等着我回来吃的饭菜，便一头栽在床上，想好好睡上一觉。可谁知躺在床上后，却没了一点睡意，眼睛一闭就浮现出志福同志与省上领导亲切交谈的情景。于是，我干脆打开桌头的台灯，翻阅起采访本来，揣摸着报道好志福同志视察活动的打算和思路……

总算迷糊了一阵，睁开眼睛天已大亮，洗了把脸后，我便急匆匆又向宁卧庄赶去。

7月26日，又是一个高温天气。听一起参与报道的甘肃电视台的记者万昆同志说，这天兰州气温要高达30多度，是入夏以来兰州气温最高的一天。

这天上午9点钟，志福同志在时任甘肃省委副书记阎海旺、时任甘肃省人大常委会副主任敬延年及省总工会主席王新中的陪同下，驱车来到位于兰州市广武门的省人大常委会机关。车在人大院子一停稳，我们就看到省人大常委会主任许飞青和其他领导及各专门委员会的负责人，已经在办公楼门前列队迎接志福同志。下车后，志福同志和每个人亲切握手，并与许飞青主任手拉着手一道走进了省人大一楼的会议室。

志福同志一落座就说："过去到甘肃来的少，应该说是欠了账的。这次来，一是认认门，二是代表全国人大常委会看望大家，并感谢你们对全国人大工作的支持。"

许飞青主任连忙接着说："感谢全国人大对甘肃的关心，我们衷心欢迎志福副委员长到我们省人大检查工作。志福同志是全国著名、国际上很有影响的劳动模范，是我国工人阶级的杰出代表，也是中央的老领导。能见到志福同志，我们大家都非常高兴。趁这个机会，我想就甘肃人大的工作，向志福同志作个简单汇报。"

还没等许飞青主任的话落音，倪志福便连连摆着手说："老许，可不要叫汇报，就介绍介绍情况吧，现在可不能一说什么都要叫做汇报，这样人就不敢说真话，说实话了，同志们是不是这样啊？"

与会的同志们顷刻不约而同地鼓起掌来，不少人连连点头向志福同志投以崇敬的目光。

志福同志的朴实作风，深深感染了在场的每一个人，会场气氛也显得格外轻松。

就在许飞青主任介绍情况时，志福同志时而就一些情况问得很细，时而插话就有关工作发表意见和看法，还和大家共同讨论一些问题。我们坐在后排的几位记者也深为志福同志的平易近人所感动，大家都在埋头写着记着，巴不得把志福同志说的每一句话都能完完整整记下来……

记得听完许飞青主任的情况介绍后，倪志福说：现在人大工作已经走上正轨，今后凡是涉及政治立法，都首先由全国人大常委会讨论。他还说到，改革开放以来，全国人大已经立了不少法规，对依法治国起了重要作用。但也要看到有法不依、执法不严的问题比较突出，这必须引起各级人大的高度重视。这次我到西北几个省区走走，也就是想了解这方面的情况。

不知不觉一个多小时就过去了。按照安排，志福同志还要看望正在参加省总工会常委扩大会议的代表。离开省人大常委会，志福同志又出席了在宁卧庄举行的省总工会常委扩大会议。他一走进会场，代表们都站起来鼓掌欢迎，志福同志连忙抬起双手，要大家坐下来，还不停地说："我们工会是一家人，还这么客气干啥！"陪着他的省总工会主席王新中说："这是大家对志福主席的敬意，同志们都盼着能看到您啊！"倪志福诙谐地说："看来确实是来少了，今后要多来看看我们的工会干部。"几句既朴实又亲切的话，使得宁卧庄宁远楼的小礼堂里充满温馨、轻松的气氛。

面对出席会议的代表，志福同志说："工会是党领导下的工人阶级的群众组织，工会的一切活动和工作，都要着眼于服务职工群众。全总有全总的工作重点，省总有省总的工作重点，市总有市总的工作重点，都要从各自的实际出发开展活动，安排工作，不能搞一刀切。"当时，作为工人报的记者听着志福同志关于工会工作的讲话，觉得十分解渴。我也和其他参加会议的工会干部一样，深感到志福同志讲到了工会工作的根本上。就这段讲话，我还专门写成稿件，在《甘肃工人报》上作了报道。

这天下午，志福同志视察兰州的市政建设，第一站就来到素有"天下第一桥"之称的黄河铁桥。志福同志站立桥头，俯视滔滔黄河，眺望巍巍白塔，环视幢幢楼群，显得格外高兴。他禁不住感慨地说："兰州市依山傍水，黄河穿城而过，很有特色，城市建设得很美，变化真大啊！”

就在倪志福一行饶有兴致地观看着黄河岸边的风情时，我就发现离志福同志不远的桥头栏杆旁，约摸30来岁的一男一女，两个人目光紧紧盯着倪志福，还不时地交头接耳，悄悄说着什么。这情景也被随行的警卫发现，刚想要过去劝走他们，不料志福同志也早已发现了这两个年轻人，连忙走过去和他们亲切握手。

那位女同志顿时激动不已，带着浓重的陕西口音说：“我们一眼就认出来了，你是我们全国总工会的主席。”

那位男同志也连忙说：“过去都是在电视上见过您，我们真有运气，想不到这次在兰州见到倪主席！”

志福同志紧紧拉着他的手说：“见到你们我也非常高兴啊！”

趁着志福同志沿着黄河边缓缓浏览的当儿，我抓空采访了这一男一女。原来他们是一对新婚夫妻，这次到兰州探亲、旅游结婚，两个人都是西安一家企业的工人。望着志福同志的背影，两个年轻人还沉浸在刚才与志福同志亲切握手、交谈的激动与喜悦之中，两个人几乎不约而同地说：“我们太幸运了，太幸运了。”我也祝福他们说：“你们这次旅行结婚也太有意义了。”他们似有些遗憾地说：“刚才咋没有与倪主席照个像呢！”我也情不自禁耸了耸双肩，也同样为他们表示惋惜，不过我说我会把你们见到倪主席的情景写进稿子中的，两个年轻人这时又乐了。我注意到两个人的脸上洒满笑容，洒满幸福。

汽车沿着宽阔的滨河路缓缓向西行，不到10分钟便来到黄河岸边的“黄河母亲”雕塑前。在这里志福同志更显得兴趣盎然。面对滔滔东去的黄河，志福同志仿佛诗兴大发，他风趣地说：这位“黄河母亲”端庄、秀丽、慈祥、可亲，愿我们中华民族的母亲河，像这位“黄河母亲”雕塑一样，永远永远给我们带来幸福，带来祥和！说完，志福同志和省上的领导以及他的随行人员，在这里拍照留念，我和其他几位记者也凑了过去，和志福同志一起合影留念。既留下了志福同志视察兰州市容的美好瞬间，也留下了我第一次见到志福同志的难忘时刻。

离开黄河边，志福同志又来到了省总工会正在修建的职工大厦施工现场。这个工程由省建七公司承建。由于王新中主席的精心安排，把省建系统的十多名全国劳模、省劳模都提前通知到了工地上。当志福同志来到施工现场时，全国劳动模范曹同维等十多名劳模早就等候在这里。王新中主席把劳模们逐个介绍给志福同志，他就在火辣辣的太阳下和劳模们一一握手，并连连向大家问好。由于过去多次采访过曹同维劳模，我们早已经是老熟人，他悄悄给我说：大家都想和倪主席照个相。我也悄悄把大家的心愿，说给新中主席。其实新中主席早就做了安排，有关工作人员也做好了照相的准备。新中主席笑着对志福同志说：“劳模们都想和倪主席照个相……”还没等新中主席话说完，倪志福就说："好么，和劳模照相，应该，应该"，说着他还招呼着劳模们，"来，来，我们一块儿合个影。"就这样在职工大厦建设工地上，十多名劳模站在志福同志和其他领导身边，高高兴兴合影留念。志福同志又一次和劳模们握手，并感谢他们做出的贡献。

也就在施工现场，志福同志了解了职工大厦建设情况，并再三叮咛一定要把这些为全省职工服务的好事办好。王新中主席连连表示："我们一定把这件事情办好，为全总和志福同志争光。"志福同志笑着说："为我们工会争光。"

7月27日。

早晨8时刚过，时任兰州市委书记的李虎林、市人大常委会主任张长顺、市长柯茂盛、市政协主席马金荣，到宁卧庄宾馆拜望倪志福同志。在与大家的交谈中，倪志福兴冲冲对柯茂盛市长说："你们带领全市人民，把兰州建设得很美啊！到处高楼林立，完全是一派现代化城市的气魄，与我26年前来兰州时的情景大不一样了。记得那时兰州商业网点很少，为吃碗牛肉面还跑了几条街道。现在谁来都会说兰州是个好地方，要是避暑，我看要胜过北戴河呢。"

上午9时，在省委书记顾金池等领导的陪同下，志福同志来到了早在1965年3月，他曾以"钻头大王"身份传授过技术的兰州石油化工机器厂视察。故地重游，志福同志显得格外激动和高兴。

当来到兰石压力容器分厂时，还没有走进车间，倪志福就一眼认出了老工人刘学科。他连忙走上去紧紧拉着刘师傅的手激动地说："我们是老伙计，快30年没见面了。"当时59岁的刘学科说："真没想到，您还能认出我。"志福同志拍着刘学科的肩膀说："我们在一台机床上干过活，在一起吃过饭，怎么会忘记呢！"说完又和刘学科手拉着手，一起走进车间，边走边看，边看边谈。当时的场景十分感人，作为记者我记录下了志福同志和刘学科师傅说的每句话，记录下了两位老朋友相聚的每一个感人镜头。

在兰石二分厂，当时厂技术能手陆克杰正在机床上操作。志福同志来到他机床旁时，陆克杰对志福同志说，他是倪志福在兰石厂带的徒弟的徒弟，这么多年还一直在推广和运用"倪钻"技术。"倪钻"进刀量大、钻速快，产品质量好。志福同志听后说："青出于蓝胜于蓝，你们应该在此基础上有新的发明、新的创造。"

在兰石钻机分厂，工人宿道丰正在志福同志当年操作过的车床上干活，看见倪志福同志走过来，他连忙在衣服上擦拭两手油污。志福同志忙伸手拉过他的手说："不用擦、不用擦。"在挂着"倪钻"牌子的车床旁，志福同志摸摸这、看看那，心情似乎很不平静……

在与兰石厂领导谈话时，厂里领导把一本存有志福同志在兰石厂传授技术时的75张照片的影集送给志福同志。志福同志爱不释手，他仔细看着每一幅照片，深深回忆过去的岁月，仿佛又回到那风华正茂的年轻时代。

在后来的几天里，志福同志又先后考察了兰州铝厂、银光化学工业公司、白银公司、兰化公司、兰州炼油化工总厂。每到一处，他都下车间看望职工，亲切接见劳动模范，深入了解企业生产经营状况，了解工会工作进展，给这里的干部职工留下了深刻印象。多少年后，一见到这些企业的同志，他们说起志福同志视察的情景，还是那样的亲切，志福同志视察中留下的照片，至今还挂在这些企业的会议室，出现在企业编印的画册中……

记得就在志福同志结束在甘肃视察的头天晚上，我与省总工会的几位工作人员，随同王新中主席一起来到志福同志下榻的宁卧庄宾馆的住处。新中主席再三恳请志福同志能为甘肃省总题词，志福同志先是一再推辞，后经不住新中主席“软缠硬磨”，再加上志福同志秘书的周旋，志福同志总算答应，并让我们稍等一会。就在我们在外边客厅等候的时候，我也不禁动了请志福同志为《甘肃工人报》题词的念头，便请求新中主席给志福同志说说。这时志福同志的秘书出来说，志福同志正在题词。我再次请求新中主席，请志福同志为《甘肃工人报》题词，新中主席也对志福同志的秘书说，让再给志福同志说说，秘书也答应再试试看。

不一会儿，志福同志也来到客厅，并叫工作人员拿出写好的“做好工会工作、振兴甘肃经济”的题词。还说：“我是走到哪里都不题词，都是你这个王新中今天让我破例了。”新中主席哈哈一笑，说：“我们报社想请志福同志再……”没等新中主席话说完，志福同志连连摆摆手说，再不能题了，志福同志的秘书也还想说什么，志福同志也一摆手：说啥都不能再题了，可不能走到哪都题词，党中央对此是有规定的。看到志福同志的坚决态度，我们谁也再不好说什么。虽然没有实现请志福同志为我们《甘肃工人报》题词的愿望，内心多少有点遗憾，可志福同志谦虚谨慎、严于律己的作风，却令人深感敬意。

还是新中主席想得周到，等着志福同志在客厅沙发上坐下来的时候，他便对志福同志说：这几位都是我们省总机关的同志，这几天一直陪着志福同志，大家很想与志福同志照个像留念。这时，志福同志显得十分痛快，照个相可以。于是志福同志坐在沙发上，我们几个人，每个人分别都与志福同志合影。我也与志福同志照了张坐在一起的照片，成为我第一次见到倪志福同志的永久留念。

7月30日志福同志结束在甘肃的视察，离开兰州返京。在短短五天中，志福同志在甘肃留下了一幕幕感人的情景。作为记者我亲历了这次视察的全过程，记录了志福同志考察甘肃的一段段感人的佳话。后来我曾写下了《志福同志在甘肃》的长篇通讯，详细报道了志福同志视察甘肃的情况，并将此文收入我编著的《情满陇原》一书，成为十五年前倪志福同志视察甘肃的生动记录。

我第二次见到倪志福同志，是在1992年的隆冬季节。

那年冬天，兰州铝厂职工艺术团带着一台《陇上花季》综艺节目，进京演出。我也随着时任省总工会主席王新中同志和兰铝艺术团的同志们一起赴京，参与了兰铝艺术团在京演出活动的全过程。记得那次和兰铝艺术团一道进京的还有曾任甘肃歌舞团团长、著名舞剧《丝路花雨》的编剧赵之洵先生和舞剧的编舞陈红女士。当时，我们都住在了全国总工会新建成的中国职工之家。

兰铝职工艺术团的演出轰动了京城，引起了首都各大新闻媒体的极大关注，各方记者对来自边远大西北的一家企业的职工到北京演出表现出了极大的兴趣。全国总工会、文化部、中国文联还专门举行新闻发布会，向《人民日报》、新华社、中央人民广播电台、中央电视台、《工人日报》、《光明日报》、《经济日报》等二十多家新闻媒体的记者介绍了有关情况。时任全国总工会副主席的郑万通出席了新闻发布会，他说，兰铝艺术团进京演出很有意义，对企业精神文明建设成果是一次很好的展示。在之后的几天里，一台充满浓郁西部风情的《陇上花季》歌舞节目，从首都富丽堂皇的国际剧场演到了中南海中央警卫局礼堂，从拥有10余万职工的燕山石化公司演到了卢沟桥乡。一时间，让兰州铝厂确实红红火火风光了一回。我以记者的眼光，采撷了许多感人的镜头，相继在《甘肃工人报》上报道，长篇通讯《兰铝厂的魅力》等一些报道记录了兰铝职工艺术团在京演出的全过程，产生了较为广泛的影响。十多场演出中，让我最难忘的还是在具有国际一流水平的天地大厦国际剧场的那场演出。因为就是在那场演出中，我又一次见到了倪志福同志。

那是1992年11月15日的晚上。

北京的冬天还是很冷的。不时吹着的小风，总能让人感受到一些寒气。这天下午4时许，艺术团的同志们就已赶到了天地大厦剧场，提早做演出的各项准备工作。王新中主席和我也一起来到这里，因为我们都知道这天晚上，倪志福和全国总工会等单位的领导要来观看演出。我们也和兰铝职工艺术团的同志们一样，心情格外地激动。

北京的冬夜似乎来得特别早。还不到6点钟，来了几位中央警卫局的同志，他们是专门前来进行安全检查的。从舞台到剧场的观众席，他们都仔细检查了一遍，还专门对兰州铝厂工会主席王万增同志叮咛了一些需要注意的事儿才离开。大约6时30分时，倪志福和时任全国总工会副主席的陈秉权、全国总工会书记处书记张富有、张国祥以及文化部、中国文联的负责人就来到了剧场。

那天志福同志穿一身深灰色的西装，系一条红色领带，显得格外精神。早就等候在贵宾厅门口的王新中主席和兰州铝厂工会主席王万增，连忙迎了上去。志福同志一眼就看见了王新中主席，在与新中主席握手时连连夸奖说："肯定又是你王新中的点子，把个企业职工演出队也带进北京来了，好好展示展示甘肃大企业的风采啊！"新中主席只是笑着，一时竟不知说什么好。还是王万增同志搭了句话："我们甘肃省的总工会真是我们企业的娘家人，新中主席啥时都想着我们的企业。"说着、笑着，大家都陪同志福同志走进了贵宾室。

一走进贵宾室，志福同志更是谈笑风生。他说："兰州铝厂是全国有名的企业，这个厂去年我去过，在兰州就看过他们厂艺术团的演出。兰铝职工艺术团到北京来演出是一件大好事，说明我们企业有实力，也有人才。今天我特意来看演出，一是来看望同志们，二是来感谢大家，千里迢迢为人民带来一台好戏，对北京企业文化建设也是一个促进。"听着志福的讲话，在场的同志们都热情地鼓起掌来。

志福同志还把王新中、王万增专门叫到自己身边的沙发上坐下，问这问那格外亲切。他还拉着王万增的手说："你们的铁厂长、李书记，他们都好吗？"王万增连忙回答："他们都很好，最近都出国考察合作情况去了。临走前再三叮咛我一定向倪主席问好。"志福同志听后忙说："向铁厂长和李书记问好，向全厂职工问好。"王万增激动地说："我们一定把倪主席的关心带给全厂职工。"接着志福同志又向王新中和王万增两位同志问起艺术团演出的一些情况来。当王万增说到："这次进北京我们只是想表达对首都人民的一点情意，表演方面可真有点在太岁头上动土啊！"志福同志笑着说："敢在太岁头上动土好啊，能到北京来就很不简单，说明兰州铝厂有气魄。"志福同志顺着话茬又说："专业演出有专业演出的味，职工演出有职工演出的味，我们就是要提倡职工自己演，唱职工身边的人，演职工身边的事。"万增主席说："我们的节目水平不高，请倪主席和各位领导多指教。"志福同志诙谐地说："对文艺我是外行，他们最有发言权。"说着他指了指坐在一旁的文化部和中国文联的一些领导同志，"你们好好评论评论，当然我相信你们不会说工人演的节目不好是吧？"顿时，贵宾室里又是一阵笑声。

志福同志似乎对兰州铝厂有着极深的印象，他不时询问：引进的烟气排放设备安装了没有，铝锭的价格怎么样，职工的收入增加了多少等等，当王万增主席一一回答后，志福同志笑道："有像兰铝这样的大企业，我国经济建设一定能搞上去，工会工作也有靠山。"志福同志这时又扭过头对王新中主席说："你们把工会工作的重点放在大型企业，一杆子插到底，这个路子对头，要坚持走下去。这次你带着兰铝艺术团进京，就说明工会实实在在在为企业服务。"新中主席连忙说："我们一定落实好志福同志的指示，坚持把工会工作的重点放在企业，放在基层。"这会儿，中央人民广播电台一位记者走了进来，悄悄对新中主席说了几句话，他们就走出了贵宾室，我也随着出来。原来中央人民广播电台要现场采访新中主席，请他介绍一些兰铝进京演出的情况。新中主席愉快地接受了采访，第二天早上中央人民广播电台就播放了采访新中主席的录音，我们听到后都无比高兴。

这天晚上志福同志兴致勃勃观看了演出，看完每一个节目他都热情鼓掌。演出结束后，他又和其他领导一起走上舞台，亲切接见全体演员。并对大家说："你们兰州铝厂不仅物质文明建设搞得好，精神文化建设也搞得很好。全厂职工人均住房达到17平方米，在全国都是高水平。这次你们来京，要多到一些企业去演出，促进北京的企业文化建设。"在演员们热烈的掌声中，志福同志又和大家一起合影留念，气氛热烈感人。

这天晚上，我与赵之洵老师等几个人都坐在剧场的第一排观看了演出，当时还见到了曾经在《丝路花雨》舞剧中第一个扮演英娘的贺燕云同志，她也是来观看演出的。用她的话说：自己从甘肃走出来，现在虽说人在北京，但对甘肃，对兰州总有着割不断的情结。得知兰铝艺术团进京演出，她是特意前来观看的，就像见到了娘家人一样亲切。

当我们送走志福同志等各位领导后，已是晚上10点多钟了。回到住地后，演员们都沉浸在首场演出获得成功的激动与喜悦之中。与我同住一室的王万增主席也显得异常兴奋，他又是通过长途电话，向远在外地出差的刘铁军厂长报告演出的情况，又是说志福同志对进京演出的称赞。我还不时听到，话筒里传来铁军厂长的笑声。

就这样，这天夜里，我和万增主席几乎一夜无眠，两个人整整说了一个晚上的话，话题总离不开志福同志见到我们时说的那一番话。第二次见到志福同志就这样给我又留下了抹不去的记忆……

我第三次见到倪志福同志，是在中国工会第十二次全国代表大会期间。

1993年10月24日，中国工会第十二次全国代表大会在北京胜利召开。我作为甘肃代表团的随团记者采访了这次大会。说来在中国工会第十一次代表大会期间，我就曾作为随团记者进京采访，聆听过志福同志在大会上所作的工作报告。但不曾近距离见到过志福同志。有幸的是在中国工会十二大期间，我又一次见到了志福同志，并请他为我在专为工会十二大制作的纪念封上签名，给我留下了一段美好的记忆。

记得那是1993年10月27日上午。出席中国工会十二大的甘肃代表团，在代表团团长、省总工会主席王新中的主持下，正在代表团住地京西宾馆的一间宽敞明亮的会议室里，围绕着《中国工会章程》修改草案，进行着热烈的讨论。

约摸上午10点钟，时任全国人大常委会副委员长、全国总工会主席的倪志福满面春风地来到我们甘肃代表团。

志福同志一走进会议室，就拱着双手高兴地说："我去过甘肃，到过兰州，今天特意来看看同志们。"

志福同志到我们甘肃代表团来，就连王新中主席也不知道。还是新中主席有一股机灵劲，一看到志福同志，他就一个手势，让大家都齐刷刷站了起来，并鼓着掌说："同志们，志福同志来看大家啦，我们感谢志福同志对甘肃工会干部的关心。"说着新中主席把每个代表都一一介绍给志福同志。当介绍到出席会议的特邀代表、时任兰州铝厂厂长的刘铁军时，志福同志眼睛顿时一亮："这不就是那位铁厂长吗？两年前我去过你们厂，我现在还记得这个厂位于黄河边上，对了，就叫兰州铝厂。工厂职工艺术团的节目很精彩，职工的住房条件很好，好像人均住房面积已经达到10多平米，不简单啊！"说着志福同志又拍了拍刘铁军的肩膀说："噢，记起来了，老刘咱们还论过年龄，好像咱们两个年龄一样大，都是1933年生的，是吗？"刘铁军连连点头说："是的，是的，志福同志的记忆力真好啊！"

就在这当儿，志福同志的目光落在了几位少数民族代表的身上。他高兴地走到蒙古族女代表阿尔玛和裕固族女代表高菊花面前，一边和她们亲切握手，一边笑着说："我们的少数民族真是既聪明，又有智慧，你看这服装多美啊！"他还握着高菊花的手说："你戴的帽子真漂亮，就像古代皇帝的帽子。"高菊花也颇有些得意地说："裕固族是惟有在甘肃才有的少数民族，党和国家对裕固族人民十分关心，这次能参加全国工会十二大，就是很好的说明。"志福同志也笑着说："不管哪个民族都是我们中华民族大家庭中的一员，对每一个少数民族，我们都应关爱，都应尊重。"说着他向几位少数民族代表招招手："来，来，我们一起照个相，留个纪念吧！"这当儿几位少数民族代表，都按本民族的礼仪，一一向志福同志敬献哈达。志福同志高兴得一直合不拢嘴，微微弯着腰，让代表们把一条条洁白的哈达挂在自己的脖子上，并紧合双手连连向几位少数民族代表点头致意，不时舞着挂在胸前的哈达。会议室里不时回响起一阵又一阵掌声和笑声，还吸引了不少服务人员和其他代表团的同志来观望。

还是王新中主席脑子机灵，就在几位代表向志福同志敬献哈达，争相与志福同志合影留念的时候，他已经悄悄安排把我省代表团中受到全总在大会上表彰的几个单位的代表，奖牌、证书赶紧拿来，抓住这个难得的机会，请志福同志给大家颁奖。于是，当志福主席挂着洁白的哈达刚刚坐下来的时候，新中主席又凑到志福同志面前说："志福委员长，请您为我们省受到全国总工会表彰的模范'职工之家'和'优秀工会工作者'颁个奖。"志福同志望了望新中主席，风趣地说："你这个王新中就是点子多，每次见到我都是抓住不放啊！"新中主席连忙笑着说："今天能见到志福主席，这个难得的机会我们怎舍得放过呢？"说着就连忙招呼领奖的人准备领奖。志福同志便高兴地从座位上站起来，一连给兰州铝厂、金川公司、酒钢公司、长庆油田、玉门油田等单位和个人一一颁发了荣誉证书。还笑着说："呵，甘肃的大企业工会工作很有成绩，这么多单位受奖，祝贺你们啊！"此时，志福同志似乎想起了什么，"刚才领奖的是不是有玉门油田啊，这可是我们中国石油工业的摇篮啊，铁人王进喜就是从这里成长起来的。"新中主席忙把出席工会十二大的代表、时任玉门石油管理局工会主席的刘世洲同志介绍给志福同志。志福同志说："玉门石油工人了不起啊，我虽然没有到过玉门，但玉门油田的名字打小就知道。”刘世洲激动地说:“欢迎志福主席到我们玉门来,玉门石油工人早就盼望见到倪主席啊!”志福同志摇着刘世洲的手说:“有机会我一定去,一定去看望为我国石油工业做出巨大贡献的玉门人。”刘世洲又连连说:“我们就等着这一天啊!”

这个时候又是新中主席出了个好主意:大家还不抓住这个机会,请志福主席在工会十二大纪念封上签名。于是大家呼啦啦挤到志福同志面前,请他在甘肃省总工会特意为中国工会十二大印制的纪念封上签名。志福同志一边签名一边说:“甘肃省总工会真会办事,总是忘不了宣传甘肃,宣传甘肃工会。”几位代表都异口同声地说:“这都是新中主席想的好点子。”志福同志笑着说:“这个王新中啊……”那天,要算新中主席让志福同志签名的纪念封最多,他一直高兴得眉飞色舞。我一边要仔细观察志福同志来到我们甘肃代表团活动的每个情节,记录下他的一言一语,生怕漏掉了什么,可也没有忘记请志福同志为我在纪念封上签名。当代表们都签完纪念封时,我拿出自己文件袋中的几个纪念封,请志福主席签名。志福同志抬头望了望,点了点头,似曾与我相识,又看见我胸前佩戴的大会发的记者证,一边签名,一边说:“噢,是随甘肃代表团一起来的记者。”我双手接过志福同志签完名的纪念封也激动地说:“倪主席,您去甘肃视察工作时,我就见到过您!”志福同志连忙笑着点头。

签完纪念封,志福同志和代表团的同志一道座谈讨论,他说,《中国工会章程》是我们工会工作的行为准则,这次提交大会的修改草案,集中了全国工会的智慧,经过了上上下下多次的酝酿讨论,大家一定要认真讨论,提出修改意见,使之尽快颁布实施。

接着志福同志颇为动情地说:“我干了15年工会工作,得到了全国各级工会的支持,同志们回去后,一定要转达我对甘肃工会干部的衷心感谢,对甘肃职工的问候。”

听着志福同志的话，代表们报以热烈的掌声。不知不觉志福同志在甘肃代表团度过了整整两个小时，当要离开的时候，又是志福同志提议："来，我们合个影吧！"说着他便走到代表们中间，还特意把王新中以及兰州铝厂厂长刘铁军、兰化公司经理郭锡廉几位代表招呼到自己身边，和大家一起合影，又拱手和代表们告别。大家热烈鼓掌，依依不舍送走了志福同志。我当天就写下了"倪志福来到甘肃代表团"一稿，用电报发回兰州，很快在《甘肃工人报》上报道了志福同志在中国工会十二大上看望甘肃代表团的感人情景。

就在中国工会十二大闭幕的那天下午，由于新中主席的精心安排，志福同志还专门接见了正在北京中央党校学习的甘肃省委副书记阎海旺同志。由于志福同志1991年视察甘肃时，阎海旺副书记曾经专门陪同，所以两个人一见如故，非常亲热。他拉着阎书记的手说："甘肃是个好地方，那里有不少大型企业，为我国的现代化建设做出了重要贡献。甘肃省的工会工作也很有特色，创造了不少新鲜经验，特别是依靠大型企业工会优势，带动幅射地县和中小企业工会，走出了一条具有甘肃特色的工会工作的新路子。这与甘肃省委、省政府对工会工作的支持是分不开的。"阎海旺副书记也再三感谢志福同志对甘肃的关心，对甘肃工会工作的关心。

这天晚上，志福同志还高兴地在离全国总工会不远的北京长安街上的燕京饭店与阎海旺副书记、王新中主席等甘肃的同志共进晚餐。记得那天晚上除时任中央统战部部长、原全国总工会副主席郑万通、时任全国总工会经审会主任张富有、原全国总工会前主席陈秉权和工人日报社社长李冀志等领导作陪外，时任甘肃省总工会副主席的王志玉、胡纯刚，兰州铝厂厂长刘铁军、兰州铝厂工会主席王万增、武威皇台酒厂厂长张景发和我也参加当晚的聚会。张景发同志是个性情中人，那年志福同志视察甘肃时，还专门接见过他，并一起合过影。这次他作为特邀代表参加工会十二大，见到志福同志颇为激动。吃饭中间，他端着盛满红葡萄酒的酒杯，走到志福同志面前敬酒时，竟高兴地唱起了"抬头望见北斗星"的歌曲，抒发着自己不畏困难满怀信心，搞好企业改革发展的雄心壮志。志福同志也笑着说，搞企业就得不怕困难，不怕挫折，看准的事，困难再大也得干下去。

新中主席一向活跃，吃饭当中，他一个一个动员我们甘肃的几个人都向志福同志敬酒。看着大伙都敬酒了，我也上前向志福主席敬酒。但由于我不会喝酒，尽管是葡萄酒，我也只是抿了一下，可竟让李冀志社长"揪出不放"："竟然在党和国家领导人面前还敢弄虚作假。"一句话说得满堂大笑，我也只好硬着头皮，把一杯葡萄酒全都喝了下去，志福同志看着我也亲切地笑了。直到现在，那次晚餐的每一个情节，还经常在我的记忆的屏幕上闪动着。

幸识郑万通

说起现任中共中央委员、全国政协副主席的郑万通同志，我们还真有过一些交往，不论是在北京还是在兰州，都有过多次的会面，每见一次面，也都留下许多美好的记忆，现在想起来仍然历历在目……

记得早在1989年，我在北京就曾见到过郑万通同志。那时他是全国总工会的副主席。

就是在这一年，全国总工会准备召开全国工会系统“全心全意依靠工人阶级办企业”经验交流会。甘肃省总工会推荐兰州铝厂作为我省惟一的企业代表参加会议，由时任兰州铝厂厂长的刘铁军在会上介绍经验。写好的经验材料也早已上报到全国总工会。可到了这年12月的时候，突然接到全国总工会有关部门的电话，对兰州铝厂上报的经验材料提出了具体修改意见。由于时间紧张，时任甘肃省总工会主席王新中就派我与兰州铝厂工会主席王万增同志一道进京按全总有关部门的意见修改材料。就这样，在新中主席找我谈话的第二天，我就和王万增同志乘飞机赶往北京。临行前，新中同志一再叮咛我到了北京，一定代他去看看时任全国总工会副主席的郑万通同志。记得到了北京后，兰州铝厂办事处的老裴同志(大家都称他老裴头)去机场接我们。汽车一直把我们拉到位于北京公主坟一带的兰州铝厂驻京办事处。实际上就是在当时的中国有色金属公司党校有那么两间房子和几张床铺。在北京的几天里，我们就住在这里。记得到北京的当天，我们就来到位于北京复兴门外的全国总工会，找到负责会议材料的有关部门，一起商谈了材料修改的具体意见，说是修改材料，其实就是推倒重写。好在我对兰州铝厂的情况比较熟悉，加之王万增主席又带来一些有关兰铝依靠职工办企业方面的材料，重新写稿也不算太难。结束关于材料修改意见的商谈后，在全国总工会一位同志的指引下，我与万增主席一起来到了郑万通副主席的办公室。当我们推开虚掩的房门时，只见万通副主席正伏案工作。这是我头一次见到万通副主席，他穿一身藏蓝色西装，白色的衬衣，系一条大红色领带，颇有些帅气。见到有人进来，万通副主席忙放下手头的工作，离开办公桌迎了过来，与我和王万增主席一一握手，还忙着为我们让座倒水。当我说到“我们是从甘肃来的，王新中主席特意让我们来看看您。”万通副主席立刻哈哈笑了起来：“原来是手扶拖拉机派来的客人。”我与王万增同志虽然都感到这是万通副主席在开玩笑，但却不明白“手扶拖拉机”的来由。我与王万增主席互相交换着眼色，却显得有些茫然。万通副主席看见我俩有点发愣，便坐下来和我们聊了起来。“怎么你们不知道新中同志那个手扶拖拉机的雅号？”我和万增主席几乎同时摇了摇头。“说实话他这个雅号还是我送给他的。”万通副主席既幽默又颇有兴致地说。那还是在西安召开的全国工会系统的一次会议上，万通副主席作为全国总工会领导主持这次会议，王新中主席作为甘肃的代表参加了会议。就是在这次会议上，万通副主席结识了新中同志，并彼此留下了深刻印象。也就是在这次会议上，每次聚餐时，王新中总是以他特有的风趣、幽默和大嗓门，连连劝别人喝酒，当被他劝的人一个个一饮而尽时，他自己却自始至终滴酒不进，而且往往由于他的出现，总是把个饭桌搞得热热闹闹、笑声一片。因此，万通副主席就形象地送他一个“手扶拖拉机”的雅号，嬉喻新中主席劝酒时，劝别人时声音大，而轮到自己喝酒时却马力太小。从此，新中主席“手扶拖拉机”的雅号也就在全国工会系统中传开了。

万通副主席的一番趣谈，让我们很快没有了刚见面时的拘谨。王万增主席向万通副主席汇报此次进京的来意，万通副主席似乎早就知道全总决定邀请兰州铝厂在全总主席团扩大会议上介绍经验，便高兴地说，这次在全总会议上介绍经验的全国才选了四五家企业，兰州铝厂能选上，说明你们的工作做得很好，也说明甘肃省的工会工作很有成果。我们早就知道，甘肃省总工会一直把工会工作的重点放在企业，尤其是

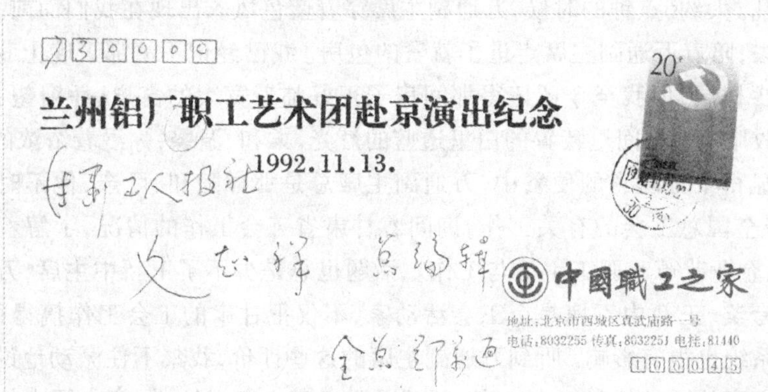

抓大型企业的工会工作创造了不少好经验。兰州铝厂就是甘肃省总工会极力推荐的，还听说兰铝有个铁厂长，非常支持工会工作，这次就是要把他请到会上来讲一讲。

万通副主席的一番话把我们的心里说得热乎乎的。趁着高兴劲，王万增主席笑着说："万通主席，我们来趟北京也不容易，今天晚上我们安排个地方咱们坐一坐。"万通副主席连忙摆摆手："你们到了北京，又到了全总，应该我来安排啊！"我趁机插话说："离开兰州前，王新中主席特意叮嘱我们一定来拜访万通主席，晚上就请万通主席赏个光吧！"万通副主席稍稍思索了一下说，那好吧，晚上我们再一起聊聊天。

就这样我与王万增主席满怀喜悦离开万通主席的办公室。一回到住地我连忙打电话给王新中主席，向他汇报了全总有关部门对材料修改的意见和具体要求，以及我们见到郑万通副主席并转达他问候的情况。新中主席听后非常高兴，在电话里叮嘱我们一定按全总的要求把材料搞好。记得当时我还在电话上与新中主席开玩笑说："郑万通主席说你是个手扶拖拉机，还一再让我们代问你好。"电话的那头立刻传来新中主席一阵笑声。

与王万增主席随便吃了点午饭，我们就忙乎着联系晚上就餐的地方。经向办事处的老裴同志打听，说是对面的新兴宾馆环境不错。于是王万增主席叫上我，一起到新兴宾馆去订房间。原来这里是由部队开办的一家五星级宾馆，环境幽雅，设备很上档次，一走进宾馆大厅，就给人一种颇显豪华的气魄。大堂的服务人员带领我们来到订餐工作室，热情的工作人员很快为我们安排了晚餐的包房，一切工作进展得都非常顺利。

隆冬时节，北京天黑得格外早，加之北京市的各大机关大都是下午5点就下班，因此，刚过5点钟，王万增主席和我及兰铝办事处的有关人员，就来到新兴宾馆迎候郑万通副主席。虽说才5点来钟，但北京城已经笼罩在沉沉的夜幕之中，我与王万增主席迎着飕飕寒风，站在宾馆门前台阶上极目眺望，只见满城灯光闪烁，车流如织，令人颇有些眼花缭乱。大约6点钟的时候，万通副主席穿着蓝色风衣出现在我们面前。王万增主席忙迎上去，陪着万通副主席走进了就餐的包房。我已经记不清那天晚上我们就餐的房间在多少楼层，但我至今还记得那间房子正好临着宽大的窗户，凭窗望去，北京市的夜景尽收眼底。房间里特置的白里透蓝的灯光，柔和、温馨，弥漫着浓浓的春意。就在一切都显得十分随意的便餐中，万通副主席总是那样随和、可亲，他不时和我们交谈着，说着全国总工会的有关工作，询问着甘肃省工会工作的情况，了解着兰州铝厂生产经营、企业改革和职工生活与工作。话题也总是少不了王新中主席，万通副主席不止一次夸奖，王新中不愧是个工会活动家，不仅把甘肃的工会工作搞得很活跃，在全国工会系统也很有影响。听到万通副主席的这些评价，我禁不住激动地说："我们一定把万通主席的话带给王新中主席。"万通副主席也高兴地说，新中同志是我的小老弟，他还要小我好几岁，你们就说我向小老弟问好了。万通副主席的话引起我们几个人不约而同的笑声。不知不觉时间就过了两个来小时，当万通副主席和我们一一握手告别时，我和万增主席还真都有点依依不舍，深为万通副主席的平易近人而感动。

送走万通主席后，一回到我们住的房间，我与万增主席就开始研究起修改材料的事情，整整一个晚上，我在前面写，万增同志在后面抄，等到6000多字的材料写完、抄完时，天已经大亮。虽然一个晚上我们俩谁也没合上一眼，可一点儿倦意也没有。整理好材料后，万增主席叫上我，在街边小店吃了点早餐，就急匆匆向全国总工会赶去。当时已近春节，北京街头一派浓浓的年味。来到全国总工会机关后，也能感受到人们迎接新年的气氛。我们把材料交给有关部门的一位负责同志，他一边热情接待了我们，一边翻看着材料，并告诉我们材料基本可以，有什么修改意见只能到春节过后再联系，让我们也赶快回家准备过年。本想离开全总时，与万通副主席告个别，可当来到他办公室门前时，一位工作人员告诉说，万通副主席去参加会议了，我们只好不辞而别，心里不觉有些遗憾。

离开全总机关，我和万增主席便忙着准备返回兰州。虽说到北京已经三四天了，可由于忙于修改材料的事，连上趟街的空也没有。这天下午总算有了点时间，我和万增主席一连逛了王府井、西单一带的好几个商场，打算带一点年货回兰州过年。整整一个下午真是够累人的了，每到一个地方，都是人山人海，挤得水泄不通。等到我们买了几样东西后，已经是傍晚7点多钟。第二天，我们乘飞机回到兰州时，已经是腊月二十八了。

过完春节不久，全国总工会就在北京召开了主席团扩大会议，邀请兰州铝厂等企业在会上交流了全心全意依靠职工办企业的经验。时任兰州铝厂厂长刘铁军和王万增主席一起参加了会议。王万增主席后来告诉我，全国总工会领导对兰州铝厂依靠职工办企业的做法和经验给予充分肯定。时任全国人大常委会副委员长、全国总工会主席倪志福还专门接见了刘铁军与王万增同志。万增主席把倪志福同志接见时与他的合影照片还专门放大，悬挂在了他的办公室里。每当有人去他的办公室看到这张照片，他都会说起倪志福同志接见时的情景，总有一份喜悦与自豪。

兰州铝厂的经验在全国总工会主席团扩大会议介绍后，更加引起甘肃省总工会的关注。在时任省总工会主席王新中的积极倡导下，又把兰州铝厂的经验材料改写成一篇题为《凝聚力是这样铸成的》演讲稿，并组成报告团，在全省范围内进行了宣讲，产生了十分广泛的影响。后来，郑万通同志也备加赞赏甘肃省总工会热情推广兰铝经验的好做法。

第二次见到郑万通同志是在1991年的8月。他在时任全国总工会宣教部部长董蕴琦的陪同下，来兰州参加全国职工邮展。

记得万通副主席是8月24日飞抵兰州的。第二天就参加了全国职工邮展组委会会议，还发表了热情洋溢的讲话，对邮展整个筹备工作给予充分肯定。会后，他还兴致勃勃参观了展览布展情况。

8月26日是邮展开幕的日子，也是兰州解放42周年纪念日，邮展在这天开幕更有一番意义。可是这天天公不作美，一大早就下起了大雨，原本安排在甘肃省博物馆广场举行的开幕式，只好改在博物馆一楼大厅举行。广场摆放的花篮，高高悬挂的巨幅会标，飘扬在广场上空的数十个气球、彩带均都泡在了大雨之中，给本来隆重、热烈的邮展开幕式带来些许遗憾。

上午9时，邮展开幕式按原定时间正式开始，万通主席与邮电部部长杨泰芳及甘肃省党政军领导出席开幕式，并观看了全国26个省、市、自治区参展的194部邮集、数万件邮品和28部集邮文献。

邮展开幕式结束后，当天下午雨过天晴，万通副主席又在全总宣教部部长董蕴琦和甘肃省总工会主席的陪同下，驱车赶往300多公里外的金川公司检查指导工作。记得当时随同万通副主席一道前往金川公司的有七八个人，我也随行采访了万通副主席的调研活动。我们一行全部乘坐一辆面包车，好像是下午1点钟就离开兰州。一路上，万通副主席谈笑风生，车厢里笑声不断，气氛十分活跃。车过乌鞘岭时，万通副主席还特意让汽车停了下来，一览乌鞘岭的风光。虽说时值盛夏，可站在乌鞘岭上，还真有点凉意。我还清楚记得万通同志的衣裤都被风吹得鼓了起来，头发也被风吹得乱蓬蓬的。万通同志却充满兴致，在这里又是与大家合影，又是单独拍照，还兴致勃勃地说："这次总算感受到了河西走廊的特有风光啊！"

大约四五点钟的时候，我们来到了河西重镇武威。按照王新中主席的事先安排，万通同志一行来到在甘肃省颇有名气的武威皇台酒厂参观。当时的皇台酒厂真可谓甘肃的明星企业，皇台酒不仅誉满陇原，而且还几次在国际酒类评奖中连连捧回金奖，让许多同行刮目相看。厂长张景发更是全省大有名气的企业家，也是全省人大代表，全国劳动模范。当我们乘坐的面包车抵达皇台酒厂门口时，景发厂长和厂里的其他几位领导早就在这里迎候。万通同志一下车就与景发厂长亲切握手，并连连说："新中同志已经告知我们，你是位很优秀的企业家，把企业经营得红红火火。皇台酒不仅享誉甘肃，还打入国际市场，很了不起啊！今天我们特意来看望你和厂里的职工，感谢你们为国家经济发展做出的贡献。”一番话说得景发厂长和其他几位厂领导一个个脸上都笑开了花，我们一行人也都心里热乎乎的。

就这样一边说着，一边笑着，万通同志在景发厂长的陪同下，首先来到生产车间看望职工。他每到一处都和职工亲切交谈，询问职工的收入、生活及劳动保护等情况。还详细了解酿酒的整个工艺流程。在与酒厂领导座谈时，万通同志又热情赞扬了他们创造的喜人业绩。应景发厂长再三请求，万通同志即席挥毫，为皇台酒厂留下了墨宝。由于时间较长，现在已记不清当时题词的具体内容。但至今我还记得，当万通同志刚放下手中的毛笔，景发厂长便递上了一杯皇台酒请万通同志品尝。万通同志哈哈一笑，接过酒杯细细品评，连声称赞不错不错。说着还开玩笑说：请新中同志也来一杯。

就这样，不知不觉已经过了近一个小时，在皇台酒厂同志们的惜别声中，万通同志又登上面包车，朝着镍都金昌前进。

到达金川公司时已是大约晚上7点钟的时间。来到金川公司有名的龙首山庄时，时任金川公司工会主席黄永贵和公司其他领导早就在这里等候万通同志一行的到来。头一次来到祖国镍都，万通同志显得格外高兴，不时以极大的兴趣询问金川公司的生产经营情况，了解所产各种贵金属的品种以及矿产资源的产量和品质。当金川公司的领导把这些情况一一告知万通同志时，他听得那样专注，还不时地插话问这问那。记得整个晚饭时间，饭桌上始终没有离开金川公司生产经营及在国际同行业排名的情况，万通同志当时那股子兴致，至今让人记忆犹新。

也许是万通同志头一次到金川公司的缘故，也许是全国总工会的领导头一次与镍都的工会干部见面的原因，金川公司的工会干部都非常想听听万通同志的讲话。公司工会主席黄永贵十分理解大家的心情，因而就来了个先斩后奏，也顾不上全总领导一行长途乘车的劳顿，当晚就安排了一场万通同志一行与金川公司工会干部的座谈会。万通同志一行晚上8时左右来到座谈会会场时，整个会场已坐满了人。黄永贵主席也真会抓机会，把万通同志一行一一介绍给大家后，就先汇报起了公司工会的工作。尽管他片纸未拿，却把金川公司工会多年来开展的“四个一”劳动竞赛、加强班组基础建设，推行职工代表大会制度汇报得头头是道，绘声绘色。万通同志一边全神贯注地听着，一边还详细做着记录，时而还插话提问，会场气氛轻松而又活跃。黄永贵主席简要汇报完工作，突然话锋一转：现在请全总领导为我们讲话。

万通同志在与会同志的热烈掌声中，站起来连连向大家致谢，又扭过头朝着坐在他身边的王新中主席笑着说：“新中同志，这可是个突然袭击啊，您可没有安排讲话的任务啊！”

万通同志的话引起大家的一片笑声，会场上又响起一阵长时间的掌声。万通同志又笑着对大家说，刚才黄永贵主席介绍的情况，已经让我非常感动，金川公司不仅生产经营、技术开发走在了全国企业的前列，工会工作也创造了不少宝贵经验，很值得学习和推广。尽管新中同志没有安排讲话的任务，我看还得说几句。就这样万通同志没有任何准备，就即兴发表了足足一个多钟头的讲话，实际就是一次非常精彩的演讲。现在从我当时的笔记本上还能看到，万通同志那次演讲的主题就是：推动全心全意依靠工人阶级方针的落实，树立以经济为中心的工会业务指导思想。他在讲话中强调，各级工会必须牢固树立以经济建设为中心的业务指导思想，在促进社会生产力发展中显示工会的作用和力量。他还说：不管是搞好大中型企业，还是克服经济建设中面临的各种困难，关键是要靠深化改革。同时要加强企业民主管理，落实职代会各项职权，完善企业内部的监督机制，真正把科学管理、严格管理与职工民主管理有机结合起来。对于医疗、住房、社会保障等直接关系职工切身利益制度的改革，要从转化管理机制上多想办法，尽量不要或减少从职工头上拿钱。我们所进行的一切改革，都要从完善社会主义制度，保障职工群众的基本物质利益和主人翁地位这个目的出发。

我还记得这一年，党中央下发了关于进一步发挥工人阶级主力军作用需要解决的几个具体问题的文件，因而万通同志的讲话通篇贯穿着如何落实党的依靠工人阶级方针的精神。他说，各级党政工组织，都要从坚持社会主义道路的高度，认识全心全意依靠工人阶级的重要性，推动全心全意依靠工人阶级方针的落实。要把职工的积极性真正调动起来，从社会政策因素讲，就是要在人大、政协等组织中加大工人的比例，为职工群众参政议政创造条件。要积极从产业工人中发展党员，加强生产一线工人中的党员力量。要重视从优秀工人中选拔干部，并且有计划地选拔优秀工人上大学深造，毕业后输送到各级党政机关。从企业内部讲，要通过落实职代会职权等途径，让职工充分行使当家做主的权利。

万通同志在讲话中特别强调，各级工会必须牢固树立以经济建设为中心的业务指导思想，在如今形成经济大合唱、经济一条龙、经济统一体的大舞台上，充分发挥工会的作用。工会组织要把以经济为中心的原则具体化，要开展好群众性双增双节、合理化建议、技术比武、岗位练兵、发明创造等生产技术活动；代表职工群众积极参与地方、产业和企业有关经济宏观发展的决策；不断深化企业民主管理，推进企业改革步伐，尤其是协助政府和企业行政妥善安置困难职工的生活。

也就在金川公司的这次讲话中，万通同志还高度评价了甘肃省总工会的工作，称赞省总工会在几个主要工作领域进展很好，依靠大企业工会，带动全省工会工作的方法具有战略意义。

万通同志的讲话妙语连珠，精彩感人，博得了会场一阵又一阵掌声。尽管已经到了晚上10点多钟，与会的工会干部和职工代表仍然意犹未尽，深深被万通同志的演讲所感染。等到我们回到住地时，已经是晚上11点多钟了，整整忙碌了一天的万通同志却丝毫看不出一点儿倦意。这天晚上，我与时任万通同志秘书的王南同志同住一室，我们俩久久都未能入睡，都为万通同志的精彩演讲而叹服。也正是在与王南同志的交谈中，我知道了万通同志曾在天津市委秘书长岗位履职多年，陪同了林孚加、倪志福、李瑞环等几任天津市委书记，他的口才、他的文章以及他敏捷的思维和深厚的理论功底有口皆碑，从而使我对万通副主席在心里产生了深深的钦佩和敬慕。

第二天，当我和王南同志一道在院子里散步时，万通同志在住地的草坪上散步，我们互致问候后，金川公司的领导就请大家吃早餐。按原来安排，吃过早饭就返回兰州，可这时万通同志却提出要到生产现场看望职工。于是早饭后，在金川公司党政工领导的陪同下，万通同志先后到金川公司矿区井下和一些生产班组进行了参观、考察，又一次对金川公司的各项工作赞誉有加。

等这天回到兰州时，已是下午时分。吃过晚饭，王新中主席和我们几个人又一起来到万通同志住的兰州友谊宾馆的房间，请万通同志为我们在纪念封上签名。万通同志欣然答应，为我们几个人一一签名。当为我签名时，不仅为我签写了一枚实寄封，我还请万通副主席为我的女儿也写一枚实寄封，万通副主席竟毫不推辞，工整写下了：兰州市东郊小学，文晶小朋友收，全国总工会郑万通。至今万通副主席为我和女儿签写的纪念封我们一直珍藏着。就是从这以后，万通同志也对我有了一些印象，加上几次去北京开会又专门看望过万通副主席，在后来的几年中，万通副主席还曾几次给我寄过纪念封，每年春节我也都给万通副主席寄过贺年卡，以致节日问候。

再一次在兰州见到万通同志时，是在1992年的6月。他是来甘肃参加中国职工思

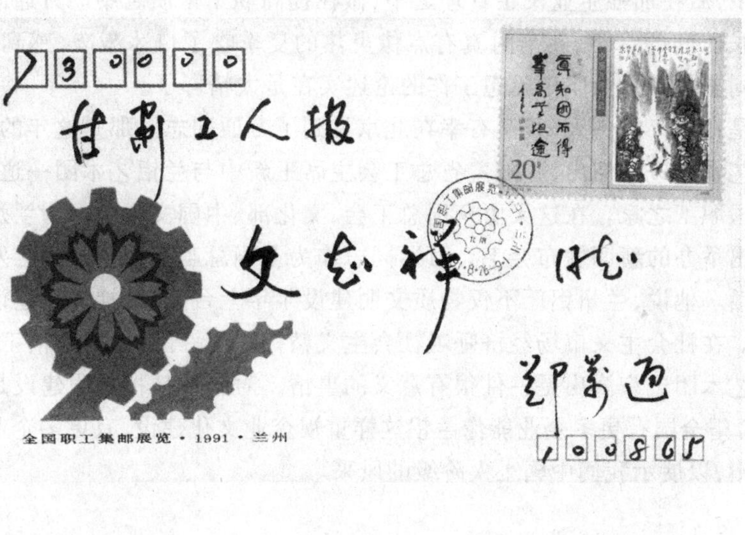

想政治研究会第七次年会。这次年会是在白银公司召开的。那时我是《甘肃工人报》的副总编,应大会组委会邀请参加了会议采访。这次会议除全国一些知名度较高的大型企业的领导和各省市党委工会等方面领导参加外,中央有关部委也来了不少领导。徐惟诚、邓力群、袁宝华等领导都出席了会议。万通同志作为全国总工会的代表,带领全总有关部门的同志专程前来参加会议。

记得会议的第二天下午，万通同志专门邀请出席会议的全国工会系统的代表座谈。在时任甘肃省总工会主席王新中的安排下,座谈会安排在了白银公司四龙口的宾馆。这里距白银市区大约六七十公里,位于黄河岸边,环境十分清净幽雅。在座谈会上,来自全国各地的工会主席、副主席、宣教部长都畅所欲言,反映了企业职工队伍思想方面的种种情况。尤其是来自吉林、辽宁、北京、天津等省市工会代表的发言,在与会同志中产生强烈共鸣。会场的气氛也显得格外热烈。

听完大家的发言,万通同志发表了重要讲话。这也是我又一次有幸聆听他的精彩演讲。万通同志的讲话,从头到尾都贯穿了如何加强和改进企业思想政治工作,引导职工积极参与改革的精神。他特别强调,经济工作越繁忙,改革开放越深入,越要重视职工思想政治工作。从工会的位置和角度来看,要在企业思想政治工作的全局中发挥作用,就要对职工进行邓小平所倡导的建设有中国特色的社会主义的一整套理论、方针、原则、政策的教育。要使思想政治工作切实服从并服务于经济建设这个中心,把工会的一切教育、宣传活动都融合到经济、业务、技术等各项工作中去,切忌思想工作与经济工作两张皮的现象。要使思想工作真正贴近职工群众,了解职工的思想脉搏,掌握职工的喜怒哀乐。要使思想工作深入基层、深入班组,落实到人头。通过工会积极分子联系一大批职工群众,形成基层思想政治工作网络。真正把工会的思想政治工作做到改革之中,做在加强企业民主管理之中,做在提高职工素质之中。万通同志的讲话赢得全场长时间的掌声,我当时真有点像炎热的夏季吃了口冰激凌,感到十分解渴,因为万通同志关于企业职工思想工作的论述实在是太精彩了。

也就是1992年的冬天,我又有幸在北京见到了万通同志。那是这年的11月19日,兰州铝厂艺术团进京演出,我随着省总工会主席王新中与兰铝艺术团一道来到北京,住进了中国职工之家。在这天由全国总工会、文化部、中国文联专门为兰州铝厂艺术团进京演出举办的新闻发布会上，万通同志作为全国总工会副主席到会发表了热情洋溢的讲话。他说,兰州铝厂不仅物质文明建设年年上台阶,精神文明建设也取得了显著成绩。在社会主义市场经济呼唤社会主义精神文明,呼唤思想政治工作的时候,兰铝职工艺术团进京演出是一件很有意义的事情，对企业精神文明建设是一次很好的展示。希望全国有更多企业能像兰铝这样重视企业文化建设,有更多企业职工艺术团进京演出,以展示我们中国工人阶级的风采。

正是在万通同志讲话精神的鼓舞下，兰州铝厂职工艺术团的同志把一台充满浓郁西部气息的综艺节目《陇上花季》从富丽堂皇的首都国际剧场演到了中南海中央警卫局礼堂，从拥有10万职工的燕山石化公司演到了卢沟桥乡，一时间轰动了京都、震惊了观众。中央人民广播电台、中央电视台、《人民日报》等中央媒体纷纷报道，确实红红火火风光了一阵。直到现在兰铝人提起当年艺术团进京演出的事，依然掩饰不住心头的喜悦和自豪。

后来，我又先后两次在兰州见到了万通同志。这时，他已经从全国总工会调任中共中央统战部副部长兼任中国工商联党组书记。

记得有一年夏季的一天晚上，我突然接到兰州铝厂工会主席王万增同志的电话，告知说万通同志到了兰州，就住在飞天大酒店。第二天时任兰州铝厂厂长的刘铁军宴请万通同志，让我也一起陪同。接完电话我心情格外激动，自万通同志离开全国总工会后，我们已有好几年没有见面了。能在兰州再次见到万通同志，心里实在是太高兴了。兰州铝厂也请省总工会主席王新中参加宴请。当天晚上我就与新中主席电话联系，第二天一起看望万通同志。宴请是安排在中午的12点，可这天上午10点多钟，我就与新中主席一道来到万通同志住的地方。因为早就熟识，万通同志见了我们格外亲热，询问了新中主席和我的工作等方面的情况，交谈得十分愉快。原来万通同志来兰州的主要工作是带领香港工商界人士来甘肃考察，并到临夏开展有关资助帮扶工作。正在我们交谈的时候，万通同志的电话突然响起，他接完电话后高兴地说，是时任甘肃省委书记的阎海旺打来的，也是约请万通同志中午吃饭。当万通同志告知中午兰州铝厂已经作了安排时，阎书记表示中午他也参加。于是新中主席让我赶快把阎书记中午宴请的消息告诉兰州铝厂，我便及时向刘铁军厂长作了通报，他更是格外高兴。

宴会就安排在飞天大酒店二楼的一间大包厢里。离12点还有20多分钟的时候，万通同志就说，咱们早点去，一会儿海旺书记来，我们得去接接他。当我们乘电梯下到二楼时，只见刘铁军等兰铝的几位厂领导已经在二楼大厅等候。万通同志急忙走过去与他们一个个握手问好，还与刘铁军久久拥抱，并连连说："铁厂长身体还是这么硬朗。"我禁不住打量了一下已经年过六旬的刘铁军，穿一件淡黄色T恤，配一条浅色休闲裤，不仅精神气十足，还颇有些风度。就在万通同志与大家寒暄的时候，阎海旺书记已从二楼楼梯走了上来，万通同志忙迎上去紧紧握手。阎书记一边和我们每个人握手，一边风趣地说："今天我可是不请自到，主动申请来吃饭的。"就在我们大家的一片笑声中，万通同志与阎海旺书记一道走进了宴会厅。那天，席间的气氛热烈而又轻松，万通同志的兴致很高，和我们每个人都一一碰杯，并且每次碰杯他都一饮而尽。平常我是极少喝酒的，可那天万通同志与我碰杯时，由于刘铁军厂长从中"摇车"，竟然一连给我灌进三杯白酒，完了还得再喝一杯红酒。这可是我平生以来头一次喝这么多酒。多亏新中主席从中说情,刘厂长才放过了我。由于多年来与铁军厂长建立的友情,每当一起吃饭时,他总免不了要逗着我开开玩笑。当我坐在餐桌已感到有些脸烧头晕之时,记得万通同志和阎海旺书记几乎同时都冲着我说:“快喝口水就好了。”这天我最终喝醉了,当回到家里后就在沙发上整整躺了一个下午。

2002年夏天,已经担任全国政协秘书长的万通同志又一次来到了兰州,这次他还是带领港澳工商界的一些人士来甘肃观光、考察。这是一个星期天的早上,已经到甘肃省委宣传部担任副部长的王新中同志打电话给我,说是万通同志就在兰州,今天中午想在下榻的宁卧庄宾馆贵宾楼和我们见面并一起吃午饭。放下电话我就离开家里,打了辆出租车赶往宁卧庄宾馆。来到贵宾楼时,新中主席和已经退休的原省总工会纪检组组长李森林已经坐在大厅的沙发上。由于万通同志要乘下午2时多的飞机返京,所以中午饭就定在了11点钟。新中主席和我们一起在大厅迎候万通同志。不一会儿万通同志从电梯走了出来,陪同他的还有省工商联的几位领导。看见万通同志,新中主席和我们都迎了上去,熟人相见又是拥抱,又是握手,显得十分亲切。在餐厅坐下后,万通同志问了我们每个人的情况。当问到我时,万通同志说:“文总编现在还在报社工作,还是回到省总机关了?”我回答说:“还在报社工作。”万通同志说:“办报纸可是很辛苦的。”我忙说:“不辛苦,不辛苦。”席间万通同志还一再说,欢迎你们到北京来,有事就到全国政协来找我。说着他在身上口袋里摸了摸说,我也没有什么名片,给你们留个电话吧。说着便从餐厅找来几张纸,给我们每个人留下了他的办公室、秘书值班室及手机和家里电话。至今这张记录着万通同志联系电话的纸条还夹在我随身携带的电话记录本上。这次午饭持续了一个来小时,席间也认识了省劳动模范李瑞英,他是一位颇有知名度的民营企业家,也是省政协的委员。他和万通同志也是老相识了。

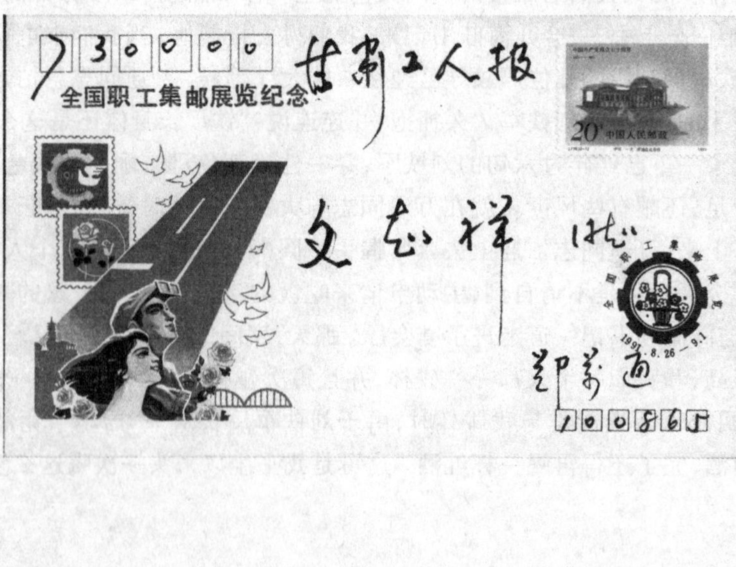

从此我们也有了来往，李瑞英总经理后来还被聘为我们《甘肃工人报》的顾问，对报社工作给予了多方面的支持。这天中午刚过12点钟，我们就送万通同志上车，急匆匆赶往中川机场。临上车前，万通同志又一次和我们大家握手，并再三说欢迎你们到北京来找我！

这次与万通同志一别，一晃已经近5个年头，再也没有近距离见到过他。可每每从电视屏幕上看到万通同志，不论是出席各种会议，还是出国访问，还是那样精神矍烁，风度依然，仍然感到是那样的亲切……

张丁华和我谈办报

1993年3月25日清晨。

天刚蒙蒙亮，几辆小轿车就在白银至兰州中川机场的道路上疾驶。这是时任全国总工会副主席、书记处第一书记张丁华，结束了在我省的考察活动，在时任甘肃省总工会主席王新中、副主席胡纯刚的陪同下，正在赶往飞机场，准备乘坐9时30分兰州至北京的飞机。

还不到8点钟，张丁华同志一行乘坐的汽车就稳稳停在了兰州中川机场候机室大厅的门前。3月的兰州春寒料峭，中川机场刮着呼呼的西北风，一走下汽车，一股寒气便迎面袭来。由于省总工会办公室的同志早已和中川机场工会取得联系，在机场工作人员的周到安排下，张丁华同志和我们大家都被安排在机场贵宾室休息，因为离飞机起飞还有一个多小时的时间。

休息当中，张丁华同志和王新中主席一会儿交谈着工作，一会儿畅谈着在甘肃几天考察调研的感受。休息室里也不时响起一阵阵笑声。突然，丁华同志目光盯向坐在休息室后面沙发上的我的身上，还朝我招了招手，要我坐在他的身边。由于随着张丁华同志采访了好几天，彼此都已经熟悉，我也没有一点胆怯，就兴冲冲坐到了丁华同志的身边。

当我刚一落坐，丁华同志就说办报纸是很辛苦的，既要心细，又要一丝不苟，不得有一丁点的马虎。当他得知我是《甘肃工人报》的副总编后又说，当报社的领导肩负的责任更是不轻，起早贪黑是常有的事。他还告诉我，他曾经办过一张企业的报纸，其中的甘苦深有感受，为一篇稿件的标题反复推敲斟酌，为一篇稿件的内容再三斟酌的事是经常发生的。丁华同志还很深情地对我说，办报之难，办报人之苦，我可是深有体会啊！一番话顿时让我激动不已，只顾一个劲地点头，竟然说不出一句话来。接着他又详细询问了《甘肃工人报》社的人员、报纸发行、经费来源等情况。当我一一回答，并说省总工会领导对报纸工作十分重视，省总工会每年都拨付一定的经费支持办报时，丁华同志特意对王新中主席说：“我们工会办的报纸，工会就应该给予支持，这实际上是支持我们工会自己的工作，在其他方面少花一点钱，多给报纸一些投入是完全应该的。”王新中主席也连连点头表示赞同。接着丁华同志又语重心长地对我说：工人报刊是工会组织的喉舌，是职工群众的舆论阵地，要把职工群众，特别是生产一线工人作为报纸宣传的主角，把工会工作作为报纸宣传的重点。通过我们工会系统自己的报纸，弘扬劳模精神，宣传党的全心全意依靠工人阶级的方针。要少宣传领导活动，少报道会议，多报道一些基层职工先进事迹，多报道一线职工的生产、工作、学习与生活，反映职工群众的意见和呼声。特别是要结合工会维护职工合法权益的工作，通过报纸为职工说话办事，伸张正义，揭露和批评侵犯职工合法权益的行为和事件。同时要增强报纸的知识性、趣味性和可读性，为职工群众提供丰富多彩的精神食粮。张丁华同志教我如何办报的一席谈话，已经过去十多年时间，可他语重心长的教诲却一直铭记在我的心中。不管是当《甘肃工人报》的副总编，还是1994年担任《甘肃工人报》的总编辑，长期以来，我都是按照张丁华同志的那次谈话精神和报社的同志一道，坚持“面向企业、面向工会、面向职工”的办报宗旨，使甘工报由小报变大报，发展到如今的每周五期，成为跻身于全国报刊之林、在全国工人报刊和甘肃省颇具影响的一张报纸。

这就是我第一次见到张丁华同志留下的一段难忘的记忆。记得那是张丁华同志特意来甘肃参加省总工会召开的全省地县暨民族地区工会工作会议。在那次会上丁华同志发表了重要讲话，他说，当前工会工作任务越来越重，责任越来越大。在这种形势下，加强地县工会工作就显得格外重要。他还就做好转换企业经营机制过程中的工会工作，提出了六个方面的要求：一是以经济建设为中心，通过开展各种竞赛活动，把职工积极性调动起来；二是以民主管理为重点，开好职代会，落实“五权”，建好“职工之家”；三是提高工会干部素质；四是要为职工办实事；五是坚持两个维护，关心职工的切身利益；六是进行超前性调查研究，不断给工会工作提出新课题。至今还给我留下深刻印象的是，当时与会的地县工会的同志，对丁华同志的讲话反映十分强烈，在讨论中有不少人说：全总领导的讲话抓住了工会工作的关键，听后让人真正明确了工会工作应该怎么干，明确了工会应该干什么。就在那段日子，张丁华同志还在时任甘肃省总工会主席王新中陪同下，先后深入兰州铝厂、白银公司等企业调查研究指导工作。作为《甘肃工人报》的记者，我随同张丁华同志采访了调研活动的全过程。在整个调研过程中，每到一家企业，张丁华同志都要与企业的党政工领导和职工代表进行座谈，详细了解企业的生产经营、改革发展、工会工作等情况。还深入生产现场、职工家庭慰问一线职工、看望劳动模范和困难职工，留下了一段段感人佳话。特别是张丁华同志在调研中发表了一系列重要讲话，对甘肃的企业改革和工会工作产生了重要影响。翻开当年的采访本，还清清楚楚记录着张丁华同志的一些重要讲话：

工会工作以经济建设为中心，是贯彻党的基本路线的需要，符合工人阶级的根本利益，是与新时期工人阶级所担负的历史任务相适应的。所以工会的各项活动和工作，都必须服从并服务于经济建设这个中心。各级工会组织、工会的各个业务部门，都要从各自的业务实际出发，全方位投入经济建设，决不能把以经济建设为中心看成是经济部门一家的事。工会全力以赴投入经济建设主战场，就是要最大限度地调动职工的生产积极性，动员和组织职工围绕提高产品质量，调整产品结构等重点，广泛开展劳动竞赛，开展群众性技术协作、技术革新、发明创造、合理化建议活动，并要使各项群众生产活动为发展社会主义市场经济服务。

在转换企业经营机制中，必须贯彻全心全意依靠工人阶级的方针，不管是企业内部实行哪一种管理模式和经营机制，都要加强企业民主管理，建立健全职工代表大会制度。即就是实行股份制的企业，同样要加强职工民主管理，以公有制为主体的股份制企业，必须建立职代会。股东大会不能代替职工代表大会，三资企业必须成立工会，通过工会协调劳动关系。在转换机制的过程中，千万不能忽视职工的主人翁地位，切实保障职工的合法权益，凡是企业的重大改革方案和经营决策，必须经职代会讨论审议。要进一步加强企业民主评议干部工作，这样有利于强化工会的监督职能，密切干群关系，增强企业凝聚力。

工会兴办经济事业是发展全国第三产业的重要组成部分，各级工会对此项工作都要有足够的认识。工会办经济事业，必须坚持为改革开放服务，为经济建设服务，为职工群众服务，为工会工作服务的宗旨，要把工会办事业的重点放在企业工会和产业工会。这样就能形成工会兴办事业的强大合力。工会办事业一定要量力而行,从实际出发,不能盲目攀比。每办一项经济事业,必须进行可行性论证,千万不能草率决策。尤其是各级工会领导干部一定要保持清醒头脑,对办事业中出现的问题要及时予以纠正,敢讲真话,敢讲问题,确保办一个,成一个,防止走回头路。在兴办企事业中,要尽可能发挥现有文化宫、俱乐部等设施的作用,不要乱开口子,乱上项目。工会领导机关要加强对办企事业的宏观指导,但不能一头扎进办实体中去,防止抓了芝麻丢了西瓜。

……

时间虽然已经过去了十多年,可今天品味张丁华同志这些讲话,仍然是那样的亲切,对现阶段工会工作还是那样极富针对性和指导性。

张丁华同志那次在甘肃调研时,留给我印象最深,又让我为之感动、深受教育的,就是他在白银公司冶炼厂职工食堂,与工人们一起就餐的情景。至今当时的情景就像发生在昨天的故事,常常在我眼前浮现:

那是1993年3月24日中午。正是吃午饭的时候,白银公司冶炼厂的职工像往日一样,一个个夹着饭盒,拿着饭碗,从厂区的四面八方,三五成群地向职工食堂走去。不大一会儿,偌大的饭厅里,人群熙攘,饭香四溢。

可工人们谁也没有料到,就在这个时候,张丁华同志出现在了职工食堂饭厅。陪同的甘肃省总工会主席王新中站在饭厅当中高声说:"同志们,全国总工会副主席、书记处第一书记张丁华同志特意来看望大家,还要在这里和大家一起吃中午饭……"

王新中的话音还没落,整个饭厅里就沸腾起来:蹲在地上吃饭的工人站了起来,围着饭桌吃饭的工人放下了手中的碗筷,排着长队等候打饭的人们齐刷刷扭过头来,大家不约而同地向张丁华等全国总工会的领导投以敬佩的目光。饭厅里立时回荡起一阵热烈的掌声。三五成群的人群中,还不时发出阵阵赞叹:"北京来的大官和工人一道吃饭,真够新鲜啊!""还是工会的领导和工人心贴得紧,到下面来能想着来看看工人们的生活情况。"……

本来,白银公司领导已经在宾馆里安排了午饭,可张丁华同志坚持不在宾馆吃饭,提出要专门看看职工食堂,并要和工人一起吃饭,而且不允许给职工食堂打招呼。于是,中午12点左右,张丁华一行在白银公司冶炼厂生产一线看望职工后,就直奔冶炼厂职工食堂而来。

张丁华同志来到冶炼厂职工食堂,认真察看了每个操作间,在摆满各种饭菜的长案旁,他还与炊事员们亲切交谈:"每天在食堂吃饭的职工有多少?"炊事员们回答:"大约有一千多人。"张丁华同志指着红烧鱼、蒜薹炒肉、蘑菇炒肉、菜花炒肉等,一一询问了每样菜的价格。当炊事员们回答出"1.5元、2元"等不同的价格后,张丁华同志连连点头说："不算贵，不算贵。"

刚走进饭堂大厅，迎面走来两个青年职工，每人拿着两个馒头，饭盒里盛满热腾腾的蒜薹、蘑菇炒肉。丁华同志兴冲冲问道："你们俩都是单身汉吗？"俩青工回答："我们都是单身。"丁华同志又问："每月工资有多少？""300多元。"两个青工笑着答道。"吃饭能花多少钱？"丁华同志又问。"大约100多元。"两青工笑了笑说。丁华同志听后点了点头。

在一张大圆桌上，张丁华和几位正在吃饭的工人同席而坐，当两个年轻工人端起饭碗要让座时，丁华同志忙按了按他们的肩说："来来，咱们一块儿吃。"看到丁华同志平易近人，和蔼可亲，工人们也围着他坐了下来。为了记下丁华同志与工人们聊些什么，我也便坐在了丁华同志的身旁。这时炊事员为丁华同志和我们几个人每人端来一个盘子，里面一个大粗碗里盛满了蒜薹炒肉等几个菜，一个碗里放着两个馒头，同时还端来一盆鸡蛋西红柿汤，放在饭桌中央，让大家一起喝。

丁华同志一边吃，一边和同桌的几位工人唠了起来。记得有个叫刘国贵的青工喜滋滋地对张丁华同志说："厂里对我们单身职工生活很关心，职工食堂也越办越好，每顿饭都保证有6样菜，任大家挑选，主食花样就更多了。"还有个叫曹玉琨的青工一边吃着香喷喷的肉炒蕃瓜、菜花，一边说："要是年节假日，我们这里和大饭店没啥两样，想吃啥有啥。不仅供应的饭菜花样多，要单炒也行。能做到这样，关键是厂领导和工会抓得紧，食堂的师傅们工作尽心啊！"丁华同志一边津津有味地吃着，一边也兴冲冲地说："职工生活是个大事，当然要抓紧啊！"他还说："这食堂饭菜的味道还真不错，这要比那些个几菜几汤实惠多了，既能吃好，也能吃饱。"他的话引来大家一片笑声。

就在这时，食堂的师傅抱来十几个大粗碗，丁华同志忙站起来，拿起汤盆里的勺子给每个工人一一盛起汤来。工人们都觉得有点不好意思，丁华同志却诙谐地说："就让我给大家难得的服一次务吧。"说得大家又都笑了。当丁华同志正要给我盛汤时，见我还低着头在笔记本上写着，摆在面前的一碗菜还是动也未动，两个馒头也还完好地放在那里。丁华同志禁不住说："我们的记者也真辛苦了，连饭也顾不上吃。"接着又拍了拍我的肩头说："不要急，我们等着你，记完了快抓紧吃饭，可别饿着肚子。"说着丁华同志又走向别的饭桌，一一查看起来。趁这空儿，我抓过一个馒头大口大口吃了起来。本想快快吃一点，只见几个工人朝我围了过来，他们仿佛每个人都有话要和我说。被大伙的热情感染，我只好放下手中的碗筷，和工人师傅们聊了起来，一字字、一句句记下了他们的肺腑之言。一位叫李双仁的老工人很动感情地说："我是个老单身了，在这个食堂已经吃了20多年的饭，从没见过上边的领导，更不要说中央领导下职工食堂和我们工人们一起吃饭。全国总工会的领导今天能到我们这里来，我想不光是吃个饭，这是在体察我们工人的生活。还是工会干部想我们工人想得多啊！"有个叫古有生的青工说:“如今来厂里检查的领导和工作组我们也没有少见过，但大都是由领导陪同吃招待饭或宴请,像全国总工会领导这样和工人一起在职工食堂吃饭还是头一次,还是工会干部的作风好,老传统没有丢。如果各级领导干部都能这样做,廉政建设肯定能抓好,公款吃喝风也肯定能煞住!”工人们越说越来劲,当我还埋头记录着大伙的谈话时,突然不知是谁喊了一声,催着我快上车。我只好合上笔记本,赶紧抓上一个馒头,急匆匆向面包车跑去……

就这样,张丁华同志在白银公司整整忙碌了一天。当天晚上他仍然不顾疲劳,接受我的专访。我请他谈谈对甘肃工会工作的总体印象,丁华同志仿佛成竹在胸,侃侃道来,一连说了甘肃工会的四个好:

以国有大中型企业为重点和依托,带动、辐射地县工会工作并实施分类指导的工作思路确立得好。

在全省工会系统实施“双带整推”的思路新,办法好。

以帮厂扶贫为重点的地县工会工作抓得好。

一业为主,多种经营,节俭高效的会风好。

他还称赞甘肃工会工作出经验、有水平,有些工作对全国工会系统有指导意义。

第二天早晨,也就是1993年的3月24日清晨8点多钟,张丁华同志一行就要乘飞机返回北京。由于白银市距兰州中川机场大约有近两个小时的车程,早晨6点30分就得赶往机场。本来要在机场安排早饭,可张丁华同志说啥也不肯,反复说那么早就不要再麻烦别人了,我看准备个大饼就行了……

这就是我第一次见到的张丁华同志，他那和蔼可亲的平民作风一直留在我深深的记忆里。

再见到张丁华同志时,是在1993年10月的中国工会第十二次代表大会上。当时我作为甘肃代表团的随行记者采访了这次全国工会代表大会。就在我们代表团到达北京的当天晚上,张丁华就来到我们代表团的住地,看望包括我们甘肃代表团在内的各省代表。有幸的是在宾馆的电梯里,我与丁华同志等几位全总领导不期而遇。丁华同志走进电梯就一眼认出了我:这不是甘肃的那位记者吗,是不是小文?我激动地连连点头,并暗暗惊讶张丁华同志这么好的记忆。来到我们甘肃团代表住的楼层后,王新中主席陪着丁华同志和其他全总领导走进一个个房间看望代表。当来到作为特邀代表的时任兰州铝厂厂长的刘铁军的房间时,丁华同志一见到刘铁军就高兴地说:铁厂长,我们又见面了。说着两人又高兴地拥抱起来。丁华同志还对全总其他几位领导说:他是最支持工会工作的企业家,在甘肃、在全国很有影响啊!

也就是在这次大会上,坐在庄严的人民大会堂里,我聆听了丁华同志代表全国总工会十一届委员会所作的工作报告。也就是在这次代表大会上,他继续当选为全国总工会副主席。当时的一幕幕情景至今还让我记忆犹新。

第三次见到张丁华同志时，已经是1995年的12月23日。这是张丁华同志为时任中共中央总书记、国家主席、中央军委主席的江泽民同志来甘肃慰问困难职工做前期准备工作。记得张丁华同志一行是头天晚上从北京飞抵兰州的。那天，由于飞机在北京起飞时就已晚点，当丁华同志一行乘坐的飞机抵达兰州中川机场时，已经晚上9点多钟了。那天，我也随同王新中主席去机场迎接全总领导。丁华同志走出机场，就安排在机场的食堂里吃了碗羊肉泡馍，因为他在离开北京前就打来电话，要求晚饭越简单越好，王新中主席只好安排省总工会办公室的同志在机场安排吃顿便饭。吃饭中，丁华同志一边吃一边说，甘肃的工会工作搞得不错，送温暖活动是在全国工会系统最早开展起来的，我在飞机上已经从今天的《工人日报》上看到了你们的报道。王新中同志指了指我，稿子就是他写的。丁华同志看了看我，笑着点了头。第二天上午，他就听取了甘肃省总工会的工作汇报，与王新中等有关领导，商定了江泽民总书记在兰州看望困难企业、慰问困难职工的具体事宜。并确定兰州石油化工机器厂为总书记看望的困难企业，该厂的困难职工叶兰英、陈春生为总书记上门慰问的两户职工。张丁华同志是个认真而又细心的人。当天下午他又在王新中等省总工会有关领导陪同下，到兰石厂了解企业有关情况，详细询问了企业生产经营、面临的主要困难以及职工生活现状等问题。然后又专门来到总书记将要慰问的陈春生、叶兰英两位职工家里，详细察看了将要经过的线路、楼层高低和楼道的光线，仿佛对一切都要做到心中有底，惟恐出现点滴闪失。先后来到两位困难职工的家里后，张丁华和他们亲切交谈，再三叮咛他们见到总书记后不要紧张，要热情大方。还向他们提醒总书记可能会问到他们的一些问题。甚至连总书记来了之后，应该让总书记坐在什么地方，他们一家人该坐在什么地方，丁华同志都现场进行观察后做了一些提示。

按说，工作已经做得十分仔细了，该想到的都想到了，该提醒的也都提醒了，可张丁华同志还是不放心。他又要求省总工会通知兰石厂的有关领导，当天晚上到宁卧庄宾馆，一起再谈谈情况，他说总觉得还有些需要叮咛的问题。

这天晚上大约7点半，我随同王新中主席来到了宁卧庄宾馆。当我们刚走进宾馆北楼的一楼大厅，就见到兰石厂的工会主席王树江和厂里其他几位领导已经等候在这里。新中同志与他们打招呼后，就带着我们几个人来到丁华同志住的房间。敲开门后，秘书告知我们，丁华同志约了大家来，他现在去请陪同总书记一道来的中央办公厅有关人员以及随同采访的《人民日报》的记者来听听情况，一会儿就回来。当我们几个人在房间的沙发上刚坐下，张丁华同志就和几个人一道走了进来。一见到我们，他抱着双拳笑着说：实在对不起，让大家久等了。接着便我们几个一一握手，并把一同进来的同志一一作介绍后，就开始了交谈。先是由兰石厂的领导简要介绍了企业情况，汇报了总书记将要慰问的两个困难职工家庭的情况。丁华同志也说了前期考察所做的工作。中央办公厅的几位同志听后都连连点头,都说工作非常细。丁华同志还是讲了一些需要注意的问题。特别强调,总书记要去的两位职工家里,既要收拾得干净整洁,但决不能临时特意布置、摆设,原来是什么样子就是什么样子。回答总书记问话时,也要讲实话,说实情,不能事先教给职工该说什么,不该说什么,更不能提前编一段话,或背一段话。他的一番话令在座的人都不停点头赞许。我一边记下丁华同志的重要谈话,又从心底里对这位全总领导由衷地敬佩。

本来新中主席曾告诉我,总书记慰问兰石厂时让我随同他一道去采访,可由于有关规定十分严格,我没能现场采访总书记的慰问活动。就是新中主席的参加也是经过特批的。因为总书记慰问困难职工的慰问品、慰问金,省委、省政府都是交由省总工会具体负责筹办的。后来还是新中主席给我们介绍了总书记慰问兰石厂的详细过程,情景十分感人,真让人有身临其境之感。2003年11月出版的王新中同志撰写的《邮缘——我的集邮人生》一书中,还详细记载了总书记慰问兰石厂职工的情景。他写到:"1995 年 12 月 25 日上午,江泽民总书记到兰石厂慰问职工,并登门看望了陈春生、叶兰英两位困难职工。在慰问中,我有幸和全国总工会领导一道陪同总书记进行了慰问,并亲手把早已准备的慰问金、慰问品递到江总书记手中。当总书记来到陈春生家里时,这位39岁的共产党员、甘肃省工人明星心情格外激动。他悄悄对我说,想请总书记在笔记本上签个名,作为永久纪念。我突然想起他是这年2月被评为全省工人明星的,当时还印制了纪念封。陈春生也高兴地说纪念封和证书还保存着,我让他快拿出来,请总书记在纪念封上签名。当总书记要离开时,陈春生双手拿着纪念封请总书记签名,总书记仔细端详着纪念封说:好啊,这个名我一定要签。边说边挥笔在纪念封上写下了江泽民1995年12月25日几个大字……"现在重读这段栩栩如生的文字,仍然令人激动不已,倍感亲切。

就在总书记慰问兰石厂的第二天上午,张丁华同志又在宁卧庄宾馆约见了时任兰州铝厂厂长、全国劳动模范刘铁军同志。由于铁军厂长已经多次见到过张丁华同志,说来也算是熟人了,两人一见如故,格外亲切,久久拥抱在一起。就在丁华同志住房的客厅里,他与铁军厂长亲切交谈,从企业改革谈到民主管理,从生产经营谈到工会工作,从关心培养劳模谈到依靠职工办企业,越谈越投机,越谈越热乎。我在现场也真真切切感受到了丁华同志作为全国总工会的主要领导,对企业职工,对劳动模范那种纯真而又发自内心的关爱崇敬之情。也就是那天,丁华同志一定要留铁军厂长一起吃午饭,还对新中同志说:"和劳模吃个饭是我们工会干部的光荣啊。"一句话说得大家都笑了!

这就是我几次与张丁华同志的接触。他不仅教给我如何办好工人报刊,还让我从他身上看到了一位领导干部那朴实的作风，高尚的情操，这是让我一辈子都要铭记和获益的。

说来也巧，就在我写这篇文章的时候，2006年7月30日的下午，突然接到长庆油田公司工会副主席林阳同志从西安打来的长途电话，询问张丁华同志在全国总工会曾经担任过的职务。原来，已担任全国人大常委会内务司法委员会副主任的丁华同志，要去陕西考察工会工作，并被专门安排到长庆油田公司调研。我把丁华同志在全国总工会曾经担任的副主席和书记处第一书记职务一一告诉林阳同志后，林阳同志顺便告诉我，本来公司领导安排宴请丁华同志，可张丁华同志随行的工作人员一再告知：在公司只是调研，不吃饭，丁华同志强调不能给企业添麻烦。

听完林阳同志告知的情况，我的心情久久难以平静，丁华同志的老作风还是丝毫没变啊！

与老书记一起过年

老书记指的是曾担任过甘肃省委书记的李子奇同志。由于他在任省委书记的八年当中，甘肃风调雨顺，农业连年丰收，因而人们都说他是福相书记。由于他已经退休多年，现在不论是甘肃的新闻圈还是在党政干部中，只要一提起他，大伙都亲切地称他为“老书记”。

说起李子奇老书记，我也曾有过一次专门采访他的机会。

那还是在1982年的9月，从党的第十二次代表大会上传来令甘肃人欣喜又震惊的喜讯：原本不是党的十二大代表，临时被通知参加会议，时任甘肃省轻工厅厅长的李子奇同志当选中共中央委员。消息一传开，很快就成了人们竞相传谈的新闻。

对于李子奇同志，我只是从有关资料中了解他的一些情况，知道他曾在白银公司担任过领导工作，并因受左的路线影响，蒙冤十余年，直到粉碎“四人帮”，党的十一届三中全会拨乱反正之后，才复出工作，担任了甘肃省轻工厅厅长，并在上任不长的时间内，就在全省轻工业系统做出了不同凡响的业绩。实际上还在他任轻工业厅厅长时，我就在甘谷油墨厂见到过他。那是一次由省政府召开的全省企业管理现场会，他在会上还发表了讲话。党的十二大他当选为中央委员，似乎出乎很多人的意料。作为新闻记者，我

自然很想探究其中的奥秘。

于是,在党的十二大闭幕后不久的一天上午,我来到了位于兰州市和政路的甘肃省轻工厅,采访这位新当选的中央委员。由于事前没有专门约定,当我来到省轻工厅时,这里正在召开机关干部大会,李子奇同志为大家传达党的十二大精神。经向有关工作员询问,传达会大约开两个小时。我不禁思量,今天碰巧李子奇同志在机关,再选日子保不准能够约上。因此,我便索性就守在会议室外边,等着会议结束后,正好采访他。就在我站在会议室外等候的时候,会场上传来李子奇同志带着浓重陕北口音的讲话声,虽然隔着窗户,但听起来还是那样铿锵有力。我踮起脚尖,从窗户缝隙里看到会场里,人们都是那样的全神贯注,主席台上精神气十足的李子奇同志时而念着文稿,时而又一只手不停比划着讲着自己的体会,说到高兴处还禁不住发出爽朗的笑声,会场上也不断有热烈的掌声久久不息。在不知不觉中会议结束了。当李子奇同志满脸笑容和大家一起走出会议室时,我赶忙迎上去说:"李厅长,我是《甘肃工人报》的记者,今天特意采访您,想请您谈谈出席党的十二大的感受。"李子奇同志先是一笑,然后与我握手说:"那我们就去办公室谈谈吧。"说着我们就一道向他的办公室走去。趁这空儿,我从侧面细细打量了一番李子奇同志:他中等个儿,留一头短发,虽说已经50多岁,可脸上泛着红光,嘴角总是挂着微笑。穿一身麻黑色中山装,脚蹬一双圆口布鞋,浑身都透出一股老干部风度。

来到李子奇同志办公室后,他显得格外热情,还亲手为我沏了杯热茶。几句寒暄之后,我先是向他当选为中央委员表示祝贺。他却淡然一笑说:"这是党中央对甘肃人民的关怀,也是对我本人的信任。就我自己来说,只能是多了一份压力和责任。"我也笑着说:"看来李厅长今后还要挑更重要的担子啊!"他却连连摆摆手说:"重要的是把现在所担负的工作干好,目前,全省轻工业系统尚有许多事情亟待我们去做啊!"

就这样,我与李子奇同志无拘无束地聊了起来。我们谈到了他的童年,谈到了他工作的经历,谈到了他人生道路上所经历的坎坷甚至是磨难。从交谈中,我知道了子奇同志祖籍陕北神木县,1933年就参加革命工作,当过党的地下交通员。新中国成立后,曾在宁夏自治区团委做过领导工作,后来又到白银公司担任过重要领导职务。在白银公司工作期间,由于受左的路线的影响,他受到了不公正的待遇……

谈起过去的事情,我能明显感觉到,子奇同志既显得平静,又似乎多了几分沉重,话语中也能感受到,他不愿提及曾经带给他困扰的往事和岁月。他总是在说:党中央一举粉碎"四人帮",党的十一届三中全会拨正了我国社会主义革命和建设事业的航船,面对国家百废待兴的局面,我们各行各业只有团结起来向前看,甩开膀子大干快干,尽快把"四人帮"和文革造成的损失夺回来。现在没有了精神枷锁,也不会再有左的干扰,是我们每个人都可以大干一番,施展才干的时候了!

说这些话的时候，子奇同志兴奋、激动之情溢于言表，我们的话题也自然离不开如何尽快把经济搞上去的问题。一说到发展经济，提高效益，搞活市场，他好像有说不完的话，那个兴头，那个豪情，真是叫人感动。他如数家珍般给我谈起了自党的十一届三中全会以来，甘肃省轻工业系统生产经营快速发展，产品质量不断提高，花色品种不断增加，市场销售年年翻番的情况。说到高兴处，他俨然像一位运筹帷幄的将军，掩饰不住内心的激动和喜悦。他不止一次地说：如果像现在这个样子干下去，我们甘肃省的轻工业一定会一年上一个新台阶，要不了几年，整个工业总产值、销售收入、利润、税金都会翻几番。特别是讲到当年的生产经营情况时，他显得有几分自豪："现在刚到三季度，整个生产经营就达到了去年全年的水平，形势真是喜人啊！"记得当时他还打电话给有关部门的同志，让专门拿来了一份生产经营报表，一项一项念给我听。由于时间过于久远，我已很难记得报表上一些项目的具体内容和数字，但我却清楚记得，当时子奇厅长用手指着报表上一个个项目，用浓浓的陕北口音念给我听，并高兴得合不拢嘴的情景。

看完报表，我又请子奇厅长谈谈今后的想法。他似乎胸有成竹，不假思索地谈起了甘肃轻工业发展的远景。具体内容随着时间的推移，虽然在我记忆的屏幕上已经有些模糊，但我还记得他曾谈到的兰州三毛厂、兰州一毛厂、甘谷油墨厂等一些重点企业发展的设想……

结束对李子奇厅长的采访已到下班时间。我们握手告别时，他一直送我到了楼梯口。回家的路上，我骑着自行车穿梭在熙熙攘攘的人流中，脑海里却总是浮现着李子奇同志的身影，他身上焕发出来的那股子青春活力，似乎在强烈地感染着我，震撼着我……

当天晚上，我几乎一夜无眠，写出了一篇题为《正是橙黄橘绿时——访新当选中共中央委员李子奇》的通讯稿件，第二天下午就联系请李子奇厅长审阅。电话打到省轻工厅时，告知说他在兰州宁卧庄宾馆参加省上的会议。我便骑上自行车赶到宁卧庄宾馆，从会务组查到了他正在参加小组讨论会的会议室。我又找到会议室，通过工作人员把李子奇同志从会议室里请了出来。我还记得，那天下午就在宁卧庄宾馆中楼的一楼大厅右面的一排凳子上，李子奇同志认真看了稿件，个别地方还做了修改。同时还对我说：你们了解点情况可以，但尽量不要多宣传，更要少登报。我也笑了笑说：“大家都很关心您，宣传也是必要的啊！”就在我们握手告别之时，我也不知怎么竟冒出了一句话：“李厅长，现在都传说你要到省上工作，还说你要当管工业的副省长呢！”他笑了笑说：“没有的事，怎么会呢，那都是些瞎猜。”

这次采访李子奇同志后，关于他的一些说法也不断多了起来，有说他要到中央工作的，也有说他要到省委、省政府工作的，反正说什么的都有，都是说他工作要变动，职务要上升……作为新闻记者，当然也免不了要注意到这位新当选中央委员的情况。我开始发现：

1982年11月5日，在甘肃省劳模大会开幕式上，李子奇在出席大会的领导名单中，紧排在了省委、省人大、省政府领导之后；

1983年7月14日，甘肃省工会第六次代表大会开幕时，已经担任中共甘肃省委书记的李子奇出席大会并发表了重要讲话。

从此，就能经常见到作为省委书记的李子奇出席各种重要会议的身影，从省内各新闻媒体上看到有关他参加各种活动的消息。也在全省工会系统的一些会议上，当场聆听过他的一些重要讲话。尤其是有这样几件事给我留下了极为深刻的印象：

1989年元月12日下午，李子奇书记召集省委办公厅、省委组织部等有关部门负责人召开会议，专门听取省总工会工作汇报，研究改善和加强党对工会工作领导的问题。就是在这次会议上，李书记强调，工会工作是党的工作的重要组成部分，各级党委都要经常研究、讨论，帮助工会解决各种实际问题，确定工会发展的正确方向。在我的记忆里，在李子奇任甘肃省委书记期间，对工会工作非常重视，凡属省总工会召开的一些重要会议，他大都应邀出席会议并发表讲话，还多次召开书记办公会议或省委常委会议专门研究工会工作。并经常约见省总工会主要领导，就工会工作做出重要指示，为全省工会工作提供了坚强领导和良好外部条件。

还有一次是在1989年的5月，那是“八九”政治风波最为混乱的时候。5月23日下午，省总工会召开有省级产业工会和兰州地区部分大型企业工会主席参加的座谈会，专门研究如何稳定职工队伍，坚持正常生产和工作秩序的问题。省委书记李子奇出席会议。他在听取各企业的情况汇报后发表了重要讲话，殷切希望全省职工坚守岗位，搞好生产，以实际行动维护安定团结大局。并希望各级工会干部发扬联系群众的好传统，深入到职工群众中去，和职工群众谈心交朋友，关心他们的疾苦，反映他们的呼声，维护职工的利益，通过各种形式把职工的积极性引导到发展生产上来。

1989年年底，兰州市城关区光华玻璃厂老工人王明高专门给李子奇写信，反映他家庭住房困难的问题。李书记看到信后，立即批转时任省总工会主席王新中，希望工会从关心老工人的困难和疾苦出发，和有关部门一起商量解决小型集体企业职工住房难的办法。受李书记的委托，这年元月1日，甘肃省总工会主席王新中、副主席王有发，带着慰问品专门来到光华玻璃厂看望了王明高等5户困难职工，实地察看了他们的住房，转达了省委李书记对大家的关怀。几位老工人听说是省委书记派人来慰问他们，一个个激动得热泪盈眶，他们说省上领导这样牵挂我们，再大的困难我们也能咬着牙克服。并表示理解和体谅政府困难，一定与党和政府同心同德，共渡难关。这件事都过去了十五六年，现在虽然光华厂老工人住的那些破旧房子早已被拆除，也许那些老工人中有人已经离开人世，可李书记牵挂老工人的事，却一直深深嵌在了我的脑海里。

自打老书记退休后，我有幸还有过几次与他接触的机会：

1996年的正月初一，我随同省总工会主席王新中，到一些企业给坚守在生产一线的职工拜年。我们是当天下午4时整，在看望兰州铝厂的职工后赶到了白银公司。巧得很，在看望已经退居二线的原白银公司经理陈永年时，他告诉我们老书记李子奇也在白银公司，就住在公司招待所里。下午等我们在白银公司一些生产岗位慰问职工后又回到招待所时，李书记在陈永年陪同下，已经到了一楼会议室。王新中主席带着我们一道走进会议室，向老书记拜年，祝他春节愉快。陈永年总经理还向李书记说："咱们这个省工会主席可真是工人的贴心人，每年大年初一都是到企业看望职工，给一线职工拜年，真是个称职的工会主席。"李书记也笑着说："这几年工会工作搞得很活跃，把重点一直放在企业，新中同志抓工作也有点子，有思路，大家反映都很好。"王新中忙说："都是李书记关心、支持得好，其实我们做得还很不够。"

大家都坐下来后，老书记又问了王新中主席工作上的一些情况，并鼓励他继续把工作抓好，把工会工作真正沉到基层。这天晚上我们就是在白银公司招待所与老书记同桌进餐的。尽管是过春节，饭菜也还是比较简单的，大都是一些家常便饭，大家吃得十分尽兴。席间有红酒，大家也都一一敬酒祝福春节。陈永年总经理、王新中主席先后向老书记敬酒，祝他健康长寿。老书记也端起酒杯向我们在座的每个人敬

酒，祝贺新年。等到大家都敬完酒，我也来到老书记面前敬酒，并说：“老书记，就在你当选中央委员的那一年，我曾专门采访过您……”还没等我说完，老书记若有所思地说：“对，对，对，有这么回事，那是我参加完十二大回到兰州后，接受的第一个记者采访，好像写的稿件还在广播上广播了……”

我也忙说：“是的，是的。”老书记也说：“转眼就十五六个年头了。”说着又和我碰了碰酒杯。这天从白银返回兰州时已经是万家灯火，一天的东奔西颠虽然有些疲劳，但想到大年初一与李子奇老书记一起度过，心里有说不出的高兴。

1999年9月28日，为了庆祝中华人民共和国成立50周年和澳门回归祖国，由甘肃工人报社联合国家电力公司西北勘测设计院举办的“黄河之光”大型摄影展览在兰州市博物馆隆重开幕。事先我们专门派人邀请李子奇老书记为展览剪彩，可由于那天早已安排了活动，他未能光临。但老书记答应展览期间，他一定抽空看看展览。10月7日上午，老书记的秘书专门告知，老书记要去看看展览。于是在时任省总工会副主席穆端敏和西北勘测研究院院长吕保定等陪同下，老书记饶有兴致地参观了展览，并一边看一边对我们说：这个展览很有意义，与其它书画摄影展览确有不同，有利于对广大群众进行热爱祖国、热爱甘肃、热爱黄河的教育。

看完展览后，我请老书记为展览题词留念，他欣然答应，于是我们陪同老书记来到早已准备好的书桌前。当铺开宣纸后，老书记拿起笔来，一边调墨一边自言自语，写什么呢？没容别人说话，只见他已挥毫泼墨，写下了“开发黄河、振兴华夏”八个苍劲有力的大字。在场的人们都报以热烈的掌声。就在展览大厅里，老书记还和我们几个合影留念，记下了这个美好的瞬间。

本来吕保定院长已经做好了安排，要请老书记一起坐一坐，共进午餐，可老书记笑着说：“不行啊，今天小孙子要上北京，说好中午饭全家人在一起吃，我不能离开啊，就谢谢同志们了。”于是我们一直把老书记送到展览馆门外，看着老书记上了车，直到汽车消失在滚滚车流之中……

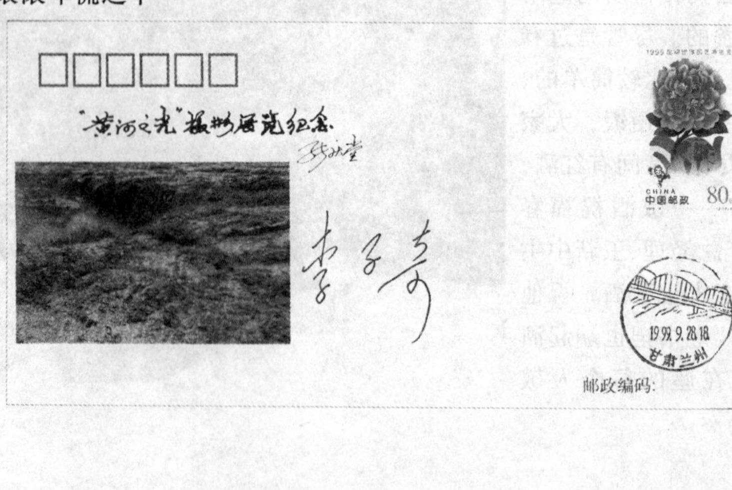

专访贾志杰

那还是1986年的5月，在甘肃省六届人大四次会议上，我对新当选的甘肃省省长贾志杰同志进行了一次专访。时间过去已经整整20年了，但那次专访却一直留在我的记忆里。

那次甘肃省六届人大四次会议期间，采访大会的新闻记者们早就传说，时任甘肃省委副书记的贾志杰，是这次会议上甘肃省省长的候选人。因此，会议还没有选举前，我就找到时任贾志杰同志秘书的张金城同志，请他帮助事先与贾志杰同志联系一下，如果顺利当选省长，作为《甘肃工人报》的记者，我要对他作一次专访。金城同志确实是个热心人，他说我一定把您的想法转告给贾志杰同志，关键还看他本人的意见。之后，我又几次到了张金城同志在会议上的住处，表达专访贾志杰同志的意愿。每见一次，金城同志总是笑着说：你说的事我已牢牢记在心里，就凭你这股子执著劲，我也得尽力把这件事促成。

在等待大会选举的那几天里，我在思考着专访贾志杰同志时所要谈的问题。经过一番深入思考，又根据当时的改革和经济发展形势，我打算专访时，就请贾志杰同志谈谈如何进一步推行厂长负责制的问题，并着手拟订了专访提纲，又找到张金城同志谈了专访的主题。金城同志还是笑着说，明天就要选举，等选举结果出来再说吧，不过您也做好准备，咱们随时联系。大会选举的头天晚上，我也非常激动，为着能否在贾志杰同志当选省长后，作为第一个专访他的新闻记者而难以入睡。反复翻阅着介绍贾志杰同志简历的有关资料：1960年毕业于苏联莫斯科石油学院，曾任兰州石油化工机器厂工程师、厂长等职，当年只有50岁。

总算等到了甘肃省六届人大四次会议选举大会的日子。1986年5月16日，经过与会代表的无记名投票选举，贾志杰同志高票当选为甘肃省省长。选举大会一结束，我就急匆匆找到张金城同志商谈专访的事。可还没等我开口，金城同志便笑着说，你来得正好，志杰同志已经答应接受你的专访，谈话的主题也给他说过了，这下你该满意了吧。我高兴得一直合不拢嘴，连声向金城同志道谢。他又告诉我说：那就这样吧，下午3点钟你先到我这里，志杰同志就住在对面。我高兴地连连点头。

那天的中午饭我几乎就没有吃下去，因为当时我们参加会议的记者也都住在兰州饭店，与代表们一起吃会议饭。我只喝了碗汤就回到自己住的房间，做下午专访新任省长的准备。当时，我与《甘肃科技报》的一位记者住在同一房间，他也是一吃完饭就回到房间，忙乎着写大会选举情况的报道。听说我下午要专访新当选的省长，他先是一惊，然后脱口而出，还真有你的，又抢了条好新闻，看来新任省长的头家专访，又让你们甘工报捷足先登了。我虽然只是嘿嘿笑了笑没说什么，心里却不觉有几分得意和自豪。

那天下午还不到2点30分，我就到了张金城同志下榻的兰州饭店中楼四楼。一看时间还早，我就坐在楼道的沙发上等了一会儿。等到2点50分的时候，我敲开了金城同志的房门。他一开门就说，我想你一定会早到的，所以两点钟我就在等你了。我便不好意思地说，其实我早就到了，怕影响你休息没有敲门。说着我们俩都会意地笑了。

大约3点过5分的时候，金城同志敲开了贾志杰同志的房门。一进门，他就介绍说，这就是工人报的同志。贾志杰同志连忙热情地与我握手。金城同志为我们每人倒了杯水后就离开了。还没等我说什么，贾志杰同志倒先开口了：你就是小文同志吧，已经听小张秘书说了，你叫文志祥，和文天祥差一个字，很好记，是不是和文天祥真有点关系啊。说着他也笑了，我也笑了。贾省长的风趣，一下子让我紧张的心情放松了很多。连忙说："祝贺您高票当选甘肃省省长。"贾省长笑着说："这要感谢代表对我的信任，我现在想得最多的是，如何当好这个省长，不辜负甘肃人民的期望。"我接着他的话说："相信您会在省长职位上干出一番造福甘肃人民的大事业。"贾省长说："我会努力这样去做的。"

紧接着他把话题一转说，听张秘书说，你想要我谈谈关于进一步推行厂长负责制的问题，这可是当前全社会，尤其是企业普遍关心的一个热点问题，你们工人报关注这个问题，应该说是抓到点子上了。我说是的，现在从社会到企业，对于推行厂长负责制的说法多，争论也多，你是曾经主管经济的省委副书记，对企业的情况也比较熟悉，因此，请你从省长和省政府的角度，谈一谈如何进一步深化厂长负责制的问题。

贾志杰一边点头一边说："实行厂长负责制要坚定不移，同时职工民主管理必须加强。"

说着他翻开办公桌上几张写得密密麻麻的稿纸，看来他还做了一番准备，稍事看了几眼后，便滔滔不绝地谈了起来。

他首先说，实行厂长负责制是企业领导体制的重大改革，是企业内部改革的龙头。甘肃省一些企业的实践已经证明，实行厂长负责制这条路子是对的，应该坚定不移地走下去。它有利于提高决策效率，提高经济效益，增强企业自我改造、自我循环、自我消化的能力，提高人们的投入产出观念、市场观念、竞争观念、效率观念，消除企业权责脱节的弊病，加强党政工三方面的工作。凡是实行厂长负责制的企业，一定要坚持下去，决不能退回来。不能因为出现一些新情况、新问题，就怀疑甚至否定厂长负责制。

谈到这里时，我提出了这样一个问题："现在社会上对实行厂长负责制议论很多，一些实行厂长负责制的企业，也出现了不少新情况、新问题、新矛盾，要把厂长负责制坚持下去，应该注意些什么问题？"

贾志杰接着我的话说，这个问题问得好，当前推行厂长负责制中出现的一些情况的确要引起重视。我认为，要把厂长负责制坚持下去，首要的是要解放思想，转变观念，以改革的眼光看待新旧体制交替时期的新情况，解决好出现的新问题，突出的问题是理顺企业的党政关系。实行厂长负责制以后，企业管理的中心转移到了厂长，赋予了厂长在经营决策、人事任免等方面的权力。作为厂长要从维护国家和企业的共同利益出发，正确行使自己应有的权力，努力做到既考虑企业的眼前利益，也考虑企业的长远发展，多为企业积蓄发展后劲。在决定重大决策时，主动争取党委的支持，接受党委的监督。作为企业党委，一定要从过去党领导一切的老框框中跳出来，特别是党委书记，要真心实意地把生产经营权交给厂长，不包揽行政事务，放手让厂长对行政工作全权指挥，并积极为厂长当好参谋，起到监督保证作用。要正确理解和贯彻"党管干部"的原则。党管干部，并不是说每个干部都要由党委任命。实行厂长负责制的企业，厂长有权任命行政中层干部，这一条不能改革。当然厂长在任命行政中层干部时，要主动听取党委的意见，尽量减少失误和偏差。

"现在不少人都在担心，实行厂长负责制，一切都由厂长说了算，职工在企业的主人翁地位得不到落实，工会代表职工参与企业民主管理的作用难以发挥。"当我刚一提出这个问题，贾志杰省长笑着说，这个问题实质上是厂长负责制能不能坚持下去的关键，你提的这个问题，正是抓住了推行厂长负责制的要害。从总体意义上讲，企业领导体制改革，既包括厂长负责制，也包括搞好企业职工民主管理。因此，在实行厂长负责制的同时，必须建立健全职工代表大会制度。作为厂长必须明确，实行厂长负责制不等于厂长说了算。要真正从职工是企业主人的高度，重视和保障职工参加企业民主管理的权力。特别是在工资、奖金分配等方面，厂长不要过分强调这是自己的权力，要多与党委、工会等方面商量，多倾听群众的意见，取得各方面的支持和配合。厂长要从尊重工人阶级的政治地位出发，尊重和支持工会和职代会的工作，不能把工会看做是党委的一个部门或行政的附属组织。努力创造条件，支持工会在企业生产经营、工资奖金分配、劳动保护、技术进步等方面参政议政。作为工会和职代会，要发挥各自的特点，切实保障厂长负责制的顺利推行。尤其是工会组织，要教育职工，发扬主人翁精神，为厂长正确决策献计出力，分忧解愁；要重视提高工会和职代会的工作质量和参政议政的水平，摆脱议福利多，议企业大事少；抓具体事务多，管全局工作少的状况，把工会和职代会工作的重点，切实转移到参政议政方面来，以保证厂长负责制和职工民主管理同步、健康发展。

由于贾志杰新当选省长，工作非常繁忙，时间也显得格外宝贵。按张金城秘书的事前交待，要我一定要掌握好时间，专访力争在半小时以内完成。没想到，我们交谈了将近90分钟。采访完毕，贾省长把我送出房门时，我一眼就看到，金城秘书正在走廊里急得打转转。一看我出来，他忙上前来说，可真把我急坏了，你看下面还安排着这么多的事，时间排都排不过来了。还没等我开口，金城秘书又说："怎么样，专访还行吗？看来这个独家新闻让你抓到了。"我也忙说："省长讲得太好了，还要感谢你啊！"看着他很忙的样子，我也只好道别，急急忙忙赶回住的房间，整理起了采访笔记。

这次专访，可以说是我头一次近距离与贾志杰同志面对面交谈，他留给我的既是一个举止斯文、谈吐深刻的学者型的领导干部，又是一个精通经济，熟悉企业的管理专家的深刻印象。当天晚上，我就根据专访记录，写出了题为《实行厂长负责制要坚定不移，职工民主管理必须切实加强》的稿件，《甘肃工人报》和《工人日报》先后都在一版头题报道。稿件见报后，我打电话告知张金城秘书，还特意送去几份《甘肃工人报》和《工人日报》。后来金城秘书还专门给我打电话说："登在《甘肃工人报》和《工人日报》的稿件，贾省长都看过了，非常满意，省长还特意要我代表他感谢你呢。"在金城秘书的交谈中，我也知道，这是贾志杰同志当选为省长后，特别是在《工人日报》首家刊发的一篇稿件，还是颇有影响的。

也许就是这篇报道的缘故，贾省长记住了我，也记住了我的名字。后来在几个场合见到他时，他总会与我热情地握手，打打招呼，问问工作情况。记得有一次，省经贸委、省总工会等单位在省政府礼堂联合召开动员大会，部署在全省职工中开展双文明竞赛活动，贾志杰省长到会发表重要讲话。会议开始前，我们几个记者都在省政府礼堂主席台的后台等候开会。当贾省长从主席台走进来时，还没等我迎上去，他就看到了我，还说："小文，你还在工会报社吗？"我连连点头说："还在，还在。"在几位领导的陪同下，贾省长向主席台走去。我不禁在想，省长的记性真好，就那么一次专访，他竟然记住了我这个小人物，还能一下子就叫上名字，真让我感动了一阵子。

还有一次，大约是1987年的12月17日下午，甘肃省委、省政府的李子奇、贾志杰、卢克俭、阎海旺等领导，与中央在甘及甘肃省的40多家新闻单位的记者进行对话，回答记者提出的问题。当时，我作为《甘肃工人报》记者参加会议并当场提问："现在一些实行厂长负责制或承包租赁经营的企业，不尊重职工的民主权利，不尊重工会和职代会的职权，有的决定企业的重大问题既不征求工会意见，也不提交职代会审议。有的随意撤并工会组织，调换工会干部，随便处罚工人等等，这些问题省上领导是否了解？应该如何解决？"

其实我已经注意到，就在我提问时，贾志杰省长的目光一直在看着我，还不时在本子上作记录。当我的提问刚落音，只见他朝我点了点头说："好吧，工人报小文记者提出的这个问题，就由我来回答。"他说："这些问题省委、省政府都知道，对一些企业无视职工民主管理，不重视工会和职代会的做法省上领导是不赞同的，也是反对的。不久前省政府抽调两千名干部下厂调查，也包括这方面的内容。应该清楚，不管是承包还是租赁，企业的社会主义性质不能改变，省上要求凡实行承包和租赁经营的企业，都要实行'四位一体'的经营管理办法，即实行厂长负责制，实行厂长目标责任制，实行厂长离任审计制。这些企业均毫无例外的要坚决贯彻执行中央和国务院颁发的三个条例的有关规定，厂长离任也必须按有关规定审计。"说到这里贾省长的目光又一次盯住了我。这时，我不知是激动还是过于兴奋，也不知从哪里来了股子勇气，又说："贾省长，我再向您提一个问题。"他微笑着点了点头。我说："近年来，兰州地区广大职工群众普遍反映文化活动场所少，退离休职工在马路旁下象棋、打扑克的现象时有可见。现在兰州市有60多万职工，比50年代增长了五六倍，可仅有的三所文化活动场所还长期被一些单位无偿占用着，拒不归还工会，省上领导能否敦促兰州市重视解决这个问题？"

听完我的提问，贾省长又笑了。他说：我们一定向兰州市转达职工群众的这一呼

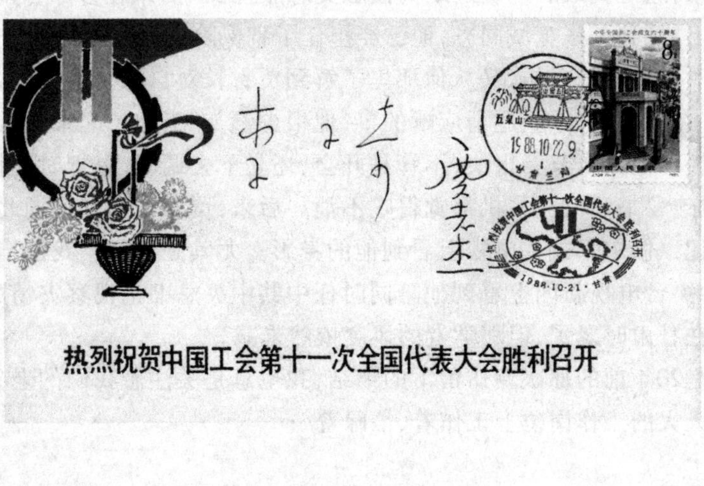

热烈祝贺中国工会第十一次全国代表大会胜利召开

声，省委省政府也注意到了职工文化活动场所少的问题，打算从三个方面努力，一是动员大中型企业，在发展生产的基础上，兴办职工文化福利事业。二是各级政府部门也要注意文化福利设施建设。三是提倡各企事业单位因地制宜开展一些花钱少，又不需要多大场地的文化活动，活跃职工的文化生活。

那天，会议结束时，省上领导和记者们一一握手告别。当我来到贾省长面前时，他握着我的手显得很高兴，还说："小文提的两个问题都很重要，看来工人报的同志总是从职工群众的角度想问题，这很好啊！"走出省委办公楼时，同行的几位记者对我说："看来你和省长挺熟的。"我说："也就是做过一次专访。"

记得还有一次，由省总工会组织的学习省政府树立的兰州铝厂、刘家峡化肥厂两个改革管理标兵先进事迹报告团，结束在全省的巡回报告后，贾志杰省长和有关方面领导在兰州饭店接见报告团成员，并于当晚在宁卧庄宾馆宴请报告团的同志。作为记者我当时采访了这次活动，也参加了晚上的宴请。那天晚饭时，贾省长在为大家敬酒时，又专门走到我面前，一面向我敬酒，一面笑着问："小文，又见到你了，工作还好吗？"我高兴地连连点头。等到贾省长回到他的座位后，过了一会儿，我也专门走到贾省长面前向他敬酒。他忙说我是不喝酒的，来咱俩碰一下，完了一只手还拍了拍我的肩膀。

1992年8月，全国职工思想政治工作年会在白银公司召开，贾志杰省长也出席了这次会议。当时，由于会议上印发了不少纪念封，许多人都在请中央来的领导和省上领导在纪念封上签名。受这种氛围的感染，我也拿着几枚纪念封找领导签名留念。记得一天下午，会议间隙，我刚从白银公司招待所中央和省上领导下榻的前楼走了出来，迎面碰上贾省长正准备进楼。我连忙拿出纪念封说："贾省长，请您给我签个名。"贾省长笑了笑说："你们工会的王新中主席是个集邮迷，看来工会人人都在集邮啊。"说着就站在楼门口为我在纪念封上签了名。

回想起来，这是我最后一次近距离接触贾志杰省长。后来在参加甘肃省保险公司的一次会议上，见到了张金城同志，他已经担任了省保险公司的总经理。交谈中，他还谈起了那次对贾省长的专访，又从他那里了解到贾省长对自己要求很严，自担任省长后，全身心扑在工作上，一些邀请应酬的事，他很少参与，工作忙起来常常是一碗方便面就算一顿饭。他工作节奏很快，不管是开会，还是下去调研，总把时间抓得很紧，说走就走，有时连秘书、警卫、司机都觉得吃不消。后来，贾省长调到了湖北，先任省长、后当省委书记，偶尔只能在电视上看到他的身影。尤其是1998年我国遭受洪水灾害时，多次在中央台电视新闻上看到他陪同时任中共中央总书记视察灾情的镜头，也明显感到他比在甘肃时老了，但那学者的风度依然未减。

也许就是20年前的那次专访留下的情结，我也总是关注着我们的老省长，知道他仍然在全国人大的工作岗位上工作着、忙碌着……

四访卢克俭

在《甘肃工人报》工作期间，我曾有幸前后四次专访过曾任甘肃省人大常委会主任、中共甘肃省委副书记的卢克俭同志。每当回想起四次专访的过程，至今还令人回味无穷。

第一次专访卢克俭同志是在1985年8月16日的下午，还是在时任甘肃省总工会主席窦恒通同志的联系与安排下进行的。记得那天兰州的天气格外的热，虽说上午曾下过一阵雷阵雨，可到了下午时却蒸发出一股难耐的热气。大约是下午4时左右，我来到了当时主管党群及政法工作的甘肃省委副书记卢克俭同志的办公室。先是与他的秘书孙伟同志取得联系，当我说明来意后，孙秘书忙说："卢书记已经知道你要来，现在正等着呢。"说着我便随着孙秘书一道走进了卢克俭同志的办公室。一见我们进来，卢书记忙站了起来，一边与我握手，一边又让孙秘书倒水，还顺手拉开办公桌的抽屉，拿出一盒中华牌香烟抽出一支递给我。我忙说："谢谢卢书记，我不会抽烟。"卢书记也笑着说："不抽烟好，不抽烟好，我和你一样也是不抽烟的。"

卢书记的平易近人，使我顿时轻松起来。虽说多次在省总工会召开的有关会议上见到过卢书记，而且也写过不少他发表讲话的稿件，可到他的办公室单独采访这还是第一次，开始时真还有点紧张，手心里都汗津津的。我在卢书记办公桌对面的沙发上坐了下来，他把坐椅向前移了移，我们就交谈起来。话题是从窑街矿务局下属部分煤矿领导干部滥发奖金开始的。

原来1985年的7月，中央有关媒体披露了甘肃窑街矿务局三矿等煤矿个别领导以权谋私和滥发奖金的问题，煤炭部还就此发表谈话，对窑街三矿在这方面存在的问题提出了严肃批评。一时间在全省乃至全国引起强烈反响。针对这一情况，我就企业如何尊重工会审议、监督、维护权利的问题，请卢书记发表看法。卢克俭副书记似乎早有思考，没等我的话音落地，他就发表了一番颇有见地的谈话。他说：窑街矿务局的问题是一起严重事件，应引起各方面的重视，从中汲取教训，使这类问题不再发生。窑街事件再次说明，一个企业要办好，首要的一条是要有一个好班子。这个班子必须是政治上很强，能抵制资产阶级和一切剥削阶级思想的侵蚀，有全心全意为人民服务的思想。各级领导尤其是企业党政领导，必须尊重工会组织在企业中的监督、审议、维护的作用，以保证工人阶级在社会主义国家中的领导阶级地位和四化建设中的主力军作用。

卢克俭还特别强调，工会作为工人阶级的群众组织，是国家政治体制中最重要的社会政治团体，是党联系工人群众的强大纽带。让工会积极参政议政，是国家政治、经济建设和当前经济改革发展形势提出的客观要求；是工会代表工人阶级利益，体现工人阶级主人翁地位和主力军作用的重要方面；也是加强党与工人群众联系的需要。应该看到，随着城市经济体制改革的进行，企业扩大了自主权，工会参与管理的权力和作用也随之扩大。实行厂长负责制，加重了厂长的责任，也加重了全体职工的责任，就更需要发挥工会和职代会在经济体制改革中审议、监督和维护作用。这不仅有利于正确处理国家、集体、个人三者之间的关系，防止一部分企业管理人员脱离群众，以及以权谋私，也有助于党政部门及时听到职工群众的呼声，保证职工的利益不受侵犯。目前，有些企业忽视或不尊重工会和职代会的监督、审议的作用，甚至把厂长负责制和民主管理对立起来，这实质上是对扩大企业自主权的一种曲解，必须予以澄清和纠正。他还说，要让工会组织在经济改革中发挥作用，各级党委必须加强对工会工作的领导，行政部门也要欢迎和主动接受工会的监督。有关职工晋级、奖金发放等方案，都应听取工会意见，提交职代会讨论。要从理顺企业党政工关系出发，经常研究工会工作中的新情况、新问题，帮助工会排除工作中的各种障碍和困难。要坚持按“四化”标准选配好工会领导班子，下决心落实上级规定的工会主要领导的政治、经济待遇。决不允许把从别的部门退下来的老、弱、病、残干部安置到工会。已经安置了的，要坚

决调整。上级部门事先不与工会组织协商，擅自硬性安排的工会组织有权抵制。工会领导干部调动任免，必须征得上级工会同意，不得随意调动撤换。要积极支持工会担负起职代会办事机构的责任，完善职代会组织体系和工作制度，使职代会在企业的经营方针、产品开发、承包方案、技术进步、分配制度、奖惩办法、职工福利等重大决策上参政议政，改变走过场、摆样子的形式主义现象……

那天，卢克俭副书记谈兴颇浓，只见他片纸未拿，时而坐在办公桌前侃侃而谈，时而在办公室里踱着方步娓娓道来，把个工会工作从理论到实践说得头头是道。当时，我深为卢书记对工会工作的精辟论述而叹服，更为他指出工会工作中存在的一些实际困难和问题而感到十分解渴。这是我从事工会新闻宣传工作以来，听到的一次最为精彩的一位省级领导干部谈话，真为甘肃省有这样一位分管工会工作的省委副书记而庆幸。

记得，谈话进行了快一个小时后，我不禁脱口而出："没想到卢书记对工会工作这么熟悉，每句话都讲到工会工作的点子上，都抓住了工会工作的要害。"卢克俭也笑了笑说："省工会窦主席交给我一个任务，要我谈谈当前形势下的工会工作问题，也没有做什么准备。"说着他还指了指办公桌说："你看连个谈话提纲也没有，随便说这么多，算是完个任务吧！"说完，卢书记哈哈笑了起来。我忙说："卢书记你讲得太好了，全省工会干部看了您的这些谈话，肯定会受到极大鼓舞。"

原以为卢书记的谈话就要结束了，我也不好意思占用他更多的时间，合起笔记本正准备起身告辞时，只见卢克俭似乎言犹未尽，压了压手说："我看还得再说一点提高工会干部素质的问题，不能光给党政部门提要求，也得给工会组织提点要求。"我又在沙发上坐了下来，仔细记录着他的谈话。他说：工会要在经济体制改革中发挥作用，关键还在于自己的腰杆子要硬，也就是要有一种好的精神状态和好的思想作风，要有奋发进取、自强不息的精神。这就要求工会组织和工会干部，努力加强自身的革命化建设，加强专业知识的学习，真正懂管理、懂分配、懂经济，有较高的参政议政能力。并敢于在有关全局工作和职工切身利益的问题上，大胆反映群众呼声，维护职工合法权益。当前工会组织要在调查研究的基础上，协助有关行政部门，对本单位职工晋级、奖金分配方面的情况进行一次检查。对于严重侵犯工人利益的行为，特别是对趁改革之机，罚老、罚女、罚弱、罚病现象，要旗帜鲜明地加以纠正。工会干部也要警惕各种不正之风的侵蚀，带头做到有理想、有纪律，决不能借工作之便为个人谋取私利，这样替工人说话才能挺起腰杆。对于在维护职工正当权益方面做出突出成绩的工会干部，要大力表彰奖励，他们因伸张正义遇到阻力或遭受打击时，上级工会以至省委、省政府要给予支持和撑腰。对那些挟嫌报复、借机调整工会组织、罢免工会干部的错误行为，要坚决制止，严肃查处，以维护工会章程的尊严，保护工会组织和工会干部的合法权益。

结束对卢克俭书记的采访,已经是下午4点多钟了。临离开时,卢书记一直把我送到走廊,还又一次问了我的姓名后兴冲冲地说:“你的名字好记,文天祥改一个字就行了。”说着又与我握手告别。

走出省委办公大楼的大门,只见雨后放晴的兰州上空飘动着朵朵平常很难见到的云彩,站在台阶上我深深吸了一口气,享受着雨后带来的阵阵清香。此时此刻我完全忘记了三伏天的闷热,满脑子都被卢书记刚才的一番谈话搅动得难以平静。便三步并作两步,急匆匆赶到报社整理谈话记录,连夜赶写出了题为《省委副书记卢克俭向记者发表谈话——必须尊重工会在企业审议监督维护的权力》的新闻稿件。第二天,又与卢书记秘书联系,约定了请卢书记审定稿件的时间。第三天上午10点钟,按照卢书记秘书孙伟同志的电话通知,我又一次来到了卢书记办公室,把写好的稿件送到卢书记的面前。卢书记一边让我坐下,一边仔细看起稿件来,他看得十分认真,还顺手拿起办公桌上一支红蓝铅笔,不时圈圈划划。有几处改动他还把我叫到办公桌前句斟字酌地一起商量,并在几处亲自增加了不少内容,又拿起一支毛笔删去了一些内容。整个稿件改完后,他又从头到尾看了一遍,才把稿子交给我。卢书记的这种严谨作风又使我受到了一次深刻教育,也让我受益匪浅。多少年来,卢书记改稿、审稿的情景,常常浮现在我的眼前……

后来这篇稿件,在1985年8月24日的《甘肃工人报》一版头题报道,很快又在《工人日报》一版头题发表,在全省产生广泛影响,引起许多企业党政工领导的强烈共鸣。《甘肃工人报》还专门就学习卢书记谈话,邀请兰州地区部分大中型企业党政工领导座谈,畅谈学习感受。记得时任兰州炼油厂党委副书记代年喜、甘肃化工机械厂厂长邓代维、兰州市总工会主席翁翘都分别从加强党组织革命化建设、厂长负责制不等于厂长说了算、不能忽视工会的监督作用等几个方面,交流了学习卢书记谈话的体会,无不为谈话的深刻、精辟而叫好。

屈指数来,卢书记的这次谈话距今已经过去20多年了。可重温这篇谈话,其精辟的论述,强调的问题,提出的要求,对做好新时期、新形势下的工会工作,仍然有着很强的指导性和针对性,读来还是令人倍感亲切。

第二次访问卢克俭副书记是1986年的3月20日。

记得头一天的下午,时任甘肃总工会副主席的王新中告知我,3月20日上午卢克俭副书记要到西固热电厂和兰州炼油厂了解正在全省开展的职工队伍状况调查活动的情况。要我随同采访。

第二天清晨,我就随同王新中同志早早来到省委大院等候卢克俭书记。3月的兰州,春寒料峭,不时刮起的阵阵寒风,仍觉刺人身骨。不一会儿,卢克俭书记连同秘书一起从办公大楼走了出来。只见他穿着黑色短呢大衣,显得格外精神。和我们大家一一握手之后，就分别乘车向兰州市西固方向驶去。

在去西固的路上，王新中副主席要我做好准备，今天对卢书记进行专访，请他谈谈开展职工队伍状况调查的问题，以对全省开展的这项工作有所推动。我连声答应，一路上便开始琢磨起了专访卢书记的话题，并不时回味着第一次专访卢书记的美好情景。

大约9点钟的时候，卢克俭先是来到兰州炼油厂调查。厂里的几位领导和省总工会调查组的同志们早就在厂办公楼的大门口等候卢书记一行的到来。在厂部一间会议室里，卢书记与兰炼党政工领导进行了座谈，详细了解了企业生产经营以及职工队伍的思想动态。而且他问的非常详细。从职工对当前改革形势的看法，到企业党群干群关系以至职工学习、生活、婚恋等细微情况，卢书记都格外关心。同时还详细听取了省总工会职工队伍状况调查组的汇报，并对进一步做好调查工作，尽可能掌握反映职工思想状况的第一手资料提出了具体要求。

离开兰州炼油厂后，卢克俭书记又来到兰州西固热电厂，就如何关注职工队伍状况的研究，与厂里的党政工领导和职工代表进行了座谈，并与大家一起讨论了不少职工普遍关心的热点话题。卢书记特别关注一些职工代表的发言，几位来自生产一线工人的发言，卢书记都一一做着记录，还不时提出一些问题，鼓励他们说实话道真情。记得在几个工人发言时，卢书记都相继插话，时而打着手势，时而从座位上站起来，不止一次地说，我们开展职工队伍状况调查，就是要了解最真实的情况，最具体的反映。一线职工工作在基层，生活在群众之中，最了解工人所思、所想、所喜、所忧，大家都应该多说心里话，少说那些空话、大话。正是由于卢书记的一次次引导，座谈会完全成了一场热烈的讨论会，尤其是参加会议的几位一线工人，没有了任何拘束和顾虑，你一言我一语，讲了许多生产一线的工人谈得最多、反映最为强烈的问题。卢书记边听边记，嘴角也不时露出笑容。座谈会结束时，卢书记还专门走到会议室门口，与每个参加会议的同志握手相送。特别是和几个生产一线工人告别时，卢书记总是拍拍他们肩膀，连连说：你们的发言很好，很真实，也很生动……

趁着座谈会结束后休息的空儿，就在会议室里我抓紧时间专访了卢克俭书记。当我一说明来意，卢书记合起笔记本笑着说："又是你个小文，还真会抓时间，今天又想谈点什么，这阵子就交给你了。"我说就请卢书记谈谈如何搞好职工队伍状况调查的问题。卢书记又打开放在手边的笔记本，稍作思考之后便发表了一番精彩的谈话。他先是站起来举起右手的食指说："开展职工队伍状况调查，关键是要大力宣传工人阶级的优秀品质。"接着他又说："全国总工会组织这次职工队伍状况调查，抓住了职工思想政治工作的根本，有助于各级领导进一步熟悉、了解工人，有的放矢地抓好职工队伍建设。"他还说："工人阶级是我国社会主义物质财富的主要创造者，是我国社会主义现代化建设的靠山，要把开展职工队伍状况调查，同宣传和树立工人阶级的高大形象结合起来，同增强广大职工对实现党风和社会风气根本好转的信心结合起来，同保障职工的民主权利，增强工人的主人翁地位结合起来。在调查中要善于发现工人身上的共产主义闪光点，善于发现和大力表彰足以表现工人阶级光辉形象的各类先进典型，并用这些先进典型感染、影响全社会。要教育广大职工明确自己在实现党风和社会风气根本好转中所担负的责任，引导他们以工人阶级的精神，监督、抵制、纠正各种不正之风。特别要教育广大职工克服在工资、奖金等方面存在的互相攀比和一切'向钱看'的思想。在企业内部要提倡新工人尊重老工人，徒弟尊重师傅，建立干群之间、工人之间的新型关系。要通过这次职工队伍状况调查，进一步完善职代会制度，进一步加强工会工作，使职工群众在企业的各项重大决策上有充分的发言权。要在加强思想政治工作的同时，关心职工的物质利益，改变以往说的多，做的少，或只说不做的现象，更不能只讲空话。工会干部要深入车间、班组和工人家庭，了解他们的收入，看看他们的住房，尽量帮助他们解决一些具体问题。对于调查中了解到的一些职工意见较多的问题，工会要做好综合分析，以便对今后的工作，包括制定重大政策时提出自己的意见和建议。"

卢书记一口气发表的这一番酣畅淋漓的谈话，字里行间充满对工人阶段的尊重和厚爱，听后真给人以启迪和教育。

发表完谈话之后，卢书记又笑着说："怎么样，你的任务完成了吧！"我乐滋滋地说："讲得太好了，感谢卢书记。"就在这天中午，王新中副主席还要留在西固热电厂和调查组的同志一道工作，我顺便搭卢书记的车返回城里。一路上，卢书记又谈了不少有关加强工人阶级宣传的问题。一回到办公室我就整理采访笔记，写出了题为《卢克俭同志关心职工队伍状况调查——要大力宣传工人阶级的优秀品质》的新闻稿，在1986年3月29日《甘肃工人报》一版头题报道。后来《工人日报》也在一个重要位置刊发了消息，标题为《甘肃省委副书记卢克俭指出——要用工人阶级的形象影响社会》。

说起第三次专访卢克俭那是1987年10月份的事了。记得是在10月20日左右，也就是在全省地县工会工作会议前夕，原定卢克俭副书记要出席这次会议，并在会上发表重要讲话，但由于工作忙，临时改变不能亲临会议。省总工会领导便与卢书记商定，通过《甘肃工人报》发表一篇卢书记的谈话，对全省地县工会工作提出要求。于是，我便奉派又一次采访了卢书记。这天，当我来到卢书记新搬的省委西楼办公室时，他的办公桌上摆着几份全国总工会办的《工会工作通讯》等资料。见到我，卢书记便开门见山：省工会窦主席又交给我一项任务，要我谈谈加强工会工作的问题，那我就谈几点想法和意见，供工会的同志参考。

卢克俭首先对全省各级工会组织，近年来在各项工作中取得的显著成绩，给予了充分肯定和高度评价，对各级工会为在全社会树立工人阶级的高大形象而进行的不懈努力表示赞赏。接着，他从理论和实践的结合上，阐述了工会在政治和经济体制改革中肩负的重要职责。他说，现在我国正处在一个新旧体制交替的改革时期。但不论千改万改，我国以工人阶级为领导的人民民主专政的性质不会改变，社会主义制度不会改变。这就确定了工会组织的地位、作用不但不能改革，而且随着改革的深入，工会作为国家重要的社会政治团体，人民政权的强大支柱和后盾，党联系群众的强大纽带，组织职工群众对企事业单位实行民主管理，对干部实行民主监督，代表职工群众同政府和企事业行政进行民主对话，维护工人阶级利益的作用显得更加重要。因此，改革越是深入，工会工作越要加强。现在一些租赁、承包企业，随意撤并工会机构，调换工会干部，对企业的重大决策，不征求工会意见，这都是错误的，必须认真纠正。他还说，进一步理顺工会和党、工会和行政的关系，这是工会独立负责地开展工作的重要保证。他指出，在工会与党的关系问题上，强调党的领导是应当的，但这不意味着工会只是党委的一个部门。多年来我们各级党组织，都不同程度地忽视了工会作为群众组织的独立作用，致使党对工会工作包揽过多，管得过死。各级党委都要明白，党对工会的领导只能是政治思想领导、政策的领导，而不是包揽工会的日常事务。工会和行政的关系，应当是在组织上各自独立，在政治、法律关系上彼此平等，在工作中相互合作。多年来，我们讲工会支持、协助行政义务的多，讲工会监督行政工作权利的少，往往使工会处在一种从属于行政的地位。各级党委和企业行政要切实摆脱这种思想观念的羁绊，摆正与工会的关系，尊重工会社会政治团体的地位，努力为工会创造参政议政的条件，提供参政议政的途径，支持工会参政议政的行动和独立负责地开展活动，帮助工会解决工作中的各种困难和问题。

卢克俭还说：当前工会也要搞好自身改革。改革的重点，应该围绕实现工会的群众化、民主化来进行。各级工会要下大功夫克服衙门化现象，旗帜鲜明地维护职工合法权益。在当前租赁、承包等多种经济形式并存的情况下，尤其要注意在有关开除辞退工人、劳力组合、奖金、工资分配、病假工资、医疗费使用、延长劳动时间等问题上，保障职工的合法利益不受侵犯。要在继续加强职代会工作的同时，充分行使民主监督的权利。要通过组织职工民主评议干部、党政领导对话等形式和渠道，对企业和社会上的各种不正之风实行群众性监督，在有关物价、工资、社会风气等问题上，及时反映职工的呼声和要求。要特别注意抓好自身的民主建设，积极摸索基层工会干部直接由会员民主选举的经验，以克服长期以来工会干部实际上的委派制现象。谈话中，卢克俭特别强调了加强县级工会工作的问题。他说，富有活力的乡镇企业的崛起，正在从根本上改变着县的经济格局和产业结构，一大批乡镇企业的从业人员，正在以新一代工人阶级的心愿迫切要求加入工会组织，这就给县工会工作提出了越来越高的要求。可是，目前我省县工会的组织建设和工作状况，很难适应这一需要。他希望各县委对工会工作认真研究，看看工会干部配备是否符合上级要求，工会各项职权是否得到真正落实。希望县工会少讲空话，多办实事，把工作的重点放到搞好调查研究，维护职工利益，扶持乡镇企业，开展技术扶贫，加强劳动争议仲裁，办好工人文化活动场所等方面来。针对全省已经建起和正在兴建的七十多个工人俱乐部管理方面存在的问题，卢克俭同志要求各县委帮助和支持工会认真进行一次整顿，解决有些党政机关占用文化宫、俱乐部房舍，一些领导和干部趁机往文化宫俱乐部安排亲属、子女，一些工会干部借机为自已经营安乐窝以及文化宫、俱乐部管理人员业务素质差、不胜任工作等具体问题，把地县工人文化宫、俱乐部真正办成职工的乐园和学校。

后来我根据卢书记的谈话记录，很快写出一篇题为《改革越是深化，工会工作越要加强》的稿件，送省总工会领导审阅后，又专门到卢书记办公室请他审定。来到卢书记办公室后，正好他一个人，我连忙送上稿件。卢书记先是从头到尾看了一遍，然后又提出了一些具体修改意见，有些地方还亲自动笔修改。给我印象最深的是，在修改稿件时，卢书记想起《人民日报》上关于当时改革形势的一个新提法，便找出《人民日报》，放在办公室的地板上，蹲下来仔细查找，直到找出那段话并亲手加在稿件之中，才站起身来，那股认真劲真令我感动不已。经卢书记修改审定，他的这篇谈话发表在《甘肃工人报》上，并在省总工会1987年10月27日在清水疗养院召开的全省地县工会工作会议上作了传达，与会同志学习后都受到很大鼓舞。

有了这几次的专访，我与卢书记彼此也都比较熟悉了。每当在省上召开的一些会议上见到他时，他总是说你们工人报就是要抓住宣传工人阶级这个主旋律不放，这样报纸就能办出特色。记得一次省委宣传部召开新闻通气会，那一段正好卢书记分管宣传工作。散会后他一见到我就说，你们要多抓一些工人中间的先进典型，要多宣传劳模，多宣传先进，为全社会尊重劳模、学习先进大造舆论。回到报社后我还专门把卢书记的指示向大家作了传达。那些年，报社也经常举办一些活动，我们也常请卢书记参加。只要能抽出时间，他也总是亲临会场，还发表讲话。记得一年春节前夕，报社联合一些企业举办劳模和工会干部联谊会,我们也专门邀请卢书记参加。那几天省上正召开人大和政协会,卢书记工作很忙。当时他说只要时间排得开他一定参加。可联谊会的当天下午,眼看已过了活动开始的时间,还没有等到卢书记。原以为他工作忙来不了,我们便开始举行联谊活动。当主持人刚一宣布开始,卢书记却出现在会场。这可真让我们喜出望外,会场上也响起一片掌声欢迎卢书记到来。刚走到会场中央,卢书记双手抱拳说,现在我还在开会,实在抽不出时间,可听说今天劳动模范和我们工会干部一起欢度春节,我临时溜号赶来看望大家,也给大家拜个早年,希望我们的劳模一定要发挥带头作用,为工人阶级争光,为工人阶级添彩。说完,他又双手抱拳说:真想和同志们坐一会,可那里还在开会,我只能既迟到又早退了。说着在大家的一片掌声中,便离开了会场。当我和报社几位同志送卢书记到楼下时,他边走边说,工人的报纸就应多联系工人,多联系劳模,这样报纸就有生气。我忙说我们一定要按卢书记的要求办。

第四次专访卢克俭时,他已经担任了省人大常委会主任。那是在1999年12月澳门回归祖国前夕,《甘肃工人报》社与华亭矿区管委会联合举办了陇原职工"迎我澳门"赋诗献辞大赛,并在兰州东方红广场举行万名职工在百米长卷赋诗献辞签名活动。为此,我们特意约请省上一些领导为这次活动题词赋诗。澳门回归的前几天,我特意来到省人大常委会机关,请卢主任题写诗词。其实早些天报社就专门派人请卢主任为举办的诗词大赛活动赋诗,由于卢主任工作忙都未能联系上。眼看澳门回归祖国的日子临近,大约在当年12月15日,我和报社的金斌同志一起到省人大找卢主任。当时由于省人大机关办公楼改造,临时搬到兰州广武门的广武商厦办公。来到卢主任办公室门前时,我们先找到了卢主任的秘书小杨,正好我们早就熟识,小杨秘书热情接待了我们,并很快把我们的来意向卢主任作了汇报。不大一会儿,小杨就把我们领进卢主任办公室。这是自卢主任从省委副书记岗位上调任省人大主任后,我们第一次近距离见面,按说也有好几年的时间了。可当我一走进他的办公室,卢主任就热情招呼:"来,来,小文,好长时间都没有见了,还在省工会办报吗?"我连忙回答卢主任的问话,又问了他的身体情况后,就汇报了请他为我们举办活动赋词祝贺的想法。卢主任听说后,先是哈哈一笑,然后说,你们办的赋诗献词活动很有创意,应该祝贺,可我写些什么呢?说着他就忙从一堆文稿中翻了起来,找出了两首写好的诗作,递到我面前说:"这还是前两天一家杂志社也来约请写诗,推辞不过写了两首,你们看行不行。"我高兴地连连说:"行,行,太好了。"便看着面前的诗小声读起来:

(一)

祖国统一在望

实践增长才干,

富民强国有方。
回归捷报频传，
祖国统一在望。

（二）

迎接新世纪

回首百年站起来，
改革开放创新路。
展望百年齐心干，
富民强国震环宇。

拿到卢主任的诗作，我真是又激动又兴奋，情不自禁地再三感谢卢主任。离开卢主任办公室时，他一直把我送到门口，还高兴地说："祝你们迎澳门回归诗词大赛活动圆满成功！"

1999年12月20日这天，是澳门回归祖国的日子。这天上午《甘肃工人报》在兰州东方红广场举办了"迎我澳门"赋诗献词签名活动。来自省城兰化公司、兰州炼油厂、兰州铝厂、五〇四厂、省建七公司等30多家企事业单位的党政工领导、职工代表近1万人云集东方红广场，在100米长卷上纷纷挥毫赋诗，情景十分动人。记得那天上午，尽管兰州天气格外寒冷，可数以万计的职工手持小五星红旗，载歌载舞，欢庆澳门回归祖国。在活动现场，省人民广播电台著名播音员边城朗颂了卢主任的两首诗，赢得了会场一片经久不息的热烈掌声。亲临活动现场的七届省政协副主任应中逸、杜大仕也即席赋诗，把整个活动推向高潮。

应中逸的赋诗为：

庆回归

严冬腊月展双眉，
荆蕊荷花雍睦随。
香港迎来真可喜，
澳门过去实堪悲。
今朝共建中华业，
世纪之交举国威。
甘肃人民同祝贺，
敦煌伎乐庆回归。

杜大仕的赋诗为：

澳门回归感怀

山河欢唱澳门归，

慈母开怀喜泪垂。
莲花妍丽香环宇，
霜雪春秋四百会。
国耻激奋自强路，
炎黄青史再扬眉。
待到两岸团圆日，
邓公"两制"树丰碑。

远在北京中央党校学习的省总工会主席赵宝生，也特意从北京传来诗作，以表对诗词大赛活动的祝贺。他的赋诗是：

醒狮飞燕喜昂头

濠江黄河一脉流，
莲花漂泊望神州。
世纪钟声圆归梦，
醒狮飞燕喜昂头。

那天的百米长卷赋诗签名，给兰州的庆澳门回归增添了一道亮丽风景。还有数十名著名劳动模范来到现场，和省城职工一道喜庆这一神圣时刻。许多人现场赋诗、吟词，用一首首动人心弦的诗词，奏响陇原工人阶级喜庆澳门回归祖国的美妙乐章。

诗词大赛结束后，还进行了认真评选。卢主任的诗作被评为特等奖。我也特意把这一消息向卢主任作了汇报。

前几年卢主任已经从省人大主任的岗位上退了下来。除了在电视上偶尔看到卢主任出席一些会议，再也没有能当面见到他。欣喜的是一次我去采访甘肃盛达集团公司总经理、全国劳模赵满堂时，正好卢主任给赵满堂同志打来电话。满堂同志也知道我曾与卢主任有过一些接触，特意把电话交给我与卢主任通话。我刚一接过电话，就传来卢主任的声音：这些年工人报一直坚持宣传劳模、宣传职工，这个路子是对的，一定要坚持下去。并说小文，希望你把工人的报纸越办越好。电话这边我一个劲地："嗯、好。"直到通话结束时，我才说了句："祝卢主任多多保重，健康长寿……"通完电话，我久久沉浸在无比激动之中，与赵满堂同志几乎异口同声说道："卢主任，这位老领导真好……"

我随李主任走陇东

2007年4月初,我随同省人大常委会副主任、省总工会主席李德奎去了趟陇东。短短六七天时间,李主任严谨的工作作风,对基层职工的殷殷关爱,对工会工作的满腔激情,都给我留下了极为深刻的印象。

还在去陇东的头两天,时任省总工会副主席的刘天明专门找我说,过几天李主任要去平凉、庆阳一带调研工会重点工作进展情况,要我随同进行采访。虽说李主任兼任省总工会主席已经好几年了,我也曾写过不少有关他的报道,可随同采访还是头一次。后来还听省总工会办公室主任小包同志说,是李主任点名让我参加这次调研活动的。

4月4日清晨7点多钟,我就与刘天明副主席和省总工会调研室主任巩炜同志同乘一辆越野车,按约定来到位于兰州市省图书馆附近的一家牛肉面馆。省总工会办公室的包俊宗主任早已等候在这里。不大一会儿,李主任和秘书小张也到了,我们几个人就在这里吃了碗牛肉面。巧得很,当李主任和我们几个人正准备吃饭的时候,突然曾任省总工会党组书记、常务副主席的王玺玉同志也到了这里,他是要去天水参加省上有关会议,也是到这里来吃早饭的。李主任连忙招呼玺玉同志一起用餐,这时小包主任笑着说,这个牛肉面馆还是玺玉主席发现的。玺玉同志也笑着说:"这里面拉得好,汤的味道也好。"李主任一边吃一边说:"难怪小包要把早饭安排在这里,味道还真不错呀!"

我们每个人一碗牛肉面下肚后,就急匆匆踏上了赶往平凉的路程。

那天,天阴沉沉的。我们乘坐的汽车走出兰州没多远,就下起了淅淅小雨。雨水不时敲打着车窗,前方的路上溅起的雨点也清晰可见。尽管已是仲春季节,我们坐在车内还是感到些许寒意。凭着车窗玻璃向外望去,公路边吐绿的树木尽都掠在车后,田野里泛绿的麦苗,金黄的油菜,犹如一块块织锦连成一片,我们似乎也能感受到丝丝泥土的清香。偶尔也能听到几声狗的叫声,鸡的长鸣,对久居城市的我们来说,不觉感到几分新鲜。公路两边的行人在蒙蒙细雨中,有打着雨伞的,有披着塑料布的,也有戴着草帽的,或骑着自行车,或拉着平板车,或步行的,显得是那样悠然,与喧闹的城市相比,是何等的恬静。如果说汽车刚上路时我还有些许倦意,望着车外这难得的情景,倦意也便荡然无存……

车过静宁后,雨终于停了,太阳拨开薄薄云层也露出了笑脸。汽车在行进中,前方的路面上时有一些蒸气翻动,汽车前面的挡风玻璃,在阳光的照耀下,也不时泛起红、黄、蓝相间的色彩,不经意间令人心头平添几许惬意。不知不觉,我们汽车穿过六盘山隧道后,不大一会儿就到了平凉。当汽车停稳在平凉宾馆时,平凉市总工会的几位领导,已经在这里迎候李主任的到来。

在这里吃过午饭后,平凉市总工会的领导劝李主任在宾馆休息一会儿,李主任却忙摆摆手说:就不休息了,我们去看看市总的困难职工帮扶中心吧。李主任这句话,不禁使我想起,李主任兼任省总工会主席以来,对建立困难职工帮扶中心的工作十分重视,在省总工会召开的有关会议上,他都多次强调过加强困难职工帮扶中心建设的问题。还曾多次到兰州、金昌、白银一些工会困难职工帮扶中心调研考察,提出了不少关于发挥困难职工帮扶中心作用的好思路。也是经过李主任的多方协调和努力,省政府还专门为工会系统的困难职工帮扶中心拨付了配套资金,从而推动了全省各市州乃至县区困难职工帮扶中心的建设和工作开展。

正当我深深思考之时,汽车已经停在了平凉市总工会工人俱乐部门前。市总工会困难职工帮扶中心就设这里。在这里,李主任详细了解了平凉困难职工帮扶中心的工作情况。市总工会有关负责人向李主任汇报说:平凉市总工会是我省建立困难职工帮扶中心比较早的地方工会之一。并且县市财政从2005年起,每年拨付50万元作为帮扶中心的专项资金。仅2007年以来,已经帮扶救济困难职工2000多人。听着这些情况汇报,李主任时而点头赞许,时而静静思索。他又详细询问了帮扶资金管理办法和资金发放的有关程序、标准、形式以及帮扶的重点对象。接着李主任还仔细察看了帮扶中心有关资料、困难职工档案、管理制度,并不时提出一些问题。就在帮扶中心现场,李德奎就困难职工帮扶中心的工作,发表了十分重要的指导性意见,向全省各级工会提出把困难职工帮扶资金真正用在刀刃上的要求。并着重强调了加强帮扶资金管理、规范资金使用办法、严格帮扶对象、重视帮扶效果等几个问题。李主任说:就目前困难职工帮扶中心开展工作的情况来看,在一些方面需要进一步的探索和完善。首先要认真研究建立困难职工帮扶长效机制的问题,切实发挥好帮扶资金的效益,努力实现帮扶工作由输血型向造血型转变，从根本上帮助一些困难职工脱贫致富。为此，李主任提出，帮扶中心要确定帮扶项目，确定帮扶资金的发放标准。对那些有一技之长又有创业愿望和创业能力的困难职工适时适量给予资金上的扶持，从而帮助他们通过自主创业摆脱困境。并在摆脱困境之后，再由帮扶中心收回部分帮扶资金，以促进帮扶中心滚动发展。李主任再三强调，一定要重视研究帮扶资金管理和使用的办法，对申请救助的人员，要在认真调查摸底的基础上，确定好救助金发放的标准，尽可能由帮扶中心直接发放救助金，减少不必要的中间环节。帮扶资金一定要发放到人，力戒把帮扶资金平均分配或撒胡椒面的办法，防止吃困难职工帮扶资金的大锅饭。让每一笔帮扶资金花出效益，花出结果。李主任还说，每个帮扶中心都要研究帮扶对象的问题，必须明确工会兴办困难职工帮扶中心，重点是帮扶企业下岗失业职工和因各种原因造成的家庭生活困难的职工，重点帮扶那些希望通过自主创业摆脱困境的职工。特别是要重视对困难职工创业、就业的帮助。对于发放的救助资金的使用情况也要认真进行检查，了解资金所产生的效益和作用。开展各种救助活动时，要把有限的资金尽量集中使用，不要过于分散，发挥好救助资金的整体效应。

听着李主任这一番高屋建瓴的谈话，让平凉市总工会的几位领导和困难职工帮扶中心的同志颇受启发，一个个不是认真做着记录，就是连连点头赞许，就连我们几个随同李主任的人，心里也仿佛亮堂了许多。

时间似乎过得很快，没觉着多长时间，就已到了下午两点来钟，李主任和我们几个随行人员，又乘车向庆阳市赶去。车离开平凉市区，沿着高速公路向着庆阳方向疾驶。也许是早晨起得过早的缘故，汽车没有开出多远，同车的几位同志都有困意，有的甚至还打起了鼾声。我和大家一样，也不由得闭起双眼，想打个盹儿。可闭起眼睛却怎么也睡不着，脑子里回旋的尽是李主任在平凉困难职工帮中心的一番讲话……

车过泾川县，刚走出高速公路，汽车却向左一拐，驶入满眼尽是山峦起伏的方向。同车的省总工会副主席刘天

明说，现在要赶往庆阳市镇原县，李主任提出要去看一个村级工会。顿时，我们同车的几个人也来了兴致。汽车离开主干线公路后，不多远就进入山间公路，汽车一会儿在塬上，一会儿又到了沟底。放眼车外，满山遍野都是盛开的桃花、杏花，纵横交错的山峁上、梯田里，要么是绿油油的麦苗，要么就是金黄金黄的油菜花，有的半山腰里，时有羊群忽隐忽现。对于久居城市的人来说，真是难得一见的田园风光。

汽车在弯弯曲曲的山间公路上行驶了约有一个多小时，当一个村庄出现在我们眼前时，约百米之外，我们就看到几辆停靠在路边的小汽车和人群。我们的汽车刚一停稳，早已等候在这里的中共中央候补委员、庆阳市委书记黄选平、庆阳市委副书记石卫东以及市人大、市总工会等有关方面领导就迎了上来。黄书记一见到李主任便高兴地说，欢迎李主任来我们庆阳检查指导工作。李主任也笑着说："这次下来主要想了解一些工会工作情况，给你们添麻烦了，你看今天来了这么多人。"说着李主任就在黄选平书记等领导陪同下，朝着不远处一排粉刷一新的平房走去。据介绍，这里是镇原县郭塬乡的王沟圈村。李主任在这里是要实地考察乡村工会组织建设的情况。一走近平房跟前，"王沟圈村工会"和"职工之家"的牌子赫然醒目。进入室内，满墙的图表更是琳琅满目。村工会的机构图表让人一目了然，工会主席、工会经审会主任、村工会女工委员会主任的名单都写得清清楚楚。还有全村外出务工人员的名单、分布区域等也都贴在墙上，让人真真切切感受到这个村工会工作的活跃。郭塬乡党委书记尚小峰向李主任汇报说：近两年，从省上到市上对建立乡镇工会抓得很紧，乡上已经成立了工会联合会。今年又着手抓村级工会的组建工作。这时，王沟圈村工会主席介绍说：村工会成立前，县总工会的领导专门到村里蹲点，帮助我们组建工会，村党支部也成立了组建工会领导小组。村里专门召开村工会成立和会员代表大会，由会员直接投票选举了村工会主席、副主席，7名村工会委员。同时还选举产生了村工会女职工委员会和经费审查委员会。

听着这些情况，李主任高兴地连连点头，并问到："加入工会的都是一些什么人？"

村工会主席顿时打开了话匣子："多是一些外出打工的人员，还有在本村兴办一些小型手工业和商业门店的人。"他接着说，现在全村有1800多人。最近几年，外出务工已经成为农民增加收入的重要渠道。全村有近500人常年或季节性外出打工，打工地分布在北京、兰州、深圳、银川、新疆、青海、广州等省区市，从事的主要是建筑、家政服务、物流、餐饮等行业。同时村街道设立了集市，个体经营者已达到59户，小手工业和乡村商业发展很快。

"大家加入工会的兴头高不高？"李主任又问。

"在农村建立工会是个新鲜事，大伙参加工会的热情高着呢。尤其是一些外出务工人员，认为加入工会就找到了自己的娘家，到外边打工也放心了。"村工会主席回答说。

李主任接着又问:“会员能交点会费吗?”

村工会主席忙说:“能交,能交,就是交的少一点,我们先是每个会员每年收6元钱会费。”

李主任满意地点了点头后,一边仔细看起了村工会制定的各项工作制度,一边问道:“知道村工会干些什么事吗?”

村工会主席说:村工会成立以来,还真开展了不少工作。利用春节大批农民工返乡的机会,村工会召开会议,向外出农民工和街道个体经营户宣传维权知识,并印制了《农民工劳动权益手册》和《农民工入会申请表》,发放到每个农民工手中,光今年春节前后,就有59名外出务工人员申请加入工会。

听着这些,李主任显得格外高兴:“下一步还有些什么打算吗?”

村工会主席似乎也来了劲头:下一步的工会工作,我们前几天刚开过工会委员会商量过了,想法还真多着哩。我们想下一步,首先还是要抓农民工的入会率。我们打算采取让外出农民工邮寄照片和身份证复印件、填写申请表等形式,加入工会组织,并向他们颁发《中国工会会员证》。对在同一城市务工,农民工数量较大的,将以本村劳务输出组织者为依托,组建分工会或工会小组;对分散在外地的务工人员,将以输入地工会为依托,与当地工会取得联系,办理会员关系转移,参加当地的工会活动。同时,我们村工会还要与有关劳动输出组织加强联系,积极实施有组织的劳务输出,还要与农民工输入地工会建立维权联动,聘请律师,开展法律援助,为农民工维权提供必要的法律援助。今后,村工会还要组织开展经常性文化体育活动,活跃全村群众文化生活。今年“五一”,村工会就将组织全村农民工篮球、乒乓球、羽毛球、象棋、拔河等体育比赛。对于一些长期在外务工家中又缺少劳动力的农民工,我们村工会要采取会员“一帮一”的形式,帮助他们解决生产生活中的实际困难,解除外出务工人员的后顾之忧。

听到这儿,李主任高兴地对黄选平书记说,看来这个村工会还真发挥了作用,开展了不少很有成效的工作。加强村级工会建设,就应该像这个样子。就在王沟圈村工会那间面积不大、陈设简单的平房里,李主任说下了这样一番话:建立村级工会在我省还不多见,就王沟圈村工会的现状来看,村工会工作的对象,一个是本村的外出务工人员,一个是在当地从事各类务工的职工。对外出打工者,村工会要重视维护他们的合法权益,了解他们的实际困难,为他们提供必要的服务。对在当地的职工,要组织他们参加工会开展的各种活动,增强工会的凝聚力和影响力。当前在共建和谐社会方面,村级工会也大有文章可做。最重要的还是要支持职工发展生产,了解他们在发展生产中遇到的困难,为职工发展生产出谋划策。他又叮嘱王沟圈村工会的同志们:村工会成立时间不长，要进一步摸索经验，尤其在发挥村工会作用上要多想些办法和点子。

走出村工会的房子，外面平地上已经站满了人。乡党委书记忙说：他们都是村工会的会员，听说李主任、黄书记要来，都要来看看各位领导，还想和各位领导照个像哩。

李主任和黄选平书记忙笑着与大家招手，并走到已经摆好的凳子前，准备与大家合影。李主任还和工会会员们一一握手，并接连问了几个人："你是做什么工作的？""我是开铁匠铺的。"一个看上去40多岁的中年男子笑着回答。"你是干什么的？"李主任又问一个女同志。她说："我开了个小饭馆。"接着有开榨油房的，有开小商店的，等等，一个个都回答了李主任的问话。等李主任坐下后，工会会员们喜滋滋地照了合影像。当时我就站在村民们当中，有几个人悄悄在说："咱们还是头一次见这么大的官呢！"

告别了王沟圈村的村民们，我们又驱车向镇原县城赶去。当我们几个人从车窗伸出头，向乡亲们招手告别时，只见村头上的人们久久都没有离去，透过汽车卷起的尘土，仍能看到不少人还在向我们招手……

又是一段弯弯曲曲的山间公路。

汽车掠过几个村庄后，镇原县城便出现在眼前。我还是头一次到镇原县。汽车进入县城后，能感到这是一个不大的县城，但文化气息却十分浓厚，沿街的商铺、橱窗的装饰也不乏大都市的新潮和现代气息。我们先是到了镇原县的自来水公司。李主任在这里重点了解了签订集体合同和劳动合同的情况。在认真察看了这里的集体合同文本后，李主任说："看来自来水公司是从1999年就开始推行集体合同制度的。"公司经理说："我们是每3年签订一次集体合同。"李主任又指着集体合同文本上的一些条款问："这些条款是不是都经过职工群众讨论，是不是都经过行政与工会的平等协商？"自来水公司的工会主席回答说："集体合同是经过职代会讨论通过的，合同条款通过工会广泛听取了职工群众的意见。不仅如此，我们公司还与每个职工签订了劳动合同。"李主任转过身来问镇原县总工会主席："县上其他企业签订集体合同的情况怎么样？"县工会主席回答说："全县25人以上的67户非公企业中，共有员工9000多人，有近50%的企业签订了集体合同。"李主任又问："非公企业是不是都组建了工会，有无专职工会主席？"县工会主席说："全县的非公企业都组建了工会，今年市上下达的18户企业组建工会都已经完成，全县各乡镇也都建立了工会，乡镇工会主席大都由乡党委副书记兼任。"李主任说："在职工比较集中的非公企业一定要组建工会，还要采取选派组织员的办法，解决非公企业工会工作人员短缺的问题，省市县工会在这方面都要进行研究和探索，也要舍得花一些资金。"

走出自来水公司，我们又来到了镇原县总工会。李主任在了解了县工会工作的基本情况后，着重询问了县工会的经费收缴和开展“五好”县区工会创建活动的情况。他强调说：推行工会经费税务代收和财政统一划拨，这是工会经费拨缴制度的重大改革，各县区都要抓住这个有利条件，切实加大工会经费的收缴力度。同时，要以开展创建“五好”县区工会活动为契机，努力推进县区工会工作的全面发展。最近，省总工会已就“五好”县区工会创建工作制定了三年规划，并明确了“五好”工会的具体标准，县区工会一定要抓好创建活动的落实。黄选平主席对在场市县有关领导和工会的同志说：一定要落实好李主任的这些要求，把工会工作开展得更好更实。

离开镇原县总工会的时候，已经接近下午6点钟，陇东的天似乎黑得要早一些，夜幕已开始轻轻落下。我们一行又驱车向庆阳市府所在地——西峰赶去。

从清晨7点钟算起，我们已经忙乎了整整12个小时，一路走来，确也有些倦意。镇原去西峰的路上，虽说少了一些弯道，但公路两边的沟沟坎坎还是依稀可见。轻轻的暮霭中，升腾的袅袅炊烟别有一番景致。当我们的汽车进入西峰市区，已是万家灯火的时光。等到吃完晚餐已经过了9点钟。虽说长途奔波，疲乏困顿，但我还是坚持整理李主任沿途就工会工作发表的重要讲话，直到写完一篇新闻稿，已是深夜1点多钟了……

虽说头天晚上睡得很晚，但第二天早晨我还是起了个大早。原以为我是起得最早的，但当我走到庆阳宾馆大院时，见到李主任已经从外面散步归来了。信步于宾馆大院，深感陇东高原初夏清晨的惬意。但见天高云淡，朝阳喷薄而出，真是在省城兰州难得一见的天气。

吃过早饭，在黄选平书记等庆阳市领导的陪同下，李主任来到庆阳石化公司的300万吨炼油装置建设工地。这既是庆化公司来之不易的一个大项目，也是庆阳市列入“十一五”发展规划的重点工程。2006年11月工程开工奠基时，我还应庆化公司总经理张栋杰同志的邀请，参加了开工仪式。这天早上，当我们来到位于西峰市区不远的建设工地时，栋杰老总和工人们早已在这里列队迎候。才几个月没见，这里的建设用地已平整一新，竖立在场地一侧的工程建设平面图很是宏伟。栋杰老总站在平面图前，向李主任详细汇报了工程的设计、投资、建设规模等情况。李主任对庆化未来发展的美好前景由衷赞叹，并祝贺工程早日建成投产，为庆阳老区建设做出新的贡献。

约摸9点来钟，李主任又特意视察了庆阳市总工会困难职工帮扶中心。市总工会主席马浩向李主任汇报说：困难职工帮扶中心是2005年12月开办的，2006年共筹集60多万元资金，先后救助了3000多名困难职工。通过帮扶中心的调查摸底，全市困难职工的基本情况是清楚的。听完马浩同志的汇报，李主任又与帮扶中心的几位工作人员交谈，详细了解他们开展工作的情况。李主任最关心、谈的最多的仍然是要加强对帮扶资金的管理,要重视对帮扶项目的研究。他特别强调帮扶中心的工作,要由救济型向帮扶型转变,由输血型向造血型转变,帮助一些困难职工走自主创业、脱贫致富之路,真正发挥困难职工帮扶中心的作用,绝不能把帮扶资金撒了胡椒面。

还是在这天上午,李主任又与庆阳市的十多家企业的工会干部进行了座谈,就当前企业集体合同、劳动合同签订、农民工工资发放和有关社会保障待遇落实、农民工加入工会、非公企业工会组织建设等问题,面对面听取了职工的意见和呼声。庆阳供排水公司、庆阳新兴建材公司、庆阳大千火柴有限公司等企业的工会干部和职工代表都发了言,既介绍了企业工会工作情况,又反映了当前工会工作中存在的许多实际困难和问题。李主任对大家提出的一些问题还即席作了回答。座谈会结束时,李主任又发表了讲话,一是着重强调了签订集体合同和劳动合同的问题。他说,从工会角度讲,签订集体合同和劳动合同,是维护职工合法权益的重要手段,是工会必须抓好的一项重要工作。二是着重强调了组织农民工加入工会的问题。他说,农民工是工人阶级的重要组成部分,农民工合法权益维护的工作要由工会承担起来,因而要最大限度把农民工组织到工会中来。三是着重强调了非公企业组建工会并发挥作用的问题。他说,要一手抓非公企业工会组建,一手抓工会作用发挥,要让工人们真正感受到加入工会的好处。

李主任的讲话博得与会同志的热烈掌声。主持座谈会的庆阳市委副书记石卫东也高兴地说:大家一定要认真领会李主任的讲话精神,在工会的各项重点工作中很好地予以落实,尤其把签订集体合同、劳动合同和发展农民工加入工会的工作进一步推向前进。

时间已经过了中午12点,大家好像都言犹未尽,总觉得值得探讨的话题还有很多很多……

午饭之后,庆阳市的领导本想让李主任休息一会儿,可李主任却提出:午休就免了,还是尽量能多看一些基层单位,多了解一些情况。李主任已经是过60岁的人了,这样旺盛的精力和工作劲头,让我们几个随行人员无不为之感动。于是,还不到下午2点钟,李主任在黄选平书记等领导的陪同下,又驱车来到在庆阳市颇有影响的民营企业——庆阳巨立门业公司调研。提起巨立门业公司我还真不陌生。公司经理张海龙是位年轻的企业家,也是甘肃省人大代表。我是在前些年省人代会上,经张栋杰总经理介绍认识海龙同志的。后来我们还有了一些交往。有一年中秋节时,《甘肃工人报》社举办"兄弟情缘"农民工联谊会,海龙经理知道后,还专门派出公司的20名优秀农民工,从庆阳赶到兰州参加联谊活动,又组织他们在省城游览观光。海龙经理也多次邀我到他们企业作客,虽说多次答应过,但都未能成行。这次随同李主任赴陇东调研,没想到巨立门业公司竟是安排调研的企业。我满以为能见到海龙经理,可到厂里一问,才知他正在广州出差,心里顿感有些遗憾。

在巨立门业公司有关人员的陪同下,李主任深入生产现场操作台前,同正在干活的农民工亲切交谈,询问他们有没有加入工会,每月的工资能不能按时发放,生病以后医疗费有无报销,工会经常开展些什么活动等等。工人们你一言我一语都争相回答。当李主任问一位年轻的工人,到这里上班签过劳动合同吗?小伙子笑着说:刚进厂时就签过了,公司对我们很关心,每月都能挣上千把块钱,比在农村种地强多了。李主任朝小伙子笑了笑,和蔼地连连点头。离开巨立门业公司,我们又来到了庆阳市第一个乡镇工会——驿马镇工会。走进工会办公室,能感受到这里工会的氛围很浓厚,屋内墙壁四周挂满工会制定的各种制度,上级工会颁发的奖牌也不少。镇工会还专门配备了一名专职工会干部,他介绍说,驿马镇已建立非公企业工会46家,选举产生工会委员230多人,培养工会积极分子200多人,发展工会会员3800多人。李主任听完后非常高兴地说:驿马镇的经验表明,随着经济社会发展,一大批非公有制企业不断涌现,必然带来工会组织的发展壮大。工会组织的发展壮大,又必然会把职工的力量凝聚起来,把职工的积极性调动起来,进一步推动乡镇经济的大发展。因此,应该像驿马镇这样,大力发展非公企业工会组织,并紧紧抓住平等协商、签订集体合同和劳动合同这个牛鼻子,在共建和谐社会、共享和谐成果方面,充分发挥工会组织的作用。说到这里,李主任把1万元钱交到驿马镇工会主席手里,并笑着说,这是省总工会支持乡镇工会工作发展的一点心意。还勉励驿马镇工会的同志们继续探索新路,总结经验,把全镇非公企业工会工作不断推向前进。

离开驿马镇已经是下午近4点钟了。李主任又急着向庆城县赶去,专门到庆阳石化公司和长庆油田等企业视察。

当我们来到位于庆城马岭川道的庆阳石化公司时,已将近下午5点了。汽车刚停在公司大门前,张栋杰总经理带领数十名身穿红色工作服的职工,在公司门口迎接李主任的到来。李主任走近欢迎队伍时,栋杰总经理突然立正,用洪亮的声音说:欢迎省人大常委会李主任、市委黄书记等领导来庆化检查指导工作。李主任和大家一一握手后,穿上了一套红色工作服,戴起了安全帽,在栋杰总经理的陪同下,参观了生产现场,看望了一线职工。特别是在一些班组详细了解了工人的生产、生活情况,对庆化公司的严细管理、文明生产以及职工的精神风貌给予了高度评价。参观完生产现场,李主任又听取了企业的多媒体汇报,并与公司各级干部进行了座谈。特别是对庆化"十一五"发展规划,李主任表示了极大兴趣。汇报会一直开到6点多钟,李主任意犹未尽,还在认真听着栋杰经理的汇报,并不时询问了许多情况。听完企业情况汇报后,李主任即席发表讲话,对大型企业如何在地方经济发展中发挥骨干带头作用提出了希望,引起了现场同志的强烈共鸣。

这天晚上，我们就住在庆化公司的宾馆。初夏的夜晚，清风习习。地处马岭川道的庆化宾馆，虽然没有城市的喧闹，却也是流光溢彩。尤其是满天星光闪烁，为这座山间石化工业小区增添了几多色彩。进入深夜，万籁俱寂，可我仍无睡意，李主任一天来发表的一些讲话，不时在我脑海里浮现。我伏案一边翻阅着笔记本，一边在深深思考，在面前的稿纸上写下了"牵住平等协商集体合同牛鼻子，在共建共享和谐社会中发挥工会作用"的标题，记录下了李主任在与庆阳部分企业工会干部座谈、视察巨立门业公司、驿马镇乡镇工会等处发表的重要讲话。在这篇稿件中，特别强调了李主任讲的这样一段话："今后在推行集体合同制度的过程中，必须坚持行政与工会组织平等协商的原则，使之真正起到维护职工合法权益的作用。不管是签订集体合同还是签订劳动合同，都要从企业的实际出发，在合同的文本上也不要拘泥于一个模式，不要简单地照搬硬套，一定要符合各企业的实际。特别是要充分认识到，当前维护职工合法权益方面要做的工作很多。在签订集体合同时，要特别注意涉及职工工资的条款，用合同的形式，确保在企业发展的同时，职工的收入也要有所提高。还应重视把职工业务培训和生产技能的提高纳入集体合同的内容。并通过工会代表职工与企业行政平等协商签订集体合同这种形式，促使企业在发展中重视和加强工会工作。工会组织也要在促进企业发展的过程中发挥作用，从而形成创建和谐企业的合力，使企业和职工在共建和谐中互惠双赢，成果共享。"李主任这一番讲话，切中了平等协商集体合同工作的要害，对推动全省集体合同制度有着十分重要的指导意义。当写完稿件，已经是深夜3点多钟了。此时我已睡意全无，李主任讲话的情景仍不时在我眼前浮现……

第二天早晨，一吃过早饭，特意从西安远道赶来的长庆石油勘探局工会主席浦建忠、工会副主席周红霞、长庆油田公司工会副主席林阳等同志，专门到庆化公司迎接李主任到长庆采油二厂和长庆采油第二技术服务处检查指导工作。于是李主任带着我们又驱车来到位于庆城县的长庆采油二厂。在这里，李主任首先参观了长庆油田厂史展览室，详细了解了长庆油田的勘探、开发、建设和发展情况。在一幅幅弥足珍贵的照片面前，李主任看得十分认真，还不时停下来询问有关情况，对长庆人艰苦创业的精神发出由衷的赞叹。记得在一幅反映油田建设初期一支铁姑娘队伍不畏艰苦的图片面前，周红霞副主席指着照片说：这就是当年的我，那时我是铁姑娘队的队长。李主任在照片前看了许久，连连说："真了不起啊，昔日的铁姑娘已是我们的工会主席，变化真大啊！"顷刻间展览室大厅回荡起一片笑声。

参观厂史展览后，李主任又与长庆油田在庆城地区各企业党政工领导和职工代表进行了座谈。周红霞、林阳两位同志，分别汇报了长庆石油勘探局和长庆油田公司的工会工作。李主任在座谈会上，发表了大企业要当好共建共享和谐社会排头兵的重要讲话。他说，各企业要认真学习胡锦涛总书记重要讲话精神，把共建共享和谐社会，贯穿于企业工会工作的全过程，建设和谐企业是建设和谐社会的重要组成部分。企业工会组织要担负起在和谐企业建设中的重要职责。建设和谐企业，首要的是要建立协调稳定的劳动关系。也就是说企业的和谐关键是劳动关系的和谐。因此，企业工会要以签订集体合同和劳动合同为重点，在建立和谐劳动关系中充分发挥作用。既要动员和组织职工为企业生产发展献计献策、多做贡献，又要促进企业在生产发展、效益提升的同时，不断提高职工福利待遇，改善职工物质文化生活条件，真正实现和谐企业共建、和谐成果共享。各大企业在注重内部和谐的同时，还要十分重视地企之间的和谐。地方政府要为企业发展尽力提供各方面的支持，创造有利条件和宽松环境。企业要在自身发展的同时，积极支持地方经济又好又快发展，努力实现地方和企业的互惠双赢。同时，企业在加快发展的过程中，还要高度重视与生态环境建设的和谐，把保护环境、美化环境、建设环境，作为企业发展中的重要任务，成为建设和谐企业的重要目标。作为新闻记者，我当时强烈地感受到，李主任的这一番讲话，在与会同志中产生了强烈的心灵震撼，会场上爆发出的热烈掌声，就是最好的证明。

吃过中午饭，李主任又婉言谢绝了午休安排，整整一个下午，先后到庆城县总工会、合水县总工会、合水县汽车运输公司调查研究。用李主任的话说，下来一次，就要尽可能多看一些地方。就这样，风尘仆仆，一路匆忙，等赶到宁县时，已经是太阳落山的时候。

宁县是个不大的县城。当我们来到这里时，县委、县人大、县政府、县政协的领导都在迎候李主任。当天晚上，我们几个随同的人，都自感有些劳顿，可李主任的秘书小张，却找我要有关汇报材料，说是李主任要看一看。就在这天晚上，李主任似乎睡得很晚，我想他肯定又是在准备有关的讲话。没想到第二天早晨，当我们几个人起床后，李主任早已从外面散步归来了，我们都不约而同为李主任的精气神而赞叹。这天上午，李主任带着我们来到宁县城关区工会调研。李主任详细了解了工会组建、机构设置、人员配备、经费来源等情况，还仔细查看了有关资料、档案。了解到这个区于2006年9月成立工会，选举产生由5人组成的工会委员会，县总工会选聘一名工会组织员，到社区任工会专职副主席，社区现有职工4400多人，已发展工会会员980多人等情况后，李主任高兴地说：宁县城关区工会的实践证明，建立社区工会十分必要，社区工会大有发展的空间，社区工会也大有作为。凡职工人数较为集中的社区都应积极组建工会，最大限度把社区职工组织到工会中来。对那些会员人数较多的社区，要通过选派工会组织员的办法，开展好社区工会工作。把那些热爱工会工作，热心为职工服务，又有一定文化水平的同志选聘到社区和乡镇工会中来，使社区工会的事有人管有人干。李主任的话，就像给在场的几位从事社区工会工作的同志注入了一支强心剂，一个个高兴得合不上嘴。从他们抑制不住的笑容里，看得出他们对搞好社区工会工作更加充满了信心。

结束了在宁县的调研后，当天下午，李主任又在西峰市与庆阳市委、市人大、市政府、市政协、市总工会领导及部分县区工会干部进行了座谈，听取了庆阳市工会工作的全面汇报，并发表了重要讲话。

第二天，李主任在时任省总工会副主席刘天明的陪同下，又来到华亭县调查研究，走社区，下企业，深入考察工会工作情况。特别是在华亭煤业集团调研时，李主任坚持要到井下看望采掘一线的职工。记得这是2007年的4月8日下午，李主任在华煤集团领导的陪同下，来到陈家沟煤矿。走进井口更衣室不一会儿，他就穿上一套深蓝色工作服，戴顶黄色矿工帽，乘上下井的矿用电瓶车，还高兴地说："我还是70年代曾经下过一次矿井，'五一'劳动节快要到了，作为省工会主席到井下看望职工更应该了。"就这样李主任下到300多米深的井下，一直走到掌子面上，在生产现场与工人们亲切交谈，嘘寒问暖，在井下整整度过了近3个小时。走出矿井时，只见他厚厚的矿工服已经湿了大片，额头、脖子上都挂满了汗珠。可上井后，李主任又不顾劳累，坚持要看看农民工的食堂、宿舍。接着又走访了砚北煤矿、华亭煤矿等处的农民工公寓、农民工食堂、农民工活动场所，一直忙到很晚很晚。

作为记者，这次随同李德奎主任赴陇东采访，给我留下了十分难忘的记忆。尤其是李主任结束在庆阳、平凉两市调研之后发表的一系列重要讲话，始终让我回味无穷，我永远不会忘记。

在调研中，李德奎带领调研组的同志，走乡镇，进村社，看社区，访企业，每到一处在认真了解省委办公厅转发的省总工会党组关于今年工会工作意见的报告，省委办公厅、省政府办公厅转发的省总工会关于进一步加强县区工会工作意见"三个文件"精神的贯彻落实情况的同时，通过查阅有关工会工作资料，现场与工会干部交谈，倾听生产一线职工对工会组织的意见、愿望、呼声，与县区工会干部座谈等形式，重点检查了庆阳、平凉两市部分县区、乡镇和非公企业工会组建、平等协商集体合同和劳动合同签订、困难职工帮扶中心作用发挥、农民工加入工会及权益维护、工会经费收缴等工作。并就大家提出的一些具体问题和实际困难进行了研究和探讨，提出了切实加强市县工会工作、扩大工会组织覆盖面、履行好工会维护职能的工作思路和具体意见。

结合省总工会确定的各项重点工作任务，针对调研中发现的工会工作中出现的新情况、新问题，李德奎还就做好当前和今后一个时期的工会工作发表了重要讲话。他说，当前就全省工会来说，总的要求就是认真学习胡锦涛总书记参加全国政协、工会、青年团、青联、妇女界委员联组会议时的重要讲话，认真落实省委省政府批转的关于工会工作的文件精神，落实好省总十届六次全委会议安排的各项工作任务，以优异

成绩向即将召开的省十一次党代会献礼,迎接党的十七大胜利召开。为此,他要求各市县区工会:

要认真学习胡锦涛总书记的重要讲话,在共建共享和谐社会中发挥工会作用。实现理想的和谐社会是个漫长的历史过程。胡总书记关于共建共享和谐社会的重要讲话,发展了社会主义和谐社会的理论,把共建共享贯穿于和谐社会建设的全过程。工会作为党领导的群众组织,在推动党的全心全意依靠工人阶级指导方针落实,发挥职工群众在和谐社会建设中的主力军作用,负有十分重要的责任。因此,各级工会组织都要把职工的力量凝聚到和谐社会建设上来。党中央已经明确提出,把维护农民工合法权益的工作由工会组织承担起来,这是党中央对工会组织的信任和寄予的厚望。各级工会都要积极履行维权职能,毫不妥协地与各种侵犯职工合法权益的行为进行斗争,在和谐社会建设中充分发挥工会组织的作用。

要切实开展好基层工会组织建设年活动,省总工会决定连续三年开展基层工会组织建设年活动,目的在于激发职工参与共建共享和谐社会的积极性,为动员和组织职工参与共建共享和谐社会奠定组织基础。应该看到,当前工会组建的任务十分繁重,特别是农民工和非公企业职工加入工会还有大量工作要做,现在还有不少非公企业的职工和农民工游离于工会组织之外,说明基层工会组织发展的空间还很大。因此,必须进一步加大非公企业、外商投资企业组建工会的力度,加大乡镇、社区、村社组建工会并吸引农民工加入工会的力度,把广大农民工包括季节工都组织到工会组织中来。不是要不要组织农民工入会,而是必须组织农民工加入工会组织,这是一个重大政治问题。不管是非公企业工会,还是乡镇社区工会,一旦建立就要积极开展活动,发挥作用,不能只挂个牌子不开展活动。工会只有开展活动,才能让职工感受到工会的温暖,感受到加入工会就能维护自身的权益。因此必须坚持组建工会与开展活动两手抓。一些比较大的非公企业工会和职工较为集中的社区工会,可采取选聘工会组织员的办法,专门从事工会工作。这项工作要认真进行研究,制定具体办法,适当选派一些工会组织员到企业、乡镇、街道、社区开展工会工作。条件较好的可直接选派为工会主席或副主席,从而解决工会有人管事、有人干事的问题。

要积极构建和谐劳动关系。促进企业发展,关键在于建立协调、稳定、和谐的劳动关系。各级工会都要抓住劳动关系建立、运行、监督、调处等环节,积极开展创建劳动关系和谐企业的活动,牢固树立以职工为本,积极、主动、科学、依法维护职工合法权益的社会主义工会维权观,紧紧围绕劳动就业、劳动安全等方面扎扎实实开展维权工作。推进平等协商、集体合同、劳动合同制度,推进厂务公开、职工代表大会等民主管理制度的建立。重点是在非公企业要切实推进签订集体合同和劳动合同的工作,力求合同的全覆盖。现在一些企业虽然签订了集体合同和劳动合同,但合同内容过于原则，比较笼统，缺乏违约的制约措施，操作性不强。这些问题要引起足够重视，认真研究存在的问题，一定要把职工工资增长及有关福利待遇纳入集体合同的内容之中，使职工的收入随着企业效益的增长而增长。总之，要通过构建和谐劳动关系，形成企业关心职工、职工热爱企业，经营者与劳动者互利双赢的局面。

要深入开展“五好”县区工会活动。省总工会决定用三年时间把全省95%以上县区工会建成“五好”工会。并已制定了“五好”工会标准，下发了开展创建“五好”工会活动的通知。创建“五好”工会，这不是一个先进标准，而是县区工会的基本标准，也是县区工会必备的条件和标准。各地开展创建“五好”县区工会的活动，一定要依靠党委的领导和行政的支持，做出具体规划，坚持成熟一个，验收一个，不搞形式主义，防止走过场。通过创建“五好”工会，把全省县区工会工作提高到新水平。

要切实抓好困难职工帮扶中心的工作。开展困难职工帮扶工作是工会的一项长期任务，也是工会为职工服务的品牌。因此要切实做到：帮扶中心有场地、有人员、有活动；要各方筹集资金，力争把帮扶中心的蛋糕做大；在帮扶工作中要转变观念，处理好帮扶与救济的关系，变输血为造血，把帮扶资金花出效益，不能平均分配，要帮扶那些有创业能力和创业愿望的职工，开发创业项目，带动困难职工脱贫。

要广泛开展建功立业活动。百万职工技能素质提升活动是全省各级工会近年来开展的一项重要工作，还要继续广泛深入地开展下去。就目前来说，要总结前三年开展技能素质提升和建功立业活动的经验，谋划后三年活动的开展，进一步在广大职工中掀起岗位练兵、技术比武、劳动竞赛、技术攻关等群众性经济技术创新的热潮，为我省经济社会又好又快发展建功立业。

要进一步加大工会经费收缴力度。工会经费是工会开展一切工作和活动的物质保证。工会经费收缴有着明确的法律规定，各级工会都要十分重视经费收缴工作。就我省而言，由财政直接划拨行政事业单位工会经费的制度一定要坚持，由税务代收工会经费的做法要不断拓展，各地方工会都要迎难而上，全面推开，切不可坐失良机。这也是全国工会经费收缴的总趋势，我们一定要克服困难，推动此项工作顺利开展。

要努力为职工服务。各级工会都要满腔热情为职工办实事，办好事，把职工有困难、农民工有困难找工会的口号叫响。

要敢于说真话，讲实情，及时反映职工的意见和呼声。协助政府有关部门为困难职工进行法律、医疗、上学等方面的援助，开展经常性为困难职工送温暖活动，帮助农民工解决各种困难和实际问题。工会干部一定要转变工作作风，深入实际，深入基层，以良好的精神状态为职工服务。

尽管随同李德奎主任陇东之行的时间是短暂的，但留给我的印象却是深刻的。但凡有机会，我都会向人们讲起李主任在陇东调研期间的一幕幕动人情景，讲起李主任就工会工作发表的一系列重要讲话。因为就是通过这次陇东之行，让我更多地感知了李主任，熟悉了李主任，了解了李主任，一股发自内心的崇敬和感佩之情，也常常在我心头泛起一层又一层涟漪……

巧遇王光美

一个偶然的机会，我有幸见到了王光美同志，还特意请她为我在一张会议请柬上签名留念。

那是1984年的夏天，复刊不久的《工人日报》社在北京召开首次优秀通讯员表彰会议。早在甘肃省总工会工作期间，我就经常向《工人日报》写稿，也屡有稿件发表。1981年《甘肃工人报》创刊时，我便从甘肃省总工会宣传部调《甘肃工人报》工作。从此以后，更是经常给《工人日报》写稿，有不少稿件曾在《工人日报》一版头题发表。还有的稿件先后被《工人日报》评为一等奖和三等奖。因此，我也被《工人日报》评为优秀通讯员，还应邀出席《工人日报》首次优秀通讯员表彰大会。

记得在开会前的几天，时任《工人日报》通联部主任的叶世忠同志专门打电话告知我，经《工人日报》编委会研究决定，评选我为《工人日报》优秀通讯员，并要进京参加表彰大会，开会的通知随后就寄到单位。后来，开会通知收到后，由于当时的一些原因，我去北京参加会议的事遇到一些困难。叶世忠主任得知情况后，又直接给时任甘肃省总工会主席的曹坤根同志打电话汇报有关情况。那阵子曹主席正在北京出席全国政协召开的一个会议，他专门打电话给甘肃省总工会有关领导，说是不论工作再忙也应让我到北京参加会议。于是我按照会议通知的时间及时赶到了北京。

虽说文革中我也曾串联到过北京，但那时年龄小，加上文革中乱哄哄的，北京并没有给我留下多少印象，什么故宫、八达岭长城都没有能看到。这次到北京开会也是我自参加工作以来头一次到北京，心情自然十分激动。

记得坐了近两天的火车后，我是一天中午的时候到北京火车站的。临离开兰州前就听人说，北京的夏天就像火炉一样，每天身上都会是湿乎乎的。一走下火车，果然是一股热浪扑面而来，立时让我领教了北京的酷热难耐。尽管我没有带多少行李，可以说是轻装前行，然而当走出火车站时，已经大汗淋漓，穿着的一件短袖衬衣几乎已经湿透。站在出站口不远处，我便一眼看到，一把颇大的遮阳伞下，挂着“《工人日报》接站处”的牌子，一张桌子前坐着几个工作人员。我便急忙来到接站处报到，这里的工作人员告知我，会议在北京市邮政公寓召开。因为出北京车站不远就是北京市邮政公寓，所在没有安排车辆接送代表，让我们自己去找。那时还没有出租车，公交车又不方便，我只好步行去找。虽说距离不太远，但对于人生地不熟的我来说，找到邮政公寓还真费了一番周折。在穿过几条马路之后，终于在一个胡同深处找到了会议报到的地方。会务组的人员热情接待了我，并安排我与《天津工人报》的一位记者住在同一个房间。

第二天上午，会议在北京邮政公寓的一间会议室里举行，记得时任全国总工会书记处书记刘实以及《工人日报》社的领导参加了会议，并分别在会上讲了话，介绍了《工人日报》的情况，还对通讯员的工作提出了希望和要求，与会的50多名来自全国各地的通讯员受到了很大鼓舞。那个时候全国各省市办工人报刊的还不是很多，除了《天津工人报》的那位姓袁的记者和我属于地方工人报的代表外，其余大都是来自企业工会和宣传部门的同志。每个人对参加这次会议都有着浓厚的兴趣，不管是会议休息时间，还是吃饭的时候，大家总是围着《工人日报》社的几位同志问长问短。

《工人日报》社通联部主任叶世忠同志曾经几次到过兰州，我们早已是老熟人，而且彼此常有书信来往。我这次到北京开会，他给予了多方面的关照。这天中午吃完饭后，他告诉我说，下午要组织大家到民族文化宫座谈联欢，会务组的同志正在与王光美等有关方面的领导同志联系，说不定下午就能见到王光美同志。听叶主任这么一说，我心里确实非常激动，中午休息也没有合上眼，总盼望着去民族文化宫能早点出发。“王光美”三个字也总是在脑海里闪现……

按会议的安排，下午3点钟我们乘坐一辆大客车前往位于北京市长安街的民族文化宫。北京7月的中午正是天气最热的时候，汽车一开动大家都不约而同地打开车窗，虽有风吹了进来，但那风也是热的。凭着车窗向外望去，长安街两边的一排排高大建筑也都一一掠在车后。直到现在我还记得，就是那次乘车去民族文化宫，我在车上看到了天安门，看到了人民英雄纪念碑，看到了人民大会堂，看到了毛主席纪念堂，还记住了北京饭店、全国总工会、北京市电信局、王府井大街、西单商场、东单商场等等都在长安街沿线。也许会议组的同志还没有联系好的原因，在我们大家前往民族文化宫的路上，并没有告知下午王光美同志与大家见面的事。约有40来分钟的车程后，我们乘坐的大客车稳稳停在了民族文化宫前。一走下汽车，我就被民族文化宫古朴典雅的外貌所吸引，大家也都纷纷在门前合影留念。这是我头一次，也是仅有的一次来到民族文化宫，尽管后来每次到北京，途经长安街时，都看到过外貌依然色彩斑斓的民族文化宫，可再也没有到过这里。也许今天的民族文化宫比起20多年前来，肯定是旧貌变新颜了。记得那天下午，我们每个人就凭会议发的一张既是门票又是请柬的入场券，经过门卫人员验票后，走进了民族文化宫内。别看文化宫大门是雕梁画柱，极具民族风格，可走进内部还是不乏现代化气息。穿过几个长廊之后，我们被工作人员引领到一间既宽敞又壮观的会议室里，会议室正中挂着“热烈欢迎来自祖国各地的工人日报通讯员同志”的横幅，大厅里摆放着一张张很考究的小圆桌，上面已摆满了西瓜、饮料、冰淇凌等小食品。从大厅四周散发的丝丝冷气，立时让我们每个人再也没有了热的感觉，有的只是舒适、惬意。

当我们大家刚刚坐下，会务组的一位工作人员急匆匆从外面走了进来，直接来到叶世忠主任面前悄声说了些什么。只见叶主任高兴地连连点头，嘴里不停吐出“好、好、好”几个字后，那位工作人员折身又出了会议室。我能猜得出，肯定是王光美同志与大家见面的事有门儿。还没等我回过神来，叶主任已经站到了一个形似讲台的小桌前大声说：“告诉大家一个好消息，一会儿原国家主席刘少奇的夫人王光美同志、中顾委委员王首道同志来和大家见面。”顷刻会议室里掌声、叫好声响成一片，久久都难以安静下来。等着大家都静下来的时候，叶世忠主任又说：“这几天我们会务组的同志，一直都在与王光美和王首道同志联系，请他们来看看我们《工人日报》的通讯员同志。因为少奇同志是我国工人运动的卓越领导人，他在生前十分关心《工人日报》的创办与发展。王首道同志又在少奇同志的家乡湖南担任过省委书记，我们今天特意请他们两位老人前来与大家座谈，别有一番意义。”说这些话的时候，叶主任显得格外激动，看得出他对当天下午的安排既得意又高兴，眉宇间、嘴角旁都写满笑意。他还特意走到大家中间说：“一会儿，两位王老来了后，大家既要热情，又不要拘束，在座谈中要带头发言。”我们当中有几个人马上回应：我们一定要发言，与两位老人面对面说说心里话。尤其是几个来自湖南省的代表显得更为活跃，他们几个人还高兴地拥抱在一起，不停地说：“我们的老书记来了，我们一定得向他问好啊！”

不一会儿，大家等待的激动时刻终于来到了，在几位工作人员的陪同下，王光美同志和王首道同志满面笑容，鼓着掌走进了会议室。我们大家都齐刷刷站了起来，一个劲地鼓掌。王光美和王首道两位老人连连招手，还几次示意让大家坐下来，可每示意一次，大家的掌声就更响亮，持续的时间更长。

好不容易，大家终于停止了鼓掌，会场上几十双眼睛都望着两位老人，向他们投去崇敬的目光。两位老人也不时举着手、微笑着向大家致意。叶世忠主任走到小讲桌前说：“两位王老非常繁忙，社会活动很多，今天在百忙之中来看望大家，这是对工人阶级的一片深情，也是对工人日报的特殊厚爱。现在就请王光美同志为我们大家讲话。”顷刻又是一阵雷鸣般的掌声。王光美同志并没有走向小讲桌前，而是在原座位上站了起来，用双手连连示意感谢大家的鼓掌，并说：“大家要我来，还要我讲几话，并不是我个人怎么样，而是表明了大家对少奇同志的怀念，对少奇同志的爱戴。为此，我要感谢同志们，感谢《工人日报》社。”她稍稍停了停，又接着说，少奇同志早期就从事工人运动，从事工会工作，一生都为工人阶级的事业而奋斗。新中国成立以后，作为国家主席他一直都关心工人群众的疾苦，他还专门接见过掏粪工人时传祥同志……说这番话的时候，我能明显感受到王光美同志心情是沉重的，声音也有些颤抖。

会场上一片静寂，连有人喘息的声音都能听得到。王光美接着说：今天确实还有别的安排，可听说《工人日报》召开通讯员会议，我说啥也得满足大家的要求，来看看同志们，我理解同志们的心情，也能体会到同志们的一番深情。我们大家都要学习、继承、发扬少奇同志留给我们的好作风、好传统，一辈子为工人群众服务，当好工人群众的勤务员。这一席话又一次把会议气氛推向了高潮，掌声久久响彻了整个会议室。趁着大家都在忘情地鼓掌的时候，我细细打量了一番王光美同志：她上身穿件短袖纯白衬衣，下身穿条宽腿黑色裤子，脚蹬一双圆口偏带布鞋，齐耳短发依稀有些白丝，浑身都透出一股高雅的气质和不凡的风度……

掌声刚刚落下，叶世忠主任又说：下面请王首道同志给大家讲话。在一阵热烈的掌声中，只见王首道同志从座位上站了起来，双手抱拳向大家致意。他中等个儿，略微显胖，小平头上全是银发，也是穿一件白色短袖衬衣和一条银灰色的裤子，颇显得精神。王首道同志并没有讲多少话，记得他乐呵呵地放开大声说：向大家问好，感谢同志们，感谢工人日报社。完了就不断挥动双手，连连向大家致意。等王首道同志刚一坐下，叶世忠主任就说，现在我们就开始座谈发言……没等叶主任话音落地，来自湖南省的几位代表一下子不约而同地挤到小讲桌前讲了起来。有的说，我们是少奇同志的家乡的代表，家乡人民永远怀念敬爱的刘少奇主席；有的说，我们以湖南人的名义向我们的王首道老书记问好……其实，就在他们发言的时候，会场上大家呼啦啦拥到王光美和王首道两位老人前，纷纷请他们签名留念。几位颇显活跃的湖南省代表究竟讲了些什么，很多人都没有顾得上认真去听。看着大家都争先恐后地请两位老人签名，我也挤到王光美同志面前，请她为我在那张民族文化宫的入场券上签名。我激动地说：“我是甘肃来的，请王老为我签个名吧。”只见王光美同志抬起头来看了看我说：“噢，是甘肃来的，甘肃可是个好地方，前几天我刚去过兰州，留下的印象很深。”说着她便在那张入场券上写下了“王光美”三个清秀而又苍劲的大字，成了我终生难忘的珍贵纪念。

那天下午的座谈会，一直持续了近两个小时，等到我们大家用热烈的掌声欢送两位老人时，一种无法用语言表达的情结，使得在场的每个人都格外的激动，我也曾悄悄留意到，会场上有不少人眼眶里闪动着泪花……

回想起来，我曾先后在北京、上海、广州、深圳等地5次参加过《工人日报》社的优秀通讯员表彰大会，尽管随着时光的流逝，有些美好的记忆也渐渐淡去，可惟有在1984年夏天的那次会议上见到王光美同志，并请她签名的情景，却常常在我眼前浮现，成为我终生都不会忘记的一段美好记忆。2006 年深秋，当王光美同志逝世的消息传来后，当看到一些媒体上报道的王光美同志生前为社会做的一件件奉献爱心的动人事迹后，当年王光美同志为我签名的镜头，又一次次跳动在我的眼前。我不禁从心底里呼唤：一位多么伟大的女性，一位多么慈祥的老人啊！我也难以自抑地双眼湿润了……

永远的王主席

之所以写下“永远的王主席”这个题目，是因为曾连任过两届甘肃省总工会主席的王新中，在我心中的分量实在是太重了。尽管后来他的工作岗位有了变动，职务也有了变化。可不论是他担任省委宣传部副部长，还是出任省人大常委会内务司法委员会副主任，在我的心中他依然是当年的王主席，我对他的称呼也依然是已经叫了近20年的王主席。

王主席在我心中的分量之所以这么重，是因为正是他任省总工会主席期间，不仅对《甘肃工人报》的工作给予了极大的关心和支持，而且为我的工作提供和创造了许许多多的有利条件，也使我先后走上了报社副总编和总编的岗位。我也随着他参加了不少重要会议和重要活动，并在他的安排和亲自联系之下，采访了不少重要领导。同时，在他的带领下，我们一道走进了省内许许多多的企业，结识了不少的企业领导、劳动模范、工会干部。在我的人生道路上留下了许许多多终生都难以抹去，并引以为自豪的美好记忆。

我至今还记得第一次见到新中主席的情景。

那是1983年4月的一天，时任甘肃省总工会主席的曹坤根，带着一位年轻人来到《甘肃工人报》社，并走进了我所在的办公室。曹主席笑着说：这是新来的王新中主席，今天带着他和大家见见面。新中同志也笑着说：我可是《甘肃工人报》的忠实读者，还曾多次投过稿呢！我们在场的几位同志都不约而同地鼓起掌来。就在新中同志顺手翻阅着《甘肃工人报》的时候，我细细打量着这位新到的省总工会副主席：他高个头，圆脸庞，一头乌发还带着些许自来卷，人长得颇为帅气，显得干练、洒脱，加上一口地道的普通话，更透出一股子不凡气质。送走曹主席与新中同志后，办公室的几位同志便你一言我一语地聊了起来。从大伙的热聊中我知道了，新中主席原是新兰仪表厂工会副主席，是在省委选拔优秀青年干部中，破格选拔到省总工会任副主席的，当时只有39岁，是当时省直机关最为年轻的领导干部。这次见到新中主席后，平时很少有接触的机会。一次，在办公大楼的楼梯上我们不期而遇。还没等我开口，新中主席便热情地问道："您是在报社工作吧？"我连忙回答："是的，是的。"新中主席笑着说："办报纸可是很辛苦的。"我笑了笑说："不辛苦，不辛苦。"这可以说是新中主席初到省总工会那阵，我与他的第二次近距离接触，也算得上第一次对话。留给我的印象是他待人和蔼可亲，没有一点架子。

就在这年7月，甘肃省总工会第六次代表大会召开，新中同志在这次大会上当选为省总工会副主席。后来在新一届省总工会领导班子分工中，新中同志作为省总工会党组副书记、副主席，分管甘肃工人报社的工作。我是在报社召开的有关会议上，听时任《甘肃工人报》总编辑的董育民同志说，新中同志对报社工作非常重视，非常关心，每期报纸他都仔细阅读，已经对如何进一步办好报纸提出了不少好的想法和打算。报社的同志们为此都很受鼓舞，庆幸有这样一位关心报社工作的好领导。没过多长时间，省委派新中同志去中央党校学习，一去就是两年。突然有一天，在报社编辑部召开的会议上，董育民总编向大家传达新中同志从中央党校传来的关于办好《甘肃工人报》的意见和建议。原来，新中同志到中央党校学习时，要报社将每期的《甘肃工人报》都寄给他。他不仅对寄给他的报纸认真阅读，细心研究，还送给同班的一些学员传阅，征求意见。同时又约请一些人专门为报纸撰稿。并特意邀请来自全国各地的十多名学员座谈，请他们为办好《甘肃工人报》献计献策。他还及时把征求到的意见和建议整理成文寄回报社。了解这些情况后，我与报社的同志们都深为新中同志的这种精神和作风所感动。

又一次与新中同志近距离接触，是在1984年的3月初。那是时任全国总工会副主席、书记处第一书记的罗干同志来甘肃视察工会工作期间。由于中央党校正在放寒假，新中同志和省总工会其他领导一道，陪同全总领导视察了国营五〇四厂、兰化公司、兰州炼油厂、兰石厂、刘家峡水电厂、窑街矿务局等企业。作为记者，我也采访了全总领导视察活动的全过程。记得一天早上，我们分别来到全总领导下榻的兰州友谊宾馆，将陪同全总领导前往兰化公司和兰州炼油厂视察。那天，兰州的初春仍然寒意料

峭,加上下着淅淅小雨,更增添了几分寒气。当我走进友谊宾馆后楼大厅时,新中主席早已在大厅里等候全总领导。一见到我,他就笑着说:在报纸上看到你写的不少文章,这次全总领导的视察,要在咱们的报纸上好好报道。我也笑着连连点头。也正是从这次一起陪同全总领导的过程中,我更加感受到了新中主席勤奋务实的工作作风。记得全总领导结束在我省考察的第二天,我们从窑街矿务局一回到兰州,我就看到一份由新中主席亲手整理的全总领导视察期间的谈话记录,内容十分详实,这件事一时间在省总工会机关被传为美谈。也是在全总领导在甘肃视察期间,一天,时任甘肃省委副书记的刘冰在友谊宾馆会见了罗干同志。作为新闻记者,我与《甘肃日报》和甘肃人民广播电台等新闻单位的同行,采访了会见的情况。当全总领导谈起甘肃省总工会领导班子建设时,至今我还能回忆起刘冰同志当时颇为喜悦的表情。他说,省委对省总工会领导班子配备十分重视,在省工会六大前夕,省委组织部门经过深入了解和考察,专门为省总工会选配了像王新中这样高学历、综合素质好、又有企业工会工作实践经验的优秀青年干部,为省总工会领导班子带来了新的活力。谈话间,全总领导又详细询问了新中主席的有关情况,对工会有这样年轻而又优秀的干部深为高兴。通过采访省委领导与全总领导的会见活动,我也更多了一些对新中主席的了解。知道他从事企业工会工作多年,尤其对工会宣传教育工作倾注了满腔热情,积累了不少经验,也更多了一些对他的敬佩。

大约是在1985年的夏天,新中主席结束了在中央党校的学习。回到省总工会机关后,他就像一团火一样,对工作充满着热情。有一天,我和省总工会机关的同志一样,收到了一份新中主席自己制作的征求工作建议表。也就是在这张表上,我就如何发挥国有大型企业工会作用,加强产业工会工作,重视调查研究,总结推广先进典型经验等问题,提出了一些意见和建议。很快新中主席就在我填写的这张表上作了批示,充分肯定了我提的几点建议,并送到他主管的几个部门传阅,这件事也使我颇受感动。之后,我也了解到,新中主席还从省上有关部门的领导中聘请了几位顾问,目的在于为自己做好工会的宣传教育工作出主意,想点子。当时担任省国防科工办主任的谷镇山同志，就是新中主席聘请的顾问之一。在几次新中主席主持召开的会议上，谷镇山主任都亲临会议并提出了不少好的意见和建议。那阵子我深切感受到，新中主席一天到晚，满脑子想的都是工作，特别是在工会宣传教育工作方面，提出了许多好思路，好点子。记得1986年的“六一”儿童节前夕，时任兰州市总工会主席翁翘同志的夫人、甘肃省著名秦腔表演艺术家王晓玲，为支持少年儿童事业，专门在兰州市工人文化宫进行募捐义演。新中主席了解这一情况后，一天下午临下班时专门打电话给我，要我帮助联系一下，晚上到演出现场去看望王晓玲同志。当天晚上7点多钟，我随同新中主席来到兰州市工人文化宫后台见到了王晓玲同志。当时王晓玲同志已经化妆，并已穿戴好就要登场演出。就在后台的一角，新中主席笑着说：“晓玲同志是著名的艺术家，举办这样的义演活动，在全社会都能产生带动和影响作用，作为工会组织要大力宣传这种精神。”说着他还对我说：《甘肃工人报》对这次义演活动要多作一些报道。听完新中主席的一番话，王晓玲同志显得格外激动，连连说：“感谢省总工会领导的关心，我总是想着尽可能多地做一些对社会有益的事，这次义演仅是个开始。”新中主席笑着说：“欢迎晓玲同志今后多参加我们工会的活动，多到企业为职工群众演出，工人们都喜欢看你的戏。”王晓玲乐滋滋地说：“我是工会的家属，为工会工作服务是我分内的事。”她的话立刻引来一片笑声。离开王晓玲同志，在返回的路上新中主席对我说：“作为工会组织，应该多联系一些像王晓玲这样的文艺界知名人士，发挥他们在工会开展的一些群众性文化活动和宣传教育工作中的作用。《甘肃工人报》在宣传企业职工的同时，也应重视对一些文化艺术界人士的宣传，这样也有助增强报纸的可读性。”我一边听着新中主席说话，一边笑着连连点头。

在我的记忆里，一直都留着新中同志在白银公司主持召开全省企业职工思想政治工作会议的情景：那是新中同志从中央党校学习结束后，负责筹办并主持召开的第一个全省性的大型会议。时任中共甘肃省委副书记的卢克俭同志、省总工会主席窦恒通同志出席会议。也就是在这次会议上，我第一次听到了新中主席的长篇讲话，他的那个口才真是令人叫绝，听他的讲话完全可以说是一种享受。记得在这次会上，有一些来自企业的同志，不少都是头一次见到新中主席，更是第一次听他讲话。好几个人问我：王主席是不是当过播音员，讲起话来真是干净利落。就连到会上采访的一些新闻单位的同志也都说：王主席的普通话真是太标准了。

经过几次与新中主席的接触，我们彼此之间也更多了一些了解。特别让我感动的是，在我们每一次的交谈和来往中，新中主席总是口不离工作，无时不在思考着开展工会工作的新思路、新方法和新形式。接触多了，随着新中主席深入企业的时间多了，我也知道了发生在新中主席身上许多鲜为人知的故事。也就是从一些点点滴滴的小事上，我看到新中主席良好的工作作风，和对待同志的一片真诚。

那还是在他从中央党校学习结束后，一年冬天的一个下午，省总工会原办公室主任、离休干部杨清芳，正站在机关院子里为往家里送液化气瓶的事犯愁，正巧新中主席从外边开会回来。他一下车就看见杨清芳主任。

“杨主任怎么一个人站在这里？”新中主席忙走上前去又是握手，又是热情问好。

“我是在这里等孩子们来拿液化气瓶。”杨主任笑着回答。

新中主席一听，二话没说，就让司机打开后备箱说：“不用等了，液化气瓶我帮你送。”

还没等杨主任回过神来，新中主席就把他扶上汽车，驱车来到杨主任住的地方，并把液化气瓶亲自扛到杨主任的家。就这么一件看似很平常的小事，确实让杨清芳主任一家感动得不知说啥好，都夸新中主席是一个对干部知热知冷的好领导。

也是在新中主席从中央党校学习结束回来不久，他就了解到时任《工人日报》甘肃记者站站长韩长智同志，因爱人长期有病，家务事全得靠他操劳，他经常是忙了工作忙家务，一年四季都是辛苦劳作。知道这些情况后，新中主席总是把韩站长的实际困难挂在心上。除了平常问寒问暖，尽可能帮助老韩解决一些实际困难外，每逢年关节日，新中主席总忘不了要到老韩家里走访慰问，带去省总工会的关怀和温暖。更让老韩没有想到的是，趁一次上北京开会的机会，新中主席专门给《工人日报》社领导打电话，介绍了老韩的工作和家庭实际情况，事后又亲手写了篇材料寄给《工人日报》社领导。报社领导看到新中主席写的材料后，感慨地说：“像甘肃省总工会领导这样关心我们驻地记者的还真少见啊！”

还有一次，我随同新中主席去兰州炼油厂参加有关会议。下午5时许，新中主席正和一些基层工会干部座谈的时候，他突然递给我一张纸条：告诉司机小张，下午回机关可能晚了，给小孩打牛奶的事，赶快打电话给爱人。拿着这张纸条，我当时真有点不明就里，可还是赶紧把纸条交给了司机张生华同志。小张一看纸条，也恍然大悟，一边忙着说：“王主席比我的心还细。”一边赶紧给爱人打电话。原来，司机小张的孩子还小，每天下午4时左右，都得给孩子打牛奶。这天开会晚了，新中主席怕耽误了给孩子打牛奶，便提醒小张给他爱人打电话。就这么一张小小的纸条，让在场的其他一些司机师傅无不赞叹。其实，新中主席操心的何止小张司机给孩子打牛奶一件事，机关哪个干部家庭生活不宽裕，哪个干部爱人经常上倒班，孩子无人照顾，他心里都有一本账。就连一些干部几时过生日，在他办公桌的台历上都写得清清楚楚。

对省总工会机关的同志，新中主席是这样体贴入微，对基层工会干部和职工群众他同样是关怀备至。我还是在一次与他闲聊中知道，1983年夏天，省委派新中同志去中央党校学习，就在临去北京的前两天，他突然收到兰州市某商店一位职工的来信，反映他因上电视大学受到领导阻拦的问题。按当时情况，把来信批转到信访部门办理并非不可。新中主席却想，一个基层的职工直接给自己写信，就是盼望事情有个着落，自己不声不响走了，心里也不踏实。于是，就在他临去北京的头一天，还专门就这件事向有关人员专门作了交待，再三叮咛一定要了解情况，帮助解决问题。后经与有关方面联系，终于使这位职工反映的具体问题妥善解决。后来，新中主席还专门从北京打来电话询问此事，当知道问题已妥善解决，他总算放下了心。就从这一件事上，我深深感受到新中主席对待职工群众的一片深情。

在与新中主席的接触中，留给我最深的印象就是，他下基层从不走马观花，总是想着为基层解决一些实际困难。

至今我还清楚记着这样一件事：

那是1986年的秋天，我随着新中主席到天水市调研。一天上午，秋风瑟瑟，细雨霏霏。新中主席带着我们和天水市总工会的几个人，冒雨来到天水市新建的一座大桥上，站在桥头久久凝视，一直不愿离去。原来新中主席在天水一些企业调研时，听到不少职工反映，这座大桥建成后，相关几个部门和单位因一些具体问题扯皮，致使建好的大桥长期不能通行，给附近职工上下班带来极大不便。若是遇上下雨天，更是满路泥泞，行路十分困难。凑巧，新中主席到天水的第三天就遇到下雨天，他便和天水市总工会的几位领导，冒雨来到大桥看个究竟。看到上下班的人们，有的在泥泞中艰难地行走，有的在攀越附近的铁路桥，还有的企业接送职工上下班的车辆也陷在河中进退两难。目睹此情此景，新中主席心情很不平静。一回到招待所，他就与天水市总工会的几位领导，认真商谈如何向政府部门反映这一情况。当天晚上，新中主席又找到市上一位领导同志的家，反映了职工群众的呼声，建议市上督促有关部门尽快让大桥通车，方便职工群众。

还记得有一次，我随着新中主席到长庆油田调查研究。直到现在，那次在长庆油田忙碌的情况，我还历历在目。四天时间里，新中主席带着我们，几乎每天都奔波在钻井工地，采油现场，察看职工食堂，和许多职工促膝交谈，问寒问暖。一天下午，来到油田32886钻井队时，碰巧工人们正在吃饭。新中主席走进工地食堂，察看饭菜花样后，又来到工人和技术人员宿舍，详细询问他们生活和业务文化活动的情况。看到这里条件艰苦，饭菜花样较少，新中主席就对同来的长庆油田工会的负责同志说：野外作业的职工劳动量大，一定要把生活搞好。临离开长庆油田时，他又专门和工会的同志座谈，希望他们注意研究改善野外作业职工生活和业余文化活动条件的问题。

耳闻目睹了新中主席这样一些看似平凡，却又令人感动的事迹，使我深深为之感佩。我曾以"一个年轻干部的追求"为题，采写了报道新中主席这些生动事迹的长篇通讯。稿件写成后，还曾送请时任甘肃省委副书记的卢克俭同志审阅。卢书记非常仔细地看了稿件后，还写下了这样一段批语："王新中同志是个好同志，宣传他的事迹是可以的。但要求一定要高要严，这样对本人和工作都有好处。"遗憾的是，这篇稿件在新中主席个人再三要求下，当时没有公开见报。尽管如此，稿件中记述的一桩桩动人事迹，直到现在我还记忆犹新，一些感人的情景也常常浮现在眼前。

如果说发生在新中主席身上许多关心职工群众的事迹常常让我感念，但最让我敬佩的是，他在省总工会主席的岗位上，提出了一整套具有甘肃特色的工会工作思路，创建了甘肃工会工作的历史最好时期，在甘肃工运史上写下了令人信服的、颇有建树的浓墨重彩。

新中同志是1988年8月在甘肃省工会第七次代表大会上当选为省总工会主席的。记得当选省总工会主席的第三天，他就带领省总工会办公室、宣传部的同志，来到靖远煤矿调查研究，传达省工会七大精神，倾听职工群众和基层工会对全省工会工作的意见。短短的两天当中，他对靖远矿务局工会工作进行了深入调查，与基层工会干部进行了座谈，详细了解基层职工对工会组织的愿望和要求。还坚持下到井下采掘现场，慰问一线职工。记得那次新中主席带着我们，是在靖远矿务局的大水头煤矿下到井下的。当我们大家在更衣室戴上矿工帽，穿上矿工服的时候，新中主席说：我就是煤矿工人的后代，我的爷爷就是煤矿工人。说这番话的时候，我们随同的几个人，似乎都感受到了新中主席对煤矿职工别有一番感情。下到几百米深的井下，整个巷道里散发着潮乎乎的热气，不大一会儿，我们每个人满脸都挂满汗珠，厚厚的矿工服也已经湿透。新中主席个头大，走路快，我们随同的几个人几乎都有点赶不上。在一些掌子面上，新中主席尽管也气喘吁吁，不时用毛巾擦着满脸、满脖子的汗水，还在热情地与正在作业的矿工们交谈，问他们井下作业的保健工作怎么样，问他们的工资有多少，问他们生活好不好，问他们找对象难不难……总之他问的很细，问的很多，他的问话曾不时在矿井深处引起一阵又一阵笑声。记得当时我就在现场采访了几位矿工，他们几乎是争着说：这位领导对我们矿工真关心，问的都是我们挖煤人最为关心的事，说的都是我们的心里话。从矿井上来，新中主席不时都在说着：工会工作的重点就得放在像靖远矿务局这样一些大型企业，就得放在最基层的职工群众之中，只有这样，工会工作才能充满生机与活力。

就这样，新中主席带着我们一路走来，似乎一直都在思考着具有甘肃特色的工会工作思路问题。结束了在靖远矿务局的调研后，我们是连夜赶往当时的白银银光厂的。尽管我们同行的几个人都曾多次到过银光厂，可晚上行车，一时竟迷了方向。那天晚上，汽车拉着我们在白银市区转了好几个圈，后来总算找到了银光厂。汽车停稳在厂招待所门前时，时任银光厂工会主席的谢成志和厂里的有关领导早就等候在这里。一走进住的房间，新中主席就和厂工会的同志谈了工作，提出第二天要和基层工会的同志座谈，听听大家对搞好搞活企业工会工作的意见。当时，我能强烈感受到，新中主席脑海里搞好企业工会工作的新思路似乎已经成熟。也就是这天晚上，我注意到，新中主席住的房间的灯几乎一夜都在亮着，我猜得出他肯定是在准备座谈会上的讲话。果然不出所料，在第二天的座谈会上，新中主席就加强企业工会工作发表了讲话，从国有大中型企业在甘肃经济社会建设中所占的重要地位，甘肃国有大中型企业的特点，国有大中型企业工会组织发展状况等几个方面，阐述了加强企业工会工作对推动全省工会工作发展的重要作用，并提出了一些新的思路和想法，在参加座谈会的银光厂的基层工会干部中引起强烈共鸣。当天下午，在白银公司调研中，新中主席同样强调的是如何发挥国有大中型企业工会对全省工会工作带动作用的问题。

就这样，带着这次调研的情况和深思熟虑的思考，回到兰州后不久，新中主席就提出以省级产业为龙头，以国有大型企业为重点，带动辐射中小型企业和地县工会工作的全省工会工作总体思路。按照这个总体思路，又是在新中主席的积极倡导下，还专门建立大型企业工会主席联席会议、省级产业工会主席联席会议、地县工会主席联席会议三个制度，坚持每年都要分别召开一次联席会议，总结工作、交流经验、发现典型，很受企业工会、产业工会和地县工会的欢迎。记得全省大型企业工会主席联席会议的第一次会议，是在当时的兰州铝厂召开的。开会前，新中主席知道我对兰州铝厂的情况比较熟悉，便先派我到兰铝联系。当我见到时任兰州铝厂厂长的刘铁军同志说明情况后，刘厂长满口答应，并叮咛厂工会主席王万增同志，一定要把这次会议接待好。很快，全省大型企业工会主席第一次联席会议在兰州铝厂召开。现在我还记得，会上，金川公司工会主席黄永贵、兰化公司工会主席时庆林、兰州炼油厂工会主席王有发、兰石厂工会主席王廷福等都曾发言，在交流各企业工会工作情况的同时，都一致称赞建立大企业工会主席联席会议是一个好形式。就在这次会议上，新中主席紧紧围绕建立大企业联席会议制度的问题发表了讲话，整个讲话酣畅淋漓，动人心弦，博得大家一片赞声。也可以说，这是新中主席当选省总工会主席之后，烧起的第一把火。一直到现在，这把火所产生的影响，还在全省工会系统，尤其是大企业工会系统继续着，延伸着……后来，在新中主席的主持下，还相继召开过省级产业工会主席联席会议、地县工会主席联席会议。有一年，省总工会在清水县工人疗养院召开全省地县工会主席联席会议前夕，经新中主席亲自联系，安排我对主管工会工作的省委副书记卢克俭进行了专访。卢书记就加强地县工会工作发表了重要讲话，这篇谈话在《甘肃工人报》一版头题发表后，成了这次地县工会主席联席会议的重要学习材料。新中主席在会上传达了卢书记的谈话，与会同志无不受到鼓舞。正是由于三个工会主席联席会议制度的建立，确实给全省工会工作带来了勃勃生机，尤其是为大企业的工会工作创造了许多先进经验。省总工会也推出了兰化公司、兰州铝厂、白银公司、金川公司、玉门石油管理局、长庆石油勘探局、酒泉钢铁公司等工会工作先进典型。在我的印象里，那几年全省工会工作，真是报纸上有名，电视里有影，广播里有声，出现了前所未有的红火局面。全国总工会的多位领导来甘肃调研视察后，无不称赞甘肃省总工会提出了一个极具本省特色的工会工作总体思路，把全省工会工作带入了历史最好发展时期。全国总工会有关刊物上还专门介绍了省总工会的工作思路，一时间来甘肃学习取经的兄弟省市工会的同志还真不少。

随着大型企业工会主席联席会议制度的推行，省总工会与各大企

业之间的联系越来越密切，新中主席也多次深有感触地说，大企业不愧是我们甘肃工会工作的重要支柱，抓住了大企业工会就抓住了甘肃工会工作的牛鼻子。因而在省总工会开展的一系列工作活动中，新中主席总是紧紧依靠大企业工会的支持，发挥大企业工会的作用，从而为甘肃的工会工作赢得了声誉，扩大了影响。新中主席就曾亲自带着兰州铝厂职工艺术团，以甘肃省职工艺术团的名义进北京演出，通过全国总工会召开了有首都各新闻单位参加的新闻发布会。新中主席在会上介绍了这次甘肃职工艺术团进京演出的有关情况，令到会的数十家新闻媒体的记者，对甘肃省总工会和兰州铝厂的这种密切关系赞叹不已。亲临新闻发布会的全国总工会副主席郑万通，高度评价了甘肃省总工会紧紧依靠大企业开展工会工作的好思路、好做法。一时间，首都各大报纸都相继报道了甘肃省总工会带领兰州铝厂职工艺术团进京演出的消息。记得首场演出在首都国际剧场举行，时任全国人大常委会副委员长、全国总工会主席倪志福等领导观看了演出。就在演出现场，中央人民广播电台的记者还专门采访了新中主席，请他介绍了这次演出的情况。新中主席动情地说："我们这次带着兰州铝厂职工艺术团进京演出，就是要向首都人民展示我们甘肃国有大企业的实力，展示我们甘肃工人阶级的风采。"第二天清晨，采访新中主席的谈话录音就在中央人民广播新闻联播节目中播出了。正在北京向中央汇报工作的甘肃省委书记顾金池，从广播中听到这一消息后，显得格外高兴。他通过驻京办事处的同志，很快联系并约见新中主席。在听了新中主席关于兰铝艺术团进京演出的一些情况汇报后，顾书记高兴地说：早上，中央广播电台的新闻节目我听了，兰铝职工艺术团在京演出获得成功，又在一流的国际剧场演出，真叫人高兴，这是为我们甘肃争光啊！当新中主席说到兰铝艺术团带来一台《陇上花季》歌舞节目，主要反映甘肃生活风情时，顾书记连连说：那就好，我们就是要通过各种渠道和方式，让更多的人了解甘肃，省总工会和兰州铝厂在这方面又做了一件好事。听到当天晚上兰铝艺术团继续在首都国际剧场演出，顾书记兴冲冲地说："今天晚上我一定去看演出，一定去看望兰铝艺术团的同志们。"当新中主席赶回中国职工之家住地，把顾书记晚上要看演出的消息告诉艺术团的同志们后，大家无不为之振奋。这天晚上，离演出还有两个多小时，新中主席就赶往甘肃驻京办事处去接顾书记。当顾书记在新中主席陪同下走进剧场时，看到早已坐得满满登登的观众席，顾书记连声说："观众真不少啊！"看完演出，顾书记走上舞台和演员们一一亲切握手。他拱着双手对大家说："你们能来北京演出，给咱们甘肃争了光，我衷心地感谢同志们啊！"顾书记的一番话在剧场里引起一阵长时间的掌声。

兰铝艺术团在北京演出期间，在省驻京办有关同志的帮助下，新中主席带着王万增同志和我，还专门拜访了曾任甘肃省委书记的汪锋和冯纪新两位老书记和时任全国人大常委会副委员长的杨静仁同志，请他们观看艺术团的演出。记得是一天上午，我们先来到汪锋老书记的家，先是汪老的夫人陈方热情接待了我们。不一会儿汪老从室内二楼上走了下来。当新中主席把请柬和节目单送到汪老手里时，年届八十的汪老，把节目单看了一遍又一遍，笑着说：“我一定去看，我一定去看。”汪老还饶有兴致地问了甘肃的不少情况。陈方同志还笑着说，兰州铝厂这个企业我曾经去过，就在兰州西固区的黄河边上。兰州是我们工作和生活过的地方，对这里我们很有感情啊！

离开汪锋老书记的家，我们又急匆匆赶到冯纪新老书记的家。同样是老书记的夫人热情接待了我们。当知道我们的来意后，她不无遗憾地说：冯老去南方几个省考察，不过近两天就可能回到北京，如果回来他一定会去看演出的。于是新中主席把请柬和节目单亲手交到冯老夫人的手里，还一再说代向冯老问好。

这天下午，新中主席又带着王万增主席和我，一起去拜访杨静仁同志。当时，杨静仁同志的家就住在北京长安街王府饭店后边的一个四合院里。据省驻京办的同志说，这里是杨静仁同志的临时住家，原先的住家正在维修。当我们敲开两扇紧关着的黑红色大门时，出现在我们面前的首先是位高挑个儿的女解放军干部，听说我们是兰州来的，她连忙把我们请到客房。此时，杨静仁同志的夫人也热情地走了过来，笑着说：“是老家来的客人，真是稀客啊！”一边说着，一边让那位解放军同志给我们斟茶倒水。当新中主席拿出请柬说明请杨老观看来自他的老家的企业艺术团演出的来意后，杨静仁夫人的脸上不禁露出些许遗憾。她说，实在是不巧啊，静仁同志去外地了，要不家乡的企业进京演出，他肯定会去看的。等他回来我一定告诉他你们来过，他一定会很高兴的，也祝贺你们在北京演出成功。新中主席笑着说：作为杨老的家乡人，我们祝愿杨老健康长寿。杨老的夫人也深情地说：请代我们向家乡人民问好。当我们告辞时，杨老的夫人和那位解放军同志一直把我们送到门外，久久目送我们几个人离去。

两天后的一个晚上，兰铝艺术团在中南海警卫团演出。晚上还不到7点钟，新中主席带着王万增主席与我等几个人，早早就来到中央警卫团的礼堂休息室，部队的几位首长也早就在这里迎候我们。大约7点半钟，汪锋同志和夫人、冯纪新老书记也都相继来看演出，新中主席和我们几个人都无比高兴。兰州铝厂的几个同志，有的拿出集邮纪念封，有的拿出演出的请柬，请汪锋、冯纪新签名留念，两位老书记都一一在纪念封和请柬上留下了自己的名字。当时我也没有例外，同样请两位老书记在我随身带的纪念封上签了名。至今这个纪念封我还珍藏着。演出开始前，新中主席在中央警卫局礼堂的舞台上发表了热情洋溢的讲话。他代表甘肃工会组织，代表全省200多万职工，向日夜保卫党中央的中央警卫团的官兵表示亲切慰问和崇高敬意。新中主席的讲话充满激情，激起在场的1000多名官兵一次又一次经久不息的掌声。置身此间，我的心情也格外激动，强烈地感受到，新中主席的讲话不仅引起中央警卫团官兵心灵深处的强烈共鸣，而且让甘肃人在北京，在党中央心脏的舞台上，好好长了次精神。这天晚上演出结束后，一回到住地，大家议论的中心话题就是新中主席的讲话，既动情又煽情，实在是太精彩了。

就这样，新中主席带着兰州铝厂职工艺术团，从北京的国际剧场演到北京市焦化厂，演到燕山石化总公司，演到卢沟桥乡。每到一处，新中主席的精彩讲话都博得观众雷鸣般的掌声，都给人们留下了深刻的印象……

在工作实践中，新中主席对依靠大企业的工会工作思路，不断赋予新的内容，工作的领域也不断有所拓展。一度，甘肃省委曾提出了抓大带小的"双带整推"工作方针。新中主席很快把这一工作方针引入工会工作的总体思路之中，并提出了由大型企业工会带动地县工会，由部分大型企业帮带部分中小型企业的工会双带整推工作模式，还以签订帮扶协议的形式，促进工会系统的双带整推工作。一时间，在全省工会系统，大型企业工会帮扶地县工会，带动中小型企业工会的工作开展得红红火火，得到省委省政府领导的充分肯定。例如长庆石油勘探局工会，就发动所属8个二级单位工会，与庆阳地区的8个县市工会签订了帮扶协议，相继帮助各县市工会解决了不少实际困难和问题。不仅如此，在新中主席的倡导下，省总工会还积极牵线搭桥，发动一些经济较好的大型企业，帮扶一些亏损困难企业走出困境。甘肃国防工业系统的金城机械厂，一度生产经营十分困难，职工连续几个月都发不出工资。新中主席了解这一情况后，亲自出面联系，由兰州铝厂担保，为该厂从银行贷款开发生产。又发动省内一些大企业，有的给该厂送去过冬的煤炭，有的送去送温暖资金，帮助金城厂渡过了难关，也使全厂职工感受到了工会组织的温暖。

在那些年里，新中主席留给我的一个深刻印象，就是他对企业尤其是大型企业，有着一份特殊的感情，通过抓大型企业工会，带动全省工会工作也是他长期坚持的工作方法。在他担任省总工会主席的十年间，他坚持每年春节的大年初一都在一些大型企业度过，不是向各大企业的党政领导拜年，就是到大企业生产一线看望职工。常常是大年初一大清早离开家门，直到晚上万家灯火之时，他才拖着疲倦的身子回家。单就这一点，至今还在一些大企业的干部职工中传为美谈。

现在，一说起在全国工会系统乃至全国范围内实施的送温暖工程，我就不由得想起这样一段往事：

这是在新中同志当选省总工会主席第一年冬天的一个早晨，新中主席打电话，要我到他办公室去一下。我放下手头的工作，来到新中主席的办公室。一进门新中主席就说：今天早晨中央人民广播电台播出，国家民政部派出几个工作组，深入一些受灾地区和贫困山区送温暖，我看我们应该借鉴这个形式，在全省工会系统开展送温暖活动。我也兴冲冲地说，这个消息我也从广播中听到了，工会组织在一些困难企业和困难职工中开展送温暖活动，肯定会受到欢迎。接着新中主席就谈起了开展送温暖活动的具体内容、活动形式、实施办法等。还要我按照他的谈话，在《甘肃工人报》发条消息。很快省总工会关于在全省工会系统开展送温暖活动的消息就在《甘肃工人报》上刊登。从此以后，每逢元旦、春节、五一、十一等重大节日，新中主席都要带领有关人员，不是深入困难企业，就是亲临困难职工家庭，走访慰问，扶贫济困。很快送温暖活动就在全省工会系统广泛展开，也引起各级党政领导的高度关注和支持。随着送温暖活动的广泛深入开展，新中主席还提出了建立工会送温暖基金的想法。又是在他的积极努力和多方奔走下，发动社会各有关方面，很快成立了省总工会送温暖基金。记得当时，新中主席还发挥《甘肃工人报》的优势，联络了一大批外省区在兰企业和一些新建的非公企业，积极为送温暖基金奉献爱心。一个时期，送温暖活动似乎成为省总工会工作的品牌，引起社会各方面的关注。河南洛阳玻璃厂驻兰州办事处的李光兴总经理，从报纸上看到省总工会送温暖活动的消息后，通过我们报社为省总工会送温暖基金会送来了捐款。在后来的几年中，还多次参与了省总工会的送温暖活动，向一些困难企业和困难职工捐款捐物。省总工会还专门授予李光兴经理荣誉工会会员称号，新中主席又专程到洛阳玻璃厂表示答谢，感谢洛阳玻璃厂对甘肃企业和职工的关心和支持。由于省总工会送温暖活动不断深入开展，而且不断有所创新，全国总工会领导来甘肃视察后，都对此活动给予高度评价。全国人大常委会副委员长、全国总工会主

席倪志福来甘肃视察后，专门写下了“送温暖工程”的题词，并称赞甘肃省总工会送温暖活动创造了十分宝贵的工作经验，很有在全国推广的价值。《工人日报》也曾在一版头题介绍了甘肃省总工会的经验。

在与新中主席的交往中，我还深深感到，他对劳动模范有一份特殊的感情，凡是劳模的事情，他时刻都挂在心上。全国劳模、环卫工人李润兰，因长期患病医疗费报销困难，他就带头捐款，并在全省工会系统为李劳模捐款救助。帮助她渡过了难关，又帮助为其下岗的子女安排了工作，使李润兰一家深为感动。

全国劳模、兰州汽车运输公司驾驶员张金榜退休后，生活、医疗等方面都曾遇到一些困难。新中主席知道后，又亲自找有关单位商量，终于使一些具体问题得以解决。每年春节，新中主席也总是会带着慰问款，亲自上门向张劳模拜年，直到张金榜去世。

全国劳模、兰州肉联厂女屠宰工王仁娣去世后，新中主席亲临家中吊唁，对这位平凡而又做出突出贡献的劳模表示哀悼。

其实，在新中主席担任省总工会领导工作期间，关心和帮助过的劳动模范、先进工作者何止他们几个，说起来真是不计其数。他到过多少劳模的家，他给多少劳模送去过慰问金，恐怕连他自己也说不清、记不全。

就是在这些工作接触中，我也得到了新中主席多方面的关心和培养，我们之间也建立了非常友好的关系。一年，我因膑骨骨折住进医院，新中主席夫妇两次去医院看望，还专门安排报社的工作人员到医院照料。记得还有一次，我随同新中主席去北京出差期间，女儿文晶突然生病住院。新中主席知道后，便专门给省总工会办公室同志打电话，让到医院专门看望。这些看似平常的事，在我和我的家人心里，却一直留着美好的记忆。

1998年，新中主席因工作变动离开了省总工会，但我们之间依然保持着联系。在我的心里，不管新中主席走到哪里，他留给我的美好记忆是永远也抹不去的。“永远的王主席”将是我心灵深处永久的呼唤。

戈壁情缘

2005年元月，就在我的拙作《映日荷花》一书即将付梓之时，我特意诚请曾任甘肃省总工会主席、时任甘肃省政协科教文卫委员会主任的赵宝生同志为之作序。他欣然命笔写下了近2000字的序言，字里行间洋溢着深深的激励和关爱之情：“熟悉志祥同志的人都知道，他是一位勤奋而敬业的总编，几乎到了言必称报的地步。几十年如一日，任尔东西南北风，心无旁骛，矢志不移，始终勤勤恳恳地耕耘在新闻战线上。但凡了解情况的人，对此无不认可且诚服。”我深知这是对我的过奖，但却能体味到宝生主席一片殷殷深情。也有不少朋友或写信或致电，无不为序言之精彩而叫绝。现在每当品读宝生主席亲笔撰写的文采飞扬的序言，令我总是感动不已，也每每勾起我对昔日交往的美好回忆。

相识宝生主席还是在20世纪90年代初的一次省总工会全委(扩大)会议上。那时他担任国营四〇四厂的工会主席。报社派去采访会议的记者金斌同志，按照报社编辑部的安排，特意采访几位参加会议的大企业的工会主席，宝生主席便是采访对象之一。在这次采访中，还商定了与报社联办《劳动者之歌》征文问题。金斌同志告知我这些情况后，当天晚上就在宝生主席下榻的职工大厦一间房子里，我特意登门拜访了赵主席。初次见面，他和蔼可亲，平易近人，我们相谈甚欢，中心话题都在说着办报纸的事，宝生主席还谈了报社举办的“万通杯”工会知识竞赛的事。他笑着说，你们搞的知识竞赛，光答题的稿纸我们就用了几十捆。后来听说我爱人的家就在四〇四厂，说起人名来宝生主席个个都认得，还笑着说那你还是我们四〇四厂的女婿啊。我们相谈了一个来小时，颇有点相见恨晚之感。从此，我们虽然见面的机会不多，可工作上的联系还是不少。也就是这次拜访之后，四〇四厂工会还专门与我们《甘肃工人报》联合举办了《劳动者之歌》有奖征文。每年一到报纸订阅时间，我也少不了给宝生主席打电话，总是希望能多订《甘肃工人报》，甚至还专门为订报的事发去电报。而宝生主席每次都是尽最大努力满足我们的要求。在他任四〇四厂工会主席的那几年，《甘肃工人报》订阅数都是有保证的，我记得最多时订到了600多份。赵主席每次到兰州开会，一见到我说的第一句话，就是“甘工报我们可是订到班组了”。我只能是高兴地连连点头致谢。

有一年的冬天，甘肃省总工会在地处嘉峪关的酒泉钢铁公司召开职工先进技术操作法表彰大会。我与宝生主席在这次会议上不期而遇。他见到我半是认真半是开着玩笑说：这次该到我们困难企业采访采访，不能总是嫌贫爱富啊！我也连忙答应，这次一定去、一定去，再说那里还有我的亲戚啊！记得答应了宝生主席去四〇四厂后，当天晚上我几乎一夜无眠。尽管已经有8年没有到过河西，也没有到过四〇四厂，可几次去过四〇四厂的难忘记忆又一次次出现在眼前：

头一次去四〇四厂，大约是在1983年的春节，这是我第一回与爱人带着女儿到四〇四厂探望岳父岳母一家。当在底卧铺火车站下车后，迎接我们的便是遮天蔽日的狂风，卷起的沙石不时落在我们的身上和脸上。前来接我们的是爱人的弟弟和妹妹，虽说是头一回见面，彼此都很亲热。我们一起走上一辆四〇四厂的班车，大约走了半个多小时就到了四〇四厂一个说是车站，实际上就是设在戈壁滩上的一个停车点。走下汽车后，风比下火车时小多了。我向四周看了看，一片茫茫戈壁滩难以望到尽头，倒是一排排整齐的楼房，给这里带来一些生气。也有不少高耸的树木颇显挺拔，只是时值隆冬，树干枯黄，树叶落光，见不到一点绿意。过去也听说过四〇四厂环境艰苦，头一次置身其间，在一个“苦”字涌上心头的同时，对常年扎根在这里的人们油然而生敬意，对四〇四厂也更多了一些神秘的感觉。因为我知道这里是为我国制造原子弹的地方，我曾在兰州专门采访过全国劳模、时任四〇四厂总工程师的张同星同志，就是从他那里我知道了四〇四厂这个大漠深处的企业。当走进这个外人鲜知的地方后，一切的一切都让人感到是那样的神奇。在岳父家住下后，家里的人们也向我介绍了许多关

于四〇四厂的故事，说到了初来这里的人们住干打垒，背冰吃的艰苦岁月，说到了第一颗原子弹爆炸时的欢腾情景，看得出他们没有因为艰苦而埋怨，倒是为能在这里工作生活而显得高兴和自豪。到不大的厂福利区走了一圈，我看到了这里偌大的俱乐部虽说不上豪华雄伟，但在茫茫戈壁滩上倒也显出几分气魄。俱乐部门前高高耸立的毛泽东塑像格外壮观，塑像前一群群一拨拨离退休职工或是下着象棋，或是玩着扑克，或是摆着龙门阵，显得是那样悠闲、自在……福利区虽说不是很大，可商店、食堂、菜铺、医院、澡堂应有尽有，一排挨着一排的楼房，尽管比不上大城市气派，但却错落有致，整整齐齐，俨然就是一个世外桃源般的小社会。虽说我是头一次到四〇四厂，过去与这里的人也没有什么联系，可由于厂工会有几个人常给《甘肃工人报》写稿，像宋学刚、毛德蕃、周德顺等几个人的名字留给我的印象还是很深的。本来那次到四〇四厂就是探亲，可由于闲着无事，我便给厂工会打电话找到了周德顺同志。老周同志可称得上是《甘肃工人报》的铁杆通讯员，虽然没有见过面，但一听说我在四〇四厂，便很快约我见面，领着我又看了厂里许多地方。并向我介绍了四〇四厂许多可歌可书的感人事迹。尤其是他介绍的女工程师张珍娜的情况，引起我极大的兴趣。职业的习惯，我便在探亲期间与周德顺同志一道采访了出生在广东省梅县，曾留学莫斯科，时任四〇四厂六分厂电气工程师的张珍娜同志，了解到她不留恋大城市生活，自愿到环境艰苦的四〇四厂，为我国核工业发展奉献年华的感人事迹。也就是在四〇四厂岳父家一间小屋里，我写出了介绍张珍娜先进事迹的《边陲红柳》长篇通讯，很快在《甘肃工人报》一版发表，后来此文还被收入四〇四厂编辑的一本书中。当时又正值“三八”妇女节前夕，我还将张珍娜的先进事迹浓缩改编成一篇人物消息，在《甘肃日报》发表。这就是我第一次去四〇四厂，也是我在四〇四厂过的惟一一次春节，至今想起来还颇感有意义。自那次采访张珍娜同志后，到写她的文章发表，我都再没有见到过她，可张珍娜这个名字却一直记在我的心里。因为我常常想，在四〇四厂那天上无飞鸟、地下不长草的艰苦环境里，不知有多少个像张珍娜这样的知识分子，数十年如一日艰苦奋斗，无怨无悔，他们是永远值得歌颂，值得尊敬的人……

第二次去四〇四厂是在1986年的冬天。

这年的11月底，我与时任《甘肃工人报》总编辑的董育民同志一起到嘉峪关市，参加《甘肃工人报》嘉峪关记者站的建站仪式。之后，我们又来到了四〇四厂。那时，担任四〇四厂工会主席的是史有义同志，他热情地接待了我们，并安排我们参观了四〇四厂不少当时还属保密的地方和生产现场。刚到四〇四厂的第二天晚上，董育民同志因接到兰州长途电话，因事当晚就乘火车返回兰州。也就是这天晚上，从上海传来了全国五一劳动奖章获得者四〇四厂女工程师杨海棠去世的消息。

对于杨海棠同志我并不陌生。那是在1986年的9月，我曾与时任甘肃省总工会女工部部长的薛淑贞同志一道赴上海，代表全国总工会为因患癌症正在上海华东医院医治的杨海棠颁发"全国五一劳动奖章"和全国优秀科技工作者证书。我现在还依稀记得，那是1986年9月12月上午，我与薛淑贞部长及四〇四厂工会主席史有义等同志，一大早就赶到了上海华东医院外宾门诊楼会议室。大约9点来钟，两名护士用三轮车推进一个人来。看得出，她个头不高，齐耳短发，高高的鼻梁上架副眼镜。尽管脸庞显得异常苍白，但嘴角仍挂着一丝微笑。当薛淑贞部长把"五一奖章"挂在她胸前时，她眼眶里禁不住溢满泪水，嘴角连连抽动，久久说不出话来。也就是这次上海之行，我对杨海棠同志作了一次深入采访。当时只有53岁的杨海棠，是四〇四厂一分厂副总工程师。她祖籍上海，1956年曾被保送到前苏联列宁格勒林苏维特工学院深造。1961年回国后，先是分配到北京化工研究院工作，1962年又自愿申请来到地处西北戈壁的四〇四厂工作。在这里一干就是24年，把自己的青春年华献给了我国的核工业事业，自己却因忘我工作，积劳成疾，患上了癌症。通过深入采访，她的先进事迹深深打动了我的心，我曾写下了题为《攀登者足迹》的长篇通讯，记述这位女科技工作者献身核工业的一桩桩感人事迹。稿件在《甘肃工人报》及甘肃广播电台报道后，曾引起强烈反响。时任省人大常委会副主任的李屺阳同志对杨海棠的事迹颇为关注，她还亲临四〇四厂了解情况，又亲笔写下了《戈壁海棠》一文，热情讴歌了杨海棠的无私奉献精神。我也正是通过对杨海棠同志的采访，更增加了对长期奋战在大漠戈壁的四〇四厂广大工程技术人员的敬佩。因而，闻知杨海棠同志去世的消息，我与四〇四厂的职工一样心里十分悲痛。于是，我便主动加入了四〇四厂职工悼念杨海棠同志的活动之中，并通过与不少熟悉杨海棠同志的人交谈，记录下了她更多感人的事迹，写出了《悠悠情思》长篇通讯，介绍了四〇四厂职工对杨海棠同志的深深怀念之情。也就是那次，与其说我是怀着沉重心情离开了四〇四厂，倒不如说我是以无比崇敬之情，感念着四〇四厂这块孕育了多少个中华民族之精英的热土。从此我仿佛更了解四〇四厂，仿佛更仰慕四〇四厂，一有机会就向人们宣传着四〇四厂的神秘，宣传着四〇四厂的伟大，宣传着四〇四厂一个个我所熟知和了解的人们……

也就是这次离开四〇四厂后，直到1995年冬天，在嘉峪关市与赵宝生主席一起参加会议，相约再次来到四〇四厂。记得我们是在会议结束的当天晚上赶往四〇四厂的。从嘉峪关到四〇四厂大约有一个来小时的车程。一到厂里后，宝生主席并没有急着回家，而是直接带我们到了厂工会的一个文化室，这里有专门为职工服务的歌厅。来到歌厅后宝生主席似乎一点儿倦意也没有，自告奋勇为我们唱了一段京剧。我还清楚地记得京剧唱段为"甘洒热血写春秋"，这是我头一次听宝生主席唱京剧，那是字正腔圆、有板有眼，真令人叫绝。当我为之赞叹不已时，厂工会的一位同志说：唱京剧是赵主席的拿手戏，他在这方面也颇有研究，称得上是一位专家。从而令我对眼前的宝生主席又多了几分敬慕。离开歌厅后，宝生主席又兴致勃勃地带我们来到了厂俱乐部。只见里里外外人挤得满满登登，有的人在唱歌，有的人在跳舞，真是热闹极了。宝生主席领着我们穿过了一拨又一拨人群，几乎把整个俱乐部看了个遍。令我惊讶的是，在相当一些企业的俱乐部十分冷清的情况下，这里俱乐部的活动却是如此红火。我也曾想到，也许是由于四〇四厂地处大漠戈壁，文化生活单调的缘故，其实并不完全是这个原因。工会的同志告诉我，这里的俱乐部一度曾经出租给别人经营后，不仅职工文化活动减少了，而且工会每年都搭进了不少资金，职工群众对此很有意见。赵宝生担任厂工会主席后，对俱乐部管理体制进行了全面改革，既对俱乐部实行了目标责任管理，又使俱乐部的主管权紧紧掌握在了厂工会手里，并坚持面向职工的服务宗旨，从而大大激发了俱乐部的活力。以职工群众为主体的各种文化活动几乎天天有安排，周周有计划，职工花1元钱甚至几毛钱就可以参加俱乐部举办的卡拉OK、交谊舞等各种活动，使身居大漠深处的职工一点儿也不感到文化生活贫乏。也就是这次，在宝生主席安排下，我对当时俱乐部的负责人进行了一番采访。记得这位负责人是位女同志，看上去颇有些灵气。经过一番交谈，除了感到这位女主任对工会俱乐部的经营理念颇有些见地，推行的一系列运营机制颇有新意之外，更深的感受是宝生主席在工会群众文化以及工会活动阵地建设、作用发挥、服务宗旨、管理模式等方面的超前思维和创新理念。正是从这次与宝生主席近距离的接触，不仅他平易近人、举止儒雅、谦和亲切的作风给我留下了深刻印象，尤其是宝生主席敏锐的思想，高深的理论水平，渊博的知识面，真正让我领略了一位六十年代清华学子的风采。可以说，从这个时候起，共同的戈壁情缘使我与宝生主席之间的交往与日俱增，虽说见面机会并不是很多，但电话联系还是不少的。宝生主席一旦到兰州开会，往往也会到我的办公室叙一叙。记得有一次他到兰州参加有关会议，还专程到了我的办公室，并特意送我一块四〇四厂建厂40周年的纪念手表，这块手表我还戴过很长时间，现在依然保存着。

再一次去四〇四厂已经到了1998年的2月份。那是我随省总工会领导参加酒钢公司第四次工会代表大会之后，特意到四〇四厂采访，其实也是看望宝生主席。我是在离开嘉峪关市去四〇四厂的路上，才打电话给宝生主席的。这时宝生主席已担任了四〇四厂的党委书记。

2月的戈壁滩气候仍然十分寒冷，汽车在荒无人烟的戈壁滩上疾驶，凭着车窗望去仍能看到没有化尽的积雪。来到四〇四厂进厂检查站时，宝生主席已经派厂工会的一位副主席在这里等候。我们一起来到厂招待所，宝生主席就冒着寒风急匆匆赶来。一见我他就开玩笑说："文总编现在可不是嫌贫爱富了。"一席话，顿时让我们热乎起来，真像是久别重逢的朋友，彼此都十分亲热。其实这时我已经知道宝生主席被选为甘肃省出席九届全国人大会议的代表，说实话真为他打心眼里高兴，这也充分表明四〇四厂在全省全国的分量。晚间，宝生主席与我们一起就餐，席间少不了推杯举盏，我也几次端起酒杯，对宝生主席当选全国人大代表表示祝贺。他总是笑着说："这是上级对四〇四厂的关心和重视。"他还告诉我选举全国人大代表时，他还在外地出差，突然接到省委电话，让连夜将个人有关简历报到省上，并当选为全国人大代表。

这次去四〇四厂后，宝生主席告诉我厂里正在筹备建厂40周年的庆典活动，并向我详细介绍了筹建四〇四厂的一些鲜为人知的情况。现在我的一本笔记本上还记着这样一段话：创建核工业四〇四厂，是由四五十年代复杂的国际国内形势所决定的。1950年，美国发动的侵朝战争把战火烧到我国鸭绿江畔，同年6月美国第七舰队开进台湾海峡，武装侵略我国领土台湾，并公开叫嚣：要对中国发动核战争。

1955年1月15日，毛泽东在中南海主持召开中央书记处扩大会议，做出了发展我国原子能事业的战略决策。1956年上半年根据毛主席、党中央的战略部署，国家决定第一批兴建包括四〇四厂在内的八个核工厂。选址工作从1956年11月开始，历经1年多时间，勘探队员爬山涉水，走遍大江南北。在前苏联专家的帮助下，先后初选了内蒙古、吉林、四川等七个地域的10个厂址，其中7号厂址就是现在的四〇四厂。1958年2月，在二机部向中央报送的包括四〇四厂在内的8个核工厂的选址报告上，首任二机部部长宋任穷签了字。当年5月31日选址报告得到了时任中共中央总书记邓小平的批准。从1958年10月到1964年初，中央开始在全国范围内调集人员。四〇四厂就这样开始了艰苦创业的岁月。宝生主席还带着我参观了为建厂40周年而筹办的厂史展览，从大量珍贵图片史料中，我获知了四〇四厂一批又一批建设者创造的辉煌业绩。就是在展览室现场，我不禁萌发了一个念头：借建厂40周年之机，大力宣传四〇四厂40年艰苦创业的辉煌岁月，让更多的人了解四〇四厂的建设者为祖国的核工业发展建立的不朽业绩，创造的不畏艰难、无私奉献的革命精神。我把这个想法讲给宝生主席，他连声称赞，并说：过去由于保密不能对外宣传，现在是该好好宣传宣传的时候了。就这样宝生主席专门叫来四〇四厂党委宣传部长曹雁峰。我们几人几经商议，决定在《甘肃工人报》开辟"核城之光"专栏，专门介绍四〇四厂在40年的发展历程中所创建的伟大业绩。经过一番准备之后，这个栏目1998年6月3日正式在《甘肃工人报》刊发，所登载的大量鲜为人知的情况在四〇四厂乃至全社会产生了强烈反响。

这次离开四〇四厂后，刚刚半年多一点时间，也就是1998年8月29日，宝生主席又从四〇四厂党委书记任上，荣幸地在甘肃省工会第九次代表大会上当选为省总工会主席。就在他当选为省总工会主席的当天下午，我就在会议为他安排的兰州西北宾馆一间住室里采访了他，请他谈谈任职后的打算。因为是老熟人，采访也就开门见山。他还是那样谦恭随和，一开头便说：这次到省总工会工作，是省委、全国总工会对我的关怀和信任，也是全省职工对我的信任和重托。我个人要在学习理论、廉洁自律、勤奋工作等方面做好表率。特别要增进团结、加强协调、改进作风、真抓实干，全心全意为职工说话办事，为基层工会排忧解难，更好地履行工会的维权职能，当好职工群众的服务员。

在宝生主席任职甘肃省总工会主席的近六年间，由于工作上的关系，我们之间的接触和来往是非常密切的。也正是从经常的来往与接触中，我不仅体味到了他随和、热情、温文尔雅的学者风范，更感受到了他刚柔相济、柔中有刚的性格。尤其是对我的工作给予了多方面的关心和支持。往往是报社宣传工作的需要，只要是向他提出一些要求，他都是尽力支持。记得1999年3月，他参加全国人大九届二次会议期间，一天晚上我从中央电视台新闻节目中看到记者采访他的镜头后，连夜给他打电话，希望他把在人大会上讨论时的发言稿寄给我，以便在《甘肃工人报》上报道。同时，也请他能帮助联系参加两会的我省企业中的代表和委员，把在会上的一些建议、提案、发言寄给我们。电话上宝生主席连连答应。真没有想到第二天早上一上班，我就接到宝生主席从北京打来电话说："发言稿已经传真到省总工会办公室。"我当时高兴地连连说："谢谢赵主席。"他笑着说："你交给的任务还没完成呢，今天我就联系几位来自企业的代表，再把他们的发言材料也寄给你们。”放下电话，我就直奔省总工会办公室，宝生主席的发言稿已经传真过来了。我连忙打开一看，原来是宝生主席在甘肃代表团审议宪法修正案时发表的一番意见。他在充分肯定宪法修正案的重大意义的同时，特别就如何贯彻宪法提出了具体意见。现在回想起他当时所提的意见，真是掷地有声。他提出：要进一步树立宪法作为根本大法的权威，切实解决好法大还是权大，人治还是法治等问题。任何单位、任何个人的言行都不能与宪法相抵触，要加大人大的执法监督工作，改变有法不依、执法不严的情况。

也就是在这份发言稿中，他还谈到了《合同法》的有关问题。他提议，《合同法》通过后，应抓紧制定实施细则，并要重视实际工作中存在的一些问题。如合同订立、履行中的诚实信用问题，现在往往对合同的履行意识淡薄，合同约束力软弱无力，执行合同无严肃性，不履约似无法律责任或法律无可奈何。这种状况不改变就很难发挥合同的法律效应。从这些建议和意见中，足以看得出宝生主席高水平的参政议政能力。稿件在《甘肃工人报》发表后，许多人都为之连连叫好。1999年下半年，为了迎接澳门回归祖国，华亭矿区管委会与《甘肃工人报》联合举办了“迎我澳门”陇原职工赋诗献辞大赛。并决定在当年12月20日上午澳门回归之日，在兰州东方红广场举行现场赋诗献辞活动。在这之前，我与正在中央党校学习的宝生主席电话联系，向他汇报了诗词大赛活动的情况，并请他赋诗作词，以便在活动现场朗诵。宝生主席在电话中对报社开展的诗词大赛活动给予赞扬，并欣然答应赋诗一首。没有几天，宝生主席便从北京打电话给我，在电话中朗诵了他专门为诗词大赛写的诗作。题目是“醒狮飞燕喜昂头”。诗作全文为：“濠江黄河一脉流，莲花漂泊望神州，世纪钟声圆归梦，醒狮飞燕喜昂头。”宝生主席一边在电话上朗诵，我一边记下了诗作全部内容。

记得1999年12月20日是兰州当年入冬以来特别寒冷的日子。上午9时许，陇原职工“迎我澳门”赋诗献词大赛在东方红广场隆重举行。来自省城30多家企业的党政领导、职工代表、劳动模范和广大人民群众，从四面八方云集东方红广场，在百米长卷上纷纷赋诗献辞，场面十分宏大壮观。在活动仪式上，甘肃人民广播电台著名播音员边城同志，还专门朗诵了宝生主席的诗作，赢得现场雷鸣般的掌声。当晚我又通过电话向宝生主席汇报了活动情况及大家对他诗作的称赞，宝生主席在电话中对我们举办活动的圆满成功表示了祝贺。

2001年元月21日是《甘肃工人报》创刊20周年。为此，我们策划了“我与甘工报”有奖征文、“黄河之光”摄影展览、“明珠颂”摄影展览、“真情陇原行”大型新闻采访、“相约新世纪”大型文艺晚会、“永久情缘”电视晚会等系列庆祝活动。特别是到2000年下半年各项庆祝活动一项一项都进入高潮，还真是有声有色。在这些系列活动中，宝生主席总是满腔热情地给予支持，每项活动他都带头参加，给报社同志以关心和鼓励。

当我们组织的“真情陇原行”大型采访活动启动时，宝生主席亲自为记者们送行，还发表热情洋溢的讲话，勉励记者们到一线去，到苦脏险累岗位上去，到边远地区的厂矿企业去，挖掘和报道一线职工中的新闻，反映基层职工的呼声，讴歌先进模范的业绩。令我难忘的是，报社举办的庆祝创刊20周年“相约新世纪”文艺晚会那天，正值全国总工会慰问团来我省开展送温暖活动，宝生主席工作实在很忙，我们既盼望他出席晚会可又担心他出席不了晚会。那天我多次打电话与他联系，宝生主席每次总是笑着说：“我尽量抽出时间去。”晚会定在8时整开演，可7点半钟宝生主席就到了剧场，当时令我十分感动。后来听说为来参加晚会，晚饭他都没有来得及吃完就赶来了。当天晚上他还在晚会现场接受了记者采访，就站在剧场观众席上发表了颇有感召力的讲话，为整个晚会真是增色不少。就在我们举办的“明珠颂”大型摄影展览开展时，宝生主席同样在公务繁忙的情况下为展览题词祝贺，并亲临开幕式。记得是在2001年元月1日上午，展览在兰州博物馆举行开幕式。宝生主席很早就来到展览现场，和报社的同志一道看完了展览。时任省委宣传部副部长石星光同志在开幕式上朗诵他的即席赋诗：“混沌一开万物生，黄河九曲有害因。古有愚公勤疏理，今朝民众共经营。摇篮繁结文明果，慈母哺育众子孙。明珠璀璨天地映，巨龙锦绣气象新。更喜开发宏图展，山川秀美民族兴。”宝生主席连声称赞不绝。那天恰逢元旦，宝生主席也顾不上休息，直到把几位参加活动的老领导送走，他才离开会场。我送他上车时再三感谢，他却笑着说：“感谢什么，不都是咱们工会的工作嘛。”特别让我难忘的是，我们在兰州电视台举办“永久情缘”——纪念《甘肃工人报》创刊20周年电视晚会的那天晚上，宝生主席有重要的接待任务，可他还是抽出时间赶到了晚会现场。参加晚会的大都是企业的工会干部和一些劳动模范，加之是现场带有游艺性的文艺联欢活动，正好又是新年来临之际。宝生主席被节目主持人请到了舞台，并即席发表讲话，他不仅充分肯定了《甘肃工人报》取得的成绩，又借此机会向全省职工和工会干部祝贺新年。就在他的讲话引起

现场一片热烈的掌声中，时任省公路局工会主席的夏翔同志突然出现在舞台上，把一个又大又红的“中国结”送到宝生主席面前，并说愿省总工会领导与我们基层工会的同志们永远心连着心，顷刻把晚会推向了高潮。也就是在这次晚会上，酒钢公司工会副主席吴月菊、长庆油田公司工会主席林阳、盛达集团公司董事长也都分别讲了话。时任兰州铁路局工会副主席的张克勤同志还在晚会现场代表兰铁局工会发给《甘肃工人报》2万元奖金，更为整个晚会增添了喜庆气氛。

过了不几天，《甘肃工人报》举行创刊20周年庆祝大会。那天宝生主席在大会上又发表了重要讲话，他高兴地说：《甘肃工人报》的诞生与发展，应该看做是甘肃工会事业发展的一个重要成果，它的发展应该被看做是甘肃工会事业发展的一个生动的缩影。我们为甘肃工会有这么一张报纸而感到欣慰和高兴。在这次会上，时任省委宣传部副部长的石星光在讲话时说：《甘肃工人报》是一份优秀的报纸，多年来始终坚持正确的舆论导向，在企业和职工中产生了巨大反响，在宣传社会主义双文明建设中的成绩不可磨灭。庆祝大会一结束，宝生主席拉着石星光部长，与参加会议的劳动模范一起合影，并当着石星光部长的面对我说：石部长对你们报评价很高，寄予的希望也很大，还要继续努力。直到《甘肃工人报》庆祝创刊20周年的六大系列活动全部结束，宝生主席诙谐地半是称赞半是开玩笑地对我说：“文总编导演的六场活动，我可是一场也没拉下啊，这段日子我们可是由着文总编指挥了。”说罢他在笑，我也在笑，大家都在笑。往往也就是在这种时候，更使人感受到宝生主席的平易近人。

2001年，为纪念党的80岁生日，《甘肃工人报》又联合有关企业举办了《颂歌献给党》陇原职工诗词大赛、庆阳老区纪行、走进核城、陇原职工心向党大型歌会等一系列新闻采访和宣传活动。对于这些活动宝生主席都满腔热情地给予支持，有些活动他还带头参加，亲临现场给报社的职工鼓劲。报社组织的“庆阳老区纪行”采访团出发时，宝生主席一大早赶来为大家送行，并提出希望，要求大家深入宣传老区精神，讴歌老区变化，使我们的记者深受教育。尤其是当我们的采访活动结束，记者采写的30多篇反映庆阳改革发展成就的稿件陆续见报后，庆阳地委和地区工会的有关领导专程到报社送来锦旗表示感谢，还举行了座谈会。宝生主席又亲临参加座谈会，既听取了采访团的汇报，又听了庆阳地委领导对采访活动给予的评价。宝生主席当时颇为高兴，他在感谢庆阳地委、行署、工会对采访活动给予多方面支持的同时，也热情称赞《甘肃工人报》组织了一次很有意义的活动，以搞好新闻宣传的实际行动纪念党的生日。之后，正在兰州参加会议的庆阳地委书记吉西平、行署专员王义等庆阳地区的领导还专门约见宝生主席和当时分管《甘肃工人报》的省总工会副主席穆端敏，再次称赞《甘肃工人报》组织的“老区纪行”采访活动。吉西平书记当场就对庆阳地区的有关领导说：“今后我们也要从各方面扶持《甘肃工人报》的工作，要求一些企业多订《甘肃工人报》，多在《甘肃工人报》上刊登广告。”时任庆阳行署副专员的张诚基连忙说，这项工作就由我来做。宝生主席当时格外高兴，连连感谢庆阳地区各位领导的一片深情厚意。事后，庆阳地区工会还把这次“老区纪行”采访活动中，记者们历时14天，行程1700多公里，先后深入西峰、镇原、宁县、正宁、合水、庆阳、华池、环县等七县一市所采写的30多篇稿件汇集成册，分发到地区各有关部门和领导，受到了普遍好评，也大大扩大了《甘肃工人报》在庆阳地区的社会影响。当年底《甘肃工人报》发行订阅期间，我们曾经与张诚基副专员通电话，请他能从经济上给予地区工会在订阅《甘肃工人报》上以支持。张副专员在电话中非常爽快地答应，我也及时把这一情况电话告知庆阳地区工会主任朱耀武同志。没过几天，朱主任就专门打来电话说，张副专员从地方财政上专门为地区工会批拨了2万元，用于订阅《甘肃工人报》。虽然这件事已经过了好几年，可现在每当去庆阳见到已任庆阳市政协副主席的张诚基同志，我总是要感谢一番。

还是在2001年，《甘肃工人报》又推出了“走进核城”大型采访活动，同样是为了庆祝党的80岁生日。这次活动主要是深入核工业四〇四厂采访。在酝酿这个采访活动前夕，我曾专门向宝生主席作了汇报，他一听连声称赞。也许是他曾任四〇四厂党委书记、工会主席，在这里整整工作生活了28年的缘故，宝生主席对我的这一打算，似乎显得格外高兴，并勉励我们一定要把活动组织好。很快，报社就组成了有8名记者参加的“走进核城”采访团，由我带领赴地处大漠深处的四〇四厂采访。记得在采访团出发前的头一天，我又专门向宝生主席作了汇报。当时他正在北京参加会议，我只好打电话向他汇报有关情况。宝生主席在电话中说，“走进核城”采访活动是甘工报继“庆阳老区纪行”之后，组织的又一次很有意义的采访活动，并希望采访团的同志深入到企业的班组中去，深入到职工群众中去，深入到生产一线的工作现场去。通过深入细致的采访活动，去追寻老一辈核城人，为创建我国的核工业基地建立的光辉业绩，讴歌四〇四厂经过40多年的艰苦奋斗，为发展我国核工业做出的历史性贡献。我把宝生主席的这些指示，及时传达给采访团的同志，更加激发了大家对四〇四厂的向往之情。

6月22日上午9时多，我们一行8人来到了河西走廊的地卧铺火车站。一下火车，四〇四厂工会的方丁主席带人专程来迎接我们。方丁主席一见到我就紧紧握着手说：“我受企业党政领导委托，代表全厂职工欢迎你们，采访团的到来，带来了省总工会领导对核城职工的关怀。”他还说赵宝生主席从北京打来电话，说明省总工会对这次采访活动非常重视。当我们采访团一行到达厂里时，工厂悬挂着巨幅欢迎标语。我们的记者头顶红色太阳帽，身着印有“走进核城”字样的红色标志服出现在厂区，引起许多职工的关注。厂里还专门举行了欢迎座谈会。时任四〇四厂厂长陈平慧、党委书记张润利分别在欢迎会上作了讲话，向采访团介绍了四〇四厂的发展史及当时的生产经营状况，气氛十分热烈而感人。在历时7天的采访中，记者们通过观看展览、召开座谈会、个人专访等形式，采访了大量核城人不畏艰苦、发奋图强，可歌可泣的先进事迹，写出了20多篇稿件。连续在《甘肃工人报》刊发后，不仅在四〇四厂引起强烈反响，在全社会也引起广泛关注，受到省委宣传部的充分肯定和好评。有不少企业也纷纷称赞“走进核城”采访活动很有特色。宝生主席看了连续报道四〇四厂的稿件后说：这是一次对四〇四厂较为全面系统的宣传。也正是由于这次采访活动，使我对四〇四厂有了更深入的了解，让更多的人了解四〇四厂，在全社会宣传四〇四厂也成了我的心愿。恰巧2002年8月中旬，中国工人报刊年会在甘肃召开，会议开幕式在酒钢公司举行。《甘肃工人报》作为会议东道主，我特意安排来自全国各地工人报刊的老总们在会议期间，到四〇四厂进行参观和采访。出乎意料的是这些老总们在四〇四厂听取企业创建和发展的情况介绍后，心灵深处受到极大触动，无不为四〇四厂艰苦的工作生活环境而感慨不已，无不为一代又一代核城职工无私奉献的精神而敬佩。记得参观的那天上午，有的老总因过于激动，甚至找到我要当场为四〇四厂捐款；还有的老总提出，在四〇四厂不能吃招待饭。尽管这些建议未被采纳，但也足以看出“老总”们在这里受到了教育和感动。特别令我难以忘记的是，上海《劳动报》的总编辑吴由之同志，在参观四〇四厂厂史展览中，了解到一位曾在四〇四厂工作的老技工，曾为我国第一颗原子弹爆炸建立过重要功勋，现已退休回到上海的情况后，显得格外激动。回到上海后，他专门派记者采访了这位老工人，并在上海《劳动报》报道了这位老工人当年在四〇四厂艰苦奋斗的感人事迹。了解到这位老工人家庭生活困难，吴由之总编辑随即派报社有关负责人专门送去了5000元慰问金。之后，吴由之总编把刊登报道这位老工人事迹的报纸专门寄给我并附上一封短信，字里行间洋溢着对四〇四厂职工的崇敬之情。我将这一情况及时转告了四〇四厂工会方丁主席，又把《劳动报》专门送给宝生主席，他

看后深为上海《劳动报》领导的这份情意而感慨，并叮咛我向吴由之总编表示感谢。2004年中国工人报刊在长春召开年会时，我与吴由之总编相逢，交谈中许多话题都是在谈四〇四厂，看得出四〇四厂在吴老总脑海中已打上了深深的烙印。

2003年12月，以宝生主席为团长的甘肃工会代表团赴台湾考察。我有幸作为考察团的成员，随同宝生主席走进了宝岛台湾。与宝生主席在台湾度过的整整十天，给我留下了许多美好而又终生难忘的记忆。每到一处，宝生主席总要把我们代表团的成员一一介绍给大家。每到介绍到我时，他总是特意要说到文天祥，往往引起台湾友人的一片笑声。特别让我感动的是，在台湾期间，每到一地宝生主席总是比我们每一个人都辛苦，往车上装行李、从车上卸行李，都是他干在最前面。连当时台湾有关方面派给我们代表团的一位导游都说："赵主席一点儿架子都没有。"尤其让我佩服的，是宝生主席与台湾同胞接触中表现出的不凡气度和他的多才多艺。我们结束在台湾的考察，与台北市总工会那场告别晚餐的情景，至今令我记忆犹新。那天晚上，我们是从台湾南投县赶回台北市的，第二天就要离开台湾。当天晚上，台北市总工会举行欢送仪式，来的大约有四五十人，整个餐会充满着浓厚的同胞亲情。宝生主席当晚也是神采飞扬，活力四射，又是清唱京剧，又是即席赋诗，把他的聪慧、才智表现得淋漓尽致，让在场的每一个台湾同胞在喝彩之余，无不投以惊叹的目光。作为代表团的一员，我也深为宝生主席的多才多艺而感到骄傲和自豪。现在有时与宝生主席闲聊，台湾之行也常常是我们谈不完、又颇有兴致的话题。

2004年底，宝生主席离开省总工会，担任了省政协教科文卫委员会主任。虽然他离开了省总工会，但我们之间的交流还和过去一样，甚至比过去更多、更密切了。我总觉得一种难以割舍的戈壁情缘，似乎让我们之间更多了一些理解和了解，更多了一份亲情和友情。现在，有时节假日，我们也在一起玩玩扑克，或在一起品茶闲聊，聊戈壁滩，聊四〇四厂，聊工会工作，聊办好《甘肃工人报》，聊企业改革，聊职工生活，可以说无所不聊。也正是从这些漫无边际的闲聊中，我从宝生主席渊博的知识中汲取着营养，学习着做人做事的哲理。我常常在想，认识宝生主席，并能在一起工作，成为他的下属，真可谓：戈壁情缘，今生有缘。

今生有缘

有人说过，幸福就是你依恋朋友和朋友惦记你。我也在生活的长河中深深体味到,朋友是人与人之间难得的缘分,是人与人之间互相呼应与确认的友情。在人类感情的乐谱上，友情有一种特殊的旋律和美质。当人们在人生的道路上跌跌撞撞几十年,回首再看世事沉浮,深感人与人之间相遇和交往有多么美。如果没有友情,生活就会没有悦耳的和音。友情与社会的人,犹如阳光与自然的人。一个人终其一生能够寻觅到哪怕是一个朋友,也是一种幸运。“人生得一知己足矣”。在与韩长智大哥与何桂兰大姐几十年的交往中,令我和我的全家都充分地品尝到友情无价的滋味。

认识长智大哥还是上个世纪70年代初期。那时他是甘肃人民广播电台工交部的编辑,我是解放军某部队的新闻报道员。由于经常到电台编辑部送稿,一来二往也就认识了不少编辑同志。记得是在1974年冬季,我又一次到兰州给报社和电台编辑部送稿。省电台编辑部解放军节目组的杨道保同志,是个非常热心的人,也是从部队转业到电台工作的。加之又是陕西老乡,有过几次接触之后,我们之间已经有了密切联系。一天晚上,道保同志邀请我去家里吃饭。我满心欢喜,应约按时而至。兰州的冬天,天黑得特别早,6点钟刚过一点儿,除了千家万户的灯光外,到处都是黑漆漆一片。道保同志的家就在电台后面的家属院内。那时,省广播电台还没有一栋职工住宅楼,电台后院是一排排、一片片的平房,上千户人家都散住在这些显得很陈旧的平房里。道保同志的家就在家属院东侧的一个有点像四合院的地方。当我敲开他家房门时,一间最多有十平方米的平房里,靠着最里面墙根的地方,摆着一张双人床,靠着床就放着一个活动式方桌,上面已经摆满了各种菜肴。道保同志和爱人一边忙着招呼我,一边还在继续往饭桌上摆菜。我不禁脱口而出:“就这么一间房子吗?”道保同志说:“就这么

一间房子也不容易啊！”说着他掀开门帘，又从外面端来一盘炒好的菜。我才注意到做饭的炉灶都在门外一个很小的棚子里。不一会儿，道保夫妇也在桌旁坐下来，热情地招呼着我吃饭，道保同志不时往我碗里夹着菜，浓浓情意让我好生感动。吃饭间，随着一阵敲门声，一个人掀开门帘走了进来。他高高的个儿，穿一件开襟毛衣，颇有些学者风度。道保同志连忙招呼，并拉过一把椅子，硬把来人按在座椅上，递过一双筷子，请他和我们一起吃饭。又急忙向我介绍说：这是我们电台工交部的老韩，就住在对门。老韩也忙说，我也刚吃完饭，随便串串门，说着就起身要走。道保同志再三强留，他还是说快招呼客人吃饭，闲了咱们再聊，说着与我打了个招呼，就离开了。我随着道保同志一起走出房门，看着老韩走进了对面的一间平房里，从门上伸出的一个长长的烟筒里冒着淡淡的白烟……

一边走进房间，一边听道保同志说：他叫韩长智，早先在铁路上工作，后来调到省广播电台当播音员，笔名陈涛，曾是省电台几大著名播音员之一。前些年又到电台编辑部工交节目组当编辑，尤其擅长写人物通讯。说到这里，我猛然想起，前不久听到电台工交节目里播出一篇题为《永不松动的道钉》的长篇人物通讯，介绍兰州铁路局一位先进职工的事迹，稿件写得非常生动，有些情节十分感人，给我留下的印象很深。当我一提起这篇稿件，道保同志忙说：那就是老韩的大作啊！从此，在我脑子里就牢牢记下了韩长智这个名字。

1975年开春，我有幸参加省广播电台举办的一期通讯员学习班。那年月新名词多，还把学习班称之为工农兵占领上层建筑。说是办学习班，实际上就是把来自部队、工厂、农村的一些通讯员，安排到编辑部的各业务部门学习、工作。我被分配到了政文组，这个组主要编采的有两个节目，一个是“解放军节目”，专门报道部队的稿件；一个是“学习节目”，主要选编一些理论文章。政文组办公室与工交节目组是门对门，在电台学习工作的一年多时间里，我常去工交节目组看看，与长智大哥见面、交谈也是常事。他是个性格开朗，颇为健谈的人，加之说起话来绘声绘色，在同事们中间很有人缘。一次，我又去道保同志家里串门，正好长智大哥也在，我们就在一起摆起了龙门阵。也就是这次，长智大哥还邀我到他家坐坐。走进他家的平房，里外套间面积比道保同志家要大一些，但给人的感觉还是很拥挤。后来我也知道了长智大哥的爱人因病长期在家休养，他不仅精心料理爱人的饮食起居，而且由于孩子小，全家里里外外的事都落在了他一人身上，台里的同事无不夸他是个好人。从而更让我对长智大哥多了几分敬意。

1976年7月，我从部队复员后，被安排到了甘肃省总工会工作。也许这就是缘分，在我刚到省总工会报到上班才两天后的一个晚上，在省总工会领导召集有关人员讨论一份材料的小型会议上，我意外地见到了长智大哥，当时我们都十分惊喜。长智大哥又惊又喜地问："你怎么也在这啊？""我已从部队复员了，现在分配到工会工作了。"我急忙笑着回答。他真有点喜出望外，转身对着省工会的一位领导说：今后工会就不愁没人写新闻报道了。从此以后，与长智大哥工作上的联系也一天天多了起来。刚到省总工会工作那阵，我被安排到宣传部门，工会宣传工作的主要对象在企业，写一些宣传先进人物事迹的稿件也是一项经常的工作，我写的一些稿件也经常要送到电台的工交节目组，经他们编辑后播出。在那段时间里，长智大哥确实编发了我的不少稿件。同时我们一起还组织了一些采访活动，合作得非常愉快。最令我难以忘记的是，有一次我写了一篇反映兰州市红光浴池女修脚工董兰英事迹的长篇通讯，当我把稿件送给长智大哥时，他当即一口气就看完了，还一边看稿，一边朗诵起其中的一些片段。他高兴地说，这篇通讯写得不错，我马上就处理。很快这篇题为《闪光的青春》的通讯就在甘肃人民广播电台"工交节目"中播出了，几乎占了节目的全部时段。后来我还听说，长智大哥专门请我省著名播音员常景春为这篇通讯播音，更为稿件增添了感染力。

随着时间推移，不仅我与长智大哥之间联系越来越多，和整个电台工交部的同志也都混得很熟。工交部主任马恩琪、编辑徐惠、邢同义等10多个人，我们都成了很要好的朋友。1979年我结婚时，长智大哥和工交部的同志们几乎都来祝贺，大家一起凑钱还专门买了贺礼，当时的那个场景也确实令人羡慕。说来也巧，就在我结婚不久，由中华全国总工会主办的《工人日报》复刊，并在甘肃设立记者站，由省总工会负责选拔推荐驻地记者。长智大哥由于过去就与省总工会联系较多，而且长期搞工业报道，熟悉甘肃工业情况，因而就被调到了《工人日报》甘肃记者站，办公地点设在了省总工会。从此，我们就在一个办公楼办公，再后来也住在了一栋家属楼上，天天是抬头不见低头见。到了1980年时，甘肃省总工会筹办《甘肃工人报》，我便从省总工会调报社工作，从此，与长智大哥工作上的联系就更多了。我们经常是一起参加有关会议，一起到一些企业采访，关系甚是密切。1985年4月，长智大哥调《工人日报》社编辑部工作，举家离开了生活工作近30年的兰州去了北京。记得长智大哥一家离开兰州的那天，我正在兰州胜利宾馆采访全省职工技协会议。主办会议的同志还专门在饭店为我安排了住房，本应那天中午在饭店休息，下午还有一个重要活动。但我心里惦记着长智大哥下午乘火车进北京，一定要到火车站送行。便再三谢绝会务工作人员的强留，中午就急燎燎往单位上赶，生怕耽误了送长智大哥一家。谁料，一回到单位，在走廊上不小心脚下一滑，摔了个膑骨骨折，当即就被送进了医院，晚上就做了手术，一条腿打上了石膏，为长智大哥送行也成了泡影。长智大哥到北京后，先是在报社编辑部思政部当主任，后又调到了工会部当主任。我几次到北京都去专门看望他。记得在北京第一次见到他，我还挽起裤子，指着曾经做过手术留下的疤痕开着玩笑说："你看，这还是当时为了送你摔断的膑骨。"长智大哥连声哟哟，我们彼此都笑了起来。一次，我随同时任甘肃省总工会主席王新中同志，到北京参加中国集邮协会举办的"方寸情缘"文艺晚会期间，和我们一起去的甘肃化工机械厂厂长、全国劳模邓代维邀请全国总工会副主席郑万通在燕京饭店吃饭。在餐桌上，万通主席知道长智大哥在甘肃工作过，专门谈起了他在《工人日报》社的一些情况。从万通主席所谈的情况中我得知，长智大哥在报社群众威信很高，尤其是大家对他的人品有口皆碑，并已经担任了《工人日报》社的党委书记。听到这些，我们在场的几个人都深为他高兴。1992年10月党的十四大召开期间，我突然收到长智大哥哥寄来的一枚祝贺党的十四大召开的纪念封，真让我有点喜出望外。原来长智大哥作为中央机关选出的代表出席了中国共产党第十四次全国代表大会，这是多么高的荣誉，我真为长智大哥感到自豪。更让我感动的是，长智大哥参加如此隆重的会议，还没有忘记远在甘肃的我这个小兄弟，并亲寄一枚纪念封给我。直到现在这枚纪念封我像宝贝一样珍藏着，因为它凝结着我与长智大哥之间深厚的情谊。

光阴荏苒，转眼又是几年。

一年春节前夕，以全国总工会副主席倪豪梅为团长的全总慰问团来甘肃开展送温暖活动。在慰问团成员名单中我看到了长智大哥的名字，这时他已经担任全国总工会机关党委常务副书记。慰问团就住在省总工会职工大厦，在他住的房间里，我们聊了很长时间。闲聊中我才知道长智大哥的夫人已经去世，他与儿子一起生活。言谈中他透出一个令我十分感怀的情况：原来嫂夫人在弥留之际，却连连喊着我的女儿晶晶的名字，还说小文的姑娘那眼睛真大啊！说这番话的时候，我能感觉到他心头些许的凄楚，也勾起我对嫂夫人的深深怀念。她本是一个很优秀的教师，就是因为疾病，让她过早地离开了大家……

这天晚上回到家，我把长智大哥来兰州的事说给爱人听，并告诉她长智大哥的夫人已经去世两年多了。早在长智大哥一家在兰州的时候，我的爱人与长智大哥的夫人也时有来往。那时我们的孩子小，两个人都在上班，我有时外出往往难以按时回家，爱人在兰州市电信局长话台上班，更是钉是钉，铆是铆，一着忙，把女儿放在长智大哥家也是经常的事。听说长智大哥夫人病逝，我的爱人心里不免一阵难过，也想起了过去的不少往事。一次，爱人上夜班，我又外出采访，只好把两岁多的女儿放在长智大哥家中，等我晚上近10点钟才赶去接女儿时，孩子早已熟睡，长智大哥和夫人都在床边守着孩子，目睹此情此景，真是令我感动不已。其实像这种情况又何止一次。说着这些往事的时候，爱人突然冒出一句话来：把我们何师傅给长智大哥介绍一下，他们两人论年龄和条件太般配了。我也拍了一下膝盖，连声称赞好主意，好主意！于是，第二天再见到长智大哥时，就贸然向他说了出来，并把爱人所说的何师傅的情况从头到尾说给他听。开始他好像只是随便听听，可听着听着他来了精神，脸上不时泛起笑意，听到有的地方，他还仔细地问这问那。特别是说到何师傅的模样，曾经工作的单位，乃至曾与长智大哥一起参加过我和爱人的婚礼，长智大哥仿佛在记忆深处极力搜寻着这位何师傅的影子……

我爱人说的这位何师傅叫何桂兰，曾经是兰州市电信局长交科的科长。由于我爱人安郑凤从参加工作到结婚，长达10来年的时间都与她住在一个房间，不是姐妹胜似姐妹。她俨然像一个大姐，时时处处都呵护着我的爱人。我认识桂兰大姐，还是我与爱人谈对象的时候。我与安郑凤是经人介绍相识的。那时，她是兰州市电信局长话台的话务员，我是甘肃省总工会宣传部的干部。她的父母都远在河西走廊的核工业基地四〇四厂，我是从部队复员只身一人留在兰州。第一次与郑凤见面，也就算是相亲吧，是在给我们当“红娘”的热心人家里。到第二次见面时，我就见到了桂兰大姐，她实质是给安郑凤来当参谋的。当时桂兰大姐30岁出头，蛋型脸、大眼睛、齐耳短发，高挑个儿，加上一身得体的藏蓝色套装，活脱脱一个美人儿。言谈举止间，透出一股超凡脱俗的高雅气质。这次见面没过几天，“红娘”传过话来：女方愿意交往，能不能谈成就看你们自己了。从此，我们的恋爱也就拉开了帷幕。初接触安郑凤那阵，我总觉得她不善言谈，不苟言笑，有点傻乎乎的。惟有她一成不变的素色衣着，又给我以清纯、朴实、真诚的美好印象。也就是在认识何桂兰大姐后，她告诉了我许多有关安郑凤的情况。郑凤的老家在河北武安县，父亲从小就在河南郑州铁路上工作。从名字上看，我爱人就是在郑州出生的。1958年核工业四〇四厂组建时，举家从郑州西迁，来到了地处荒漠戈壁的四〇四厂，父亲仍然在工厂的内部铁路运输部门工作，后来还是厂里多年的老劳模。我也曾听爱人说过，过去老岳父参加过不少的劳模表彰会、先进座谈会。一次，时任中共中央总书记的邓小平视察四〇四厂时，老岳父还受到过邓小平的亲切接见，并一起合影留念。遗憾的是这张弥足珍贵的照片，在文革中被毁掉了，老岳父生前曾不止一次地提起这件事，也留给了老人家一块难以抹去的心病。安郑凤是1970年被招工到兰州市电信局的，那时她刚满18岁。一到工作单位，就被分配到长话台当话务员，并被安排与何桂兰大姐住在了一个宿舍。从此两人一住就是整整9年。何桂兰就像大姐一样，处处都关照着安郑凤，在安郑凤的心里桂兰大姐自然占有很重的分量，凡事也都要听听桂兰大姐的主意，久而久之两人不是姐妹胜似姐妹。听桂兰大姐说，安郑凤参加工作时，是她们那一拨人中年龄最小的，但工作起来却是很认真的。不论在什么情况下，她总是把工作看得比什么都重要，很快就脱颖而出，成为业务骨干，并在平凡的话务员岗位上，做出了不少感人的事迹。一次，远在广州的一家医院为抢救病人，通过兰州市电信局长话台，紧急求助兰州生物制品厂生产的一种药品。正在值班的安郑凤接到电话后，及时拨通了甘肃省卫生局、兰州生物制品研究所的电话，并多方联系，又通过民航把所需的药品及时运送到广州，终于挽救了一位病人的生命。后来，广州有关方面专门给兰州市电信局发来感谢信，赞扬安郑凤想客户所想的精神。《广州日日报》、《光明日报》也都相继报道了安郑凤的事迹，兰州市电信局还开展了向安郑凤学习的活动，她的大幅照片也挂在了兰州市电信局的宣传栏里，后来还参加了国家邮电部在北京召开的优质服务座谈会，又出席了甘肃省邮政系统学大庆先进表彰大会。听到桂兰大姐介绍的这些情况，让我多了对安郑凤的几分敬意。在我们结婚后的生活中，我也确实感受到了她对工作的认真和负责。不管家里有多急的事，她都不会轻易耽误一次工作。记得有一次，上班途中她被一个骑自行车的人撞倒，脸上被撞起大包，眼睛也青紫一片。在这种情况下，她仍然带着伤痛去上班。还有一次，她在电信局办公楼楼梯上摔倒不能行走，还是被人背到了工作间，大家都劝她休息，她仍坚持上完了班。也是在一次上班时她突然晕倒在地，被人们送到省邮电医院急救，她心里还是放不下自已的工作，只输了几瓶液体便了事。平时如果有个感冒发烧，或是其他疾病，躺在床上一动也不想动，可一到上班的时间，不管是上白班，还是上夜班，她依然爬起床来照样去上班。有了孩子的时候，为了不影响工作，把孩子锁在家里也是常有的事。对于自己工作上的事，她即使再忙再累也不容许有点滴马虎。记得有一次她下班后，连晚饭也顾不上吃，专门找上门去为一个长途电话用户传送电话。原来一位外地用户通过长途电话，有急事告知在兰州的亲人，可不巧的是这位亲人家里的电话怎么也接不通。于是安郑凤详细询问了受话人的住址，上完下午班后，连家也没顾上回，就费了不少功夫，终于找到了受话人的家，转告了外地亲人的电话，让他们及时取得了联系。就是从这些事情上，我似乎更加多了对郑凤的爱意。

记得在与安郑凤初恋那阵，我们都是各自忙于工作，很少有一些年轻人那种花前月下的浪漫。尤其是安郑凤朴实得不能再朴实，什么逛公园、遛马路是很少有的事，一起上街吃顿饭也几乎是没有过。在她心里似乎除了上班就是上班。和一些年轻人一样，在谈恋爱中我们也曾产生过不愉快，也曾闹过一些矛盾。可每当这个时候，也都是桂兰大姐从中为我们周旋。记得一次，我们之间矛盾闹得还真有点大，一连几天竟然谁也不理谁，以致发展到打给安郑凤的电话，一听是我的声音她就给压掉了。后来真有点憋不住了，我找到了何桂兰大姐，只好请她说情了。其实我们之间的事，桂兰大姐早已知道，还真没少说过安郑凤。可一见到我，她却来了个下马威，板着脸说："你又怎么欺负小安了，像她这样的老实人，你到哪里去找啊！"我也忙解释说："我没有欺负她，只是……"还没等我说完，桂兰大姐仍是一脸严肃："只是什么，今后再惹小安，连我都不会放过你。"正是从这些话中，我又一次感受封了桂兰大姐对安郑凤的偏爱。也就是这次，何桂兰大姐又一次真诚地对我说："小安人很纯朴厚道，心地非常善良，待人处事心胸很宽阔，能和她在一起生活，算是你烧高香了。"在后来的生活中我也确实体会到真的就像何桂兰大姐说的，安郑凤是一个既朴实又心地非常善良的好人。记得1979年初，也就是正月十四，我们结婚的时候，安郑凤竟然什么要求都没有，可以说连件像样的衣服都没有要，更没有说什么戒指、手表了，连张结婚照片也没有照。结婚那天穿的衣服也是由何桂兰大姐领着，在当时的兰州市南关什字百货大楼买了件紫红色的的确凉上衣和一件红底碎花绸缎面袄。这也就是她的整个嫁妆了。而我呢，连件新衣服也没有买，结婚那天穿了件已经穿了几年的蓝色呢子军便装。单位上的热心同志帮助操办了个简单的婚礼，也没有摆什么酒席，所谓的新房也就是间10来平米的单身宿舍，连个像样的家具也没有。惟一的家用电器还是安郑凤带来的一个半导体收音机。可对这些，安郑凤当时没有半句怨言，更没有提出任何过分要求。随着时间推移，就更加验证了桂兰大姐的话，安郑凤不仅对工作认真负责，操持家务也是一把好手，做几样饭菜还真能拿出来。真应了何桂兰大姐的话，这些年来真是托安郑凤的福了，我从没有为家务事操心过，什么做饭、洗衣、收拾屋子一类的事，全都由安郑凤"承包"了。更难能可贵的是，几十年了我们从没有因为钱而闹意见，安郑凤竟然从不过问我有多少工资，也从不为我花了什么钱而"盘查"。反之，倒是每到年关节日，还催我给家乡的姐姐寄点钱。有时老家来了人，她不仅要热情接待，走时还要大包小包给装得满满的，还要买上车票，给上几百块钱。有时给了钱也不让我知道，而且这些钱都是她从自己工资中拿的。每当想起这些事，我从内心是既感动又敬佩。

看着我们结婚后生活一天比一天好，何桂兰大姐也总是格外高兴，时间长了我们之间就像亲人一样，有了难事互相要说，有了高兴的事互相之间更要说。一个家庭发生点小矛盾是常有的事，有时在出现矛盾时，桂兰大姐就成了我们的裁判，我们也对她的"评判"心悦诚服。尤其让我们感动的是，她就像关心自己的事一样，时时都关心着我们。最令我难以忘记的是1980年7月2日的那天晚上：

在兰州市城关区医院住院部一楼的一间病房里，已经临产的安郑凤痛苦地躺在病床上。天刚擦黑，刚上完班的何桂兰大姐和单位上的一位女职工，急燎燎赶到了病房。一走进病房，她又是用湿毛巾擦着安郑凤头上密密麻麻的汗珠，又是把床铺整得平平展展。护士把郑凤接进产房，桂兰大姐和我一直在产房外焦急地等待着，一个小时过去了，两个小时过去了……终于，郑凤被护士推出了产房，并告诉我们生了个6.6斤重的女儿，我和桂兰大姐才算松了口气。一回到病房，桂兰大姐又是忙着帮郑凤换衣服，又是急着给泡红糖水，一直忙到深夜1点来钟。我劝她回去休息，可她说啥也不肯，并说这天晚上她要守护小安，非要让我回家休息。扭不过她我只好答应回家，心想有桂兰大姐在会比我把郑凤照顾得更细心，更周到。就这样我抱着喜悦的心情，可又确实有些疲倦的身子，走出了医院。虽然刚出生的女儿还没见面，我却思谋着给孩子起个什么名字，一边走着，一边想着，猛然抬头仰望长空，但见一轮明月挂在天际，满天星斗晶晶闪烁，我不禁脱口而出，女儿伴着亮晶晶的群星降生人世，小名就叫晶晶，大名就叫文晶吧。想好了女儿的名字，我似乎也没有了倦意，回到家里一夜都没有睡稳，满脑子都浮现着女儿的模样，心里不止一次在想，女儿究竟会像妈妈，还是会像爸爸……

第二天清晨6点钟，当我赶到了医院时，桂兰大姐已经帮郑凤洗了脸，梳了头，还给头上扎了一个头巾。我俩忙着准备起了早饭，听同病房的人说，产妇吃羊肉汤补身子，我便拿起大饭缸，从医院附近的一家餐馆里端来羊肉泡馍，桂兰大姐坐在床前，帮助郑凤一口一口吃完。过了一会儿，护士把女儿抱来了，郑凤、桂兰大姐和我都争着看，至今我还记着：孩子当时脸上粉红粉红，竟然满头黑发还挺长，尤其一对大眼睛已经扑闪扑闪的。护士一边把孩子送到她母亲身边说："快给喂口奶吧"，一边说："该给孩子起名字了"。我不假思索地说："名字我已经想好了，就叫文晶吧！"那位护士笑着说："这个名字还挺洋气的，现在人都爱给孩子起个单名。"说着就一溜烟离开了病房。桂兰大姐一边看着孩子一边说："这个名字还真好，你看那对大眼睛真随了小安了，亮晶晶的多有神。"此时的安郑凤给孩子喂着奶，满脸尽是笑容，对孩子的名字也满意地点头，我和桂兰大姐似乎都能感觉到，她正在品味着作为母亲的那份幸福和快乐。

在郑凤整个产假期间，桂兰大姐可真没有少操心，三天两头就往家里跑，一来不是做饭，就是洗洗涮涮，真是比亲人还要亲啊。孩子满月那天，她还特意为女儿买了不少又是衣服、又是玩具的礼物。女儿的满月酒我们也只是请了几个人，当然是少不了桂兰大姐的。

和桂兰大姐这种胜似亲人的友情，也让我们常常把桂兰大姐的冷暖挂在心头。由于桂兰大姐较长时间都是一个人生活，因此让她早日有个温暖的小家庭，也就成了我和爱人经常念叨的一件事。而且也还帮着介绍过几个人，可都不是十分中意。也许就是缘分吧，当我们把长智大哥的情况说给她听时，向来对个人问题显得冷漠的桂兰大姐，却似乎有点动心。当我们提出双方先交换个照片时，桂兰大姐再也没有拒绝，很快就把自己的一张照片通过我送到了长智大哥手里。同时，长智大哥的照片也很快送到了桂兰大姐那儿。没过几天，长智大哥从北京打来电话说："看了照片非常满意，那就双方接触一下吧。"当我和爱人喜滋滋地把长智大哥的话告知桂兰大姐时，她说接触就接触一下吧。话虽说得不温不火，但我们能感受到她从心底里还是乐意的。

在我和爱人看来，长智大哥与桂兰大姐再合适不过了，促成他们的结合我们显得比他俩还要急。我几次打电话催长智大哥，希望他能够尽快到兰州来，两人该是见面的时候了。没过多长时间长智大哥便打来电话，他已决定乘飞机来兰州。就在他飞到兰州的当天，我约桂兰大姐一起去机场接人，她也欣然答应。记得那天长智大哥乘坐的北京到兰州下午6时左右的一趟班机，本应8点钟左右就该到兰州中川机场，但因飞机起飞晚点，直到9点多钟才到。桂兰大姐那天晚上虽谈不上浓妆艳抹，但还是看得出，新梳理的发型，加上一身得体的衣服，更显出几分风韵。长智大哥一走出机场大门，我和桂兰大姐都忙着迎上前去。当他俩的手握在一起时，我禁不住冒出一句话来：这真是有缘千里来相会啊！长智大哥推我一把，我们几个就说着笑着挤进了汽车。

那是初春时节，兰州还没有退去冬日的寒冷。尽管车外刮着嗖嗖冷风，可我们乘坐的车内，却充满着温馨和春意。我就坐在司机旁边的座位上，不时和坐在后边座位上的长智大哥和桂兰大姐交谈着。他俩虽说是头次见面，可相谈甚欢，虽然话题无非是些天气呀、市容呀、物价呀等等，但凭直觉我能感到，他俩都掩饰不住发自内心的高兴。伴随着满车的欢声笑语，不知不觉汽车就驶入兰州市区。我们直接来到事先订好的一家餐馆，为长智大哥接风。饭桌上长智大哥谈笑风生，桂兰大姐也不时为长智大哥谈话的风趣、幽默，发出朗朗笑声，让一个来小时的就餐充满温馨与欢乐。

走出餐馆已近午夜。至今我还记得，那天晚上，兰州上空的月亮格外的圆，格外的亮。在去宾馆的路上，我还开玩笑说，看来明月也欢迎长智大哥的到来呀。有出戏叫《花为媒》，我们今晚就唱出"月为媒"吧！这自然引来大家一片笑声。桂兰大姐一边笑着，一边说："这个小文啊……"来到长智大哥住的职工大厦，由于时间太晚，大家都没有待多长时间，临走时桂兰大姐约定第二天再来看望长智大哥。桂兰大姐由安郑凤陪着离去后，我又在长智大哥房间多待了一会。"人已经见了，感觉怎么样？"我开门见山地问长智大哥。

"你得看人家是什么意见呢！"长智大哥虽然没有直接回答问话，但从他满脸的笑容我已感觉到，他是打心眼里满意的。

也许是过于兴奋，长智大哥没有丝毫倦意，非留我多坐一会，并无拘无束地聊了起来。话题仍然是离不开桂兰大姐。同时他也告诉我，自从老伴去世后，帮他张罗着再续弦的热心人真不少，其中有介绍将军女儿的，有介绍师职军官的，还有介绍女技术人员的……可不知为什么，他都没有上心。这次提起与何桂兰的事，倒使他已经关闭很久的心，突然又打开了，总感到有一种情缘在牵动着他的心。自打了解了何桂兰的情况，又看到她的照片之后，心上再也抹不去“何桂兰”这三个字了。说着他竟自己笑了起来，我也笑着说：“我看你的名字也已经烙在桂兰大姐心上了，咱们就等着喝喜酒吧！”

当我带着满心欢喜回到家里时，安郑凤还在等着我。一进门就问：“怎么样，老韩咋说了？”“那何师傅咋说了？”我并没有立即回答她的问话。“何师傅没意见，同意交往，就看老韩的意思了。”安郑凤说着又问：“你能不能快点说，老韩有没有这个态度？”“当然有态度，没态度从北京大老远到兰州干啥来了，人家已经心里放不下何师傅了。”我的话音一落，安郑凤忙说：“看来这桩事准成。”说罢冲我一笑。此时此刻，我俩都美滋滋的，共同憧憬着长智大哥和桂兰大姐幸福的未来。

第二天下午，按头天的约定，我与妻子陪着桂兰大姐来到了长智大哥的住处。我们坐了一会儿就借故离开，让他俩有机会好好聊聊。大约10点来钟，桂兰大姐给家里打过电话来。还没等她说话，倒是安郑凤先问上了：“怎么样，谈的还可以吗？”电话里传来何大姐的声音：“他挺能说，人也很随和，那就接触着再说吧！”这时只听得安郑凤抓着电话笑个不停，我想桂兰大姐也在笑，说明这次面谈让她好开心啊！刚放下桂兰大姐的电话，又是一阵清脆的电话铃声，我猜十有八九是长智大哥打来的。接上电话果然不出所料。长智大哥电话中还抑制不住满心激动：“小何人真不错，我们很谈得来，她也同意先接触接触……”当听我说桂兰大姐刚才也来过电话了，长智大哥忙问：“她怎么说了？”我故意放大声音：“她说的和你一样，很满意啊！”顿时我俩都在电话里

笑了起来。

长智大哥这次在兰州住了三四天,期间几乎每天和桂兰大姐都有接触。正像长智大哥说的那样,他们真的很能谈得来。一天,我们几个人在兰州市盘旋路一家餐馆请长智大哥和桂兰大姐吃饭,同时还特意请了时任甘肃省总工会主席王新中和夫人。新中主席平时就喜欢开玩笑,这次饭桌上的玩笑那就更多了。因为他与长智大哥也是多年好友,与桂兰大姐也早就相识,因而在饭桌上说:韩书记与何部长真是天生的一对,你们看两个人长的像不像兄妹俩。这一番话立刻引起满堂笑声,我情不自禁地看了看长智大哥和桂兰大姐,还真感到他们真的长得有点像。此时长智大哥和桂兰大姐脸上都略带红晕,似乎不知该说些什么。长智大哥返京的那天,是我与桂兰大姐送到机场的。头一天,桂兰大姐就对我说是不是该给带点什么东西,我说:“是该带点,那你就看着办吧。”这个时候我感到,他们已经彼此在牵挂了。送长智大哥去机场的路上,我才知道桂兰大姐还真给带了不少甘肃特产,长智大哥更为这次兰州之行的“满载而归”而高兴得一路上都没有合上嘴。

就这样一来二往,通过一年来时间的接触,长智大哥与桂兰大姐终于走到了一起。没过多长时间,两人先后也都退休了,从此桂兰大姐也就离开了兰州。结婚后他们曾回过兰州两次,看着他们互敬互爱的情形,我们也都打心眼里为他们高兴。一次,我去吉林开会,顺便在北京小停,就住在了中国职工之家。一天中午我约长智大哥和桂兰大姐一起吃饭,他们夫妇应约而至。席间谈了许多他们一起生活的事情。得知他们曾到过不少地方观光旅游,生活得非常舒心,我心里也好生高兴。还有一次去北京参加工人报刊协会的会议,我在入住的中国职工之家与长智大哥和桂兰大姐夫妇见面并共进晚餐。虽然他们看起来明显比过去老了一些,两人都已是头发花白,但精神依然矍铄。长智大哥还是那样健谈、开朗。桂兰大姐还是那样气质不俗、风采依然。桂兰大姐再三说,一定要让安郑凤到北京住一段时间,家里住房宽敞着哩,来了就住在家里,我们会陪着她在北京周边好好看看。虽然这话已经说了好多年,安郑凤也没有到过北京,可他们的一片情意却让我们一家都十分感动。

事情往往就是这样凑巧,2005年我的女儿文晶大学毕业后,到了北京新华总社工作。女儿只身一人在北京,长智大哥和桂兰大姐自然成了惟一的亲人。长智大哥夫妇也像疼爱自己的孩子一样,疼爱着我的女儿,每当节假日总要把文晶叫到家里又是吃又是住。文晶也隔三岔五免不了要往桂兰大姐那儿跑。还是听桂兰大姐说,每当听说文晶要去家里,长智大哥总是格外高兴,几乎每次都要上街买菜、买肉,亲自下厨房,不是包饺子,就是炒菜,生怕文晶吃不好,喝不好。

如今,我们与长智大哥一家总是保持着热线联系,不仅是在年关节日互致问候,就是在平时,也是三天两头有电话来往,互相问问身体好不好,说说家里各样事。现在更是由于女儿在北京，除了我们在牵挂，更有长智大哥和桂兰大姐在呵护着，让我们深深感受到了不是亲人却胜似亲人的这份亲情。我和妻子经常在说，能相识、相知长智大哥与桂兰大姐，真是今生有缘啊！

感悟田玉军

头一次见到田玉军大约是1995年初。

记得这年刚过完春节不久的一天上午，突然我办公室虚掩着的门推开了，一个穿件皮大衣、看上去三十岁出头，方盘大脸，颇有些英气的人，满面笑容地走了进来。我也急忙站起来迎上前去，一位随行的同志忙介绍说："这是我们玉门石油管理局工会的田玉军主席。"我不禁心头一惊，连忙说："早就听说玉门局工会来了位新主席，没有想到田主席这样年轻。"

玉军主席却笑着说："我是工会一名新兵，今天也是专门来拜访文总编的，希望今后对玉门的工会工作多多关照。"

就这样，玉军主席和我寒暄了一阵。交谈中，我了解到玉军同志当时刚33岁，还先后担任过玉门石油管理局的团委书记和一个二级单位的党委书记，真是年轻有为。尽管刚到工会不久，可从他的谈吐间，我已深深感受到他对工会工作的不凡见解，富有新意的工作思路，使我对眼前这位浑身都透着活力和聪慧的年轻工会主席肃然起敬。

与玉军同志的初次见面，就在一阵寒暄之中结束了。我送他到电梯口时，他握着我的手笑着说："欢迎常到我们玉门来。"我忙说："会去的，会去的。"

送走玉军同志，我坐在办公桌前不禁陷入沉思，玉军主席方才的不凡言谈，和他帅气、干练的身影总是在我眼前浮现。在为玉门局工会有这样年轻的工会主席而高兴之时，我也想了很多：

想起了，在70年代我还在部队当兵时，就曾到玉门油田进行过社会调查，走进过玉门的花海农场；

想起了还是在70年代，我在执行酒泉马鬃山边防巡回医疗任务，护送一位伤员去

酒泉途中，因车辆故障而找到玉门局帮助修理；

想起了1976年，当我从部队复员分配到甘肃省总工会不久，就曾带着当时的工人理论小组到过玉门油田，并在玉门油田参加了吊唁毛泽东主席逝世的活动；

想起了，我曾与担任过玉门石油局工会主席的刘世洲同志，先后两次参加了中国工会十一大和十二大，还与玉门局工会联合在《甘肃工人报》举办了《劳动者之歌》有奖征文……

我的思绪犹如开了闸的河水，一时难以平静。当玉军主席的形象又一次定格在我脑海的屏幕上时，一种进一步宣传玉门油田，宣传玉门局工会工作，了解田玉军这位当时全省最为年轻的大型企业工会主席的强烈愿望不时在心头涌起，也似乎强烈地感受到了田玉军那股独特的个人魅力……

第二次见到玉军主席是在甘肃省总工会的一次全委会议上。当时春寒料峭，由于我忙报纸稿件的事，没有顾得上专门拜访玉军主席，我们只是在会场上寒暄了几句。但我至今还记得，玉军主席蛮认真地说，今年可得到玉门去一趟。我说有时间一定去。他又笑着说，还是越早越好啊。说完我们彼此都会意地笑了。

也就是在这年的冬天，我去酒钢公司参加一个会议之后，先是到了四〇四厂采访，然后又转道赴玉门石油管理局，说心里话也就为专门拜访田玉军主席，落实年初我对他的承诺。

四〇四厂距玉门石油管理局大约有70多公里的车程。记得我们是一大早就离开四〇四厂赶往玉门的。汽车在茫茫戈壁迎着寒风疾驶，把连片的沙丘掠在车后。一想到很快就要见到玉军主席，我怎么也抑制不住心头的激动，一路上满脑子考虑的都是这次到玉门石油管理局该作些什么采访。

大约一个小时之后，我们来到了玉门石油管理局，这是我几乎近20年之后第一次重访玉门油田。进入市区后，凭车窗望去感到这里真可谓旧貌变新颜。街道变宽了，两边的商业门店流光溢彩，充满现代化气息。上下穿梭的出租汽车更为这座古老的石油城增添了一道亮丽风景。车过市区中心，那座还留在我记忆中的石油公园突然映入眼帘，透过车窗和公园栅栏，能清楚看到竖立在公园中央的铁人王进喜的塑像。

也许是四〇四厂的同志提前打了电话，当我们乘坐的汽车刚停稳在玉门石油管理局大门口时，局工会副主席陈恩仓和几个同志已在这里等候我们，并先安排我们在局招待所住下。一走进招待所，我一眼就看出，20多年前，我来玉门时就曾住在这里，还听说这里曾是当年专门为苏联专家住宿建造的。虽谈不上多么豪华，但屋内木地板、全毛地毯、席梦思床在那个年代也算得上高水平了。

一走进房子，我就问起了玉军主席。陈恩仓副主席忙说："不巧得很，田主席前几天上北京，参加石油部的一个领导干部学习班了。我们已经打电话向他汇报了你要来，田主席再三叮咛我们好好接待。"我们正说话间，一个服务员急匆匆进来说："陈主席，田主席的电话。"陈恩仓副主席忙拉上我一边向外走，一边说："准是田主席打电话找您。"果然不出所料，恩仓副主席一接上电话，那边就传来玉军主席的声音："文总编来了没有？""刚刚到招待所，文总编现在就在。"说着恩仓副主席就把电话递到我手中。我刚喊了声田主席，电话里就响起了玉军主席的声音："实在对不起啊，早就盼望你到玉门，可你到了，我却又……"没等玉军主席说完，我半开玩笑地说："就是奔着你来的，可又得不到你的接见了。"顿时我们两个都在电话里笑了起来。我又接着说："闻声如见面，感谢田主席千里之外的亲切接见啊！"在我们俩的笑声中，我又把电话递到陈恩仓副主席的手里，他们又在电话中继续说了起来……

虽然这次到玉门油田没能见到玉军主席，但从与工会同志们的交谈中，却了解到玉军主席许多令人感动的事儿：他以非凡气魄，在局工会推行干部聘任制度，面向全局通过考试、竞聘演讲，为工会聘用了一些年轻干部，不仅一举为局工会增添了新的活力，而且也为全局干部制度改革做出有益尝试；

他以高度负责的精神，狠抓局工会机关作风建设，并率先在全局实行上下班打卡制度，建立工会干部政治理论学习制度和业务工作交流制度，使局工会的精神面貌为之一新；

他更以大手笔，花大气力，切实加强工会文化阵地建设，改造了工会文化宫各种活动设施，增添了许多新的活动项目，并对文化宫引入了新的管理机制，使一度沉寂、萧条的文化宫出现了天天有活动，周周有安排，月月有比赛的红火景象……

工会的同志们说得更多的还是，自打玉军主席走马上任以来，他对于工会的各项工作，总是有着自己独到的见解，全新的思维，超前的安排。不管是企业民主管理，还是劳动竞赛、宣传教育、劳动保护、女职工工作，每提出一项工作思路，每开展一项工会活动，都要想新点子、出新形式、求新效果，使工会的一切工作和各项活动，都显得不同凡响，新意迭出，亮点多多，常常赢得赞声鹊起。

记得这次在玉门油田，我还特意拜访了时任玉门石油管理局局长，原为局工会主席的刘世洲同志，我们交谈的话题还是离不开田玉军。一见面我就称赞刘局长，把工会的班交给了一个非常能干的年轻人。刘世洲也颇有几分得意地说："现在全局上下大家都感到，田玉军这个工会主席选得好，选得准，上任不到两年，就把工会工作搞得有声有色，工会活动无处不在，工会的声音无处不响。”刘局长还颇有些感慨地说：“小田当工会主席点子比我多，工作搞得活，形式又新颖，真是后生可畏啊！”

此次玉门之行，虽然没有面晤玉军主席，但从方方面面的反映中，使我对这位年轻的工会主席更添了几分敬意。在我的潜意识中，仿佛树起了一个新形势下极具时代特征的大型企业工会主席的新形象。也可以说，这是我从玉军主席身上获得的第一个感悟。

如果说，20多年前的玉门之行，曾给我许多难以忘却的记忆，而1995年底的玉门之行，才使我真正走进了中国石油工业的摇篮，更与玉门油田工会，与玉军主席结下了深深的情缘。从此，我往往从宣传的角度上，时时都关注着玉门油田工会，关注着玉军主席。实际上，古老的玉门油田，也是一座新闻资源的富矿，有着挖掘不尽的新闻资源。更令我感动不已的是，玉军主席从支持省总工会，支持我的工作考虑，给《甘肃工人报》以特殊的厚爱。1995年之前，《甘肃工人报》在整个玉门油田的订数尚不足100份。可从1996年开始，由于玉军主席的重视和支持，玉门油田订阅《甘肃工人报》的份数一跃为1300多份。一时间，从局机关各处室，到各二级单位的基层班组，处处都能看到《甘肃工人报》。继之而来的是，《甘肃工人报》对玉门油田的报道也进入了前所未有的鼎盛时期。记得光一个玉门炼油厂一年就能在《甘肃工人报》上发表稿件上百篇。特别是在玉军主席的带领下，玉门油田工会工作创造了许多颇有新意的经验，这些经验大都在《甘肃工人报》上做了报道。玉军主席也确实把《甘肃工人报》作为弘扬玉门精神，展示当代玉门人风采的一个平台，策划了一个又一个颇为精彩的宣传活动。我还清楚地记得，1996年4月中旬的一天，玉军主席专门从玉门给我打电话说：“今年，我们局工会有个想法，就是要大张旗鼓地宣传近几年全局涌现出的各类先进模范人物的事迹，很想请文总编帮我们出出点子。”接听着玉军主席的电话，我不禁脱口而出：“那咱们就联合在报纸上开辟一个‘今日玉门人’专栏，集中一段时间宣传一批默默奉献在玉门油田各个岗位上的优秀职工。”我的话刚说完，电话那边又传来玉军主席连连赞许的声音：“‘今日玉门人’这个专栏好，咱们从现在就着手准备，力争‘五一’劳动节前后，就把这个栏目办起来。”于是我们又多次在电话中商定了开设“今日玉门人”专栏的具体事宜。还没到4月底，玉门油田工会准备的首批报

道稿件已经寄到了报社，真令我为玉军主席高效率、高标准的工作作风而折服。看过几篇稿件后，我抑制不住打心底的高兴，很快拨通玉军主席的电话，又提出“今日玉门人”开栏前，约请省总工会主席王新中、玉门石油管理局局长刘世洲和玉军主席每人写一篇文章，作为“今日玉门人”的开栏寄语。玉军主席在电话中又是连声说了几个好。没出三天，刘世洲局长和玉军主席的文章已经寄给了我，王新中主席的文章也基本落实。1996年5月9日，“今日玉门人”专栏终于在《甘肃工人报》一版刊出。这天介绍的是玉门石油管理局劳动模范、炼化总厂二套催化装置长骆玉的事迹。稿件的标题为《道是平凡却不凡》。时任甘肃省总工会主席王新中为祝贺“今日玉门人”开栏，撰写了题为《让玉门精神代代相传》的文章。他在文章中说：“玉门石油管理局在《甘肃工人报》开办‘今日玉门人’专栏，热情讴歌玉门局职工艰苦奋斗，无私奉献的感人事迹，这是玉门局高擎全心全意依靠工人阶级旗帜的生动体现，也充分表明了玉门局党政工组织对先进模范人物的关心、支持和尊重。”他在文章中还说：几十年来，一代代玉门人在荒漠戈壁，锻造了玉门风格，锤炼了玉门精神。玉门精神是一代代玉门人的巨大精神财富，也是甘肃工人阶级的巨大精神财富。我们愿玉门精神代代相传。刘世洲局长也撰写了《把全心全意依靠工人阶级的方针落到实处》的文章。他说：“我们在《甘肃工人报》开‘今日玉门人’专栏，就是为进一步落实全心全意依靠工人阶级方针所采取的一项措施，通过新闻媒体，为一线工人、劳动模范树碑立传，必将唤起更多玉门人为企业的振兴和发展而拼搏而奋斗。”玉军主席撰写的文章是《大力弘扬劳模精神》，他在文章中说：“在玉门油田半个多世纪的艰苦创业里程中，先后涌现出了王进喜、郭孟和等一大批劳动模范和先进人物，他们用勤劳智慧的双手，在玉门油田的发展史上，谱写了光辉灿烂的乐章，并感召着一代又一代玉门人为油田的振兴和发展而拼搏奋斗。我们与《甘肃工人报》联办‘今日玉门人’专栏，就是为了弘扬劳模精神，讴歌玉门人的精神风貌，激励广大职工向劳模学习、向劳模看齐，立足本职，苦练内功，敬业爱岗，无私奉献，为实现玉门油田二次创业再立新功。”正是由于玉军主席的重视和支持，“今日玉门人”专栏报道了三十多名玉门油田各类先进模范的事迹，不仅在整个玉门油田产生广泛影响，也引起全省各企业广泛关注。一时间，不少企业工会也都学习玉门油田的做法，纷纷在《甘肃工人报》开辟专栏，宣传本企业、本系统的劳模先进。从1996年开始，《甘肃工人报》就与省煤矿工会联合开辟了“煤海技术明星”、与长庆采油二厂联办了“长庆采二职工风采”、与酒钢公司工会联合开办了“酒钢明星谱”、与兰州维尼纶厂工会联合开办了“兰维人”等专栏，唱响了讴歌劳模事迹，宣传一线职工的主旋律。几次见到玉军主席，我都由衷地感谢他为《甘肃工人报》宣传企业、宣传职工创出了一条好路子。

随着《甘肃工人报》对玉门油田宣传力度的不断加大，玉门局的工会工作也越来越引起各方面的关注。玉军主席在工会工作中的各种探索、创新也总是不同凡响，为大型国有企业、特别是生产经营处于困境中的企业，在新的形势下如何开展工会工作创造了不少亮点。1996年9月，时任全国总工会副主席张国祥，在时任甘肃省总工会主席王新中陪同下，专程到玉门石油管理局调查研究。在听取了玉军主席的工会工作汇报后，张国祥对处于困境中的玉门油田工会工作有声有色表现出了极大兴趣，特别是充分肯定了玉门局工会在企业体制转换的形势下，创造的工会工作“四强化”的经验。没过多久，时任玉门石油管理局工会宣教部长的杨锦标同志，还专门写了一篇题为《玉门石油管理局工会积极创建新机制——四强化工会工作方法富有新意》的长篇报道，详细介绍了“四强化”的具体内容，《甘肃工人报》很快在一版头题作了报道。现在回味当时玉军主席提出的“四强化”工会工作法，仍令人感到颇有新意。“四强化”的具体做法是：

以贯彻《劳动法》为契机，强化工会维护职能。主要是抓住企业重大问题决策和实施这两个环节，充分发挥职代会主渠道作用，全过程参与，全方位监督，多层次维护。坚持职代会评议干部制度，对信任票达不到60%的干部提出批评和罢免建议。坚持从源头维护，参与局医疗卫生、教育培训、房产改革、技能工资改革方案的制定，并提出具体意见。同时建立职工代表巡视、质询等制度，把工会维护职能落到实处。

从维护企业整体利益出发，强化工会建设职能。以组织开展具有油田特色的各类竞赛活动为切入点，激发职工爱岗敬业的主人翁精神，调动职工学技术、钻业务、在本职工作中为企业生产发展多做贡献的积极性。

以六大系列文化活动为主线，强化职工业余文化建设。局工会先后组织开展了“双休文化、文化广场、阵地文化、节日文化、兴趣文化、家庭文化”六大文化活动，大大丰富了职工的业余文化生活。

从提高干部素质入手，强化工会自身建设。通过内培外训、干部竞聘上岗、开展创建星级职工之家、争当最佳职工之友和优秀工会干部等活动，全方位提高工会工作水平和工会干部的综合素质。

一时间，玉门局工会的“四强化”工作法，在甘肃省各大企业引起广泛关注，不少企业工会主席专门打电话给我，称赞《甘肃工人报》报道这样的好经验的同时，还希望能到玉门局学习参观。我也曾专门给杨锦标同志打电话,感谢他写了一篇好稿件,并告知他稿件见报后引起的反响。锦标同志却在电话中笑着说:“不是稿件写得好,而是田主席提出的工作思路好,策划工会活动的点子好。”听完锦标部长的话,我也更进一步感悟到玉军主席的过人之处。不管大事小事,经他一点拨,往往总能赋予新意;不管大活动小活动,经他一谋划,总是独出新裁。这也许就是玉军主席与众不同的个人魅力。

1997年3月,我又一次在兰州见到了玉军主席。虽说近一年时间我们没有见过面,但到这次重逢时,俨然已经成了老朋友。记得那次玉军主席专门到我的办公室小坐,还把随身所带的一个非常精致的温度计送给我。寒暄之间,玉军主席又一次邀我去玉门采访,我当即满口答应。

就在这年“五一”那天,我又一次来到玉门油田。那时刚刚实行双休日,还没有“黄金周”的规定。临行前的头两天,我特意给玉军主席打电话,说了我想利用“五一”假日去玉门油田采访的打算。玉军主席在电话中一个劲地说好,能感觉到他是格外高兴的。

就这样,“五一”清晨7时左右,我与报社的金斌同志和司机刘月保,就向玉门油田赶去。虽说已是阳春季节,可车进入河西走廊后,冬天的景色还没有完全褪去,道路边的树枝依然光秃秃的,山头上仍然散布着皑皑白雪。那个时候,整个河西走廊都在修路,我们汽车常常是走走停停,有时也被淹没在黄沙土雾之中。等赶到玉门油田时,已到了傍晚7点多钟。汽车刚停在上次住过的玉门局招待所门前时,玉军主席就已迎了上来,看得出他是早就在这里等候了。我现在还能记得,当时玉军穿一件白底带着淡红色和淡黄色相间的长袖T恤衫,颇有几分潇洒。他紧紧握着我的手说:“这才是咱们工人报的总编,‘五一’也不休息,不远千里来采访我们石油工人……”我也笑着说:“咱们的工会主席不是一样也没有休息啊!”这时,我能感受到玉军主席与我的手握得更紧了,一直把我送到早已安排好的房间里……

这次在玉门油田采访,玉军主席还真是把采访的任务为我们安排得满满的。他领着我参观了工会组织开展的重点工程劳动竞赛升旗现场,深入了解了一些二级单位工会工作情况,并与局工会和部分基层工会干部进行了座谈。在这期间我还专门拜访了时任玉门石油管理局局长刘世洲和局党委副书记张东泉,请他们分别从企业党政的角度,谈了对工会工作的看法。他们谈话中一个共同的认识是:自加压力,自选课题,自定目标,这是局工会干部精神状态的真实写照。自田玉军担任局工会主席以来,全局工会工作目标清楚,工作思路清晰,工作重点突出,工作生动活泼,整体工会工作生机勃勃。当我把局党政领导对工会工作的评价说给玉军主席时,他笑着说:这两年如果说局工会工作发生了一些变化,关键在于局党委和行政对工会工作的高度重视和支持。正是由于局党委加强了对工会工作的领导，局行政对工会工作的大力支持，才使工会工作与党政工作融为一体，全局工会干部都对自己所从事的工作有着强烈的荣誉感、自豪感和责任感。

原打算，这次玉门采访也就二三天时间，可通过采访，许多感人的事迹深深感染着我，也极大地吸引着我，采访时间也延长到了7天。在整整7天的采访中，所到之处都可以看见火热的劳动竞赛场景，都可以看到工会干部忙碌的身影，都能感受到每一个工会干部对工会工作是那样执著热爱，是那样全身心的投入……

我也在不止一次地深思：一个处于困境中的大型企业，一个已步入古稀之年的老油田，工会工作何以呈现勃勃生机，何以有如此巨大的影响力、吸引力、凝聚力、感召力、战斗力！其中的奥秘究竟何在呢？这也成了我这次玉门之行所要回答的一个重要问题。也思考着要从玉门局工会工作的实践中，总结出一些对国有大型企业，在发展社会主义市场经济形势下如何搞好工会工作可资借鉴的做法和经验。临离开玉门前夕，我又一次与玉军主席进行交谈，话题始终都是谈国有大型企业，尤其生产经营处于困境中的企业，如何才能找准工会工作的切入点，如何才能发挥工会组织的作用。我是想从玉军主席的谈话中，对我下一步总结玉门局工会工作经验给予启迪。记得那次交谈十分轻松，整整谈了两个多小时。玉军主席说起话来真是出口成章，妙语连珠，让我又一次领悟了他渊博的知识、深邃的思想和非同寻常的口才。尤其是他说：“这几年，玉门局各级工会组织和工会干部形成一个共识，越是困难越要继承和发扬玉门人艰苦创业的优良传统，越是困难越要发扬铁人的硬骨头精神。困难再大，玉门人的精神不能垮；困难再大，玉门这面旗不能倒。要依靠全局职工绘制玉门油田最新、最美的图画，定叫春风再度玉门关！”他说这一番话时，真可谓眉飞色舞，神采飞扬，充满一股子豪迈气概。说着还从沙发上站了起来，“就是奔着这个目标，我们把工会的各项活动全方位、立体化、地毯式地渗透于全局各项工作之中，用工会的作为赢得工会的地位，从而使工会成为促进企业发展的重要力量……”

送走玉军主席已近晚上11点钟了。我整理着谈话记录，一点儿睡意也没有。经过一番深思，我禁不住拍桌叫好：玉军主席的一番谈话，不正是玉门局工会工作经验的精辟概括，也不正是我写稿的注脚吗！于是，我仿佛茅塞顿开，整整一个晚上，从稿件的标题，中心内容，甚至文章的开头、结尾，都在谋划着、构思着。第二天一大早我们就告别了玉军主席和局工会的同志返回兰州。临行前玉军主席又一次拉着我的手说：“欢迎您经常到玉门来。”我连连点头答应。

在返回兰州的一路上，我的心情总是不能平静。除了回味玉门采访的一桩桩感人故事，脑子想得更多的还是如何把玉门局工会工作的经验报道好。甚至一路走来，玉门局工会的稿件就已经在我脑海里形成了框架。

回到兰州不久，我就写出了题为《再引春风度玉关》的长篇通讯，从把工会工作放在油田建设的大盘子上，把工会工作的目标盯在发展企业生产上，把工会工作的着眼点放在落实依靠工人阶级方针上，把劲头用在为职工办实事上，把心思操在凝聚职工队伍上，把突破口选在提高工会干部整体素质上六个方面全面介绍了玉门局工会工作的经验。1997年5月22日这篇长达1万多字的通讯在《甘肃工人报》刊发时，甘肃省总工会主席王新中同志还专门做出批示，高度评价了玉门局的工会工作。批示写道："玉门油田是中国石油工业的摇篮。半个多世纪以来，几代玉门油田职工铸造的'玉门精神'，不仅是甘肃工人阶级的精神财富，也是全国工人阶级的精神财富。玉门油田的工会工作，在甘肃工人运动和工会工作发展史上写下了光辉的一页。玉门精神将永远值得我们甘肃工人阶级自豪。进入改革开放新的历史时期，玉门石油管理局在转换机制、理顺体制等方面取得了重大进展。二次创业、重振玉门雄风的任务十分艰巨。就是在这种严重挑战面前，玉门局的各级工会组织，依靠党委的领导，依靠行政的支持，发扬玉门精神，弘扬玉门风格，团结和带领广大职工为发展玉门，再创辉煌，开展了大量富有特色、卓有成效的工会工作，在群众生产竞赛、推进职工民主管理、强化工会维护职能、加强工会自身建设等方面创造了许多新鲜经验，为在发展社会主义市场经济的新形势下，如何做好国有企业的工会工作摸索出了一些成功思路。他们的工作经验集中到一点就是：把工会的各项工作渗透到了全局方方面面的工作之中，找到了全国总工会工作思路与企业实际相统一的最佳结合点，正确处理了如何牵住工会工作的牛鼻子，如何强化工会维护职能，如何强化职工民主管理等事关工会发展全面的重大问题。形成了高层参与、全局把握、全新机制、重点突破、整体推动这样一种工会工作格局，值得各企业尤其是国有大型企业工会借鉴。"

稿件连同王新中主席的批示发表后，很快在全省工会系统，特别是在国有大型企业工会引起强烈反响。有不少企业工会或写信，或打电话，在称赞《甘肃工人报》推出一篇典型报道的同时，都希望由报社牵头，组织企业工会主席到玉门油田实地学习考察。为满足大家的要求，1997年6月初，《甘肃工人报》编辑部在兰州专门召开了学习玉门局工会工作经验的座谈会。省总工会主席王新中、副主席穆端敏和兰州地区20多家企业党政工领导和省总工会有关部门的负责人参加了座谈会。田玉军主席在座谈会上介绍了工会工作情况，并播放了反映玉门油田工会活动的专题片后，与会同志在座谈中高度评价了玉门油田的工会工作，热情称赞玉门油田工会树起了一面贯彻工会工作总体思路的一面旗帜。王新中、穆端敏还就在全省工会系统学习推广玉门局工会工作经验提出了具体要求。这次座谈会开得十分成功，玉门局工会工作的经验引起了各企业工会主席的强烈共鸣，我也为能推出玉门局工会这个重大典型而高兴。就在报道这次座谈会时，我又特意撰写了题为《国企工会大有作为》的评论员文章，对玉门局的工会工作经验,又一次从理论层面进行了总结。“玉门局工会工作之所以生机勃勃,关键在于他们找到了工会工作总体思路与企业实际相统一的最佳结合点,形成了工会工作由配合型向自主型,由被动型向主动型,由单一型向复合型,由活动型向服务型转变的新的工会工作运行机制,从而使工会与企业党政形成了一个相互依存,彼此依赖,相辅相成,不可分割的有机整体。”报道连同评论员文章见报后,玉军主席见到我就说:“总编的评论文章,把我们的工会又提升了一个理论层次,其实我们也在摸索着工作,好多方面做得还很不够。”我笑了笑说:“谈不上什么理论,这就是我对玉门局工会工作经验的理解和认识。说实话,要说玉门局工会工作创造了一些成功经验,最最关键的是有你这样一个年轻有为,想事、干事、会干事、能干成事的好主席。”玉军主席却连连摆手:“我只是出了一些点子,事情都是大家干的,没有大家齐心协力,啥事都干不成。”我高兴地对玉军主席说,这次写了全局工会工作,下次就要着手写你,写一个大型企业工会主席的先进典型,稿件标题都想好了,就是“主席今年三十三”。玉军主席一听,一面摆着手,一面一脸严肃地说:“那可不行,你不能写我自己,这可是个原则问题。”正因为他的这个原则,我想写篇玉军同志人物通讯的愿望一直都没有实现。从中也使我感悟到,凡是想大事、干大事,能干成大事的人,大凡都是这样,满脑子想的都是他人,都是群众,总是用自己的一团火去温暖别人,照亮别人,而在个人名利得失上则是淡而又淡。玉军同志正是这样一团火,他不管在哪里,都把那里搞得红红火火,把职工的心暖得热热乎乎。这也许就是他走到哪里,都受人爱戴、受人拥护的奥秘所在。

有了1997年5月的玉门之行,不仅陡增了我对玉军主席的深深敬意,我们之间的友谊也与日俱增。每每听到有关玉军主席的消息,我都由衷地替他高兴。毫不夸张地说,玉军主席在工会工作中创造的经验,通过《甘肃工人报》的宣传,奠定了玉门局的工会工作在全省的领先地位,也让田玉军的名字响遍了全省工会系统,因而他荣获了甘肃省劳动模范殊荣。尤其值得令人钦慕的是他光荣地出席了1998年的中国工会第十三次全国代表大会,被当选为大会主席团成员,坐在了举世瞩目的北京人民大会堂的主席台上,也成为当时主席团中最年轻的一名成员。得知玉军主席当选为中国工会十三大主席团成员，我专门打电话祝贺。他也颇为高兴地说："这是玉门石油人的光荣啊！"就在中国工会十三大结束不久，玉军主席又一次到北京参加上级举办的干部学习班。大约在1999年5月上旬的一天，我突然接到玉军主席从北京打来的电话，告知我他近日回玉门，希望我能与他同行，了解一下玉门油田实施再就业工程的情况。这一段时间，按照上级宣传部门要求，我们也正在关注有关就业的报道。玉军主席的电话让我喜出望外，我便在电话中连连答应。并在电话中约定，玉军主席乘飞机到兰州机场后，直奔武威，然后我们在武威见面。我已经记不清具体是哪一天了，就在玉军主席到达兰州的那一天，他由飞机场驱车前往武威，我于当天下午赶到武威。就在去武威的路上，玉军主席还不时打来电话。等我到了武威时，已经是下午近6点钟了。玉军主席早已在凉州宾馆安排了住处，还在院子里等候我们。走进宾馆的住房，一个艳丽多姿的花篮格外惹人注目，茶几上还放着各种水果。玉军主席的一番盛情真令我感动不已。在武威住宿一晚后，第二天我就随同玉军主席赶往玉门。途经张掖时，我们就在路边的一个摊点上每人吃了碗面条又继续赶路。到达玉门时，已经是下午6点多钟了。

第二天，一吃过早饭，玉军主席先是带我去看下岗职工自立服务中心。那天是玉门一个难得的晴朗天气。极目仰望，万里晴空一片碧蓝，真可谓天高云淡，显得深邃，宁静；放眼远眺祁连山峦，点点白雪相映，更有几分大漠神韵。

我们驱车沿着十里油城缓缓行驶，但见市区一个个身穿黄色制服的人，有骑自行车的，有开着机动车的，或出没于楼群小巷，或穿梭于街道市区，犹如祁连山下一朵朵盛开的"黄菊"，把行人稀疏的玉门街头装扮得别有一番景致。同车的玉军主席指着街头那一朵朵"黄菊"，喜滋滋地对我说："那是我们局工会为安置下岗职工再就业而成立的万龙纯净水厂，职工正在把一桶桶纯净水送给油城的千家万户。"当时我深深感受到，玉军主席对街头的"黄菊"是颇有些得意的。也就更想知道在玉军主席精心导演下，玉门局工会在实施下岗职工再就业工程中又演出的一幕幕大戏、好戏。于是，我随着玉军主席来到局工会在行政的大力支持下，因陋就简建立的占地约70余亩的"下岗职工自立服务中心"，来到了地处玉门市黄金地段的下岗职工商贸服务一条街。每到一处都让我激动不已，感慨万端，打心底里为玉军主席的大手笔而折服。特别是在万龙纯净水厂参观的情景，至今还常常在我记忆的屏幕上萦绕。记得那是一天上午，大约9点多钟的时候，玉军主席和局工会的几个同志，带着我走进了纯净水厂。刚一走进厂门，就见到时任纯净水厂厂长的杨锦标同志，带着几十名职工穿着统一的黄色工作服列队欢迎我们。锦标同志我们已经是老熟人了。一见面我不禁脱口而出：这不是文化宫的杨主任吗，怎么又到……还没等我的话说完，玉军主席笑着说："这可是一块好钢，干啥都有一股子闯劲，是好钢就得用在刀刃上。让他当纯净水厂厂长，就是指望他能为工会的再就业工程，蹚出一条路子来……"说着我们就走进生产车间，详细参观了每一道生产工序。直到现在，我还清楚记得玉军主席在生产现场介绍的一些情况：万龙纯净水厂建立虽然只有一年多时间，固定资产已经达到上百万元，月生产能力达20000桶，日销售量为600多桶，累计生产销售纯净水7.3万桶，实现销售收入48.9万元，纯利润7.6万元，共安置下岗职工27人，职工待业子女60多人，在这里就业的下岗职工月收入已经达到1200多元。记得有个叫王立生的小伙子，当时说起自己在纯净水厂的工作真有点眉飞色舞。他说，他原来是采油厂的采油工，由于企业改革，井队整体解散，他已经先后两次下岗。后来到局工会兴办的纯净水厂终于找到了重新就业的岗位，操作工、制水工、搬运工什么都干过。现在已经被聘为生产部经理，每月收入都在1100多元。只要这里需要，他愿意在这里干一辈子。后来，我也多次听说，纯净水厂的生产规模有了很大发展，产品已经稳占酒泉、玉门、嘉峪关，甚至新疆一带，曾在水厂任过厂长的杨锦标、张国栋同志，后来也都成为玉门石油管理局开办的甘肃惟一的五星级宾馆——阳光酒店的主要负责人。

也就是这次玉门之行之后，我又写出题为《春风荡漾石油城》的长篇通讯，详细介绍了玉门局工会实施再就业工程的事迹。在报纸上刊出后，产生了重要影响，引起有关方面高度关注。刊载文章的报纸也被送到了全国石油系统的有关会议上，引起人们对玉门局工会工作的交口称赞。正是由于玉军主席在工会工作岗位上写下的一篇篇得意之作，才有了后来的玉门石油管理局工会被甘肃省总工会树为全省工会工作的一面旗帜，田玉军主席被评为甘肃省劳动模范，1998年光荣地出席了中国工会第十三次代表大会，并被选为大会主席团成员，荣耀地坐在了世人瞩目的北京人民大会堂主席台上。面对这一切的一切，更是不止一次地激起我写一篇记述玉军主席先进事迹稿件的念头，我是多么想通过我的拙笔，讴歌一个在工会工作岗位上锐意进取，不同凡响的工会主席的先进典型。可每当提起此事，一次又一次总被玉军主席婉言谢绝了……从而这件事成了至今还埋在我心头的一大遗憾。

玉军主席对宣传自己是这样一拒再拒，可总是经常想着如何去宣传别人，想着把与自己一道工作的同志评为先进，树为劳模。凡是与个人荣誉有关的事，玉军主席总是想着别人，从不考虑自己。有时这份荣誉本来就是有关上级部门给予他的，他也总是找出种种理由要让给别人。每每说起这些事来，与玉军主席一道工作过的人无不为之感动，我也为之深为感触。

记得是在2000年夏天的时候，我又一次来到了玉门油田采访。这时正值玉门油田内部改革重组，原来的玉门石油管理局一分为二，划分出了一个玉门油田公司。田玉军离开了工会主席岗位，调任玉门石油管理局副局长。虽说离开了工会岗位，玉军同志和我仍然保持着联系。因此去玉门前我还是电话告知了他。到玉门后他还像当工会主席一样，亲切而又热情地接待了我。当我又提出：“现在您已经离开了工会，该写一篇稿子划个句号了吧。”玉军同志还和以前一样，一脸笑容，连连摆手，却冒出一句话来：“这次来，要写就写写我们的张局长，他在企业改革方面有不少新思路。”玉军同志说的张局长叫张东泉，改制重组前，曾是玉门局的党委副书记，分管过工会工作。说起来他还算是工会干部子弟，因为他的父亲曾供职于兰州市总工会文化宫。几次去玉门我们也有过接触，按说也是老熟人了。在玉军同志张罗和安排之下，我用整整一个下午采访了张东泉局长，请他畅谈了玉门油田改制重组后，作为存续企业的玉门局今后的生存发展之路，以及职工权益保障等方面的问题。后来我以长篇访谈的形式，对这次与张东泉局长的谈话作了报道。稿件见报后，玉军同志还特意打电话给我，在说了一些对稿件称赞的话的同时，还叮咛我最好亲自给张东泉局长寄一份报纸。玉军同志考虑问题之周到，又一次让我叹服。就是在玉军同志担任副局长的那几年里，我们之间还是保持着联系，他也一直关心着我的工作。每次到兰州，只要能抽出时间，他总要和我聚一聚。记得是在2001年春节前夕，他还与新任玉门石油管理局工会主席高玉江及其他局工会领导，专门约我在兰州亚欧商厦共进午餐。用他的话说，玉门局工会与《甘肃工人报》社的这条线不能断。其情其景至今历历在目。也就是这次我相识了后来成为玉门局党委书记的高玉江同志，并随着来往的增多，我们也成了很好的朋友。

我还清楚记得，2001年4月初的一天，我突然接到玉军同志的电话，告知我玉门局的领导班子又有了新的变化。张东泉局长调北京某中央机关工作，玉军同志接任玉门局局长、党委副书记一职。高玉江也被任命为局党委书记、纪委书记兼任局工会主席。在为玉军局长的职务提升由衷高兴的同时，又深感他肩负责任的重大。因为我了解，当时的玉门局资源枯竭，生产经营举步维艰，企业负担十分沉重。加之前几年的重组改制，职工队伍稳定面临着不少矛盾和实际问题，要收拾好这么一个大摊子谈何容易啊！可后来的事实证明，我真有点杞人忧天，玉军局长不仅把这个大摊子收拾得很好，而且创出了许多新的经营思路。尤其在理顺与油田公司关系，拓展业务经营范围，解除职工后顾之忧，实施玉门局工作生活基地建设与搬迁等方面，开展了大量卓有成效的工作，把自己的非凡才能发挥到了极致。一时间，在整个玉门油田有口皆碑，赞誉有加。

这年10月，我抱着写一写玉军同志在局长岗位大手笔创造了一个个人骄人业绩的想法，又一次来到玉门。当我把这一想法刚一说给玉军局长，他还和过去一样，一口就回绝了。我这次还一再坚持自己的想法，并说这也不只是为了写你，而是要总结一些国有困难企业走出困境的典型。可不管我怎么说，他就是不松口。到头来，却硬是鼓动我写一写时任玉门油田公司总经理刘世洲，一会儿说，刘总是玉门油田老领导，贡献大，一会儿又说，在刘总的带领下玉门油田又发现了新的储量，为企业迎来新的春天。总之好事说了一大堆，就是要好好写写刘世洲。我不禁问道：你们不是两个各自独立的单位吗？你怎么尽想别人的事。玉军局长一脸真诚的笑容：正因为是两个单位，才要多想着别人。说毕不容商量地说，就这么定，这次你就给刘总好好写一篇稿子。于是，他显得比别人还着急，又是帮着约刘世洲总经理，又是安排具体的采访时间。这就样，在玉军局长的一手安排下，我对刘世洲总经理进行了一番深入采访，了解到了发生在刘总上许多感人的事迹。采访结束后，我也似乎感悟到了玉军局长坚持要写刘总的一片真诚之心，也感到刘世洲确实是一个值得可写可歌的典型。

没有离开玉门时，在我的脑海里已有了刘世洲长篇通讯的写作框架，可回到兰州后，由于工作上的事情多，迟迟没有动笔。一天，玉军局长突然打来电话："怎么刘总的稿子还没见报啊，效率是不是有点太低了。"我又一次感受到关心起别人来，他总是比谁都急。谁知没过几天，玉军局长和高玉江书记、刘世洲三人一起到兰州参加会议。玉军局长又一次打电话问写刘总稿件的事。我实在再不好意思说什么了，只好说："过两天稿子就见报。"玉军局长笑着说："那我们就在兰州等着拜读了。"其实，这时稿件连一个字也没有动。处理完其它事情后，我连忙找出采访本，按照原先构思的框架，才真正开始了稿件的写作。第二天恰逢星期天，我整整加了一天班，憋足了劲要把稿件赶出来。刘总的事迹既感人，涉及的面又很广，好在我采访得较为扎实，掌握的情况和典型不少，因而写起来一下子就难以收笔，写稿的激情也一发而不可收。这天晚上我又在家里整整熬了一夜，直到凌晨5点钟，题为《唤得春风满玉门》的长篇通讯终于划上了句号。虽然一夜没有合眼，但我没有丝毫倦意，仍然沉浸在刘世洲同志动人事迹的感染之中。稿件见报那天，我打电话告知了玉军局长。他与高玉江书记、刘世洲总经理都还住在兰州的玉门石油大厦，通完电话就派人到报社取走了一些报纸。不大一会功夫，玉军局长就从石油大厦打过来电话说：现在我和高书记、刘总三个人都在看您写的文章，写得不错啊，现在刘总和你说话。在电话上刘世洲总经理说了不少感谢的话。我也能感受到他们对稿件还是比较满意的。后来听说，又是玉军局长的安排，这篇通讯在《玉门石油工人报》上全文转载。宣传刘世洲总经理的事迹之后，玉军局长似乎比任何人都高兴。可他并没有到此为止，又思量着把刘总的事迹推向更高层次。他找到有关方面，一开口就讲刘世洲对玉门油田的贡献，动不动就摆起刘世洲一件件一桩桩感人事迹。这种发自内心的真诚往往令人感动不已，这种超乎常人的胸怀、品格常常令许多人敬佩，无不为玉军局长的这种人格魅力而折服。就是在玉军局长的协调、奔波、努力之下，2002年"五一"节前夕，刘世洲总经理荣获"全国五一劳动奖章"。当刘总捧回这枚奖章后，玉军局长显得比自己挂上奖章还要兴奋、自豪。

就在刘世洲总经理荣获"全国五一劳动奖章"之后不久，我在兰州见到了去北京开会路过的玉军局长。一见面我就说：这几年，什么时候你都尽想着别人，往后也该为自己想想了。还没等我说完，他依旧淡然一笑：往后也不能想自己，下一步就得想想我们的高书记。当我还想说什么，他忙用手制止并说，还得拜托你下一步再访访高书记，他可是玉门的老人，感人事迹多着哩，值得写一写。我说，高书记是值得写，那让我写完你再写他行吗？玉军局长却说："写我干什么，我有什么可写的。我一个石油工人的儿子，能有今天我已经知足了。再说写高书记要比写我重要，这个你还不懂。"从这一番话中，我仿佛读懂了玉军局长的那颗心，再也不好说话什么，便把写高玉江书记当作玉军局长安排给我的一项任务去完成。

2002年冬天，我又专程到了玉门油田，此行的主要目的就是采访高玉江书记。到了玉门后，恰逢玉军局长去北京开会。可他早已知道我的行程，临走时专门交待局工会副主席郝义东同志，安排好采访高书记的工作。这次我在玉门整整待了4天时间，先后找了二十多人采访，了解到高玉江许多朴实而又动人的事迹。通过采访，我进一步认识了高书记，他是一个平淡中却又不乏拼搏精神，把自己满腔的热情和挚爱，都献给了玉门石油事业和广大职工的优秀领导干部。当我根据采访的大量事迹写出一篇题为《悠悠石油情》的长篇通讯征求玉军局长的意见时，他又正好在北京出差。他便让阳光大厦的同志将稿件原件传到北京。玉军局长把稿件看得非常认真，有不少地方还作了修改。稿件在《甘肃工人报》一版发表后，在读者中产生了很好的反响，尤其是玉门油田广大职工家属更加多了几分对老书记的爱戴。玉军局长也趁势而上，在更高层次、更大范围宣传高玉江，终于在2003年"五一"节时，高玉江书记同样荣获了"全国五一劳动奖章"。

2004年，中国工会十四大召开前夕，甘肃省总工会分配出席大会的代表名额时，考虑到玉军局长曾多年任工会主席，又是中国工会十三大代表，便专门指名他为中国工会的十四大特邀代表。按说这回他不会再推辞了，可出人意料的是，他又提出要把这个特邀代表的名额让给时任玉门油田公司总经理的孔繁瑾。并执意要把发给他的表填上孔繁瑾的名字，还安排局工会副主席郝义东专程到省总工会说明情况，办理此事。特别令我感动的是，就在中国工会十四大召开时，玉军局长得知我随甘肃代表团进京参加大会，便几次打电话给我说，孔总与省工会的同志不太熟悉，要我在会议上多多关照。在北京与孔总见面后，我把玉军局长叮咛的话说给孔总，他当时十分感动，连连说，玉军同志想的真是太周到了。

2005年7月的一天晚上，在家里闲着没事，突然想起有好长时间没有与玉军局长联系了，我便拨通了他的电话。当时他正在陪同上级领导，电话中只简单告诉我，他的工作有变动，已经调任中石油西北销售公司总经理。当时，对这个西北销售公司我不甚清楚，还以为就是位于兰州市南关什字的甘肃石油公司。等他上任一段时间后，我再次电话联系想去拜访他时，才知道西北销售公司并非甘肃石油公司，地点在兰州市东岗一带。

第一次到西北销售公司见到他，玉军总经理先是说了说工作变动的事，紧接着就说起了公司党委书记张贵生同志。说张书记在西藏整整奋斗了24个春秋，说张书记为西北销售公司改革发展做出的业绩，一句话，就是张贵生书记值得大写特写。还笑着说："看来又得请你来一篇了，宣传宣传我们的张书记。"我又能说些什么呢？玉军同志就是这样一个总为他人着想的人。没过多久他就安排我和张书记见面，又亲自敲定了采访的时间。就这样，我与张书记先后进行了三次深入交谈，从他在西藏24年的生活工作经历，一直谈到调西北销售公司工作，谈到这次与玉军同志搭班共事。特别是贵生书记谈起与田总短短共事的一段时间，诸多感慨溢于言表。他说在他去玉门接田总上任时，真没有想到玉门油田的干部职工对田总那种发自内心的依依不舍之情。他看到了送行的人群中有不少人眼角挂着泪水，他听到了不少人带着颤抖的声音发自内心的语言，他更强烈地感受到了那令人动容的场面。贵生书记不止一次地说：这就是人格的魅力，这就是人格的威力，作为企业的领导人，能这样受到职工的爱戴，这辈子都值了。

采访之后，我很快就写出了题为《他从雪域高原走来》的长篇通讯。稿件一见报，玉军总经理还像过去一样显得格外高兴。在后来一段时间，凡有合适的场合，凡遇到有关上级领导，他总是大讲一番张贵生书记，还常有句挂在嘴边的话，我们不能让为国家出了力、受过苦的人吃亏。正是出于这个想法，经过玉军总经理多方协调，2004年"五一"节张贵生书记就荣获了"全国五一劳动奖章"，成为西北销售公司成立60多年来，个人荣获的最高奖项。2007年，西北销售公司荣获"全国五一劳动奖状"，当上级安排他们代表甘肃企业进京领奖时，谁都想着这回田总会进京领奖的，可他硬是要让张书记代表企业去领奖。我曾对他说，这是西北销售公司截止目前获得的最高荣誉，进京领奖名额十分有限，甘肃企业代表也只有2家，作为总经理你应该去领奖。他却说，正因为是最高荣誉，就更应该让张书记去。说着又冲我一笑，怎么又不懂了。倒是张书记从北京领奖回来后，田总主持召开了隆重欢迎大会，与全公司职工共同庆祝公司这一来之不易的殊荣。

与玉军同志相识、相知已有十多年了。我心里总有点遗憾，想为他写点什么的愿望直到现在都没有实现。说心里话，这不应该是我的原因，而是每每提起此事，都被玉军同志婉言谢绝。但越是遗憾，就越令我对玉军同志敬佩、敬重，也常常思考着从他身上我应该学习些什么，感悟些什么。终于有一天我看到了他的一篇题为《提升人生境界》的讲话稿，我终于从中悟出了玉军同志这么多年来为人处事，为官行政的品行和准则，在我心头高高树起一个当今时代难得的一位高品格的优秀年轻领导干部的形象。在这里不妨摘录文中的部分内容，也算作我这篇《感悟田玉军》拙作的结束语吧：

领导干部不但要善谋实干，精干做事，而且更要学会做人，提升人生境界，关键是要培育“三心”。所谓“三心”就是：

保持一颗平常心。平常心是一种境界，是一种宁静的心态，是对生命的价值和意义的领悟。我们都是一个平常的人，生活在平凡的世界中，在生活的压力，竞争的成败，利益的调整面前，每个人的想法、表现和结果都不一样。有平常心的人，知道珍惜和满足，做起事来踏踏实实，稳稳当当，不急功近利，也不心浮气躁，在本职岗位上竭尽心智，敬业不衰。缺乏平常心的人，整天牢骚满腹，心态消极，大事做不了，小事不愿做；事事都计较，好高又骛远，最终一事无成。有的甚至经不起诱惑，走上了违法乱纪的道路。人生的历程漫长而短暂，我们都应该用平常心面对社会，面对人生。如何保持一颗平常心，我认为主要是三个字：对事讲“廉”字。任何事情能够取得成功，都是集体智慧的结晶，都是大家共同拼搏的结果。有所进步的时候，首先要归功于集体和团队，面对赞誉不得意忘形，自觉加压不停步；身处逆境时，不妄自菲薄，坚信天生我材必有用。当同事取得成功时，学会欣赏他人的智慧，分享他人的经验，享受他人的快乐，充实自己、完善自我。当朋友指出自己的缺点时，要诚恳倾听，闻过则喜，放下包袱、轻装前进。对人讲“宽”字。常言道：“将军额头能跑马，宰相肚里能撑船。”说明事业的成功与个人的心境息息相关。有作为的人，能容人所不能容，忍人所不能忍，处人所不能处，能以开阔的胸襟面对世间的万事万物。心胸有多宽，舞台就有多广，事业也就有多大。我们的各级领导干部要有宽广的胸怀，容人的雅量，受得起委屈，经得起挫折，欣赏别人的优点，宽容别人的缺点。如果没有容人的肚量，就难以成就大事业，难以与人交往，难以凝聚人心，难以形成同心协力、互助互爱的良好氛围。对己讲“正”字。做人最基本的原则是为人正直、一身正气。我们的领导干部要看事业重如生命，视名利淡泊如水，比品德、比奉献，不要比权力、比名位、比享受，不为名利所困，不为物欲所诱，不为人情所扰，不染不正之风，不取不义之财，不干违法之事，能够经受住各种利益的诱惑和考验。有了一颗平常心，你就会平和宁静，满足从容，快乐生活，快乐工作，快乐人生。

常怀一颗感恩心。感恩是人生美好的情感，是生命中的大智慧。它能使我们感受到大自然的美妙和生活的美好，能使我们保持积极、健康、阳光的心态。西方有一句被奉为做人准则的话叫“带着感恩之心做事”，我国有句古语叫“滴水之恩，当涌泉相报”，这两句话的境界虽然不同，但在感恩这一点上是一致的。有些人常抱怨自己没有好运气，却没有问问自己付出了多少？有些人常觉得别人欠了他很多，却没问问自己为别人做了些什么？我们每一个人的成长，都离不开家庭、学校、社会、单位的教育培养，每一点进步都凝聚了许多人的心血。羔羊跪乳，乌鸦反哺，动物尚知感恩，何况我们作为万物之灵的人类呢？在我们的生命历程中，都应该回报父母养育之恩，回报组织培养之恩，回报领导教导之恩。怀着感恩的心去观察，你会发现每个人身上都有很多优点，合作共事是难得的缘分；怀着感恩的心去工作，你才能视公司发展为己任，珍惜岗位，勤奋工作；怀着感恩的心去奉献，你会发现每一项工作都这么有乐趣，团队的力量是这么强大；怀着感恩的心去待人，你会发现原来每个人都在关注、关心着我们的成长，支持着我们的事业。常怀感恩之心，就会对别人多一份欣赏，少一份挑剔；就会对工作多一份贡献，少一点应付；就会对生活多一份珍惜，少一点遗憾。相反，没有一颗感恩的心，在家庭中，就难以成为善良的家长；在企业里，就难以成为称职的员工；在社会上，就难以成为遵纪守法的公民。

饱含一颗责任心。我认为，责任心是决定一个人能否健康发展的核心品质之一，它包括对社会的责任、对家庭的责任、对工作的责任、对他人的责任、对自己的责任。具体地说，权力意味着责任，工作意味着责任；每一项决策意味着责任，每一张报表意味着责任，每一项操作也意味着责任。我们每一个职位所包含的工作内容就是一份责任，你做了这份工作，就应该担负起这份责任，并通过不断承担更大的责任，做出更大的贡献，来提升自己的价值。责任多大，贡献多大，价值才有多大！你对别人负多大责任，别人和社会才能对你负多大责任！

美国前总统林肯有句名言："人所能负的责任，我必能负；人所不能负的责任，我亦能负，如此，才能磨炼自己。"企业是由每一个人组成的，无论职位高低，都载负着企业兴衰成败的责任。对待工作是充满责任心、尽自己最大的努力，还是敷衍了事，应付差事，这正是事业成功者和失败者的分水岭。责任心是我们战胜困难的强大精神动力，使我们有勇气排除万难，想出办法，甚至可以把"不可能完成"的任务完成得相当出色。相反，缺乏责任心，遇到困难，总是给自己找退路，做起事来懒散敷衍，即使是很擅长的工作，往往也会做得一塌糊涂。不但工作质量粗劣、效能低下，还会使人逐渐丧失做事的本领，陷入失败的深渊。我们的领导干部责任心如果不强，将直接影响一个单位的发展，一支团队的成长，一批员工的利益；基层员工如果责任心不强，工作松懈马虎，将会给公司带来巨大的损失，断送自己的前程。只有那些能够勇于承担责任、具有很强责任心的人，才可能被赋予更多的使命，才有资格获得更大的荣誉。责任是神圣的重托，责任是庄严的承诺。有了一颗责任心，我们就会始终保持昂扬向上的斗志和挖山不止的精神，履行好自己的职责，承担起自己的责任，完成好自己的使命。

魅力张栋杰

相识现任中石油庆阳石化公司总经理张栋杰已有十几个年头了。十多年来，栋杰同志的个人魅力，犹如一个巨大的磁场，把我们之间的友情紧紧连结在一起。我也默默地从他身上学习着非凡的胆识，超人的智慧，果敢的作风，待人的真诚以及幽默的性格等优秀品质。从内心深处，是把他作为自己为人处事榜样的。

初识栋杰老总还是在2001年。那时，栋杰同志是长庆采油二厂的厂长。这年5月初的一天，也正是一个周末的日子，我应时任长庆采油二厂党委副书记、工会主席林阳同志之邀，专程到采油二厂采访，并商谈采二建厂30周年的宣传事宜。我们是一大早离开兰州的。初夏时节，和风习习。路过定西后，满眼望去漫山遍野的杏花竞放，桃花吐艳，尤其是一片连着一片的油菜花，随着微微轻风翻滚着金灿灿的波浪。疾驰的车轮，不时把路旁一排排大树、一座座村舍掠在车后。令人遗憾的是，那时沿途多处修路，我们车子只得是走走停停，遇上几处堵车，一等都是半个多小时，不免扫了旅途的兴致。车过平凉不远，就接到林阳主席电话，询问我们走到哪里，并告知采油二厂张厂长专门等候着我的到来。难怪林阳主席着急，因为按我们出发的时间，是应该到庆阳了。我只好实话实说，沿途修路，多处堵车，恐怕到庆阳得到下午7点多钟了。也再三说不要麻烦厂长，更不能让厂长久等。通完电话，我的思绪却一时难以平静。虽然与采油二厂的这位张厂长从未见过面，可从林阳主席等一些人那里多次听说过张栋杰这个名字，知道他曾经当过采油二厂工会主席，还听说他是个极富个人魅力，集豪气、牛气、才气、义气于一身的企业家。

随着车轮的滚滚向前，蒙蒙胧胧在我的下意识中，仿佛总有张栋杰厂长的身影在晃动：高大的身材，犹如指挥千军万马的将军，时而慷慨陈词，像在发布着战前动员令；

时而踱着方步，像在凝思着什么；时而挥动着臂膀，像是冲锋在大队人马的最前头……

当感到汽车停了下来，我猛地从蒙眬中醒了过来，司机刘月保师傅说：已经到了长庆采油二厂招待所了。我抬起手腕一看表，早已过了7点钟。我连忙推开车门下来，只见林阳主席等几个人很快迎了上来，能感觉到他们确实等得着急了。当林阳主席把我介绍给张栋杰厂长时，他伸过双手先是拉着我的手使劲摇了摇，然后丢出一句话：我们在这里整整等了1个多小时了，现在可是时间就是金钱的时代啊！顿时，我和在场的人们都不约而同地笑出声来。如果说刚一见栋杰厂长，由于头一回接触，还不免有些拘谨，正是他的这一句话，一下子拉近了我们之间的距离。趁着寒暄的当儿，我不由自主地打量着久闻其名，却是第一次晤面的栋杰厂长，与我刚才下意识的影子仿佛相似，却又有不同：中等个儿，浑身上下都透出一股子干干练练的灵气；方盘脸，大眼睛，宽额头，又不乏亲切与慈祥；特别是说起话来，嘴角、眉宇间总挂着恰到好处的笑意，加上话语中的幽默、风趣，甚至是妙语连珠，活脱脱一个当代企业家的形象。打量中我也冒出一句话来：“张厂长可是久闻大名啊！”还没等我说完话，栋杰厂长似乎扮个怪相一笑：“哪有什么大名啊，哪像你们当记者的才名扬四海哩。”说着他忙又朝林阳主席说：“快让文总编洗把脸吃饭，你听肚子都叫开了。”立时，又引来大家的一片笑声……

晚餐就在采油二厂招待所的餐厅里进行。当我随着林阳主席走进一间颇有些宽敞的餐厅时，一大桌五颜六色的饭菜摆了个满满登登。还没等我说句客气的话，栋杰厂长俨然是一副指挥官的模样，不容分辩把我们在场的每个人都安排到了指定的座位上。大家刚一坐定，栋杰厂长先是冲着林阳主席诙谐地说：“林主席，文总编是你请来的客人，能不能让我先说句话？”一句话又把大家说了个满堂大笑。接着他端起一杯酒说：“经我们的林主席批准，我代表采油二厂欢迎文总编一行的到来。”说罢自己先来了个干杯，然后站着监督每个人把酒喝完。看到我只抿了一点，栋杰厂长哪肯放过：怎么对酒有意见！我忙说不会喝酒，林阳主席也忙帮我说话：文总编就是不大喝酒。栋杰厂长说：你咋知道人家不喝酒，这杯酒必须喝了，这是咱们石油人对客人的一片真诚。就这样，

在栋杰厂长再三劝说下，我不得不喝了那杯酒。心想下边该不会再有事了，谁知栋杰厂长又是这说法，那理由，又一连让我喝了两杯酒。因为面对他一片深情，面对他感人肺腑的话语，真叫人却之不恭啊！好在后边几位同志劝酒时，倒是栋杰厂长替我解围，让我好生感激。

虽说这天晚上我确实喝了几杯酒，可却一点儿醉意也没有。住进宾馆房间，久久难以入睡。与栋杰厂长的第一次见面给我留下了难忘的印象，我被他的幽默、风趣，他的真诚、豪爽，他的可亲、可敬，他的平和中的威严，不，还是他那股子与众不同的个人魅力完全征服了。我禁不住从心底里在说：难得的好领导，难得的企业家，总之是一个难得的好人，难得的朋友。此时此刻我真有点相见恨晚之感。

按吃晚饭时林阳主席的安排，第二天上午专门对栋杰厂长进行采访。因此，我几乎想了大半个晚上，思考着采访栋杰厂长该从哪里着手。

第二天清晨，当我迷迷糊糊睡着的时候，一阵轻轻的敲门声把我惊醒，是服务员告知吃早饭了。我连忙起床洗漱，一打开房门就见厂工会的一位同志在走廊里等着。更让我没有想到的是，栋杰厂长也已经在院子里站着。一见到我便说：晚上睡得好吗？我连说：很好，很好。说着我们就一同走进餐厅。趁着吃早饭的当儿，林阳主席又说了一些采油二厂工会与《甘肃工人报》多年来密切联系的事，从她任厂工会主席之初，带领工会的几位同志到兰州学习，我曾陪着他们深入兰州铝厂、兰化公司、兰州钢厂、兰州三毛厂等企业学习考察。谈到采油二厂工会与《甘肃工人报》联办"采二职工名星谱"专栏，说了不少感谢报社的话，我也不止一次地说，实际上是采油二厂多年来给了报社很大的支持，也是《甘肃工人报》的订阅大户。栋杰厂长笑着说：就别再互相客气了，企业和工人报本来就是一家人嘛。这时我不禁脱口而出：张厂长听说你也当过厂工会主席，我过去咋就没见到过你呢？栋杰一挤眼说："那证明你到采二厂来的太少了啊！"他的一句话又引来饭桌上一片笑声。

吃完早饭，栋杰厂长说，本来林主席安排一上班咱俩交谈，现在厂里有个会议要开，我们的交谈只好改在上午9点30分以后。我连忙说："真不好意思，把你的星期天也给搅了。"我们最后约定上午9时30分以后在栋杰厂长的办公室见面。

说是9时30分采访栋杰厂长，其实9点钟刚一过，我就到了采二厂办公楼的院内。办公楼门前，为庆祝采二建厂30周年而开办的宣传橱窗格外引人注目。我伫立于橱窗前流连忘返，完全被一幅幅制作精美的图片所吸引：十多位胸挂绶带的劳动模范的巨幅彩色照片一个个是何等的光彩照人；反映采油二厂30年来发展变化的巨型图案又是何等的气势不凡。在众多的橱窗图片中，也不时可找到栋杰厂长的影子，不是在领导班子决策的会议上，就是在采油机旁的工人群众中。走进厂办公楼，虽说这天正逢星期天，可楼内仍有不少人在上班。顺便问了一位刚从楼梯下来的年轻人，他说星期天来上班，都是每个人的自觉行动，厂里从未要求过。现在工作岗位人手少，工作压力大，再说都实行自动化办公，利用星期天来熟悉业务，学习电脑操作技术，平时工作起来就顺手多了。小伙子说着淡淡一笑，就急匆匆走开了。望着他离去的背影，我禁不住一股感佩之情油然而生，心里暗暗在说，这就是采二职工的风采。

上到三楼，当我敲开栋杰厂长办公室的门，他正和一位干部谈话。他忙站起来一边招呼着我，一边又向那位干部交待着有关工作，看得出他确实是很忙的。趁着他倒水沏茶的空儿，我打量了一下他的办公室：案头上整整齐齐放着一摞摞文件，座椅的后边是一排落地书柜，里面装满了各类书籍，墙壁上一张长庆油田产区分布图表更是赫然醒目。整个房间虽不算多大，也不显豪华，却整洁、清爽，物品摆放有致，充满书卷之气。当栋杰厂长把一杯散着阵阵清香的热茶放到我面前时，我从沙发上站起来说，看来今天的星期天也不能让你过了。栋杰厂长嘿嘿一笑说，在企业，干部哪还有什么星期天、节假日。其实我也早就听林阳同志说过，自当上厂长那天起，栋杰同志一年到头，几乎天天都忙在工作上，双休日不是在生产现场，就是在办公室。

当我在他办公桌旁边的沙发上坐下来，拿出笔记本和笔时，倒是栋杰厂长先开口：咱们谈些什么呢？说话间没有了先前的幽默，方盘大脸上还泛起一点红晕，略带几分羞涩。“那就说说你吧！”我的这句话刚落音，他又恢复了风趣与幽默，调侃道：“我就这么个农民的儿子，有啥好说的，再说见了记者我连话都不会说了。”就在这样的闲聊中，我知道了栋杰厂长祖籍甘肃武山县，年轻时当过家乡一个中学的语文教师，后来招工到长庆油田，当过基层作业队队长，当过厂工会主席，一步不落地走到了今天采油二厂的领导岗位，成了被誉为长庆王牌军的领头雁。

随着交谈的深入，我们的话题终于转到了采油二厂30年来所创造的骄人业绩上。这时，栋杰厂长又顿时像换了另一个人，他离开座位，片纸未拿，口若悬河，妙语连珠，俨然像是一个满腹经纶的学者在演讲。他滔滔不绝，一口气把采油二厂30年的发展变化，如诗如画地展现在我的面前：30年间，长庆采油二厂几代人经过试采、正式开发、滚动发展、持续稳产五个阶段，从无到有，从小到大，在发展中壮大，在壮大中发展，铸就了一步一个脚印，一年登上一个新台阶的发展史。原油产量由建厂初期的1.4万吨，已发展到目前的170万吨，累计生产原油2440万吨，仅2000年就完成销售收入26亿多元，实现利润15亿多元。说这番话的时候，栋杰厂长掩饰不住满脸的得意，而且在办公室里踱着方步，如数家珍，有板有眼。我只顾埋头记着他的每一句话，根本没有插话的空子。说起采油二厂未来的发展，栋杰厂长更来了精神气，他干脆把夹在手指的烟卷掐灭，先是胸有成竹地道出了油田的三步走发展战略：到2003年长庆油田油气当量达到1200万吨，其中原油生产总量达到600万吨，天然气产量达到60亿立方；到2005年，油气产量当量达到1700万吨，其中原油产量700万吨，天然气产量100亿立方；到2010

年，油气产量达到3000万吨，其中原油产量达到1000万吨，天然气产量达到200亿立方。接着他又说，随着长庆三步走战略的实施，使采油二厂进入跨越式发展的时期。到2003年陇东油区原油产量要突破200万吨大关，2005年原油产品要达到200万吨以上。令我惊叹不已的是，栋杰厂长说到这一组组数字时，完全都是脱口而出，不用半点思考，简直就是一个活字典。在结束采访回招待所的路上，栋杰厂长的话语不时萦绕耳畔，一个多谋善思、有胆有识、敢为人先，又文才口才俱佳的优秀企业家的形象，定格在了我的脑海中。他的一番谈话，不用作任何文字修饰，整理出来就是一篇绝妙的文章。于是，当天晚上就在我住的招待所客房里，我根据采访记录，写出了题为《一片雄心在陇东》的栋杰厂长的专访。回到兰州不几天，就在《甘肃工人报》上发表。记得稿件见报后，栋杰厂长还特意给我打来电话，颇为风趣地说："我枣胡扯板扯了两句，你就写了那么一大篇。"我也在电话上开着玩笑说："全是您的一番高谈阔论，我可没加半个字啊！"然后，我们俩在电话上都笑了。他欢迎我常到采油二厂去，我也邀他到兰州一定打电话说一声，彼此客气一番，完全成了老朋友。

有了与栋杰厂长的头一次接触，他留给我的印象是深刻和久远的。随着时间的推移，我们的友情与日俱增，不仅平常时有电话往来，而且每年我都会抽出时间去采油二厂采访，实际也就是看望栋杰厂长。他也常有手机短信发来，特别是遇到节假日，不管在何处都能收到他充满深情的短信问候。每次栋杰同志到兰州，不论是参加省上有关部门召开的会议，还是作为省人大代表出席省人代会，往往是离开庆阳到兰州的半路上，他就会打来电话，告知我到兰州的时间。几乎每次到兰州来他都是如此。其实我知道他在兰州认识的人很多，在省上各部门的朋友也不少。一旦到了兰州许多人也都想着他。可每次不管时间再紧，行程安排得再忙，他总忘不了要见见我。用他的话说：这是咱们之间的友情，也可见老兄在我心中的分量。有时还开句玩笑：到了兰州不见文志祥就等于没到兰州。我明知这是句玩笑话，但常常让我从内心深处感到温暖，也常常为栋杰厂长待我之一片深情所感动。几乎每次到兰州，他都免不了约请有关方面领导或朋友聚会，也常有不少人设宴招待他，而每每他都约我相陪。有时我以种种借口推托，他都像下命令一样，要我非去不可。久而久之，在一些人的眼里，栋杰厂长是很看重我这个朋友的。有一回，他曾几次来电话说近期要来趟兰州，但都由于工作繁忙未能成行。突然有一天，我正在嘉峪关出差时，接到栋杰厂长的电话，说他已经在赶往兰州的路上，约我晚上在兰州相聚。当我告知他我在嘉峪关时，他笑着说："看来这次在兰州见不到你了。"我忙说会见到的，明天我就回兰州。当天晚上我揣摸栋杰厂长已经到了兰州，就又挂通了他的电话，谁料他在电话中告诉我：一到兰州就接到电话，要他务必第二天赶回厂里，有紧急事情等着他安排。我也告知他：我已买好了回兰州的火车票。说罢，我们只好在电话上寒暄了一阵，彼此表达了祝愿之情。

往后几年里，每次我到采油二厂，栋杰厂长总是和头一次见面时一样，专门在招待所等着我的到来。在我采访的几天里，他总要抽出身来，与我一起谈厂里的工作，聊企业的发展。一日三餐几乎都由他陪着，那份情意常常让我实在过意不去。

最令我难以忘记的是，2003年元月，采油二厂举行长庆油田最早开发的一座油井"功勋井"命名揭碑仪式，栋杰厂长特意电话邀请我参加这一非常有意义的活动。接到电话我便欣然答应，并如期赶到了庆阳。第二天早上，栋杰厂长与我同乘一车，赶到距庆城县30来公里的马岭，参加"功勋井"的揭碑仪式。记得那天下着大雪，气候格外寒冷。一下汽车，一股刺骨寒风迎面扑来，也确实让我领教了陇东高原冬天的滋味。尽管天寒地冻，但院子内早已站满了前来参加仪式的职工，数百人排成一个个整齐的方队。在院子的正前方，竖立着一座高大的碑牌，上面还覆盖着红绸。揭碑仪式开始后，主持仪式的林阳主席把栋杰厂长与我等人请到主席台前，栋杰厂长在揭碑仪式上发表了热情洋溢的致辞。令我惊讶而又叹服的是，他仍然是片纸未拿，在十多分钟的讲话中，实际上就是演讲中，一气呵成，犹如行云流水，讲得诗情画意，讲得扣人心弦，宛若一首精彩美妙的散文诗，让在场的每个人如痴如醉，整个会场上静悄悄一片，惟有他带着地方口音的普通话的声音回荡在上空。恰巧专门从西安赶来参加揭碑仪式的长庆油田公司企业文化处的张玉平处长就站在我的旁边。因为我们也是老熟人、老朋友，我更知道他还是在长庆油田数得着的"秀才"。他颇有些动情地悄悄推了一下我的胳膊说："看看，我们的张厂长还是个大文人呢。"我也笑着低声说："这我早就见识过了，他说的每句话细细品味，无不富有诗意。"当栋杰厂长和到会的其他几位领导揭开覆盖在碑牌上的红绸后，栋杰厂长又带着我们仔细观看了刻在石碑上的碑文。碑文由曾任过采油二厂厂长、后担任长庆油田公司总经理的胡文瑞撰写。虽然我没能记下碑文的全部内容，但至今我还记着，当时在参观碑文的现场所受到的强烈感染。整个碑文激情飞扬，文采横溢，大气磅礴，气势夺人，充满着英雄气概。栋杰厂长在现场更是绘声绘色地向我们讲解着碑文的每一句话，一会儿把人们带入长庆油田开发的艰苦岁月，一会儿把人们又带入长庆油田步入大发展的辉煌年代。总之，把一幅长庆油田波澜壮阔的发展画卷活生生展现在眼前。

“功勋井”揭碑仪式结束后，栋杰厂长又告诉我说：“今天上午还得请你参加一个活动。”我有点愕然时，他一边拉着我上车，一边道出原委。原来，采油二厂为了广泛宣传女采油工罗玉娥为保护国家财产，与盗窃石油的不法分子殊死搏斗而光荣牺牲的英雄事迹，由林阳主席等人创作了以罗玉娥事迹为原型的名为《极度燃烧》的电视剧，中央电视台和剧组的人员这天也在庆阳举行开机仪式。

提起罗玉娥英勇献身的事迹我并不陌生。1997年11月的一天晚上，正在位于庆城县官亭沟采油二厂马岭中区298-1井场值班的罗玉娥，遭遇一不法分子盗窃石油。为了保护国家财产，罗玉娥临危不惧，在与不法分子展开殊死搏斗中，被不法之徒推入官亭沟下，献出了年轻的生命。罗玉娥的英雄行为，在整个长庆油田产生巨大反响。为宣传她的英雄事迹，采油二厂党委、工会都做出了具体安排，组织专门力量采写了罗玉娥的大量感人事迹。1998年3月2日，林阳主席带着厂工会、宣传部、电视台的同志，连夜赶到兰州，先后在省总工会、省妇联召开的有关会议上，报告了罗玉娥的英雄事迹。《甘肃工人报》也率先报道了介绍罗玉娥英雄事迹的长篇通讯，并配发了评论员文章，一时间在省城产生巨大影响。省总工会专门做出决定授予罗玉娥全省先进女职工、省妇联授予罗玉娥全省“三八”红旗手、团省委授予罗玉娥“五四奖章”等荣誉称号。采油二厂电视台的同志还专门对我进行了采访，了解了《甘肃工人报》对宣传罗玉娥英雄事迹的想法和安排。从此，罗玉娥的名字也就深深印在了我的脑海里。后来每次到采油二厂，总有人不时会提起罗玉娥的名字。我也了解到油田专门为罗玉娥建造了纪念亭——流芳亭，设立了罗玉娥事迹陈列馆。经过多方努力广为宣传，全国总工会、全国妇联以及公安部、中国石油集团公司，也都先后授予了罗玉娥相应称号，表彰罗玉娥的英雄行为。可见从长庆油田到采油二厂，对宣传罗玉娥事迹，弘扬罗玉娥精神确实是下了大功夫的。一次去采油二厂采访，在了解林阳主席关心职工事迹的座谈会上，罗玉娥的母亲泣不成声地讲述了栋杰厂长、林阳主席为宣传罗玉娥事迹付出的大量心血，特别是自罗玉娥牺牲后，栋杰厂长、林阳主席等采油二厂的领导和同志们，对他们一家无微不至关怀的一桩桩一件件感人事迹，让我在感动中又记住了采油二厂的领导们为罗玉娥这位英雄的女工所做的一切。此时此刻，又听说以罗玉娥为原型的电视剧开机拍摄，我除了感慨就是感动，从内心里对栋杰厂长对职工的这份真诚和厚爱而敬佩。

雪越下越大，整个马岭川道都已是白茫茫一片。汽车沿着一条名为官亭沟的山沟缓缓行进，凭着车窗望去，漫山遍野银装素裹，显得静然肃穆。睹景思情，我不禁心头泛起一缕意念：许是天公动容，也在祭洒罗玉娥这位为保护国家财产而献身的英雄女工。当汽车停稳在山沟底下一个井场时，中央电视台摄制组的几十个人早已来到这里，现场还有上百号的石油工人。罗玉娥纪念亭——流芳亭就高高矗立在她英勇献身的井场旁边。栋杰厂长走下车来，与摄制组的同志握手相见后，就站到了人群的中间，没有了往日的风趣与幽默，表情凝重，一脸严肃。简短的开机仪式过后，摄制组开始拍摄人们在流芳亭悼念罗玉娥的镜头。人们排成了长长的队伍，手里拿着一枚枚白花、黄花，缓缓走向碑前。只见栋杰厂长走在队伍的最前头，他把一束鲜花敬献在罗玉娥碑前，并深深三鞠躬。当和我又站在一起时，他久久都没有说一句话，仔细一看，他的双眼也是红红的……

中午我们与中央电视台摄制组的同志一道，在采油二厂招待所共进午餐。席间，栋杰同志也不像平常那样，只是招呼大家吃饭，很少说话。倒是摄制组的同志，从导演到主要演员，你一言我一语，不停称赞一个企业舍得花四五十万元，为一个普通女采油工树碑立传，制作电视剧，真是了不起啊！栋杰厂长不止一次地说，工人为了企业的利益，为了国家的财产，连生命都不顾，我们活着的人还有什么舍不得呢？我们之所以大张旗鼓地宣传罗玉娥，就是要弘扬她这种英勇无畏的精神，教育我们的职工，要像罗玉娥那样，把国家的利益看得比什么都重要，都宝贵。后来，讴歌罗玉娥英雄事迹的电视剧《极度燃烧》在中央电视台播出了。那是2006年六七月的一个星期六，我打开电视时，正好在播罗玉娥的电视剧。遗憾的是我只看了下半部，没能看到电视剧的全部内容。

回到兰州不久，栋杰厂长来兰州参加省人代会。同样，来兰州的半路他就打电话告知了我。在兰州开会期间一有空我们都会相聚。等到大会结束时，又离春节没有几天了。临离开兰州时，我请他在一家有名的牛肉面馆吃早餐，算是为他送行。饭是简单了一些，但彼此间情意却是很深。我送他上汽车，我们握手互祝春节愉快。约摸中午临近12点钟时，突然接到他从半途打来的电话，说他马上就要到平凉了。令我没有想到的是，这是栋杰同志在采油二厂厂长任上，我们最后一次见面。

大约在2003年7月的中下旬，一个偶然的机会，听人说栋杰厂长的工作可能会有变动。我很快打电话问他，果然确有其事。他说组织上安排他到长庆油田公司任总经理助理，很快就到西安总部去上班。没过几天，我又打电话询问他的情况时，栋杰厂长已经到长庆油田公司总经理助理岗位上任了。虽然栋杰厂长人到了西安，但我们之间的联系丝毫没有减少，友情反而愈加深厚。这年国庆长假期间，我与夫人、女儿一起去西安旅游。事前我并没有告知栋杰同志。可到了西安后又总想见见他。因而我便拨通了他的电话，通话后我才知他也是利用国庆长假，回甘肃老家探望父母。我便在电话上说，那就在老家多待几天，并请他代我向他的父母问好。可电话那边传来他不容商量的声音：“一定要在西安等着我，总得见见面，在一起吃顿饭”，还再三叮咛“我没回来，决不能离开西安”。我知道他的脾气，这时说什么都是多余的，只能在电话里连声说好、好。就在我们通电话的第三天早上，我突然接到林阳同志的电话，说栋杰同志已经从老家赶回来了，中午要在一起聚一聚。当时林阳同志也已经调离采油二厂，担任长庆油田公司工会副主席。中午11点多钟，我又接到了林阳同志的电话，她和栋杰同志已经到了我住宿的位于西安市东大街的一家宾馆

的楼下。我和夫人、女儿赶忙下楼，一见到栋杰同志，两人就紧紧握手。我说："真不好意思，让你在老家也没有多待两天。"栋杰同志还是那样风趣："你到了西安，我不见见您能行吗？"林阳同志也接上话茬说，张总为了赶回西安见你，昨天整整赶了一个晚上的夜路，凌晨两点多钟才到西安，还不到8点钟就打电话，让和你联系。一听这话我更有点局促不安：太给张总添麻烦了。说着我们几个人都坐进汽车。一上车，栋杰同志就说：昨天一大早就离开了老家，本应下午两三点就到西安，谁知途中下起大雨，加之宝鸡一带又正在修路，好几个路段堵车十分严重，在一个地方整整堵了好几个小时，成百上千的车辆，前进不能，后退不得，就这样走走停停，整整一个晚上都冒着大雨，在泥泞的道路上度过了。说着他又幽默地冲着我的夫人笑着说：嫂夫人，你看要见见文总编难不难啊！顿时车厢里荡起一阵欢声笑语。

汽车在西安城里转了好几圈，我现在还记得，穿过了钟鼓楼，经过了大雁塔，好像就在离陕西省博物馆不远的一条颇为繁华的街道上，栋杰同志在一家很上档次的酒店里安排了午饭。席间他还是和过去一样，频频举杯敬酒，情真意切，真令人却之不得。回想起来，那次午饭，我们每个人都喝了不少酒，也说了不少话。特别是我，起码喝了足足有2两酒，算得上是我喝酒最多的一次。最让我难以忘记的是，栋杰同志还亲手递给我一支香烟，我再三推说不抽烟，可他却把烟又放到我嘴边，硬是用打火机点燃。看着他那股认真劲，我也只好抽了起来。这可是我有生以来头一回抽烟，只抽了两下就呛得连声咳嗽，只好把烟掐灭。这时再看看栋杰同志，他却在一旁笑了，笑得是那样开心而又天真。我半是嗔怪，半是高兴地说：也只有你强迫我干这事。说话间，栋杰厂长又端起一杯酒说："来，来，我们祝贺文总编点燃了第一支烟。"餐桌上立时又是一阵长久的笑声。我的女儿文晶笑得眼泪都流了出来。此时此刻，我才真正体味到了什么是朋友，什么是友谊。午餐就这样在一阵阵欢声笑语中结束了。走出酒店大门，我与栋

杰同志双手紧握，又问了他任油田公司总经理助理后的一些工作情况。在林阳同志的提议下，我们在酒店门前还合影留念，记下了这次西安之行的美好瞬间。临分手时，栋杰同志执意把车留下，林阳同志也派人陪我们看看西安一些旅游景点，他们俩因为下午还有别的事情，坚持打的离去。西安之行虽说已经过去几年，每每说起栋杰同志，我的夫人和女儿总要说起这次西安相聚的餐桌上，栋杰同志的风趣、幽默和人格魅力的别具一格。

这次西安一别，与栋杰同志除了电话联系，很少有见面的机会。2003年底的一个星期六的上午，我的手机突然响起，打开一看原来是栋杰同志的电话，我顿时喜出望外，忙问他在什么地方。他先是笑着说："我在西安，想你了打个电话。"我信以为真，正要说话时，电话里又传来他的声音："我现在就在兰州，昨天晚上乘飞机过来的。""那具体在什么地方？"我忙问。他说："就在长庆油田兰州办事处。""那好，我马上过来。"说罢我就急忙从家里出来，赶到了长庆油田驻兰办。敲开他住的房门，栋杰同志热情迎接我的到来，我们两个坐下来，聊了好长一阵。原来，他是代表长庆油田来兰州参加省上召开的一个会议。我们一起谈了他上任后的一些工作情况，聊了不少我熟悉的，曾经和栋杰同志一起共事的人。他也问到了我的工作情况，彼此说了不少推心置腹的话。从与他的交谈中，我又一次学到了他思考问题的深邃，待人处事的豁达。当我说中午请他一起吃饭，他忙把手一摆，还用你请啊，我早已让人在阳光酒店安排好了，还请了团省委、省经委、省财政厅的有关领导，就是特意请您来参加的。说着他抬手看了看手表："不早了，咱们赶紧走吧。"说着我们一起走出房门，一到楼下就叫了辆出租车，直奔位于兰州市南关什字附近的阳光酒店而去。等把一切都安排好后，记得团省委的一位副书记和两位部长，财政厅、省经委的几位有关领导一前一后也都来了。和往常一样，吃饭中间栋杰同志热情、周到，又不乏风趣，一个多小时的聚会，总是笑声不断，在座的每一个人都是那样的开心，那样的惬意。尤其是栋杰同志先后和我们每个人都喝了交杯酒，餐厅里除了掌声和笑声，就是让我们都尝到了友情的深重。我一直陪着栋杰同志送走了所有的客人，又在餐厅的沙发上坐下来聊了一阵。我提出无论如何晚上该由我做东，我们再一起相聚。栋杰同志一边忙着在身上口袋里摸，一边说：不行啊，下午3点参加省上有关会议，晚上就要乘飞机回西安，飞机票来时就已买好了。看出我多少有些遗憾甚至埋怨，栋杰同志笑着说："我们这次已经见面了，相聚的机会多着哩，下次再到兰州，这个东要让你做定了。"说完还推了我一把，我们俩都会意地笑了。晚上8点多钟，他又打来电话，告知我他已经回到西安了。这也就成了他在长庆油田公司总经理助理任上，我们在兰州惟一的一次见面。

2004年4月底的一天，长庆油田公司工会副主席孟怀渊，来兰州参加省总工会全国五一双奖表彰大会。到达兰州的当天他就约我见面，并说他是陪同荣获"全国五一劳动奖章"的公司党委副书记、工会主席包方钧专程来兰州领奖的，包书记很想见见我。因为都是多年的老朋友，我当然打心眼里高兴。晚上，包方钧书记、孟怀渊主席等长庆油田的几个同志和我一起相聚，大家喜悦之情自不待言。闲聊中我说到了栋杰同志，方钧书记曾担任采油二厂厂长，对栋杰同志再熟悉不过了。一提到他的名字，包书记话匣子就打开了，从栋杰同志任基层采油队队长，到担任二厂工会主席，以至任采油二厂厂长，赞扬的话说了一串又一串。在他看来，张栋杰不仅是个人才，而且是个奇才。就在包书记说话中间，怀渊同志悄声对我说："张栋杰的工作可能会有新的变动。"也许是在场的人多，怀渊同志没有告诉我究竟变动到什么地方，我当时也不好多问。当晚一回到家，我就拨通了栋杰同志的电话。手机上刚传来他应答的声音，我就忙不迭地问："听说您的工作是不是又有变动？"栋杰同志先是一笑，"你的消息还真灵通，哪有什么变化，我怎么不知道。""真的没变化吗？"我还真以为他说的真话，正想要说点别的事情，电话上又传来他嘿嘿的笑声："你说的真没错，我的工作又有新的变化，这不我现在就在北京，等着明天上午上级领导给谈话哩。""那又调整到哪里了，是不是要进北京了，祝贺你了。"我又是惊讶，又是高兴地问到。"进什么北京，是调我到庆阳石化公司去当总经理，又回到庆阳的马岭川里了。"他正说着，似乎旁边又响起了电话，就对我说，那好吧，详细情况咱们以后再说吧。

通完电话，我的心情好久没有平静下来，当时既高兴，又惋惜。高兴的是栋杰同志又回到了甘肃，今后我们接触的机会会更多了。婉惜的是他好不容易到了西安，现在又要回到曾经工作生活了28年的庆阳老区。因为多年来我一直盼望着，也相信他会有大的发展的。

也许是工作太忙的缘故，这次通过电话后，我们有相当长的一段时间没有联系，但从别人那里，我知道栋杰同志已经到庆化公司上任了。2004年冬天，我应邀去庆阳参加采油二厂的一项庆典活动。到庆城县的当天晚上，我抱着试试看的态度，给栋杰同志打电话，看他在不在庆化。凑巧得很，也可能这就是缘分，他正好头一天刚从北京回来。一听说我到了庆城，栋杰同志格外高兴，他当即提出晚上到招待所看我。我告诉他，采二厂庆典活动安排第二天上午参观生产现场，因为我多次到过这里，不准备去参观了，专门到庆化去看他。听我这么一说，栋杰同志连连说："好，好，明天上午我等着你。"第二天，一吃过早饭，我就驱车赶到了距庆城县20来公里的庆化公司。一到办公楼前，我就一边给栋杰总经理打电话，一边沿着楼梯上楼，他一接电话，就下楼梯来接我。我们俩在楼梯半道相遇，真是久别重逢喜不胜收，两人拉着手走进了他的办公室。栋杰老总先递给我一杯早已沏好的热茶，便和我坐在沙发上聊了起来。其间，有来在文件上签字的，也有请示工作的，都被他一一劝走，生怕打扰了我们之间的交谈。我们交谈的话题一直离不开他怎么又调到庆化的问题。我也总算弄清了个中的原因：

2004年春节过后不久，庆化公司发生了一场持续20多天的聚众上访，震惊中国石油上层的风波。在整整20多天的时间里，庆化公司管理乱了，人心散了，有的生产装置停了，整个企业到了瘫痪的边缘。就是在这种情况下，中石油集团公司果断调整了庆化领导班子。栋杰同志临危受命，挑起了庆化公司总经理、党委书记的重任，在聘任长庆油田公司总经理助理8个月之后，又杀回了他曾经生活、工作过的这块地方。知道这些情况后，我们又聊了他到庆化后的工作进展和发生的变化。当时栋杰老总还是颇有些自豪地说："现在一切都走上正轨，职工精神面貌、公司生产经营都是焕然一新。"让我为之高兴和振奋。这天中午他说啥也要留我吃饭，并提前就让厂招待所作了安排。我知道他的性格，遇上这样的事他是容不得商量的，只能听任他的安排了。吃饭时，他又喊来了公司其他几位领导和工会、宣传部门的同志。饭桌上他还是那样热情豪爽，笑话不断，笑声不断。饭后，他一直送我到公司机关门口，并一定要送我一个庆阳环县皮影造型的工艺品，说这是算我到庆化的一个纪念，还亲手给放到了车上。因为这天下午，还要参加采油二厂庆典活动，我们只好握手告别。栋杰老总说：盼你能常来！我也没有丝毫的客气：只要你不嫌麻烦，一定会来的。说着汽车一启动，我们又一溜烟向庆城县赶去。

这次庆阳一别，我也有两年多时间没有到过陇东，更没有到过庆化。但与栋杰老总的联系仍然一直保持着"热线"。他也几次到兰州参加会议，我们都曾有过晤面之机。尤其是每年的省人大会议期间，作为省人大代表，是他在兰州开会待的最长的时间，也是我们接触、交谈最多的时候。每逢节假日，甚至平时，我的手机上总有他的短信发来。不论是在办公室，还是在自己家里；不论是在外出差，还是坐在汽车上，我常对他发来的既幽默风趣，又极富哲理，给人以启迪的短信，弄得捧腹大笑，深思良久。每年春节的除夕之夜，我收到的第一条拜年短信注定就是他的。遇上元宵节、中秋节、端午节以至"五一"、"国庆"、元旦等等，他几乎一个不落地会发来短信，常常令我感动之，兴奋之。也就是在这两年来时间里，作为好友我时刻都在关注着栋杰老总在庆化的一切，总是从多种渠道了解着有关庆化的信息。每当见到长庆油田的人，不管与栋杰老总认识的还是不认识的，都要问起他的情况。正是从不少人的口中，我知道了栋杰老总到庆化之后，给这里带来的巨大变化：职工收入增加了，大家关心的住房补贴解决了，倒班工人不再为吃饭发愁了，企业亏损的局面扭转了，新的生产开发项目上马了，整个公司风气正了，人心顺了……一位在长庆石油勘探局颇有些影响的工会干部曾喜滋滋地说："现在庆化的人都快要把张栋杰当成神了，他讲一次话，职工群众的掌声就能响起几十次。"而且说这些话时，这位同志那神采、那表情，让我深受感染。曾不止一次打电话给栋杰老总，一开口就叫他张神仙，他先是一愣，当我说明原委，电话里传来嘿嘿一笑，完了还叮咛说，可别听那些人乱说，这里的一切才刚刚开始……

2006年11月初的一天晚上，我突然接到栋杰老总从北京打来的电话，说是当月中旬公司举办庆化原油加工量跨越百万吨大型庆典活动，邀请我届时参加。我当即欣然答应。过了不几天，庆化公司副总经理张豫锋，又打来电话说：公司跨越百万吨庆典时，栋杰老总提出在《甘肃工人报》作一个专版宣传，并在电话中商量专版宣传的一些具体问题。他还告诉我庆典活动定于11月16日，栋杰老总叮嘱，欢迎我一定到会。本来已经买好了15日兰州至庆阳的飞机票，我也已经电话告知栋杰老总去庆阳的时间。谁知下午临去机场前，突然接到民航方面通知，由于庆阳大雪，当日航班取消，改为16日下午4时起飞。我只好把这一变化及时电话告知了栋杰老总。他说，公司都已安排张豫锋副总经理去机场接我，现在情况变了，只好明天再见了。16日下午3时过一点，我就到了兰州中川机场，说是4时30分起飞，不知什么原因，直到6点多钟飞机总算离开中川机场。1个小时之后，飞机降落在西峰机场。一走下飞机，但见满天飞舞的雪花，把四周装点得白茫茫一片。前来机场接我的公司工会的小周副主席，一见到我就说：庆典活动晚上8时整举行，本来公司领导来机场接你，现在都忙在会场上了。

一上汽车，小周不时和公司有关部门联系着，还在不停安排着庆典活动现场上的一些事情。汽车顶着飘飘洒洒的雪花，快速向庆化方向驶去，我们坐在车上的几个人心里都显得格外急切。当汽车停在庆化宾馆门前时，雪也停了，厂区已经张灯结彩，一派节日景象。公司接待会议代表的同志急忙领着我赶到了会场，并安排我在主席台就座。主席台上都已整整齐齐坐满了人。台下几千名职工穿着统一的红色工作服，显得十分鲜艳夺目。当我刚坐在早已安排好的座位上时，大会主持人就宣布庆典活动开始。也就是在这次大会上，我终于感受到了栋杰老总精彩讲话给人带来的强烈震撼。至今他铿锵有力的讲话，还不时萦绕在我的耳旁：

“跨越百万吨，实现了庆阳石化原油加工量的历史性突破，掀开了庆阳石化历史崭新的一页！”

“跨越百万吨，使庆化人所思、所想的梦想终于成真！”

“跨越百万吨，是庆阳石化的辉煌，更是庆阳石化迈向新征程的起点！”

记得当时这诗一般的语言，回荡在礼堂的上空，犹如一团烈焰，燃烧起千余名职工心头火一般的激情，不时响起一阵又一阵长时间暴风雨般的掌声。

目睹此情此景，我不禁为之惊叹，栋杰老总竟能如此赢得人心。我也猛然想起，有人说过的那句话，张栋杰在庆化讲话，有时会场上能响起几十次掌声，现在看来这句话绝非溢美之词，情况果真如此。

庆典活动结束后，栋杰老总赶过来与我拥抱、握手。当送走庆阳市一些党政领导后，他又叫上公司的所有领导一起陪我吃晚饭，还笑着说，今天可让你挨饿了，一下飞机，就往会场赶。他又冲我一笑说，那你可别怪我，要怪就怪飞机吧。说话间我们每个人都笑了,从大家的笑声中,我能深深感受到,大家都沉浸在庆化跨越百万吨原油加工量的喜悦之中……

尽管这一天旅途劳顿,时间也已过午夜12点钟,我回到房间,怎么也难以入睡,栋杰在庆典会上讲话的声音,会场上久经不息的掌声,不时在我耳畔回响。一个采访他的念头,也不停地在我脑海盘旋……

第二天,与栋杰同志一起吃过早饭后,我们又来到了位于庆阳西峰市的庆化宾馆,还要参加庆化一项新的工程的开工仪式。我趁机向他说了采访他的想法,他漫不经心地说,有什么可采访的。因为是老朋友了,对他的话我没有在意,还丢了一句话:你不接受采访,我就去向别人采访你。他看了看我再没有说什么,我就认为他默许了。后来我又专门找到张豫锋副总经理谈了采访栋杰总经理的想法,没想到他连声称赞,还说忙过这一阵,我第一个给你谈。就这样,在豫锋同志的安排下,两三天当中,我一连对庆化公司从领导班子成员到机关科室干部,从基层管理人员到一线生产工人,甚至参与2004年企业发生的那场风波的人,进行了深入采访,了解到了栋杰同志从2004年4月25日来到庆化到2006年11月不足600天的时间里,发生在他身上的许多感人肺腑的事迹。正是从与大家的交谈中,我知道了2004年4月25日,当中石油总公司宣布栋杰同志任庆化公司总经理的晚上,鞭炮声响彻了马岭山川,用张豫峰的话说,光炮仗皮就足足装了三汽车;他第一次在全厂干部大会上的讲话,竟然有人记录下了群众中响起的45次掌声;他从稳定人心入手,多方奔波,千方百计解决了职工住房、办理"三金"等方面的实际问题;他到庆化的第二年,职工年收入就突破28000元,2006年人均月收入就突破了2000元;还有他为增强企业发展后劲,千方百计抓技改、抓项目、抓管理、抓人才,把一个举步维艰的老企业又领上了振兴发展之路……当采访到这一桩桩一件件感人事例后,我仿佛更加深刻地理解和了解了栋杰老总,我也才深深明白了,2006年11月16日晚上,会场上那长时间的雷鸣般的掌声意味着什么:这掌声是庆化员工对他们的总经理,在短短一两年时间里,为改变庆化困难局面所付出辛勤劳动的最高奖赏,是庆化员工对自己的总经理无比信赖、真诚感谢的真情回报!后来,我把采访的事儿，一件件说给栋杰老总听，他仿佛也为之触动，在与我闲聊中谈了来庆化两年多时间的人生感受，其中也不乏道出一些酸甜苦辣。就是这个看似风趣幽默又自称是个男子汉的他，竟然在与我的交谈中，也曾落下了自古男儿不轻弹的泪水：那是说他自从到了庆化，每年春节，他几乎都是在生产现场度过，难以和家人团圆；年近8旬的老父重病在床，他都不能守候在床前侍奉尽孝；女儿高考时，他都不能像成千上万的父母一样，陪伴着女儿，至今让女儿心存怨尤……就是从这些细节中，我同样触摸到了栋杰老总那深深的儿女情长。可从后来他的一番话中，我终于读懂了栋杰老总那高尚的情操、博大的胸怀，也似乎明白了产生他那一团火般的个人魅力的原动力："我始终有一个信念，不干则已，干必干成，干必干好。人这一辈子，生命是短暂的，有效的工作时间是屈指可数的，能干点事情的环境和机会一生中没有几次。要体现人生的价值，体现一个人的政治责任和社会责任，就必须珍惜机会和环境，认认真真干好每一件事，才能无愧于时代，无愧于组织，无愧于家庭和父母……"

当听完栋杰总经理这一番富有哲理而充满诗意的话，我的整个心被震撼了，也从心底发出了强烈的感慨：栋杰我最忠诚的朋友，这一段至理名言，将让我终生受用，因为它告诉了我，不！告诉了每个人一个道理：人应该怎样活着，人应该怎样工作，人应该怎样生活……

2006年11月的庆阳之行我是满载而归的，我记满了两个采访本，不，在我整个心中，脑海中，装下了张栋杰完整的形象，感人的事迹。我急切地要赶回兰州，是要通过《甘肃工人报》让更多的人知道张栋杰，了解张栋杰，熟悉张栋杰，认识张栋杰。我要告诉他们，这是我们甘肃这块热土上成长起来的一位少有的企业家，他是甘肃人的骄傲，他是大西北人的骄傲，不！他是中国石油人的骄傲。

那天中午，我向他告别，他陪我共进午餐，并安排好公司一位领导送我去机场。我也劝他中午好好睡一会儿，一连几天都在忙乎着，实在太累了……

由于有了中午的约定，临走时我再没有向他告别。可谁能料到当我乘坐的飞机即将起飞时，我的手机响了，原来是他打来的。此时他已经赶到了机场，可是飞机已经起飞。我力图通过飞机的小窗口看看他，可怎么也看不到。坐在座位上我不由地在想，栋杰老友，怎么什么事到了你这里，总是这样的细微、周道而感人肺腑。

回到兰州，我一口气写完了记述栋杰总经理事迹的长篇通讯，题目为《暮色苍茫看劲松》，之所以用这个标题，是要告诉人们，不论在什么艰难困苦的情况下，只要有像栋杰同志这样的人才，这样的企业家，他就会像一棵挺拔的劲松，给大地带来无限春光——这就是栋杰总经理留在我心中永远不会抹去的魅力！

品味唐方平

那还是1998年初夏的时节。我结束了玉门石油管理局的采访，就急匆匆赶往嘉峪关市，专门去拜访到任不久的酒泉钢铁公司工会主席——唐方平。

这天一大早，我就离开了玉门石油管理局的祁连宾馆，还是由时任玉门局工会主席的田玉军，亲自驾车送我去嘉峪关。

玉门距嘉峪关大约70多公里路程。虽然已是初夏，但凭着车窗望去，茫茫戈壁滩上仍是灰蒙蒙望不到尽头，很难看到夏日应有的绿色。玉军主席驾驶技术堪称娴熟，就在我们有说有笑中，不知不觉车子已经停在了酒钢公司工会的院内。工会办公室主任王展玉已经在楼下等候着我。

王展玉主任是个非常热情的人，也是一位老工会了，我们过去就有过接触。因此，他一见到我显得格外亲热，一边陪着我走进办公楼，一边说唐主席听说你要来可高兴了，专门让我来接你。说着我们就来到二楼，展玉主任推开一间办公室的门说：这是唐主席的办公室，一上班他就一直等着你，这会儿公司马书记叫去商量个事，马上就会回来。说着展玉主任把一杯热茶送到我的手边说："你先喝口水，我这就去叫唐主席……"

趁着展玉主任出去的时候，我环顾了一下办公室四周，不禁自言自语：这不就是原来李万选主席的那间办公室吗，这时万选主席的影子也浮现在我的眼前。说起李万选，我们也是老朋友了。头一次见到他还是在甘肃省工会第七次代表大会上。从此，我们便有了交往。尤其是中国工会十二大时，万选主席作为出席会议的代表，我作为随同甘肃代表团的记者，一起参加了这次大会。在短短几天时间里，我们朝夕相处，友情进一步加深。万选主席是个爽快人，说起话来嗓门很大，但又是一个非常可亲可敬的人。就是在参加中国工会十二大期间,不管是会议组织的登天安门城楼还是游览北京的世界公园,万选主席给我照了不少照片。特别让我难忘的是,登天安门城楼那天,万选主席兴冲冲地对我说:得好好在这里给你照几张像,这可是毛主席宣告中华人民共和国成立的地方。我还是头一次上天安门城楼,当时的心情自然格外激动,便拉着万选主席在天安门城楼上几乎转了个遍。万选主席也不厌其烦,从不同角度为我照了不少照片。回到兰州没过几天,我就收到了万选主席从嘉峪关用挂号信寄来的一个大信袋,打开一看,全都是万选主席在北京为我照的像片。其中在天安门照的像片最多,这也是至今我在天安门城楼上惟一的留念。现在有时翻阅过去的一些老照片时,每当看到万选主席为我在天安门上照的像片,总能勾起我对那次与万选主席一起参加中国工会十二大的美好回忆。

此时此刻,我也不由得想起万选主席与我之间一些至今令人难忘的事:

有一年夏天,万选主席带领酒钢职工艺术团来兰州演出,还特意派人给我送来了请柬,他又特意给我打电话,要我一定去看演出。我也满口答应了。其实一接到请柬,我就对酒钢艺术团演出的报道作了安排,还特意对采访的记者作了具体交待。可不巧的是,那天下午报纸版面上有上级部门交待的一篇重要稿件得临时安排,第二天务必见报,原来已经编排好的版样必须调整。直到把整个稿件安排好时,已是晚上9点多钟了,看节目的事只好放弃了。可这下万选主席真来气了。第二天上午,他一进我的办公室就吼了起来:“你架子也真够大了,省总的几位主席都去看演出了,可我们就请不动你啊!”我能感到万选主席真的是生气了,可当我解释完情况后,他却哈哈大笑起来:“我知道你肯定是有事了,要么老哥请你,你能不去吗,派去的记者我也见到了,也说是你要来的,刚才我是故意拿你开个玩笑。”后来我还听说,演出都开始了,万选主席又是派人在剧场门口等我,又是满池子找我。知道这些情况让我从内心里好生感激,深深感到万选主席是把我这个“小人物”放在心上的。

在一次与万选主席的交谈中,我无意中说已经有8年没到过酒钢了。没料到这竟成了万选主席一见到我就提意见的话柄。最让我难以忘记的是,一次万选主席来兰州参加省总工会的有关会议,有天上午,还没有见到他的身影,走廊里就传来他的声音,一进我的办公室就说:“你也太不像话了,8年了都不去趟酒钢。”我知道他又是来拿这说事了,忙说我不是说过了,今年一定去。这时,万选主席扑哧笑了:我就是来请你的,今年可一定要去一趟,刚才我是用激将法激你哩。说着我们俩都笑了。临走万选主席又说今晚我约兰州的几个朋友一起吃饭,特意邀请你参加。还没容我说话,他说了声那就晚上再见,就推开门离开了办公室。当我赶出去送他时,他又和省总工会的一位干部拉起话来。我向他招招手就算是告别了。没过一会儿,他就打来电话说:“只顾说话也忘了告诉你晚上吃饭的地方。”于是他便在电话中说了具体地方后,又再三叮嘱:“晚上可一定要来啊!”

还真巧,没过几天,省总工会就决定在酒钢召开推广职工先进操作法现场会。就在我接到省总工会通知的当天,万选主席也从嘉峪关打来长途电话,又再三叮咛我一定去参加会议。会议报到的那天,我约了参加会议的兰州铝厂工会主席王万增一道前往,沿途我们在武威、酒泉等地稍作停留,等赶到嘉峪关时,已经是晚上10点钟了。当我们来到会议代表住地酒钢公司工会鸿盛宾馆时,一眼就看见万选主席站在宾馆一楼大厅,仿佛气呼呼的样子。一看见我就大声吼道:“怎么来这么晚,都要把我们急死了。”还没等我说话,他又一脸笑容,忙招呼着让人把我领到早已安排好的房间里,还叮咛说:“先洗把脸,下来一起吃饭。”我忙说饭就不用吃了,已经在酒泉吃过了。他又来了劲:“吃过也得吃,都已准备好,食堂的同志还等着呢!”听着他不容商量的口吻,我真感到不好再说什么,只好擦了把脸,就来到了一楼大厅,万选主席还在那等着。此刻一股感激之情在我心头油然而生,也让我真切感受到了万选主席待我之一番深情。万选主席带着我一起走进宾馆旁边的食堂,热情招呼我品尝早已备好的饭菜。饭桌上万选主席谈笑风生,大家笑声不断。尽管已是深夜,我们倦意全无,都沉浸在浓浓的友情之中……记得那次会议先是在嘉峪关市召开,后又到酒钢所属的镜铁山矿召开现场会,要乘坐近100公里的火车才能赶到。当时正是寒冬季节,一下火车真让人尝到了什么叫寒风刺骨的滋味。我们刚安排住下,万选主席就和镜铁山矿的几位领导一起,挨门挨户来看大家。一走进我的房间,万选主席哈哈一笑:“怎么样,冻坏了吧!”说着还拧了一下我的耳朵。也许是气候的原因,第二天我就有点感冒,口腔溃疡老毛病也犯了。万选主席知道后,硬是让人把我送到矿卫生所去看病,他还几次跑到房间来看我,又是问寒又是问暖……

这次酒钢之行,我与万选主席之间兄弟般的情谊更加深厚。他每次来兰州开会,总忘不了要到办公室看看我,有时也会在一起聚餐叙谈。万选主席离开工会担任酒钢公司副总经理直到退休之后,我们仍然保持着联系。他喜欢集邮,常有一些纪念封寄给我。特别让我惊喜的是,一次收到一篇来自核工业四〇四厂的稿件,说的是万选主席的剪纸作品在四〇四厂展出。看罢稿件我为之一惊,万万没有想到,看起来粗粗犷犷的万选主席，竟有一双灵巧的双手。后来，他还特意给我寄来一些他剪的作品，至今我还保存着……

就在我沉浸在与万选主席交往的思绪之中时，突然虚掩的门开了。

王展玉主任一进门就说："文总编，这就是唐主席。"听着话音我忙站了起来，唐方平主席也忙伸出双手与我握手，带着并不太浓的四川口音说："文总编可是久闻大名啊！"我连忙摆着手说："连小名都没有，那还有什么大名，倒是唐主席名声不小，今天我就是慕名来访啊！"说着我们大家都笑了。趁着方平主席给王展玉主任安排有关事情的时候，我仔细打量了一番他：中等个儿，一身得体的天蓝色工作服，显得干净利落。浓眉大眼，很有几分帅气。方平主席快人快语，一番交谈很快就令我没有了初次见面的陌生感。当知道方平主席也曾当过兵，是从部队复员后到的酒钢，更加拉近了我们之间的距离。我告诉他我也在部队干过，当兵的地方就在离嘉峪关不远的戈壁滩。方平主席仿佛遇到久别重逢的战友，激动、兴奋之情溢于言表。我们两个老兵都深情地述说起在部队度过的难忘岁月，共同的经历都让我们顿生相见恨晚之感。又听说方平主席是四川达州人，我更是格外高兴，特意把我认识的曾任玉门石油管理局局长的全国"五一劳动奖章"获得者刘世洲、曾任甘肃化工机械厂厂长的全国劳动模范邓代维等几位四川达州籍的老朋友说给方平主席听。他喜形于色地说，这几个人我早就听说过，还知道曾任全国总工会副主席的杨兴福也是我们达州人。从讲话的口气中，我能强烈地感受到方平主席的那份自豪。

交谈的话题转到担任工会主席的事，我知道了方平主席到工会工作前，曾担任酒钢公司的经理办公室主任，在这之前还曾担任过公司劳动人事处处长，在酒钢公司上上下下口碑极佳又颇有人缘。方平主席说，能到工会工作，是党组织对我的信任，也是职工群众对我的厚望。虽然到工会岗位上才一年来时间，我已经深深爱上了这份工作，也深深懂得了这份工作的责任和分量。话语中我已经听得出，方平主席是在用心思做好工会工作的。

"凭着唐主席的精明能干，一定给公司工会工作带来许多新变化吧！"我笑着说。

"谈不上带来什么新变化，要说做了一些工作，也是在前任老主席奠定的基础上进行的。"方平主席只是淡淡的一笑说。

接下来的交谈中，他没有说自己到工会岗位上之后所开展的工作，说的最多的倒是前任李万选主席在工会工作中创造的许多好经验，从工会组织的自身建设，公司的职工民主管理说到酒钢的群众生产活动、企业文化建设以及实施送温暖工程等等。在他看来，如何在老主席打下的这些工作基础上，使工会工作随着企业改革发展的形势，不断赋予工作新的内容，是他需要写好的答卷。方平主席不止一次说道：前人栽树后人乘凉，到啥时我们都不会忘记，也不应该忘记万选主席。

正是方平主席这一番掏心窝的话，使得我对他肃然起敬。因为在现实生活中，我们不只听说过也遇到过，一些地方或单位领导班子调整后，新上任者往往总是在数落前任的种种不是中，燃烧自已所谓的新官上任“三把火”，似乎不如此，就难以显示出自己的“能干”或“魄力”。而方平主席恰恰是在对前任工作充分肯定、赞誉有加中，既保持着工作的连续性，也开创着工作新局面。怎能不给人留下一个极具内涵、虚怀若谷、品格高尚的领导干部的形象。

有了这次与唐方平主席的接触，他留给我的印象是深刻的，不管是他的谈吐，还是他的性格，都让我感到他是一个很有品位而又值得让人品味的人。特别是在几次见到李万选主席之后，他说给我的一些情况，更让我感受到方平主席品德之可贵。一次，在兰州与李万选主席偶然相遇。闲聊中我问：“现在离开工会了，还常去公司工会看看吗？”还没等我说完，万选主席依然是先前的急性子：“咋不去，别看不当工会主席了，我还三天两头到工会转一转，时不时还对他们提点工作上的建议。因为方平主席是个有肚量、有情意的人，他不光对我生活、身体等方面很关心，也很照顾，工作上也常常要我提点建议。遇上这么好的同志，我还有啥顾虑，就是有些建议不妥当，我也不怕他不高兴。因为我太了解唐方平了，他最大的特点，也就是大家都喜欢他的地方，就是他最善于体谅别人，不管是遇到什么事，他总能够站在别人角度上去思考问题，看待问题，处理问题。”听着万选主席的这番话，我禁不住脱口而出：“实在难得，堪称可贵！”从此，也就把唐方平的美好形象定格在我的脑海里。从此，我们不仅有着工作上的密切联系，也了无话不谈的好朋友，而且友情随着时间的推移在不断加深。我也在默默品味着方平主席的风范，学习着像他那样做人做事和待已待人。

如果说方平主席人格品位让我敬慕不已，他极富个人魅力的风度也常常令包括我在内的许多人赞叹。真正让我领略他个人魅力的还是省总工会在酒钢召开的一次大企业工会工作会议上。

那是在2000年的冬天，甘肃省总工会在酒钢召开大企业工会工作座谈会。作为东道主的酒钢公司工会，不论是对会议的安排还是会务接待，真是周到严密，井井有条。尽管时值隆冬，戈壁钢城寒气逼人，但参加会议的代表无不感受到浓浓的春意。尤其是方平主席主持会议时的幽默、诙谐和妙语连珠的说词，又把他多才多艺的风采展现在人们面前。会议也因他的主持而显得生动活泼，高潮迭起。许多与会代表也都对他的风采赞不绝口。记得也就是在这次会议期间，方平主席在工作很忙的情况下，一天晚上还特意到我住的房间叙谈许久。那是在组织参加会议的代表观看嘉峪关市夜景又举行联欢会之后，我正在房间翻阅着会议上发的一些材料。约摸10点钟左右，突然响起一阵敲门声。我连忙打开房门，原来是方平主席。虽说是数九寒天，可我清楚记得他额头上当时布满密密的汗珠。我忙从茶几上拿起张面巾纸递给他。他接过纸一边擦着汗珠一边说："这么晚了还来打扰你，不好意思啊！"我忙说："会议上的事情那么多，真够你操心的了，还抽出空来看我，真让我感激都来不及呢！"这会儿方平主席更来了兴头："今天晚上我可是受公司马忠朴书记的委托来感谢你的。马书记说，这些年《甘肃工人报》刊登了酒钢的许多报道，每年公司统计各新闻媒体报道酒钢的稿件，甘工报的用稿量总是排在第一。有不少重点稿件还是文总编亲自写的。因此，马书记多次说过，让我见到你好好说几句感谢的话，这不今天晚上我就是来完成马书记交给的任务的。"方平主席的一番话倒让我不好意思起来，便笑着对他说："说什么话呀，甘工报报道酒钢本来就是份内的事，有什么值得感谢的，要说感谢的话应该感谢你们给我们提供了那么多的稿件才对。"说到这儿，我突然话题一转："唐主席，你是不是用的激将法，对我们宣传酒钢不满意啊！"方平主席禁不住推我一把："可别乱猜，这真是马书记发自内心的感谢，我们公司工会的同志都是一样的心情，可别想歪了。"说着我们俩都笑了。也就是此时此刻，我深深感悟到，在我与方平主席之间，一条友谊的纽带已经把我们拉得很紧很紧……

夜已经很深了，方平主席和我似乎都意犹未尽。我们谈到了许多有关酒钢工会工作的事，从言谈中我已经感受到了方平主席对新时期工会工作颇有见地的认识，并已在实践中进行的一系列探索和创新，使工会工作完全适应了酒钢改革改制的新形势。但我们说得最多的还是他上午主持全省大企业工会工作座谈会的不同凡响。我打趣地说："今天的会上你可真是占尽了风光！"方平主席一下子急了："是不是听到啥反映了！""当然有反映了，反映还很强烈呢，全场的人都让你镇住了！"我故意拖长了声音说。方平主席更急了："大家都说啥了呀？""大家说，像你这么高的主持水平，往后哪家企业还敢再承办这样的会议，又有谁能办出这样的水平啊！"听到这里方平主席显得平静了许多，他说："别听人家那么说，比我们水平高的人和企业多着哩！"不过这会儿我倒较起真来了："唐主席你主持会议，那风度、那口才真是绝了，让我说呀，在全省工会干部中像你这样魅力四射的人恐怕也没有几个吧！"方平主席连忙把手一摆，止住我再继续说下去，并抬起手腕看了看手表："哟，都快12点钟了，你也该休息了。"

就这样，我一直把方平主席送到宾馆的院子，看着他坐车离去。站在宾馆门口的台阶上，虽然一阵阵冷风迎面扑来，但我心里却洋溢着阵阵暖意。抬头仰望，大漠的夜空辽阔深邃，我的心头也翻动着感情的波澜，我为方平主席胸怀坦荡的品格折服，更为我能结识这样一位兄长、朋友而幸运。

这次会议之后，方平主席在我脑海里留下了极深印象，品味他的人格魅力和风采，也常常成了萦绕在我脑际的事。我也总是不止一次地把我对方平主席的品味，讲给熟悉他和不熟悉他的一些领导；讲给认识他和不认识他的一些企业的工会主席；讲给知道他和不知道他的我的一些朋友……似乎总是把与方平主席相识、相交、相知，作为我的朋友中的品牌在广为宣传着。也正是这种发自内心的敬佩，与方平主席之间的友情，就像陈年老酒，随着时间的推移越来越纯厚。方平主席不管是开会还是出差，只要到了兰州，哪怕是日程排得再忙、再紧，总是要与我见上一面。即便早上到兰州，晚上就要离开，也忘不了与我打个招呼。有时在兰州与一些领导和朋友相聚，他也往往叫我一道前往，还不容许有丝毫的推辞。也有的时候，有关方面领导请他吃饭，他竟然点名要让我参加。甚至有时出差在外地，他也会打电话给我。最令我感动的是一次他赴非洲一些国家考察，竟打来国际长途电话，说了许多关于异国他乡的情况。接完电话我的心情久久不能平静，对方平主席来自数万里之外深情问候的感激之情，当时真是任何语言也无法形容。

而我对于方平主席，总是在品味他人格魅力的过程中，学习着他做人的品德，做事的风格。每次去酒钢，都免不了与方平主席有一番推心置腹的交谈，从一点一滴中了解方平主席在工会工作中进行的种种创新、总结和积累的各种经验，从新闻的角度，挖掘采写了一篇又一篇关于酒钢工会工作的报道。像酒钢工会的职工代表巡视制度、设立的总经理信箱、建立的公司领导接待日、关心困难职工生活以及群众性文化活动等等，都通过《甘肃工人报》作了大量宣传，有不少稿件还产生了广泛影响。特别是酒钢工会重视对劳动模范的宣传，这也可以说是方平主席在工会工作中始终坚持的一条主线。每年公司劳模表彰大会之后，方平主席都坚持以专版的形式，在《甘肃工人报》上全面介绍劳模的事迹；对于公司评选的其他先进模范人物，他除了强调要在公司内部大张旗鼓宣传外，总是忘不了要在《甘肃工人报》上全面报道，曾推出了一个又一个宣传酒钢各类先进人物的专版。对于方平主席在宣传上提出的要求和想法，作为《甘肃工人报》的总编辑，我也总是尽心尽力地予以保证，从而使酒钢在《甘肃工人报》的宣传长期占有足够的分量。有时，方平主席一见到我就说："怎么最近我们酒钢的稿件少了！"我便开着玩笑说："还嫌少啊，人们都说《甘肃工人报》都快成酒钢工人报了！"方平主席笑着说："那就对了，工人报不宣传大企业宣传谁！"我也笑了笑说："就是的，不管人们说啥，多宣传像酒钢这样的大企业，是我们要始终坚持的方向，谁叫你们是我们的衣食父母呢？"听着我的话，方平主席很开心地笑了："我是故意开个玩笑，说实话甘工报对酒钢的宣传我们非常满意。”可要我说，方平主席对我们报社工作的支持更让我满意，更令我感动。自从他当上公司工会主席以来，把《甘肃工人报》的订阅工作一直放在心上，一度让甘工报在酒钢的订阅工作大幅度上升，不仅订到了各二级单位的班组，还订到了公司每个领导和机关各个处室，《甘肃工人报》在酒钢几乎无处不有。尽管近年来，酒钢由于内部改革改制，减少了二级管理层次，实行扁平化管理，车间班组大幅减少，职工人数比过去减去大半，但报纸的订数却有增无减。每到订报时间，方平主席都要亲自过问、安排《甘肃工人报》的订阅，对一些订阅数量较少的单位，他还亲自找有关人员谈话。为确保《甘肃工人报》在公司的全覆盖，在方平主席的支持下，公司工会将订阅数分解到每个基层工会，由各基层按分配数自主订阅，费用由公司工会统一报销。如果没有订够份数，公司工会不予核销费用。就连一些远离酒钢本部的在兰州、内蒙等地的所属单位，方平主席也没有忘记给他们订阅《甘肃工人报》。榆中钢厂是酒钢在兰州新建企业，从建厂那一年起，酒钢工会每年都要为他们订阅100多份《甘肃工人报》。我还是在一次与榆中钢厂工会的同志交谈中知道这一情况的。有时在报纸发行遇到困难时，我往往都会给方平主席或打电话，或是写信，希望酒钢增加报纸订数，以补充某些地方的订报不足。而每次方平主席总是想尽一切办法满足我提出的要求。2007年报纸订阅时，由于种种原因，一些企业的订数较往年有所下降。为保证全年度发行计划的完成，我又只好给包括方平主席在内的一些大企业的工会主席打电话，请他们能够在已有订数的基础上再增订一些报纸。一天晚上，大约是9点钟左右，我拨通了方平主席的电话。“我早就料到这几天你该来电话了，是不是又是订报的事？”还没等我说话，电话里就传来了方平主席的声音。

“还真让你猜准了，就是为订报来求你了！”我一边笑着一边说。

“今年我们已经订了1000多份，再增加还真难啊，说吧，还得让我们订多少？”方平主席电话里颇有些为难地说。

“不多，就再增订50份吧！”我还是硬着头皮，说出了早已想好的数字。

尽管方平主席电话里喊了不少困难，临了还是说：“那我们再商量商量，就再增订一些。”

我知道方平主席的为人，只要答应了的事，他是绝不会放空炮的。果然没过几天，我就接到酒钢公司工会副主席谭延林的电话。因为延林同志也是我多年的老朋友，说起话来彼此都很随便。一接到电话，延林同志就说：“总编，你交给的任务我们全部完成了，按唐主席的要求，50份报纸订给了公司的劳模和先进人物，现在我们订甘工报已经达到1600多份，比任何一年的订数都要多啊！”

“太好了，太好了，得好好感谢你们啊！”听着延林同志的话，我高兴地连连说。

“谢什么呀，谁让总编和我们是朋友啊，再说要谢也得谢唐主席，是他很给总编面子啊！”延林同志的话还没有说完，我们俩都在电话里笑了起来。

如果说，那次参加全省大企业工会主席会议，让我领略了方平主席的风采，而2002年在酒钢公司召开的中国工人报刊协会年会，更让我为方平主席的领导艺术、工作水平和人格魅力所折服。

早在2001年初的时候，中国工人报刊协会就与我们《甘肃工人报》社商定，在甘肃召开2002年的协会年会，并由《甘肃工人报》具体承办。在与工人报刊协会秘书长魏福志同志协商的过程中，我提出了会议在兰州报到，在位于嘉峪关的酒泉钢铁公司召开的具体意见，魏福志秘书长对此十分赞同。尽管这个想法我还没有和方平主席商量，但我自信凭着与方平主席的交情，凭着对方平主席一贯处事风格的了解，在酒钢召开全国工人报刊年会的事应该是十拿九稳的。2002年“五一”长假之后，我就专程来到酒钢，具体商谈在这里召开会议的问题。方平主席仔细询问了参加会议的人数，会议的相关要求之后，先是笑着说：“文总编的事我们肯定要办好啊，不过这个事还得向党委马书记作个汇报，因为这是一个全国性会议。”接着又说：“估计问题不大，我很快就给你回音。”回到兰州没几天，一天早上我刚走进办公室，清脆的电话铃声就响了起来。一拿起电话，“文总编，唐主席让我给您打个电话说一下，在我们这里开会的事已经定下来了，公司马书记还交待一定要把这次会议接待好。唐主席可重视了，已经召集工会的同志开了会，对接待这次会议专门作了安排……”打来电话的是时任酒钢公司工会副主席吴月菊大姐。这可是个热心人，我们相识也有好些年了。当我在电话里一句感谢的话还没说完，月菊大姐就抢过话茬：“文总编你就放心吧，这次我们一定给咱《甘肃工人报》好好长一次精神，撑一次面子，让《甘肃工人报》在全国各工人报刊面前好好露一次脸！”接完吴月菊大姐的电话，我心里就别提有多高兴了，连忙打电话把敲定在酒钢开会的事告诉魏福志秘书长。并在电话中商定会期就定在2002年8月中旬。

就这样，中国工人报刊协会年会2002年8月中旬在甘肃召开。为方便参加会议的代表，大家先是在兰州报到，然后集中前往嘉峪关。作为东道主，我们对参会代表在兰州的活动也作了精心安排。会议前夕，我就找到时任甘肃七建公司总经理、全国劳模何其实商量，把接待会议代表的餐会放在七公司新开业的花雨阁酒店进行。何总是我十分敬重的企业家，也是我相识多年的老朋友。他待人诚恳，很重情意，办起事来又非常爽快。不仅满口答应了我提出的要求，还当即批给3万元作为对会议的资助。我连说感谢，何总却笑着说：“《甘肃工人报》多年来为七公司做了不少事，我们也趁这个机会表达一点心意嘛！”

在兰州期间，代表们就住在省总工会职工大厦。我们还专门召开了代表们与省委宣传部、省总工会、省记者协会领导见面的欢迎会。记得那天的欢迎会还是非常隆重的。时任省委宣传部副部长石星光、甘肃省总工会主席赵宝生、副主席穆端敏、省记者协会秘书长王胜利以及省委宣传部新闻处、省新闻出版局报刊处等有关方面的负责同志出席了会议，并与来自全国各工人报刊社的老总们进行了座谈，气氛十分热烈。也就是在这次会议上，作为主管全省新闻宣传的副部长石星光说：《甘肃工人报》是我省一张办得不错的十分重要的报纸，也是我们省委宣传部很放心的一张报纸，因为它始终坚持了正确的舆论导向。"就是这么几句话，在与会的总编中产生强烈反响。会议之后，各位老总们几乎一见到我就说："《甘肃工人报》真行，省委宣传部的领导对你们评价真高啊！"一直到近几年，我去参加全国工人报刊的一些会议，一些当年来甘肃参加过会议的老总，还会说起石星光部长讲的那一番话。

就在欢迎会的当晚，甘肃省总工会在省建七公司的花雨阁酒店设宴招待来自全国工人报刊的总编。赵宝生主席在宴会上发表了热情洋溢的祝酒词，把宴会一次次推向高潮。尤其是充满甘肃地方风味的菜肴，让各报刊社的老总们更是赞叹不已。宴会结束之后，我们又安排老总们乘游艇，观赏兰州市黄河风情线。那天晚上总编们的兴致到了极点，站在宽敞的游艇上，有的人拍照留念，有的人站立船头，吟诗赋词，大家完全被溶溶月光下的黄河美丽景色所陶醉。一些来自南方几个省份的老总连连发出赞叹："真没想到兰州竟然这么漂亮，黄河穿城而过，犹如天河落在人间，真是太美，太壮观了！"记得《上海劳动报》的总编吴由之，以诗人般的语言说，兰州的黄河堪与法国巴黎的塞纳河媲美，甚至还要比塞纳河壮观雄伟啊！走下游船，我们又安排老总们游览兰州夜景。大家乘坐的汽车沿着黄河风情线由东向西缓缓前行，黄河沿岸五光十色的彩灯尽收眼底，一片片织锦般的花坛在灯光下清晰可见，乘凉休闲的人更是一群群，一拨拨，密密麻麻布满了河岸。望着此情此景，不知是谁突然说了一声："这儿虽不是上海外滩，却胜似外滩啊！"又不知是谁调侃道："上海的外滩哪有这儿美啊，兰州的外滩是夹在南北两山之中，上海哪有这种情调！"说着还问了声《上海劳动报》的吴由之总编："吴总，你说是不是啊？"吴由之连说："是，是。"一位来自陕西的代表突然问我："文总编，这里是不是一段夸兰州的快板里说的那条谈情说爱的滨河路？"我忙笑着回答说："是的，是的，这就是著名笑星张保和快板中说的谈情说爱的那条滨河路。"车厢里回荡起一片笑声。还有人说："难怪这么晚了，河边上还有这么多人，兴许都是谈恋爱的吧！"一位来自新疆的老总突然冒了句："谁想下去在这条路上找点感觉，这可是难得的机会啊！"车厢里又回响起一阵长时间的笑声……车行至兰州西端新建的银滩大桥上，整个大桥凌空飞架，桥体上闪烁的灯光，犹如两条银河横空泻下，把满车的人们都给惊呆了。汽车穿桥而过，大家谁也顾不上说话，都把头伸出窗外，饱览这难得一见的景色。汽车穿过银滩大桥，调头由西向东缓行，又把黄河北面的美景展现在人们面前。尽管黄河北面比起河南面少了一些游人，但河南面皋兰山扑朔迷离的灯光，挂满各种霓虹灯的一排排高楼大厦，沿着黄河岸边一条望不到尽头的灯光，却让大家把兰州城的夜景看了个够。直到回到宾馆住地，老总们还是一个个意犹未尽，把兰州夸了个不停。一下汽车，有几个老总情不自禁拉起我的手说："文总，你们安排的太有创意了，晚上的活动简直就是一首流动的诗啊！"还有人笑着说："恐怕今天晚上，我们就要枕着黄河睡觉了……"

第二天一大早，我和报社的几位同志就来到职工大厦。按计划这天上午组织代表去兰州铝业公司参观。7时30分，代表们都相继到了职工大厦的院内，三三两两还在谈论着游黄河风情线的事儿。看得出大家真对黄河着了迷，现在我已记不清楚是哪位老总，见到我的第一句话就是："我们房间两个人昨天晚上几乎一夜无眠，整整谈了一夜的黄河，真有点没有看够的感觉！"看我们在一起交谈，有几位老总也凑了过来，谈论的话题仍然是黄河，仍然是兰州的"外滩"……

由于早餐就安排在甘肃七建的"花雨阁"，离代表们住地也只有几分钟的路程，我和报社的几位同志便带着大家步行前往。没想到一顿简单的早餐，又给了代表们一个惊喜。原来酒店的同志们安排的早餐是闻名遐迩的牛肉拉面。如果说来酒店的路上，大家还沉浸在热谈黄河的话题中，当望着餐桌摆放的极具甘肃风味的各类小菜、小吃，和一碗碗牛肉面时，让不少头一次到兰州的代表真有点大开眼界的感觉。尤其是当拉面师傅站在餐厅中央进行拉面表演时，只见几十位代表的目光，齐刷刷随着拉面师傅手中的面团，一会儿变成细的、宽的，一会儿变成毛细、韭叶、荞麦棱等形状而转动，有人禁不住发出啧啧赞叹之声。还有几个人竟然走到拉面师傅身边，一边看着拉面，一边情不自禁地手也跟着比划起来。当每个代表品尝了三种不同形状的牛肉面之后，整个饭厅里"兰州牛肉面真是名不虚传"的赞叹声便不绝于耳。来自广州《南方工报》的林道程总编，本来不吃辣椒，可这回吃牛肉面却让他好好领教了一次辣椒的味道。尽管嘴里辣得直唏溜，他却兴冲冲对我说："兰州牛肉面太好吃了，太好吃了。"我也开玩笑说："你应该少放点辣椒，这不辣坏了吧！"老林却摆摆手说："不是说不放辣椒就不是正宗牛肉面，我宁肯辣一次也要品尝什么是正宗的牛肉拉面。"吃罢他冲我一笑，"快给我找瓶矿泉水，得涮涮嘴，真是辣极了。"见状我笑了，在场的许多人都笑了。

在乘车去兰州铝业公司的路上,满车厢谈论的都是牛肉面。来自吉林的李西秀,浙江的贝莉莉,四川的蔡虹几位女总编尤其活跃,一会儿问:牛肉面是不是要用特制面粉,一会儿又问:牛肉面汤有什么特殊配制方法,一会儿还问牛肉面里放了什么添加剂,为什么能拉那么长、那么细……大家的提问真是五花八门。说实话,虽然我在兰州待了20多年,牛肉面也吃了不少,可真要说出牛肉面的道道来还真是个难题。但这时也只得摆出个内行的样子,凭着自己知道的一些情况,一一解答着大伙的提问。

来到距兰州市区近100公里的兰铝连海公司后,公司总经理冯诗伟、工会主席王万增早已迎候代表的到来。一走下汽车,迎面扑来的就是几幅"热烈欢迎全国工人报刊协会年会代表"的大红标语,公司办公楼门前也站满了欢迎的人群。这阵势又让来自全国各地的老总们为之一惊。我也曾多次参加过全国工人报刊协会的一些会议,像这样热烈的场面还真不多见。目睹此景,吉林省《今天》杂志社主编李西秀碰了一下我的胳膊说:"《甘肃工人报》真行,和企业的关系这么铁啊!"紧接着冯诗伟总经理和王万增主席陪着代表参观了生产现场,老总们对先进的铝冶炼设备和生产技术表现出极大的兴致。有人在现场拍照,有人干脆在现场进行采访。用一些老总的话说:真没有想到,兰州有这样现代化的企业。记得当时我还对一些老总们说:在我们甘肃,大企业多着哩,像兰化、兰炼、白银公司、五〇四厂等,都是全国叫得响的企业。

参观完生产现场,冯诗伟总经理、王万增主席等兰州铝业的领导又和代表们举行了座谈,回答了不少老总们感兴趣的问题,座谈会完全成了集体采访。记得提问题最多的要数《上海劳动报》的吴由之总编,他问的最多的也是兰铝在企业改制中如何做到无震荡裁员,又如何妥善安置富余的职工。特别是东北几省的老总们,对兰铝如何实行主辅业剥离极为关注,提出了一个又一个问题,冯诗伟总经理都一一作了回答。中午,兰州铝业公司的领导就在职工食堂招待大家就餐,席间兰铝的改革发展成了大家谈论的主要话题。就在吃饭的时候,方平主席从嘉峪关打来电话,详细说了接待代表的有关准备情况。他考虑问题之周到,接待方案之细致,我在电话中也连连赞不绝口。

这天下午,考虑到晚上大家乘火车去嘉峪关,我们再没有安排什么活动,一来让代表们稍事休息,二来让代表们也看看兰州的市容。当天晚上代表们就乘兰州至嘉峪关的酒钢号列车,前往嘉峪关。一路上,不少初到河西走廊的老总们,无不充满对嘉峪雄关的神往。第二天清晨7点多钟,我们就到了终点站嘉峪关车站。还没有下火车,我就一眼望见方平主席带着公司工会的几个同志,在站台上迎候代表们的到来。一下火车,我就把各位老总们一一介绍给方平主席,他高兴地举起双手说:"欢迎大家到酒钢来指导工作。"从火车站到代表们的住地只有十来分钟的路程。当大家一走进宾馆,代表们的房间早已安置好。每个房间整洁温馨,一篮鲜花,各色水果,更显主人的盛情。

等代表们都住进房间后，方平主席又一个房间一个房间看望代表。还特意对老总们说，有的人第一次到戈壁滩，可能会有些不习惯，有什么要求尽管提出来。这细致入微的关心让老总们无不为之感动，也让我从中感悟到了不少待人做事的道理。紧接着方平主席和公司工会的几位同志一道，带着代表们到餐厅吃早餐。一走进餐厅，那品种繁多的各色食品，让人真是目不暇接。虽说是自助早餐，可显得十分丰盛。我不禁脱口而出："搞这么丰富的饭菜！"站在我身旁的公司工会办公室主任冯进平同志顺着我的话说："公司领导对接待好这次会议可重视了，总经理、党委书记都亲自过问。唐主席还专门到宾馆餐厅，检查饭菜的安排情况，有不少蔬菜、水果都是按唐主席的要求新进的货。"当我扭头要去感谢方平主席时，却见他喜滋滋地站在长长的自助食品平台的顶头，招呼着代表们自选食品，还不停地向一些代表介绍着一些食品和水果。目睹此景，我赶忙走过去："唐主席你也吃点饭。"说着我们共同拿起盘子，选了几样食品一边吃一边聊起会议安排的一些事。

吃过早饭，就在酒钢公司工会会议室里举行了中国工人报刊协会年会开幕式。全国总工会宣教部副部长王诚、甘肃省总工会副主席穆端敏以及嘉峪关市委的有关负责同志出席会议并分别讲了话。方平主席代表酒钢公司在会上发表了热情洋溢的致词，并介绍了酒钢改革发展的情况。他的讲话犹如一首极富激情的散文诗一气呵成，感染了每一个老总，也征服了每一个老总。刚一散会，有几位老总就对我说："酒钢的工会主席太棒了，真是口若悬河，太好了！"尤其那位《四川工人报》的总编蔡虹更是高兴得不得了，她兴冲冲走到方平主席面前说："真没想到，我们四川老乡中还有这么优秀的人才。"还再三叮咛方平主席："今后回四川，一定到《四川工人报》看看。"方平主席也高兴地连连点头，还乐滋滋接过了蔡虹总编递过来的名片。这次会后，蔡虹总编还真记住了方平主席这位远在大西北的老乡，我们后来几次一起开会时，她总会问到方平主席。2004年中国工会十四大时，方平主席和蔡虹总编都是会议的代表，而且甘肃代表团和四川代表团又同住一个宾馆。一天中午吃饭时我遇到蔡虹总编，闲聊中她又问起方平主席，我说他也是会议的代表，蔡总编说我已经从代表名册中看到了。接着又说：在嘉峪关听他的那次讲话给我留下的印象太深了，真为我们四川人自豪。后来，当我把蔡虹总编问候的事说给方平主席时，他说我早就从代表名册中看到了，还给她打了电话呢！

工人报刊年会召开的当天，刚吃过晚饭，冯进平主任就拿着会议代表的合影照片，送到每一位代表的手里。当代表们看到照片背面竟然按顺序印有每个人的名字时，没有一个不为之惊讶的，纷纷说："真没想到酒钢公司工会工作的效率和水平如此之高！"就连我也禁不住连声叫绝。进平主任告诉我："唐主席对这次会议非常重视，工作标准定得很高，多次开会对一些细节提出要求，照片上每个代表的名字，就是按唐主席的要求，由专人负责一个一个核对的。”正说着有人喊了一声，催着代表们上车，原来是方平主席陪着代表们游览戈壁钢城的夜景。一上车，方平主席竟然当起了导游，每到一个景点他都说得头头是道，言语中充满了对嘉峪关这座大漠钢城的热爱。望着他眉飞色舞的神采，我也猛然想起，酒钢公司工会司机陈师傅曾说过，唐主席是个市政管理的热心人，每逢星期天，他常常步行于嘉峪关市的街头，哪儿路灯不亮了，哪儿广告牌不合适，哪段路垃圾箱不雅观等等有关城市管理和美化的问题，他要么写信，要么打电话，及时反映给政府管理部门，有的还提出具体的意见和建议。连一些旅游景点看门的人员，都非常熟悉他，因为他没有少为这些景点的管理出过点子。所以这就不难理解方平主席对每个旅游景点这么了如指掌，又介绍得绘声绘色了。

就这样，各位老总们在方平主席如诗如歌般的介绍中，大约用了一个多小时游览了整个嘉峪关市夜景。接下来，方平主席又邀请大家参加文艺联欢晚会。按照方平主席的安排，公司职工艺术团早已准备了精彩的文艺节目。当我们来到联欢会现场时，一股浓郁的温馨气氛迎面扑来，四周的茶儿上各样瓜果、小吃、饮料应有尽有，艺术团的演员们在这里高奏迎宾曲欢迎大家的到来。方平主席简短致词之后，用他的一首“众人划桨拉大船”，拉开联欢会的序幕，在他清脆而又浑厚的歌声之后，代表们纷纷登场，或跳舞，或唱歌，其乐融融。大家在欢乐和笑声中度过了走进嘉峪关的第一个夜晚。

已是晚上10点多钟了，一天的紧张活动让人确实有了点倦意。安排好第二天的有关活动，我回到住的房间，准备休息会儿。突然门铃声响起。我连忙起身开门，原来是方平主席和冯进平主任。还没等我说话，方平主席倒先开了腔：“怎么样，今天够累了吧？”我忙笑着说：“再累也没有主席累啊，会上的哪件事没让你操心啊！”方平主席说：“不论做什么事，做就得做好，做出水平，这是酒钢的一贯作风，再说文总编的事，我们能不尽心吗？”这时冯进平主任插进话来：“主席，不是说请文总编去休息一会儿吗？”“对，对，对，快去请全总的王部长，我陪他们一起去。”方平主席一边说着一边让冯主任去请王部长。原来方平主席要陪全总宣教部的王诚

部长和我一起到酒钢的水上游乐城去看看，顺便也洗洗澡。还没等我推辞，方平主席说："人家王部长坐了一夜火车，今天又忙乎了一天，咱们陪他冲个澡放松放松吧！"听着方平主席的话，我又再能说些什么呢，只能对他想事办事之周到而发自内心的赞叹。不一会儿，冯主任打来电话，我们便来到楼下，与王诚部长一道驱车赶往水上游乐城，游览酒钢为职工兴办的这座集娱乐、餐饮、洗浴为一体的颇为现代化的大漠娱乐城。王诚部长一边参观一边赞叹不已，连连称赞酒钢领导为职工办事有气魄！

第二天，方平主席带着代表们观看了酒钢多媒体专题片之后，又专门陪大家参观了水上游乐城，让代表们无不为大漠戈壁能有如此规模的职工娱乐休闲场所而惊讶。几位来自南方城市的老总感叹地说：沿海城市的企业也没有像这样的活动场所，酒钢的领导者了不起啊，酒钢的职工幸福啊！好几位总编都围着方平主席问这问那，表示要在本省的工人报刊上好好宣传酒钢，介绍酒钢。

全国工人报刊年会结束在酒钢的活动之后，方平主席又陪同大家一起来到核工业四〇四厂，大家在这里进行了集体采访，直到把代表们送上去玉门油田的汽车，方平主席才和大家握手告别。尽管只有短短两三天时间的接触，代表们无不对方平主席留下深刻印象。近几年，凡每次召开全国工人报刊年会，各报刊社的老总都要提起在甘肃召开的那次年会，更忘不了要说起方平主席。

在与方平主席多年的交往中，留给我一个非常深的印象就是，方平主席是一个非常关心别人的好领导，总是尽自己的努力，为一道工作的同志创造着各种机会和条件。有一段时间，我多次提出要写一篇介绍方平主席在工会工作岗位上，为职工群众服务的事迹的稿件，可每次都被他毫不让步地谢绝了。反过来倒是经常为我出题目，不是要宣传这位劳模，就是要写一写那位一线工人。因此，这么多年我为酒钢写了不少稿件，惟独没有一篇是写方平主席的。想起来也常常不免有些遗憾。吴月菊是位与方平主席共事多年的酒钢公司工会的副主席，她作风泼辣，颇有才华，是一位把满腔热情都倾注在工作上的少数民族女干部。方平主席多次向我说起，月菊主席对工会工作充满激情，付出了大量心血，有着许许多多感人至深的事迹，值得好好写一写。于是，按照方平主席的安排，2000年8月我趁去酒钢参加会议的机会，采访了吴月菊主席。通过与她本人交谈，又向一些与她一起工作的同事了解，月菊主席对工会工作火一般的热情，对职工群众一颗滚烫的爱心，深深地打动了我。她在工会岗位上为职工服务的一桩桩感人事迹，常常令我激动不已。我也很快写出了记述月菊主席感人事迹的长篇通讯《悠悠菊香满雄关》，在《甘肃工人报》一版刊发。稿件见报后，还没等到月菊主席打电话，倒是方平主席第一个打来电话，说了不少感谢的话之后，非常高兴地说到，看了介绍吴主席事迹的报道，公司工会的同志无不深受感动，这也是我们酒钢所有工会干部的自豪。后来月菊主席也打来电话说，稿件一见报第一个告知她的就是唐主席,他似乎显得比任何人都高兴。从这件事情上我也似乎能品味出方平主席为人处事的胸怀。难怪包括月菊主席在内的酒钢公司工会的谢亚杰、谭延林等几位副主席都曾对我说:“能在唐主席手下工作,能与唐主席一起共事实在是一种幸福。用不着顾虑什么,更用不着担心什么。”

在与方平主席交往中,我也能突出地感到,他总是时刻关心着他的助手,赞美着他的同事,从他口中从没有听到过埋怨或责怪自己下属的话。不管是当年的吴月菊,还是现在的谢亚杰、谭延林几位副主席到兰州,他也会给我打电话告知一下,我也往往会与他们见面相聚。就是从这些小事情上,常常令我和酒钢工会的几位同志,对方平主席考虑事情之周到而感慨万端。2003年,我有幸参加甘肃省总工会赴台湾考察团。这次考察团成员中就有已经从工会副主席岗位上退休的吴月菊。她一见到我就说:我都已经退休了,唐主席还安排我参加这次赴台湾考察团,完全是对我的关心和照顾,唐主席为人做事真叫人从心底里佩服。听着月菊主席的赞叹,我也禁不住说:“吴主席,您遇上好人,遇上好领导了!”记得在台湾考察期间,尽管日程安排得很紧,可月菊主席还是给我讲述了有关方平主席的不少故事,言语之间充满着感激、佩服和敬意。记得在台湾南投县机踏车工会访问时,江特聪理事长一见到吴月菊主席就高兴地说:“这不是那个酒钢工会能歌善舞的吴主席吗?”原来江特聪曾经到过甘肃,到过酒钢,对酒钢工会有着极深印象。月菊主席忙说:我们唐方平主席代问您好,也欢迎您再到酒钢。江特聪笑着说:“唐主席真是个工会活动家,能结识他真是有幸啊!”之后,江特聪还特意让月菊主席带一份小礼品给方平主席。并说:“请告诉方平主席,我们想念他啊!”目睹此景,我真为方平主席的人格魅力油然而生敬意。还有一次,突然接到方平主席从嘉峪关市打来电话,告知我吴月菊主席正在省中医院住院,还希望我能去医院看望。放下方平主席的电话,我就急匆匆赶往位于兰州市七里河的省中医院。一走进月菊主席住的病房,她便惊讶地说:“你怎么知道我在这里啊?”我有点嗔怪地说:“来兰州住院了也不给我们说一声。”月菊主席说:“就一点小毛病,最怕的就是让你们知道了又得添麻烦。”我说:“那麻烦什么,要不是唐主席打电话,我们真还不知道啊!”听说是方平主席告知我的,月菊主席一下从床上坐起来:“唐主席真是个有心人,我一个已经退休几年的人还让他这么操心。”“这不正是方平主席的品格嘛!”我一边笑着说,一边把带来的一篮鲜花放在了月菊主席的床头上。此时,只见她满脸洋溢着幸福的笑容,双眼似有泪水转动。我能体味到,她是在深深地感念着方平主席的关爱之情。

2006年夏天,我又一次来到酒钢采访。到的当天,方平主席就悄悄告诉我,月菊主席的爱人病了,前不久刚从北京看病回来。我当即说一定要上门看望看望。方平主席忙说那我陪你一道去。说着就让公司工会的同志去准备花篮和慰问品。不一会儿我就和方平主席一道,带着一个精心制作的大花篮和一些食品来到了月菊主席的家。也许已经有人告诉了他们，当我们刚一按门铃，月菊主席就打开房门，我明显感到月菊主席比前两年老了许多，也看到她眼睛里闪动着泪花，依然是满脸笑容，热情地招呼着我们。她的爱人牟师傅也坐在客厅的沙发上，虽说是有病，看上去脸上的气色不错。方平主席和我都询问了牟师傅的病情，也说了不少安慰的话。月菊主席对我说的最多的就是，自打爱人病了之后，唐主席和工会的同志对她的关心和照顾，而且不止一次地抹着眼角的泪水。她的爱人也不停地说着："我们能遇着唐主席这么个好人，真是今生有幸、今世有缘啊！"临走，月菊主席的爱人还硬撑着从沙发上站起来，坚持要把我们送到门口，并一再笑着说：你们看我的病会好起来，唐主席过两天过来吃羊肉，咱们一起喝两杯。方平主席连连点头答应。我们已经下台阶了，月菊主席还站在门口一直向我们招手，此时我心头禁不住涌起一股别样滋味……

说起方平主席待我，更让人有说不尽的感念之情。在我心目中，方平主席既是一位好领导，又是一位值得终生交往，一辈子都不能忘记的好朋友，好兄长。我们之间虽说见面时也常开玩笑，但彼此之间的牵挂和敬重，无时不流露于言语之间。2003年夏季，正值方平主席在省委党校学习，我也遇到一些不愉快的事情。在那段日子里，方平主席多次约我见面，给了我许多的宽慰。每当有人邀他相聚，他也每每约我前往，其情其意常常令我感动不已。利用学习的空当，我们还一起先后到白银公司、刘家峡化肥厂、兰州铝厂、靖远电厂等一些企业参观，说是我陪着方平主席到兄弟单位参观学习，倒不如说是方平主席为排解我当时的一些苦闷，而约我一起出去走走。记得一个星期天，下着蒙蒙细雨，按照提前的约定，我与报社的阎恒同志一道驱车来到省委党校，接上方平主席去五泉山公园。虽说久居兰州，可已有10多年时间没有到过五泉山，与方平主席一道走进这里，颇有旧貌换新颜之感。在这里我们一起品茶打牌整整玩了一天，其乐融融。2006年4月，我在上班时突然生病住进医院。恰巧酒钢公司工会副主席谭延林同志来兰州出差，得知我住院的情况后，很快就告知了远在嘉峪关的方平主席。我先是在病床上接到方平主席问候的电话，后来他又委托延林同志专门到医院探望，带来了又是鲜花、又是食品一大堆东西。延林同志一进病房就说："我是受唐主席嘱托来看望总编的，听说您病了，唐主席可牵挂了，祝总编早日康复。"一番话说得动情感人，让我心头禁不住泛起激动的涟漪。就在我住院期间，方平主席每过几天就打一次电话询问病情，真是深情殷殷。特别令我感动的是，当我出院后，因检查患有肾上腺皮质功能减退症，医生嘱咐需要服用一种名为甘草流浸膏的药剂治疗。但由于这种药品奇缺，不仅医院没有，找遍了兰州街头的医药店都没有找到。一天，在与方平主席通电话时，我抱着试试看的想法，请方平主席在嘉峪关一些医院或药店打问打问，看看能否找到这种药。方平主席满口答应，很快就几乎问遍了嘉峪关市各大医院和各大药店，同样没有找到甘草流浸膏。他还专门打来电话说："其实这种药品是很普通的常用药，价格也十分便宜，现在一些制药企业很少生产，因而便成了奇缺药品。”谁知方平主席竟把这件事挂在心上，专门托四川老家的朋友在成都等地寻找这种药品。突然有一天，我又接到方平主席的电话：“甘草流浸膏我已经托四川的一位朋友找到了，是在成都一家很小的药厂找到的，很快就回寄到兰州。”接完电话我十分感动，真没想到为这点事给方平主席添了这么多麻烦。没过多久，整整一箱共6瓶甘草流浸膏就寄到了兰州。现在每当提起此事，我们全家心里都热烘烘的。

2005年，我的女儿文晶大学毕业，由于曾在北京新华总社实习过，因此一直有能在北京工作的念头。当我把这件事说给方平主席后，他又挂在了心上，还专门找到在新华社工作的一位老朋友从中帮忙。正是由于他的帮忙，女儿文晶被聘用到新华社的音像部工作，一切进展得十分顺利。特别令我们全家感动的是，直到我的女儿工作安置好以后，一次方平主席还利用开会的机会，专门到北京看望并约会从中帮忙的新华社的老朋友和我的女儿，就连新华社的那位老朋友也为方平主席对朋友的真诚所感动，在后来的工作中，总是给了女儿文晶多方面的关照。

屈指数来，与方平主席相识、相交也有近十个年头，从交往的过程中，我品味到了他的人格、人品，我也常常以有这样一位好朋友而幸运、骄傲和自豪。

我的老政委

屈指数来,我从事专职新闻工作已经有三十个年头了。每当回顾三十年来爬格子带给我的艰辛与喜悦,总是忘不了鼓励我走上新闻记者之路的老政委范金生。

范金生曾是中国人民解放军第二十四医院的政治委员。他祖籍安徽,是一位1947年就参军的老兵,也是一位十分重视宣传工作的老政治工作者。

我是1968年3月应征入伍的。一到部队就被分配到陆军第六十二师医院卫生教导排学习,毕业后就到六十二师医院,成了一名卫生兵。由于从小酷爱文学,学生时期就开始学着写一些东西,上中学时作文被老师当作范文宣读是常有的事。记得就因我写的一篇作文,引用了毛泽东一段有关培养革命接班人的语录,还被学校作为范文专门进行了观摩教学。至今我还记得那是我上初中一年级的时候,班主任老师在课堂上绘声绘色讲评我那篇作文的情景。并由此引起了毛主席语录进课堂的一番讨论。许多参加这次语文观摩教学的老师对我的那篇作文也给予了热情赞扬,也就是从这个时候开始,我对语文学习也别有偏爱。其实仔细回忆起来,早在上小学的时候,我就是同年级背诵语文课的第一名,常常受到老师的表扬。往往是头一天教的课文,到第二天早上我就能倒背如流。记得上小学六年级的时候,头一天学的课文是《黄道婆》,那篇课文很长。可到第二天早上,早读时班主任老师抽查,我同样一字不差地全文背诵下来,连班主任老师都感到惊奇,常常对我刮目相看。可能就是这些缘故,使我常常沉浸在阅读语文课本的喜悦之中,对写作文也情有独钟。在上高中一年级的时候,老师让我们以发生在身边的人与事为题,写一篇报告文学习作。当时正是一场大雪之后,我便以一位雪后扫雪的同学的事迹为内容,学着写了一篇所谓的报告文学。交给老师后,班主任老师又当作范文在课堂上进行了讲评,更加激发了我学习语文的热情。课外时间阅读一些文学作品也就成了我的所爱。

1968年参军后,我的这一爱好有增无减,读一些文学类书籍,抄写一些名言警句或精彩文章,几乎成了我业余生活的全部。到部队不久,医院举办迎新兵联谊会,我还编写了群口快板演出,从而引起领导注意。后来师部举行业余文艺调演,医院专门派我去观摩学习,我能感受到医院领导在有意培养文艺和写作方面的积极分子。在六十二师医院的时候,医院经常举办一些文艺联欢活动,我曾将发生在我们医院一位战士为战友家里悄悄寄钱解困的事迹编成小戏演出,当时还真的产生了不小的反响。医院政委还特意找我谈话,鼓励我多写东西,积极向兰州军区政治部办的《人民军队报》投稿。

1971年,我被调到了地处河西走廊西端,实际就是现在的东风航天城的解放军二十四医院工作。记得和我一起到医院工作的共有10个人。来到医院的当天晚上,医院举行大会欢迎我们,带领我们到医院的一位领导指定让我代表大家发言。那天晚上的欢迎大会是由范政委主持的,我的发言应该说还是颇有些激情。当我在热烈的掌声中走下主席台时,我能感受到范政委那赞许的目光。到医院后先是在医训队学习培训,结业后虽然分配从事医疗业务,可实际上主要在医院政治处干新闻报道工作。所以说我真正与新闻工作结下不解之缘,是从解放军二十四医院开始的。

范金生政委是个对新闻宣传十分重视的领导,三天两头总是督促着大家多写稿件,多向外投稿。那时,我们投稿的主要报纸是《解放军报》和兰州军区的《人民军队报》。每当有稿件见报,范政委比我们还要高兴,他总要拿着报纸找到我们写稿的人祝贺、表扬一番。要是有几天看不到医院的报道,他也要唠叨一番。正是由于范政委的重视,那个时候二十四医院的新闻报道工作是非常活跃的,常有稿件在报上刊发,也为医院赢得不少名气。加之二十四医院地处西部边陲,也吸引来了《解放军报》、《解放军画报》等许多新闻媒体的记者。每当有新闻记者前来采访,范政委大都安排我陪同采访。说实话就是那段日子,我跟着一些老记者和部队的专职新闻工作者,学到了新闻采访和写作的不少知识。这为我后来从事记者工作打下了很好的基础。

记得有一次兰州军区政治部新闻科的几位记者到二十四医院采访,主要报道医院派出医疗队,为额济纳旗一带的蒙古族牧民防病治病的事迹,我一连陪了他们十多天。他们拍摄的一组照片,以"骆驼背上的医院"为题,在《解放军画报》刊发后,在全国产生了广泛影响。就是这次采访活动,我认识了时为兰州军区政治部新闻科干事的周永寿、刘发辉等同志,尤其是和刘发辉同志成了知心朋友。那次采访活动结束时,范政委还专门派我送周永寿、刘发辉两位同志到酒泉境内的清水火车站。临分别时发辉同志特意送我几个兰州军区的采访本和几本稿纸,鼓励我多写稿件。别看几个采访本和几本稿件,当时对我来说,真是奉若至宝,心里别提有多么高兴和自豪。从此,我也与发辉同志多了不少来往。后来医院也常派我到兰州送稿件，甘肃人民广播电台、《甘肃日报》社、《人民军队报》社成了我常去的地方。每次到兰州送稿，我都是稿件不见报不回医院。记得第一次到兰州送稿件，一篇报道二十四医院艰苦奋斗的稿件首先在甘肃人民广播电台播出。我是在稿件播出的当天傍晚6点来钟，就站在兰州市盘旋路的一个大喇叭下听完了播音，这也是我写的稿件头一次上广播，那个高兴劲就别提了。我连饭也顾不上吃，一回到住的地方，便通过军区长途电话，把这个消息告诉了医院政治处的同志和范政委。后来听说他们专门录了音，在医院连播了好几次。

由于医院常派我到兰州送稿，我也通过刘发辉同志认识了时任兰州军区政治部新闻科干事的李敏杰和张立科长(就是现在的人民解放军副总参谋长张黎)及《人民军队报》社的几位记者和编辑，写的一些稿件常常得到他们的指导。大约是1974年的春节前夕，医院又派我去兰州送稿件，由于事前通了电话，张立同志专门到兰州火车站去接我。可谁知火车晚点，本应下午4点多钟到兰州的火车，竟然一直晚点到了次日凌晨4点钟，张立同志也在火车站整整等了一个晚上。记得那天凌晨，火车刚一停稳，我从车窗里就一眼看到了张立同志穿着一件黄军大衣站在车下。我一走下火车，就觉得一股寒气迎面袭来。张立同志也急匆匆迎了上来，一边接着我手里的提包，一边说："谁能想到火车整整晚了10来个小时，我这已经是第三趟接站了。"我连忙说："张干事，真是把你害苦了。"张立哈哈一笑："这有啥关系。"说着我俩又向出站口走去。一出站，我们就钻进一辆北京吉普车里，直接到了张立同志的住处。由于离天亮还有几个小时，张立同志打开一包饼干让我填了填肚子，我们两人就在他的床上躺了一会儿。现在我还能记起当时的情景：张立是住在一间平房里，房子不算很大，一张宽大的单人床铺上，书几乎就占去了一半。后来还是从刘发辉同志那里知道，张立是一个非常勤奋的人，虽然小时候并没有上多少学，却读了不少书，因而写了不少好文章。我也打心眼里敬佩他。记得这年春节我就在兰州度过。大年初一，张立、刘发辉等几个军区新闻科的同志叫上我，一起在李敏杰同志家里聚会。李科长是个热心人，他和爱人一道准备了满满一桌子饭菜，这是我当时见到的最为丰盛的饭菜。因为他们都是一个科室的同事，人人都很随意，互相敬酒、猜拳，闹得不亦乐乎。惟有我毕竟是头一次和大家一起聚餐，多少还是有些拘谨，倒成了李科长、张立、发辉他们时时招呼的重点对象。那天晚上大家会餐一直到深夜，当时的热闹场景至今还令人回味。从部队复员到地方工作后，我与刘发辉的交往更加密切了，特别是我到《甘肃工人报》工作后，请发辉同志为我们拍新闻照片是常有的事。可很少见到过张立同志，听说他已经担任了时任兰州军区政委肖华将军的秘书。一次在军区第一招待所，也就是现在的西北宾馆偶遇张立同志，他当时是在参加军区的一个会议，他还是一眼认出了我。由于他很忙，我们在大厅里拉着手说了几句话，就匆匆告别了。这是我到地方后第一次见到张立同志，从此再也没有相遇过。后来又听说他到了北京，再后来知道他已担任了解放军副总参谋长，也常能从电视上看到他的形象。有关张立现在的情况，也大都是从发辉同志那里听说的。因为他们既是战友，又是老乡，用发辉的话说，他们是坐一辆火车被拉到大西北的戈壁滩的。每当回忆这些往事，我总是非常感念我的老政委范金生。没有他的关心和支持，我就不可能接触到张立、刘发辉等兰州军区这些专职从事新闻宣传的同志，更不可能与发辉成为30多年的老朋友。

还记得有一年的冬天，时任十九军政治部宣传科新闻干事的李惠民同志，从张掖专程到二十四医院采访，又是范政委点名要我陪同李干事采访。李干事到医院后被安排住在招待所，说是招待所，其实就是一间医院专门接待上级来人的简易客房。李干事老家是陕西人，也许是老乡的缘故，十多天里我们相处得十分融洽，我也默默向李干事学习新闻写作的本领。那次采访，李干事主要是采写二十四医院扎根戈壁艰苦奋斗的事迹。在那段日子里，我陪着李干事采访了医院的一些领导，还和不少医务人员进行了座谈，深入了解医院不畏荒漠戈壁，克服重重困难，为西北边防指战员服务的感人事迹。李干事是个工作非常认真的人，不仅在医院本部进行了深入采访，还提出要到医院派出的牧区医疗队驻地了解情况。范政委听后非常高兴，亲自给医疗队打招呼，还专门派车把我和李干事送到了额济纳旗的牧区。记得到牧区后，我们和医疗队的同志一道骑着骆驼，下放牧点，进牧民家，现场感受医疗队员们不辞辛劳，不惧艰苦，满腔热情为牧民群众防病治病的精神。尤其使我不能忘记的是，在这次采访中，一天上午医疗队的同志要领我们去一个放牧点实地采访，医疗队长还特意请当地牧民为李干事和我每人牵来一匹骆驼。我和李干事都是头一次骑骆驼，不免有些胆怯。两个青年牧民分别把我俩扶上骆驼，李干事还好，当骆驼走起来时，他好像一点儿也不害怕了。可我当骆驼一走起来后，却禁不住叫了起来，骆驼一小跑，还把我从骆驼上摔了下来。一位青年牧民只好和我同骑一峰骆驼才到了要去的放牧点。现在想起来也真为自己当时的胆小而好笑。采访结束回到医院后，又是范政委第一个来到李干事的住处嘘寒问暖。一天晚上已经到了深夜，李干事和我已经开始动笔写稿，突然响起一阵敲门声。我忙打开房门，原来是范政委。只见他披一件大衣，笑呵呵地进到屋内："看见你们的灯还亮着，准是又开夜车了，特意来看看。"说着他还走到李干事的床前摸了摸说:“戈壁滩天气冷,可一定别冻着了。”李干事忙说:“不冷、不冷。”临走时范政委还一再叮咛:“要早点睡,熬夜时间不要太长。”范政委出去后,李干事感慨地说:“范政委对宣传工作真重视啊!”后来,李干事与我合写的报道二十四医院艰苦奋斗的稿件在《人民军队报》一版发表,又是范政委第一个拿着报纸找我说:得好好感谢李干事。遗憾的是,自那次与李惠民干事合作写稿分手后,我再也没有见到过他。想到一起合作采访的日子,对李干事的思念之情也每每在心头涌起。

还有一次,因为医院换了一批新的医疗队到牧区,《人民军队报》也专门约稿,要我们继续采写医疗队的报道。医院政治处的领导和范政委派我一个人到医疗队采访。这次医疗队去的地方离医院驻地不远,是医疗队的一位同志带着我走到牧区的。一路上不是沙丘就是红柳丛。好在我们沿着电杆前进,大约一个来小时就到了医疗队住的点上。我在这里待了三天,采访了不少感人事迹,还和医疗队的同志走进了不少的蒙古包,目睹了他们为牧民服务的情景。采访结束后,一天下午我就要返回医院。医疗队队长担心我一个人回去会迷路,提出要派人送我。我却很自信,对队长说:我也会顺电杆走,不会迷路。就这样我只身走上返回的路程。记得当时正是八九月间,戈壁深秋已有些凉意,我一个人越沙丘、穿红柳,把一个个电杆甩在了身后。大约走了一个多小时,心想该到医院了,可谁知越走越觉得红柳丛漫无边际。眼看太阳就要落山了,我不禁着急起来,一看表已经走了快3个小时了。好不容易走出一片红柳丛,一条深沟横在眼前。深沟上用一棵大树架起了一座独木桥,一看就叫人发抖。这时我才知是走错路了。因为去医疗队点上时,没有经过这座独木桥。我试图沿着独木桥走过去,可双脚怎么也迈不出,更不敢看桥下那深不见底的沟。就这样我站在桥头发起愁来,心里确实也有些害怕。就在望桥发愣时,突然从红柳丛里走出一个年轻牧民,我喜出望外,便急忙迎上前去。正好他也去额济纳旗,便扶着我走过了独木桥。尽管有人扶着,过了桥后,我还是出了一身冷汗。那位热心的牧民和我一道同行,一路上给我讲了有关额济纳旗的许多故事和民间传说,一直把我送到了医院驻地。遗憾的是现在我已记不起这位牧民的名字,但我知道他的家就在离额济纳旗几十里外的赛汗桃来。回到医院后我把路上的情况讲给同志们,也讲给范政委听,他们为我的胆小而好笑。范政委不仅哈哈大笑,还拍着我的肩膀连说:也真有你的。这次采访我写了一篇通讯,《人民军队报》、《光明日报》、甘肃人民广播电台也都采用了,当然也得到了范政委的一番表扬。

由于范政委的重视和支持,上兰州各报社、电台送稿也几乎成了我的一项重要工作，有时候在兰州一待就是十多天。时间长了便和一些新闻单位的同志也混熟了。1974年省广播电台邀请部队和地方的一些通讯员到广播电台帮助工作，电台解放军节目组的同志点名要我去。当我把这个情况向范政委汇报后,他当即高兴地说:“这可是个好事,是一个十分难得的学习机会,应该去,应该去。”就这样在范政委的支持下,我到甘肃人民广播电台整整工作了一年多时间，跟着编辑老师学到了不少新闻写作知识,为我后来专职从事新闻工作打下了很好的基础。我在省电台学习期间,范政委每到兰州开会,都要约我谈谈情况,勉励我一定珍惜这个机会,多写稿件,多学些知识。我也按照老政委的要求,把整个心思都用在了学习上。记得省电台的杨道保、刘彩云、赵学义等老编辑也都手把手教我们,从此也使我从心底里爱上了新闻宣传工作。也就是在省电台工作一年多时间之后不久,我就复员到了地方工作。离开二十四医院时,范政委在兰州休假。一到兰州,我就去兰州军区总医院他的住处看望他。当听说我已经复员了,范政委先是一惊:不是说好今年不能让你复员,医院还有新的考虑嘛。我说:这次离开部队是因为有个好机会,也许能在省广播电台工作,电台的有关领导已经和我谈了。范政委默默听完我的话说:“不过这样也好,更有利于今后的发展,我看你是个搞新闻宣传的苗子,今后就从这里发展。”那天,他非要留我在他家吃饭,推辞不掉,只好客随主便。范政委亲自下厨,又是炒菜、又是蒸米饭,不一会儿就弄好几个菜。离开他家时,他还说要给院里打电话,专门派人来帮我安排工作,后来果然由一位叫吕大福的医院院务处助理员到兰州与有关方面联系我的工作事宜。这也确实是范政委对我的一片关爱之情,至今让我难忘。

我到地方工作不久,二十四医院从戈壁滩搬迁到了甘肃武山县,后来又搬迁到白银。那时,我已经到省总工会工作。一次陪同《工人日报》甘肃记者站的李景宏同志去白银公司采访时,我还专门到二十四医院去看望范政委,我们一起交谈了很多。当听说我已经结婚了,范政委连连责怪:怎么也不打声招呼。我一个劲说:其实我们办得很简单,也没有打扰更多的人。谁知没过多长时间,范政委却到兰州专门找到我住的地方,还特意送来了一对印着两个狮子图案的浴巾作为我们结婚的贺礼。我当时十分感动,可现在想起来真有点后悔,连个便饭也没请老政委吃,也难怪那个年月也不兴这个。

后来，听说范政委调到了兰州军区军代处，再后来又听说他已转业到了北京通县。虽然这么多年我再也没有见到范政委,也没有过书信来往,可在我的心里还是十分感念我的这位老政委,因为是他引领我走上了新闻工作之路!

好友“张佛爷”

“张佛爷”其实就是刘家峡水电厂工会主席张志福同志。由于他慈眉善目，圆嘟嘟、胖乎乎的脸上，溢满笑容，尽是福相，厂里的职工都称他“张佛爷”。

说起来，我与“张佛爷”相识已有十多个年头了。在十多年的交往中，留给我最深的印象就是，他待人谦和、厚道，又极重情义。由于工作上的联系，使我们成了很好的朋友，彼此间的牵挂也无处不在。真是不是兄弟却胜似兄弟。

第一次听说张志福这个名字，还是《甘肃工人报》社的记者金斌同志告诉我的。那是20世纪90年代初的一年夏天，我派金斌同志随同省总工会副主席王有发去刘家峡电厂采访。不几天回来后，金斌同志曾几次在我跟前提及志福同志，说他待人热情，对宣传企业很有想法，也非常想与《甘肃工人报》搞好合作。经不住金斌同志的再三忽悠，激起我也很想见见张志福的念头。

其实，对刘家峡水电厂我一点儿也不陌生。我曾多次随同省总工会主席王新中到过那里，参加过在刘家峡水电厂召开的不少会议。最难忘的是，曾陪同过时任全国总工会副主席、书记处第一书记的罗干同志，专门在刘家峡水电厂搞过调研，与厂里的职工代表进行过座谈。还曾陪同过曾任全国总工会副主席的郑万通、杨兴福等领导到过刘家峡水电厂参观。曾任刘家峡水电厂工会主席的王凤林，与我也有过很深的交往。尤其是厂工会的副主席廖忠熔，是一位多年的老先进，我曾多次报道过她的先进事迹，彼此也颇为熟识。记得有一年，时任刘家峡水电厂厂长彭学威，荣获“全国五一劳动奖章”，我还曾随同王新中主席专门到厂里了解情况。时任厂党委书记的杨大鸿和工会主席王凤林热情接待了我们，介绍了彭厂长的不少感人事迹，从中也让人感受到了企业党政工领导之间的精诚合作与和谐关系。

大约是在秋季的一天，我与金斌同志一道来到了好几年没有到过的刘家峡水电厂。先是工会的同志接待了我们。因为我是慕志福同志而来，因此一到厂工会，就提出要见见志福同志。工会的同志告知我，志福同志是厂里的纪委书记，还分管企业的内外宣传工作。不大一会儿，志福同志随着厂工会一位工作人员走进厂工会办公室。就在彼此介绍之时，我打量着志福同志，他个头不高，胖胖身材，憨厚的圆脸盘上，长着一幅常人少有的福相，说起话来，眼睛、嘴角都挂着和善的笑容。还没等我开口，他就笑着说："《甘肃工人报》是我们企业的报纸，早就盼着与报社的总编见见面。"说着我俩的手拉得更紧了。我也连连说："我可是慕名来拜访张书记的。"此时此刻我们似乎都有点相见恨晚的感觉。

交谈中，我知道了志福同志是临夏州和政人，说一口地道的临夏话。参加工作后，当过工人，后来调入厂部机关，当过劳资科长，一看就是个精明人。由于志福同志的随和，我也没有了初次见面的拘束与客套。我笑着说："张书记真是一脸福相啊！"工会的几位同志忙打趣地说："张书记不仅长得像福星，心底也善良，我们都叫他'张佛爷'呢！"我也忙笑着说："还真像个佛爷哩！"就这样在一番笑谈之中，我们俨然成了久别重逢的朋友，我也头一次感受到了志福同志满腹的点子。他与我谈起了关于企业宣传的许多思路和想法，细细听来，他讲得头头是道，完全是一个搞企业宣传的行家里手。我说："真没想到张书记作为纪委书记，对宣传工作却如此在行。"他憨厚地笑道："谈不上在行，只不过企业的纪检工作事情不算多，就常在企业的宣传工作上琢磨琢磨。"说着他提出了一些在《甘肃工人报》加大企业形象宣传的想法，甚至连组织一些什么稿件，以什么形式宣传他都想到了。同时，他又叫来了厂宣传部长秦德生，现场就策划起了有关宣传企业的事。很快我们几个人就一拍即合，商定了通过《甘肃工人报》专版，搞一次刘家峡水电厂的整体形象宣传。没过几天，志福同志就和秦德生部长带着专版稿件，专程来到报社编辑部。很快全方位宣传刘家峡水电厂的专版就与读者见了面。还是志福同志后来告诉我，专版刊出后，在省内电力企业系统产生了很大反响，厂内职工的称赞声也不绝于耳，都夸为树立企业的良好社会形象办了件大好事。

有了与志福同志的头一次接触和合作，我们之间建立了非常友好的关系。在后来多次的交往中，我发现志福同志不仅是个厚道人，热心人，而且是一个思维敏捷，非常能谋划工作思路和点子的人。来往多了，我们之间可以说是无话不说。一次，他专门来找我说：时任刘家峡水电厂厂长胡金荣同志，三十多年如一日，把全部心血和精力都用在了刘家峡水电厂的技术进步和发展上，把许许多多的感人事迹留在了刘家峡的万丈峡谷之中，写在了刘家峡水库的大坝上。希望我专门采访一下胡厂长，报道报道这位即将退休的老厂长的感人事迹。我当然是欣然应允，并很快按志福同志的安排，专程到厂采访了胡金荣厂长。记得那是一天下午，当我随着志福同志走进胡厂长办公室时，胡厂长一面与我握手，一面冲着志福同志：“都是你这个张书记，非要搞什么报道，我一个快退休的老头子了，有什么可宣传的。”志福同志仍憨憨一笑，什么也没说，顺便给我和胡厂长倒了杯水就出去了，临走还向我挤了挤眼睛。后来，我们以闲聊的方式，谈起了金荣厂长从走进刘家峡那天起，在三十二年的岁月里所经历的一切，尤其是在刘家峡水电厂技术改造中度过的无数个不眠之夜。也就是从闲聊中，我感知了在胡厂长身上发生的一桩桩鲜为人知，而又感人至深的事迹。心里也不禁默默想到，难怪志福同志执意要我写一写胡厂长，这确实是一个值得写一写的好典型。很快我就写出了以《闪光的年轮》为题的长篇通讯，介绍了胡金荣厂长在刘家峡电厂奋战三十多年的光辉足迹。稿件在《甘肃工人报》发表后，同样产生很大反响。志福同志也似乎了却了一桩心愿，还专门给我打来电话，言语间抑制不住喜悦之情。

随着时间推移，我与志福同志之间的交往与日俱增。细细想起来，这些年来，他确实帮我出了不少好的工作和活动点子。记得2000年为庆祝《甘肃工人报》创刊20周年，我们打算约请刘家峡水电厂、盐锅峡水电厂、八盘峡水电厂等企业联合举办《明珠颂》大型摄影展览。当我把这一想法讲给志福同志时，他连声称赞，并帮我就如何办好展览，如何与这些企业取得联系，想了很多办法，出了不少点子。最令我感动的是，凭着与各电厂的关系，志福同志还专门陪着我走盐锅峡，上八盘峡，找有关领导商谈联办摄影展的事项。很快我们就与几个企业达成联办的协议。经过一段时间筹备，在《甘肃工人报》创刊20周年前夕，《明珠颂》大型摄影展览在兰州博物馆隆重展出。开展那天，志福同志陪同厂党政领导，带领职工前来助兴，省委宣传部、省总工会、省电力公司等各有关方面领导为摄影剪彩。不少群众参观展览后，都称赞说，展览不仅宣传了黄河，也宣传了企业，真是一个好形式。对于展览获得的圆满成功，我曾不止一次地说：“这个展览成功举办，志福同志功不可没。”

打这以后，我与志福同志的关系越来越密切了，完全成了无话不说的好朋友。一次，在与他闲聊中、我禁不住脱口而出：你当个工会主席再合适不过了，脑子里点子多，还善于联系群众。谁料真让我言中了。后来，在企业新一轮领导班子调整中，志福同志果真当上了刘家峡水电厂的工会主席，听说还是省电力工会的领导亲自物色的工会主席人选。志福同志当上了厂工会主席，我们之间交往的机会就更多了。在他看来，我们已经成了一家人，他也从来都把《甘肃工人报》社的事当作自家的事去办。不管报社举办什么活动，只要是找到他，志福主席总是满腔热情地给予支持，而且带头参加。我们在东方红广场举办《陇原职工心向党》大型歌会，志福主席带着几十名职工队伍来参加演出；我们举办喜迎澳门回归职工赋诗献词大赛，志福主席同样带着职工赶来了；我们在兰州电视台举办新春喜相逢工会干部联谊晚会，志福主席还是带着工会干部和劳模来了……用他的话说，只要是《甘肃工人报》社举办的活动，我们要尽可能一个都不落下。并且每次活动，志福主席总是给予我们多方面的支持。2007年4月，我思量着"五一"搞个什么活动，便打电话给志福主席，想听听他的意见。没想到他却因摔伤锁骨住进了省中医院。我很快赶往中医院探望，方知他住院已经好些天了。我埋怨他为什么不告知一声，他却诙谐地说："住院了难道还要发个通知麻烦大家吗？"看着他病情基本好转，我才把自己的想法告诉他。我说趁"五一"劳动节，报社想举办一次苦脏险累岗位职工大联欢活动，主题就定为"劳动礼赞"。他听后说："这又是个好点子，我们厂也要组织职工代表参加。"有了志福主席赞同，更增添了我举办这一活动的热情和信心。于是，通过报社同志一番紧张策划和筹备，4月28日下午，我们在兰州水车博览园举办了有30多家单位一线职工代表参加的庆"五一"联欢会。那天下午，刚出院不久的志福主席，带着20多名职工代表，从刘家峡远道赶来，统一的太阳帽、雪白的衬衣，加上鲜红的领带，刘电的队伍显得格外精神。我握着他的手说：你刚出院怎么也赶来了。他说：这么好的活动，再说你文总编组织的活动我能不来吗？简单的一句话让我好生感动。

这些年来，说实话真没有给志福主席少添麻烦，可不管他工作再忙，凡是我提出的一些事情，他总是满口答应，悉心安排。一些兄弟省市工人报刊社的同志来到兰州，都很想看看刘家峡——这颗黄河明珠的盛景。每当此时，我也都是打电话给志福主席，他每次安排得都是井井有条，非常周到。一年夏天，《贵州工人报》社副总编周君良同志一行十人，来甘肃旅游考察，特意提出要看看刘家峡水库。一天晚上，我拨通志福主席的手机，说明情况后他二话没说满口答应，并让我放心，一定把接待工作安排好。第二天上午，我陪着《贵州工人报》社的同仁们，一大早就赶往刘家峡。9时左右，当我们来到电厂门前时，志福主席和厂工会的同志已经在这里迎候我们。记得志福主席那天穿件紫红色短袖T恤衫，也许是头天刚理过发，满脸泛着红光，显得格外精神。就在他带着我们走进会议室的路上，周君良同志拉了一下我的衣袖说："这位张主席面相真好，一看就是个大好人。”我也悄悄告诉他：“大家都称他佛爷哩，你看像不像。”君良同志忙说：“像，太像了，真是位佛爷相。”一走进会议室，连我都有些吃惊，满桌子的水果应有尽有，加上当地特有的“三泡台”茶水，足以显示了志福主席的热情。也让《贵州工人报》社的同志们，真切感受到了我们《甘肃工人报》社与企业关系之深厚。稍事寒暄、休息之后，志福主席又陪着我们一道参观了电厂发电机房和水库大坝，真是让贵州的朋友领悟了“黄河明珠”的风采。之后，大家又登上了游艇，畅游了黄河，观赏了两岸的风光。君良同志是位有名的诗人，在游艇上禁不住诗兴大发，信口吟来，畅抒情怀。同行的几个人也是有感而发，有的禁不住连声赞叹，尽抒胸臆；有的则面对滔滔黄河，放声朗诵唐诗宋词，其情其景也让我们大家无不陶醉。尤其是厂工会秦德生主席的一曲地道的临夏花儿，又带给大家无限的情趣和遐思。当晚，志福主席安排我们在位于黄河边的一家餐厅用餐，窗外是一眼望不到边的滔滔黄河，室内满桌极具地方风味的手抓羊肉等丰盛菜肴，更是别有一番意趣。君良先生是个性情中人，几杯美酒下肚之后，竟然面对黄河潸然泪下，泣不成声。也许是诗人的情感所致，也许是……究竟君良同志何以望河洒泪，直到今天我也没能悟出缘由。不过我能感受到，那天志福主席的盛情接待，真是让贵州的朋友深深感动了。记得君良同志返黔后，还专门写了长篇散文，记录下了参观刘家峡的感人情景。

有一年，也是在春夏之交的季节，报社举办了一期有30多人参加的通讯员学习班。他们大都是来自基层企业职工，不少人对刘家峡久闻大名，但实地参观者却寥寥无几。因此学习班期间，不少人提出想去看看刘家峡。正好学习班本来就安排有实地采访的内容，因此，我们就把刘家峡水电厂作为实地采访的企业之一。当我打电话与志福主席联系时，他还是那句话：没问题，一定安排好。后来学习班的同志们在刘家峡水电厂整整度过了一天，又是下到发电机房采访，又是在水库大坝上参观，还乘游艇畅游了黄河三峡，大家无不为志福主席和厂工会同志们的周到安排称赞有加。学习班结束后，学员们也写出了一些在刘家峡电厂采访的稿件，先后在《甘肃工人报》刊发后，志福主席特意给我打电话表示感谢。一再说，厂领导和职工群众看了报道都很高兴，称赞《甘肃工人报》又对宣传刘电做了一件好事。

也许是一些企业的同志知道我与志福主席关系很好的原因，要去刘家峡电厂参观，总希望我从中帮助联系。每当遇到这种情况，志福主席更是格外的热情。我就曾经陪同过酒钢集团、白银公司、兰州铝厂、兰州铁路局、中铁二十一局、银光公司等十多家企业的党政领导、工会的同志到过刘家峡电厂。每去一次，志福主席的那股热情劲总是让人感动。2005年夏季的一天，我陪同中铁二十一局的有关领导去刘电参观。不巧这天也许是中暑的缘故，我突然恶心呕吐，眩晕不止，情况显得非常危急。这可急坏了志福主席，他急忙派人把我送到水电四局医院抢救，又是化验、打针，又是输液。等病情稳定之后,我才发现志福主席静静守候在病床前。看到我有了好转,他才算松了口气,还笑着说:可把人吓坏了,看来文总编晕水啊!

听着他的话,我也止不住发出了笑声。担心躺在医院抢救室病床上受凉,志福主席又安排我到刘电厂宾馆休息,还专门准备了各种水果和牛奶等食品。直到当天晚上我已回到家里,他还打来电话询问情况,让我与家人都为之感动。

尤其让我感激的是,十多年来,志福主席没有少为我们报社的事情费心出力,甚至给予经济上的支持。报社曾经几次在刘家峡电厂举办了有关研讨会、座谈会、业务活动协调会。每一次,志福主席都是全力以赴。特别是在报纸订阅上,更是想方设法,把《甘肃工人报》订到了每个生产班组,使《甘肃工人报》成为厂里订阅最多的一份报纸。2007年,为了继续扩大报纸订阅,他竟然把《甘肃工人报》订到刘电厂在兰州的生活小区,并为此事费了不少周折。一天晚上他打电话兴冲冲地对我说:"总编,《甘肃工人报》我都订到兰州的生活小区了,这下你该高兴了。"听完他的电话,我除了感动,真不知道说些什么好。

俗话说,人生有一知己足矣。与志福主席交往十多年了,我常在心里想:"张佛爷"真是我铁杆的朋友,我始终相信,我们的友谊不管彼此发生什么变化,都将牢不可破,延续久远久远……

新西兰友人弗雷泽

作为《甘肃工人报》的记者，我曾有幸采访过来自日本、西班牙、布隆迪、巴勒斯坦、独联体等外国工会访问团的朋友，而惟有新西兰食品化学工会总书记加恩·弗雷泽先生给我留下了十分深刻的印象。虽说十多年过去了，弗雷泽先生访问我省时的情景还常常在我眼前浮现……

弗雷泽先生曾先后几次到过甘肃，而每次我都有幸参加了访问活动的采访。

记得弗雷泽先生首访甘肃是在1990年的6月。至今我还清楚记得，这年6月29日的下午，时任省总工会主席王新中打电话给我说，新西兰的外宾来甘肃访问，要我第二天上午一道去机场迎接。

弗雷泽先生是6月30日从北京乘飞机来兰州的。王新中主席带着我和省总工会对外交流中心的同志、省总工会电教中心的邱鹏飞等人，中午时间赶往兰州中川机场，迎接弗雷泽先生的到来。仲夏的兰州，无处不蒸腾着暑气。我们赶到机场时，离飞机到达还有近1个小时。距兰州市区约70来公里的中川机场，虽有车辆来回穿梭，但比起市区却多了一些清静。机场上空天高云淡，不时吹过阵阵凉风，顿时驱散了夏日的酷热。经与机场有关部门联系，王新中主席带着我们直接来到停机坪上迎接弗雷泽先生。当广播传来北京至兰州的航班即将降落兰州机场的消息时，我们早已在停机坪上遥望盘旋在上空的飞机。飞机停稳后，王新中主席和我们几个人都来到旋梯前面。那阵儿，我的思绪在飞速转动，满脑子都在揣摸着这位来自大洋彼岸友好使者的模样。不大一会儿，随着走出机舱的人流，我们当中不知是谁喊了一声："快看，是不是就是这位先生！"我们大家不约而同都向机舱出口望去，只见一个五十岁开外，高挑个，长脸庞，上穿一件土黄色花格衬衣，下着深蓝色牛仔裤，浑身透出股帅气的"老外"缓缓走向旋梯。随同我们的翻译陪着新中主席急忙迎上前去，当得知就是弗雷泽先生时，新中主席紧紧握着他的手说："欢迎弗雷泽总书记来甘肃访问，我们对您的到来盼望已久啊！"弗雷泽先生通过翻译明白了王新中主席热情的话语后，不禁伸开双臂拥抱王新中主席，并用英语说："中国甘肃是我早就向往的地方，因为这里有世界闻名的敦煌莫高窟，还是我们新西兰的国际主义战士路易·艾黎先生曾经工作生活过的地方。"翻译把弗雷泽先生的话说给我们大家，我们无不为之高兴。我也在采访本上记下了弗雷泽先生在机场说的这一番颇有些动情的话。紧接着，王新中主席与翻译一道，把我们随行的几个人一一介绍给弗雷泽先生，他几乎和我们每个人握手、拥抱，十分热情友好。当王新中主席把我介绍给弗雷泽先生时，弗雷泽先生显得格外高兴，不仅又一次双手握着我的手一个劲地摇动，嘴里还不停说着。翻译也笑着翻译道："记者在我们国家是最受欢迎的人，也是人们最怕的人，因为不知道哪一天，你的什么事情就会登在报纸上。"明白弗雷泽先生这一番话，我禁不住笑了，我们在场的几个人都笑了。弗雷泽先生显然明白了我们大家为什么高兴，同样笑得十分开心。

就在停机坪上，王新中主席陪着弗雷泽先生上了小汽车，径直向兰州宁卧庄宾馆疾驶而去。

那时，中川机场到兰州市区还没有高速公路，汽车还要经过西固区，约有近两个小时的车程。当我们与弗雷泽先生乘坐的汽车停在兰州宁卧庄宾馆大院时，弗雷泽先生一走下汽车，就连连竖起大拇指，对着王新中主席又是手里比划着，又是不停地说着。翻译告诉大家，他是说甘肃兰州实在太美了，有这么多的高楼大厦。原来他以为中国的西北一定很荒凉，到处是沙漠，太出乎他的意料了。新中主席也请翻译告诉他：下午就安排弗雷泽先生参观兰州市容，他会更感到惊讶的。听完翻译的话，弗雷泽先生高兴得几乎像个孩子，差点跳起来。他先是摊开双手，又耸耸肩，兴奋地一个劲点头。

送弗雷泽先生到早已安排好的房间里稍事洗漱后，我们大家与弗雷泽先生共进午餐。当新中主席陪着弗雷泽先生走进餐厅包房时，洗漱过的弗雷泽先生容光焕发，身上那件土黄色花格衬衣已经换成了粉红色短袖T恤，浑身上下更透出一股子精神气。刚一坐定，弗雷泽就被满桌色彩各异的菜肴所惊叹，他不时发出噢噢的声音，一个劲地说真是太美了，太美了。还伸出大拇指不停地摇动。翻译也激动地告诉我们，弗雷泽先生称赞：中国—兰州，太伟大了！

席间，王新中主席不断把一道道兰州风味的菜肴介绍给弗雷泽先生，每听一个菜名，弗雷泽先生都像听故事一样充满兴致。尤其是当王新中主席把兰州小吃酿皮子介绍给他时，弗雷泽先生一边品尝，一边点头，却显出一脸茫然。翻译忙告知酿皮子用什么做的，弗雷泽先生顿时发出朗朗笑声："好吃极了，好吃极了！"我现在还记得，弗雷泽先生是颇有些酒量的，几乎是白酒、啤酒样样都行。新中主席和我们几个人都连连向弗雷泽先生敬酒，他几乎都是一饮而尽。弗雷泽先生也给我们每个人一一敬酒，使整个午餐的气氛既温馨又热闹。我永远都忘不了这次午餐留下的一段趣话：当弗雷泽先生向我敬酒时，我只礼节性地"意思"了一下，他看杯中的酒还很多，便噢噢起来。王新中主席平时就喜欢开玩笑，这当儿他又笑着说：这次我们喝酒的"赖小五"竟然也赖到外国朋友面前了。其实，这个"赖小五"的外号，还是白银公司党委副书记王槐青给我起的。原来，白银公司有4位领导干部，喝起酒来总是变着法儿不喝或少喝，久而久之便在白银公司有了"四大赖"的雅号。我与白银公司工会的几位领导有着多年的交往，称得上老朋友。尤其是公司党委副书记王槐青，长期分管宣传工作，与新闻单位的同志来往甚密。自他兼任公司工会主席后，我们之间的来往就更多了。每次我去白银公司采访，槐青书记和工会的同志总免不了要盛情招待一番。一次，我随同王新中主席去白银公司调研，晚间吃饭时，公司领导与工会的几位主席连连向我们敬酒。因为我平时不喝酒，哪能应付每个人的轮番相敬，只好变着法儿不喝或少喝。槐青书记自己不喝酒，劝人喝酒却有招数。见我不喝酒，他便忽悠着硬要我喝，还说：我们白银公司有喝酒"四大赖"，没想到文总编喝酒也赖，干脆把你引进到我们白银公司，这就成

了"五大赖"了。从此，凡是我到白银公司，一遇到吃饭，这"赖小五"的外号就被槐青书记叫开了。这次与弗雷泽先生共进午餐，又被王新中主席把这个秘密说了出来。其实弗雷泽先生不明就里，还以为我的名字叫"赖小五"，就用非常生硬的中国话说：赖小五喝酒，引

得我们大家都笑得合不拢嘴。

吃过午饭,本来安排弗雷泽先生休息一会儿,可他一点儿倦意也没有。也许因为饮了几杯酒,他满脸红彤彤的,显得格外兴奋。翻译说,弗雷泽先生提出不休息,要去看看兰州的市容。其实这早已在安排之中。于是,新中主席带着我们几个人,陪同弗雷泽先生,沿着滨河路尽览兰州风光。在黄河铁桥旁,翻译向弗雷泽先生介绍了这座天下黄河第一桥的历史。弗雷泽先生听得仿佛入了神,对铁桥似乎感到神秘。他扶在铁桥栏杆上,望着滔滔黄河,时而伸开双臂,时而喃喃自语,虽然没有听懂他在说些什么,但我感受到,弗雷泽先生似乎诗兴大发,正在面对黄河抒发着身在异国之情感。看得出弗雷泽先生是颇为高兴的,他站在桥头一连照了好几张照片,还兴头未尽。

汽车沿着滨河路一直东行,沿途弗雷泽先生又参观了兰州市水车园、黄河母亲雕塑等景点。每到一处,弗雷泽先生都是惊喜交加,赞不绝口。然后我们大家又陪着弗雷泽先生,由西向东浏览了兰州市容,汽车在市区缓缓行进,弗雷泽先生凭着车窗玻璃,将兰州市繁华街区尽收眼底。当我们回到宁卧庄住地时已到了下午6点钟,可弗雷泽先生看上去还是兴犹未尽,看不出有丝毫的困倦。

第二天,也就是1990年的7月1日。

这天早上我起了个大早,急匆匆赶往宁卧庄宾馆,因为这天要随同王新中主席,陪同弗雷泽先生赴张掖市山丹县参观访问。夏日的兰州,清晨微风习习,天空浮动着一片片往日少见的火烧云,给人些许凉爽和惬意。当我赶到宁卧庄宾馆时,王新中主席已经和弗雷泽先生在院子的花园边散步。7点钟,我们大家就驱车向山丹县赶去。

那天,又是一个高温天气,没有走出多远,就感到一股股热气逼人。尽管大家浑身都是汗渍渍的,可弗雷泽先生对河西走廊沿途风光充满兴趣。汽车行至乌鞘岭时停了下来,特意让弗雷泽先生一睹其奇特的自然景观。面对白雪皑皑的群山,遥望山头上缭绕飘动的云彩,弗雷泽先生激动得几乎喊出声来。他手执相机一次次按下了快门,拍下了一个个在他看来是难得一见的精彩镜头,并站在一个山坡边一会儿与我们大家合影,一会儿又为自己单独拍照。他让翻译告诉我们:

这是他见到的最美的自然风光，群山与云彩相接真是太美了，太壮观了！当司机师傅把一瓶矿泉水送到他手边时，弗雷泽先生才从陶醉中回过神来，快步走到王新中主席身边，指着远处重峦叠嶂的连片群山奇峰，一个劲地伸着大拇指。

汽车经武威、过金昌，到达山丹县时已经中午1点多钟了。张掖地区工会的同志也远道赶到山丹，在这里迎候弗雷泽先生的到来。吃过午饭，我们大家都顾不上休息，就陪同弗雷泽先生参观了由著名国际主义战士路易·艾黎创办的山丹培黎学校，及根据艾黎遗愿创办的中国工合山丹合作实验区。在这里我们和弗雷泽先生一起拜谒了路易·艾黎和乔治·何克陵园。弗雷泽先生站在陵墓前久久默哀，显得十分虔诚。还双手把一束鲜花敬献在墓前，并深深鞠躬。离开陵园，弗雷泽先生又参观了艾黎及何克生平事迹展览馆。在这里弗雷泽先生详细参观了艾黎赠给山丹县的3000多件物品，每看一件，弗雷泽先生似乎都很激动。临离开这里，弗雷泽通过翻译向我们大家说，艾黎先生是整个新西兰人的骄傲，他要向新西兰人民热情宣传艾黎伟大的国际主义精神，为中新两国人民之间的友好贡献力量。王新中主席也高兴地说，要珍惜中新两国人民间的友谊，让艾黎精神代代相传。

记得这次在山丹县，我们还陪同弗雷泽先生来到距县城不远的一个农场，看望了一位正在这里帮助开展农业科教研究的新西兰女大学生。也许是异国相逢的缘故，弗雷泽见到女大学生后格外高兴，他们以新西兰人的礼节，两人紧紧拥抱，颇为热情，并不时亲热地交谈着。在农场一间看似很大，却十分简陋的房子里，弗雷泽先生与女大学生谈了很久。从翻译的介绍中，我们知道弗雷泽先生详细询问了女大学生在这里的工作生活情况，主要研究的科研项目，还希望她像艾黎那样，热情为中国人民办好事。直到现在我还记着，农场的同志用刚挤的新鲜牛奶招待我们，一大盆牛奶就放在桌子当中，那位新西兰的女大学生还把一碗碗鲜牛奶送到我们每个人的面前。原先我是不大喜欢喝牛奶的，喝现挤的新鲜牛奶还是头一次。也许是酷暑难耐，那次我却一连喝了两碗鲜奶，真是又解渴又香甜，我似乎也头一次领略到了新鲜牛奶的美味。

夏日的河西走廊，艳阳高照，热浪袭人。我们大家站在农场的地埂上，绿油油的麦田一望无边，随着微风翻滚着层层波浪，别有一番景观。已是下午快5点钟了，我们一行人告别山丹，又陪着弗雷泽先生返回兰州。车行走两个多小时后，公路两旁的山头上已经依稀可见火红火红的晚霞，暮霭也像轻轻薄纱笼罩了重重山峦。当我们进入兰州市区时，满城已是万家灯火。一天的长途跋涉，我们每个人都显得有些疲劳，可在宁卧庄宾馆院子里见到弗雷泽先生时，他却依然精神气十足，看不出丝毫的困倦。这就是头一次见到弗雷泽先生，我们共同度过的难忘的一天。

再次见到弗雷泽先生是在1991年的7月。弗雷泽先生这次在我省进行了为期5天的参观访问。头两天，由时任省总工会副主席王志玉陪同，弗雷泽先生又一次赴山丹参观了山丹县总工会、山丹培黎学校，还向山丹县工人俱乐部特意赠送了毛利族雕刻木牌。曾任甘肃省人大常委会副主任的李屺阳还在山丹热情会见了弗雷泽先生，就培黎学校的建设与发展进行了友好交谈。

后来，弗雷泽先生又由王新中主席陪同，专门参观访问了兰州铝厂。我也随同新中主席采访了访问活动。记得这是1991年7月24日的上午，大约9点钟的时候，我们就陪同着弗雷泽先生来到兰州铝厂。刘铁军厂长、李世宽书记热情接待了来自新西兰的友人。刘厂长向弗雷泽先生介绍了企业经营管理的情况。弗雷泽先生尤其对工厂重视发挥工会组织作用，关心职工生活，重视劳动保护的情况很感兴趣。他还专门对着厂工会主席王万增竖起大拇指，翻译告诉在场的人们：他是说这里的工会了不起！在参观生产现场时，弗雷泽先生显得更为活跃，一会儿爬在冶炼炉口看了又看，一会儿又在成型的铝锭前摸了又摸。还是翻译说：他说还是头一次见到铝锭就是这样炼出来的。这天的午饭也是在兰州铝厂吃的，席间更是一番友好热闹的气氛。短短几个小时，弗雷泽先生俨然与刘铁军厂长成了好朋友，刘厂长把一枚兰州铝厂的厂徽别在了弗雷泽先生胸前，弗雷泽先生也把一枚新西兰食品化学工会的证章，亲手别在刘铁军厂长的胸前，两个人久久拥抱，其情景十分热烈感人。尤其是弗雷泽先生在向我们每个人敬酒时，特意提出要与我喝两杯，嘴里还一个劲说个不停，又紧紧握着我的手不放。只有王新中主席明白其中原因，一个劲笑个不停，加上刘厂长的忽悠，我不得不喝进了两杯酒。当时弗雷泽先生笑得那个天真劲，现在还令我历历在目，记得兰州铝厂的金长旭同志还拍下了这个有趣的镜头。

1992年12月，以甘肃省总工会主席王新中为团长的甘肃工会代表团，应弗雷泽先生的邀请，赴新西兰进行友好访问，进一步密切了与新西兰食品化学工会的关系。此后不久的一年夏天，弗雷泽先生又一次来甘肃考察访问。所不同的是，弗雷泽先生这次来访，还带来妻子和两个女儿、两个儿子，用他的话说，是带着家人到甘肃省工会探亲访友的。记得弗雷泽先生一家是下午从北京乘飞机抵达兰州的。新中主席专门到机场迎接弗雷泽先生一家的到来。我是赶到兰州铝厂迎候弗雷泽先生的。因为按新中

主席的安排，弗雷泽先生一下飞机，就直接到兰铝参观。大约下午5点钟的时候，弗雷泽先生一家在王新中主席的陪同下来到了兰州铝厂。刘铁军厂长一见到弗雷泽先生，两个人都举起拳头表示致意后，又紧紧拥抱起来。当我上前欢迎弗雷泽先生时，他已经认出了我，一边握手，一边又做着喝酒的样子，又是一阵掩饰不住的大笑。新中主席还笑着说：弗雷泽先生一下飞机，还问你呢。说着我们大家都笑了起来。

这天晚上，兰州铝厂盛宴招待弗雷泽先生一家，席间杯盏交错自是一番热闹景象。就在餐桌上，弗雷泽先生向刘铁军厂长发出邀请，欢迎他访问新西兰。铁军厂长不仅欣然答应，还说与文总编一起前往，弗雷泽先生连连点头赞同。晚饭后，兰州铝厂职工艺术团又举办舞会，弗雷泽先生一家都显得格外高兴。弗雷泽先生在舞场上十分活跃，舞姿也堪称优美。他的妻子、女儿个个能歌善舞，我们几个人都显得有点拘束，倒是他们一个个频频邀我们跳舞，大家都十分愉快地度过了一段美妙时光。等到舞会结束，我们一行回到为弗雷泽先生安排下榻的兰州飞天宾馆时，已经是晚上10点多钟了。

弗雷泽先生一家这次来访，还专门到敦煌进行了参观。离开兰州那天，是在省总工会职工大厦用的午餐，我们就在职工大厦院内为弗雷泽先生一家送行。此时大家也纷纷与他们一家合影留念。正好我的女儿文晶放学，也与弗雷泽的小儿子一起照像。出乎我意料的是，就在我们相互告别时，弗雷泽先生的女儿，却相继以新西兰的礼仪，对我们每个人又是拥抱，又是在脸颊上亲吻。这突如其来的动作，令包括我在内的几个人都有点紧张起来。现在想起当时的情景，令人既难忘，又觉得可笑！

我熟识的赵满堂

甘肃盛达集团董事长赵满堂，是位颇有些名气的民营企业家。由于他的杰出贡献，曾荣获全国劳动模范、全国十大杰出青年等殊荣。现在已经是全国政协委员、甘肃工商联副主席和甘肃省政协常委。我们之间也有了十多年的交往，称得上是老朋友了。

第一次见到满堂同志还是在1997年春节前夕。一天上午，省总工会在职工大厦举行迎春座谈会，满堂同志作为民营企业的代表应邀出席。并当场捐赠3万元，支持省总工会开展的为困难职工送温暖活动。那时，赵满堂在省内已经是知名人物，尽管我是第一次见他，有关他的事迹还是早有耳闻。记得那天他一袭藏青色西装，配条紫红色领带，显得格外精神。当时我便产生了采访他的念头，并主动找他谈了自己的想法。满堂同志非常客气，也十分高兴，竟然还冒出句话来：早就听说过你，也很想结识你。就这么一句话，把我们之间的距离一下子拉近了不少。遗憾的是他当天下午就要赶回天水，采访他的事也只能成了后话。临告别时，满堂同志还留给我一张名片，再三说往后要多多联系。

第二次再见到满堂同志，是在他被评选为全国十大杰出青年之后。记得是一个星期天的上午，我突然接到满堂同志的电话，约我中午一起见见面。这是结识满堂同志后，我第一次接到他的电话，当时真是又惊又喜，欣然应约与满堂同志一见。那天中午12点稍过，我来到满堂同志告知的兰州市农民巷一家酒店时，满堂同志早已在这里等候我的到来。虽说过去与满堂同志来往不多，可一见面彼此颇感亲切，没有一点儿拘束和陌生。

也许是我们第一次一起吃饭，满堂同志格外热情，还真点了不少好菜。尽管我们两个都不喝酒，可满堂同志还是坚持要了瓶白酒，并给我满满斟上一杯。我们一边吃饭一边交谈，满堂同志告知了我不少创业路上经历的艰辛，也说了不少艰苦创业带给他的不尽欢乐。特别是说到被评为全国十大杰出青年，他的脸上流露出掩不住的喜悦与自豪。

一番交谈下来，深入采访满堂同志的念头油然而生。出于职业的敏感，我似乎感觉到满堂同志的身上有许多可写的事迹，是一个值得宣传的民营企业家的先进典型。于是，在我的再三要求下，满堂同志答应当天下午与我好好聊一会儿。他还专门邀请我到他的办公室一坐。说是办公室，其实就是位于当时的省商业厅办公楼的一间办公兼卧室的十来平方米的普通房子。我们在这里整整聊了一个下午。现在回想起来，就在那个下午，我一直被满堂同志鲜为人知的事迹感动着，更让我多了对他的几分敬重。当时刚满36岁的赵满堂，正可谓风华正茂。他滔滔不绝述说着艰苦创业的故事，道出了所经历的几多坎坷，几多艰辛。

他告诉我说，1982年深秋，在他刚满21岁的时候，被招工到天水市北道区建筑工程队当工人。对一位农家子弟来说，从此端上了吃公家饭的“铁饭碗”，赵满堂和所有企盼进城的农村青年一样，心里就像吃了蜜一样甜。他十分看重这份来之不易的工作，领导叫干啥就干啥，样样工作都干得很出色。后来他又调入天水市北道区科委工作，从此与科研工作结下了不解之缘。20世纪80年代末，改革大潮在全国大地奔涌，地处大西北腹地的天水也萌动着缕缕改革的春风。此时此刻的满堂同志，以他强烈的弄潮意识，在脑海里不时勾划着干一番事业的美好蓝图。为把自己的理想早日变为现实，赵满堂如饥似渴地钻研现代科学技术知识，努力扩大自己的知识视野。为此，他考入了甘肃农业大学经济贸易专业，一边坚持工作，一边坚持函授学习。1988年，满堂同志经过认真思考，毅然放弃了“铁饭碗”，走上了自办民营科技的实业之路。先是接手

天水市北道区技农工贸中心，利用当地是陇南铜锌矿的必然出口和通道的优势，主要从事矿业开发和矿产经营业务。在这期间，虽然吃尽了苦头，饱受了磨难，但经过几年打拼，终于走出一条令人瞩目的成功之路。第四个年头上，由他创办的这家民营企业，就已成为甘肃乃至西北屈

指可数的矿业集团。1996年企业年产值就已达到2.2亿元，实现利税1000多万元。他本人也获得了一项项殊荣：天水市科技系统先进工作者、甘肃省首届优秀青年科技创业奖、甘肃省十大杰出青年、全国十大杰出青年。并被选为省工商联常委、天水市政协常委。

就这样，整整一个下午，我都沉浸在满堂同志讲述的一桩桩感人事迹之中。当天晚上我几乎彻夜未眠，满脑子转动的都是满堂同志讲给我的故事。没过几天，我就根据这次采访的内容，写了篇题为《秦州骄子》的长篇通讯，介绍了满堂同志艰辛创业的不平凡历程，记述了他热心社会公益事业的感人事迹。这篇长达六千多字的通讯在《甘肃工人报》发表后还真产生了不小的反响。我就曾接到过一些来电和来信，纷纷称赞赵满堂是位很有作为的民营企业家，是位极富时代特色的优秀青年。满堂同志看了这篇报道后，也特意打电话给我，除了说一些感谢的话之外，再三表示自己的工作刚起步，今后的路还很长，必须进一步创业与发展，力争为社会多做一些贡献。从此，我与满堂同志之间也多了一些联系和往来，虽说见面的机会并不多，可隔三岔五就会有个电话联系。随着时间的推移，我真切感受到满堂同志是从心底里把我当作朋友的。每当有些什么事情，也总是乐意和我一起聊聊。也正是从这些交往中，我看到了满堂同志生活的清淡、处事的沉稳、为人的厚道与朴实，更学习到了他思维超前，敢为人先，锐意进取并勤奋务实的良好作风。

有一段时间，满堂同志因开辟新的业务，经常奔波于外地，很少呆在兰州。期间，我们几乎有近两年的时间没有会过面。一年冬天的一个上午，刚上班不一会儿，我的手机就响了，原来是满堂同志打来的电话，约我中午一聚。听到满堂同志的电话，我自然又惊又喜。很快处理完手头的工作，便赶到满堂同志新的办公地址兰州中兴大厦。当敲开他的办公室时，满堂同志正在等着我。一见面我们亲切握手，彼此嘘寒问暖，牵挂之情溢于言表。他兴冲冲地告诉我，经过几年的努力，他所创建的甘肃盛达集团公司不论是经营规模还是业务范围都有了新的发展，效益也连年有所增长，企业前景十分看好。还一再说，他一直都在想，要通过《甘肃工人报》牵线搭桥，为社会多做一些好事，多参加一些社会公益性活动。当时我不禁想起，连续十多年亏损的兰州通用机器厂，生产经营十分困难，厂工会连给职工订几份报纸的钱都拿不出来。我把这些情况说给满堂同志后，他当即表态："我们拿钱给兰通厂订阅《甘肃工人报》。"就这样我们俩当场商定，由盛达公司出钱，为兰通厂工会订阅100份《甘肃工人报》。当我把这一消息告诉兰通厂工会的赵主席时，他真有点喜出望外，并很快办理了订阅手续，又将所订报纸分送到了全厂的每个车间。后来，赵主席多次在一些会议上，热情称赞满堂同志对困难企业的一片情意。

最令我难以忘记的是，一年春节前夕，在与满堂同志交谈中，我只是谈了一点想在年前组织慰问困难老劳模活动的想法，没料到却得到满堂同志的赞同，连连说这是个好点子，并表示盛达公司为这次慰问活动提供赞助。有了满堂同志的热情支持，我与报社的几个同志很快把慰问困难老劳模活动的想法付诸于行动。经我们深入了解，把窦天禄、纪蕴霞、芦巨才等十名颇有影响的老劳模确定为慰问对象。春节前的一天下午，我们把十位老劳模专门邀请到省总工会职工大厦，举办了"向老劳模拜年"迎春座谈会。那天下午，老劳模们一个个胸挂奖章，显得格外高兴。时任省总工会主席的赵宝生、副主席穆端敏等领导和满堂同志一道参加了座谈会。会上，满堂同志代表盛达公司向每位老劳模赠送了500元的慰问金并发表了热情洋溢的新春祝词，表示要学习老劳模的优良传统和无私奉献精神，做无愧于时代的优秀青年。与会的劳模们一个个激动万分，整个会场上充满着浓浓亲情。省总工会的领导高度评价满堂同志的无私情怀，称赞他是一位有着强烈责任感的优秀民营企业家。记得座谈会之后，满堂同志还和老劳模们一起共进晚餐，其情其景至今令人记忆犹新。《甘肃工人报》对这次向老劳模拜年的活动报道后，在社会上引起了强烈反响。有人还撰文热情称赞满堂同志的这一行动，也有不少人虽然并不认识满堂同志，可就是通过这次活动的新闻报道，知道并记住了赵满堂的名字。

从此之后，满堂同志与我之间的交往也越来越密切。但凡盛达集团公司有什么大的活动，满堂同志有什么新的创意，他也总是毫无

保留地说给我听，有时也要我帮他出出点子。就连他在一些重要活动中发表的讲话，有的时候还非得让我给看一看。我深深感受到，满堂同志待我是既充满着友情又充满着信任。一次，我要去陇南出差，满堂同志听说后，要我在途经天水时一定到盛达集团在天水的企业看看。还特意给在天水的有关人员打电话，一再叮咛："文总编是我非常好的朋友，一定要好好接待。"盛情难却，我只好去陇南时在天水停留半天。那天雨下得很大，我们刚出兰州不远，就接到天水打来的电话，说是赵总叮咛了好几遍，这里一切都安排好了。下午3点左右，当我们来到天水北道区事先告知我们的一家宾馆时，已有两三个人在等候着我们。刚一接上头，其中一个人的电话就响了起来，从他接听电话的话语中，我已猜得出是满堂同志打来的电话，询问我们是否已经到了天水。接听电话的同志一关上手机就说："又是赵总打来的电话，要我们把文总编在天水的活动一定安排好。"说着又是帮我们拿行李，又是招呼服务员开房门。吃过午饭之后，陪同我们的同志说："赵总已经给我们说了，文总编还没去过麦积山，下午咱们就去那里看看。"听罢，我不禁心头一热。原来是和满堂同志一次闲聊中，我曾说过去天水好多次了，还真没参观过麦积山风景区。谁料这句话却让满堂同志记住了。于是我们几个人就驱车向麦积山赶去，终于了却了我多年来的一桩心愿。

多年来，满堂同志对我们报社的工作是非常支持的，我们聘请他担任《甘肃工人报》社顾问，满堂同志欣然答应，还对报社开展的一些活动时有支持。2001年元月，《甘肃工人报》创刊20周年时，满堂同志抱病参加了我们举办的电视文艺晚会，还在晚会现场发表热情洋溢的讲话，充分表达了对《甘肃工人报》的关爱和支持之情，也把电视晚会推向了高潮。特别令我不能忘记的是在《甘肃工人报》创刊20周年庆典大会上，满堂同志代表盛达集团现场捐款3万元，又为我们的庆典大会增色不少。

近几年，满堂同志多数时间在内蒙开辟新的业务，在兰州的时间很少。尽管这样，我们之间联系仍然不少，每当满堂同志返回兰州，他都会约我相见。用他的话说，我这个朋友他不管走到哪里都是不会忘记的。2008年春节前夕，我们筹办兰州地区部分企业党政领导、劳动模范、工会干部迎春茶话时，我专门登门邀请满堂同志参加。尽管他当时正在参加省上的政协会议，还是表示一定参加会议，并笑着对我说，文总编承办的会议，再忙我也愿意参加。出乎我意料的是，茶话会举行的那天下午，满堂同志早早就来到了会场，还悄悄对我说，准备在茶话会上捐款5万元，支持省总工会的送温暖活动。我当时除了激动就是感谢。会议期间，我们专门安排了捐赠活动，当满堂同志把写有5万元爱心捐款的大红信封交到新当选的省人大常委会副主任、省总工会党组书记孙效东手里时，全场响起经久不息的掌声。满堂同志的又一次爱心行动，成了我们举办的迎春茶话会的一大亮点。

今年全国两会期间的一天晚上，我从电视上看到了出席全国政协会议的满堂同志发表谈话的镜头,内心既高兴又激动。说实话,对于满堂同志作为新当选的省政协常委和全国政协委员,出席全国两会我一直十分关注,在每天的两会新闻中,我都注意有没有满堂同志的图像。这天晚上看完报道他的新闻,我就忙着给满堂同志打电话,遗憾的是连拨几次电话都没有接通。已经是晚上10点多钟,我的手机突然响起,原来是满堂同志的电话。通过电话我们聊了许久,彼此之间的祝愿让我们相互为之兴奋。满堂同志在电话中连连述说着多年来我对他的关心、牵挂,我只能说谁让我们彼此都是非常看重的朋友。说着我们俩都在电话中笑了起来。那天晚上我就是伴着这充满兄弟情谊的笑声进入了甜甜的梦乡……

看了这个企业真高兴

——孙春兰视察兰州石化公司随记

“看了这个企业我真高兴。”这是中华全国总工会副主席、书记处第一书记孙春兰视察中石油兰州石化公司后，拉着该公司总经理喻宝才说的一句话。

7月26日上午，来我省视察工作的孙春兰一行，在省人大常委会副主任、省总工会主席李德奎，副省长泽巴足，省总工会常务副主席、党组书记孙效东，省总工会副主席朱亚丽，兰州市人大常委会副主任、市总工会主席胡康生等领导陪同下，到兰州石化公司视察工作，看望职工。

一到兰州石化公司，孙春兰首先来到兰州石化公司新建成投产的70万吨大乙烯装置中央控制室。在这里，公司总经理喻宝才向全总领导详细介绍了目前兰州石化公司的生产规模、经营状况和发展远景。特别是当听到2003年经国务院批准，总投资70亿元建设的70万吨大乙烯装置，共有6套装置、14项辅助设施、12项公用工程投产后每年新增乙烯46万吨，树脂80万吨，使兰州石化形成了年1000万吨炼油和70万吨乙烯生产规模，每年新增销售收入100亿元的情况后，孙春兰高兴得连连点头，并不住地说：“兰州有这么大、这么好的企业真了不起啊！”当喻宝才总经理介绍到企业这几年坚持“一切为着员工、一切想着员工、一切依靠员工”的管理理念和企业文化理念时，孙春兰更是投以赞许的目光。看着中央控制室大电视屏幕上出现的公司坚持职代会制度、实行厂务公开、建立总经理信息员等推进企业民主管理的一系列规则、制度和实施办法时，孙春兰对喻宝才等兰州石化公司的领导高兴地说：“你们把党的全心全意依靠工人阶级的方针真正落到了实处，把以职代会为基本形式的职工民主管理制度真正落到了实处，让职工群众真正享受到了企业改革发展的成果，用实际行动践行了以人为本的科学发展观。”

离开大乙烯装置中央控制室，孙春兰一行又来到兰州石化公司化工储运厂农民工公寓视察。这个厂是兰州石化公司农民工相对集中的地方，不管是组织农民工加入工会，还是为农民工办好事、办实事，维护农民工合法权益，都开展了大量卓有成效的工作，创造了不少新鲜经验。孙春兰首先来到农民工食堂，这里的负责人介绍说，这是工厂去年筹资98万元专门为农民工修建的，食堂用的水、电、气的费用全部由工厂承担，还为食堂配备了各种炊事用具。走进食堂操作间，一位年轻炊事员正在做着中午的饭菜，案板上摆放着凉拌黄瓜、豆角、豆芽等新鲜蔬菜。

"中午吃什么饭呀？"孙春兰笑着问。

"中午吃捞面。"小伙子一边拌着凉菜一边回答。

"来这干多长时间了？"

"有一年多时间了。"

"每月有多少收入？"

小伙子朝着旁边一位正在压面的女子呶嘴说："我们两口子承包了这个食堂，每月下来能挣到1400多元，比在农村里强多了。"

孙春兰望着年轻的炊事员，欣喜地点了点头。

就是在这个农民工食堂，兰州石化公司党委副书记、工会主席李正华，把公司劳动模范、甘肃省"五一劳动奖章"获得者、公司工会所属的农民工装卸队的工会主席赵宪介绍给全总领导。孙春兰握着赵宪的手亲切交谈起来。

"你在这里干了多长时间了？"孙春兰问。

"干了28年了。"赵宪说。

"干的时间不短啊，厂里对你们怎么样？"

孙春兰这么一问，赵宪仿佛放松了许多，一下子打开了话匣子：

"兰州石化公司待我们农民工可好了，不仅在入党、入团、评选劳动模范等方面和正式职工一样对待，还关心我们每个人的生存与发展，由公司花钱培养我们学习其它技术，让我们今后到社会上就业、自谋生路有了一技之长。"

听到这儿，孙春兰插进一句话来："你们的收入怎么样？"

这时赵宪更来了兴头："我们这里的农民工收入好着哩，一月下来，光工资净收入都在1200元左右。就像我从事点管理工作，每月的收入还要比其他人高出一些。而且兰州石化公司从没有拖欠过农民工的工资，还为我们办了许多好事实事，解除了农民工的许多后顾之忧。"

"噢，说说厂里给你们办的好事。"孙春兰也有点喜不自禁地说。

赵宪想都没想，顺口就说："办的好事实事那可是太多了，凡是有农民工的地方，都建起像这样的农民工公寓和农民工食堂，还为每个农民工办理了人身安全、意外伤害、医疗等保险，每年又让每个农民工有10天左右的探亲时间，来往路费由企业报销。农民工中有谁发生特殊困难，企业也常常及时给予帮助和救济……”赵宪扳着指头说着说着摇摇头，说：“要说办的实事真是太多了，一下子还真说不全啊！”

“大家对加入工会有没有兴趣？”孙春兰又问。

赵宪说：“我们这里农民工加入工会的积极性可高哩，因为大家都已经尝到了加入工会的甜头，公司给农民工办的许多好事实事都是通过工会来办的。公司工会对于组织农民工加入工会一直非常重视，现在据我所知，兰州石化凡有农民工的二级单位，在所在企业工会的统一领导下，都建立健全了农民工工会组织，全公司的农民工基本上都加入了工会，像我还出席了全公司的工会代表大会。现在公司工会每年都按农民工人头，每月拨付工会经费，还经常组织我们农民工开展各种业余文化活动，让我们感受到了工会组织的温暖。”

孙春兰一边听着，一边笑着，又不时连连满意地点头。突然，她又向赵宪提出了这样一个问题：“像你在这里干了这么长时间，又当上了劳动模范，想不想在这里长期干下去，想不想在兰州落户？”

这时只见赵宪摸了摸脖子，仿佛不知道该怎么回答，嘴里支吾着说：“老家也还有地要种，还有父母亲，孩子也要上学，还没想到要在兰州……”

这时，孙春兰笑着说：“看来你没有说心里话，已经在兰州干了28年，哪会不想长期在兰州落户呢？”说到这儿，她转过身来对着兰州石化公司的几位领导说：“对农民工的问题党中央非常重视，非常关心，我们还要进一步地研究和探索。像这样在企业干的时间很长，各方面表现很好，甚至当上了先进模范的农民工，企业能否研究解决他们长期干下去的问题，能否研究为他们在城里落户的问题？”

走出农民工食堂，孙春兰又走进了这里的农民工公寓，视察了农民工住宿的房间和农民工文化室。看着整洁干净、用品齐全的宿舍和文化室里摆得满满登登的书架，孙春兰显得格外高兴。当知道这些书籍都是工会组织配备的时，孙春兰连声称赞说：“这件事办得好。”临离开公寓时，孙春兰又问：“大家在这里能看上电视吗？”公寓的有关人员忙说：“能看上，能看上，公寓专门有电视室，配备了大彩电，能收好多台的节目。”

大约10时30分，孙春兰一行又来到了兰州石化炼油厂常减压联合车间，视察了这里的班组建设情况。一走进车间，孙春兰就和车间的工会主席刘贵川攀谈起来。刘贵川如数家珍似地向全总领导汇报起了他们车间的管理理念：“千方百计满足员工物质和精神需求；千方百计调动员工的积极性、主动性、创造性；千方百计发挥员工潜能；千方百计帮助员工增强与发展能力。”听到这儿，孙春兰说，这4个千方百计真是抓到了点子上。接着她又问起了班组管理的情况。刘贵川更是胸有成竹：“近几年我们实行了五进班组。‘关爱员工进班组，群众生产进班组，素质教育进班组，民主管理进班组，文化生活进班组。’同时，我们还赋予了班长三项权利：一是生产指挥权，二是人员调配权，三是奖金分配权。”说到这里，刘贵川把自己身上的一个停止作业卡拿给全总领导看，并说，在出现安全隐患和有关人员违章指挥、违章作业的情况下，我们凭此卡就可提出停止作业。听着刘贵川的介绍，孙春兰一直高兴得合不拢嘴。她说：“这个停止作业卡可是一个尚方宝剑，既增强了职工的主人翁意识，又确保了企业的安全管理，这是个好办法。”接着她又问：“车间的班长和工会小组长是一个人吗？”刘贵川说：“班长是班长，工会小组长是工会小组长。”孙春兰又问：“车间召开职代会吗？”刘贵川说：“我们车间一年召开一次职代会，每两年就要对职工代表改选一次。车间还有12名职工代表参加公司的职代会。我们车间工会每年都要对工会小组长和职工代表进行一次培训，并通过成立班组长联席会，建立厂长信息员制度等形式，经常把职工群众中的意见和建议向厂里或公司反映，维护了职工的合法权益。”“车间工会主要干些什么工作？”孙春兰问。“主要是配合企业党政落实各项工作任务，从工会角度主要参与研究车间的奖金、工资分配，落实职工民主管理的各项制度。”“那你每月的收入有多少呢？”孙春兰兴冲冲地问刘贵川。他想了想说：“大约是在税后有4000多元。”一旁的一位公司领导说：“那是指工资吧，加上其他收入，月收入大约五六千了吧！”刘贵川点了点头，孙春兰也透出满意的目光。转过身来她又问操作台上的一位工人：“你工作几年了，现在每月有多少收入？”那位工人回答：“工作8年了，每月收入总共有4000来元。”这时，车间工会主席刘贵川忙说：“我们的工资分配都是公开透明的，每月都要在车间公开栏上给大家公布的。”孙春兰又来到车间公开栏前，正好工资分配表还贴在公开栏上。她仔细看起了每个人的工资分配情况，一边看一边不住地点头。

结束了在兰州石化公司的视察，孙春兰显得格外高兴。她对公司总经理喻宝才说：“你们全心全意依靠职工办企业的理念和对工会工作的重视，所取得的成果在这个车间得到印证。一个车间的工会主席有这样好的素质，把工会工作说得头头是道，看了你们的企业让人真是高兴。兰州石化公司的工作很全面，很有经验，有不少经验值得在全国推广。”临上车了，她还紧合双手说：“感谢兰州石化公司领导对工会工作的重视，感谢你们对国家做出的重大贡献。”

立冬访企业

——李德奎在中石油西北销售公司调研纪实

11月7日是立冬的日子。虽说气温较前两天稍稍下降，但兰州地区并没有让人感到多少寒冷。

这天下午，省人大常委会副主任、省总工会主席李德奎，在省总工会党组书记、常务副主席李宝堂、副主席朱亚丽陪同下，专门到中石油西北销售公司调研并看望生产、工作一线的职工，详细考察了公司经营、管理和工会工作情况。

下午2时30分，李德奎一行登上西北销售公司的一辆中巴车，由西北销售公司总经理田玉军、党委书记张贵生陪同，首先前往位于兰州市西固区的西北销售公司兰州分公司调研。一上车，德奎副主任就与田玉军总经理亲切交谈起来。当得知今年才43岁的玉军总经理，曾担任过玉门石油管理局的工会主席和局长，他高兴地说："这么年轻，正是干事的时候啊！"又听说张贵生书记在西藏整整工作了24年，还是今年评选的全国"五一劳动奖章"获得者，德奎副主任禁不住连连说：这么好的党政一把手，这么年轻的领导班子，企业必然会充满生机与活力。

汽车在北滨河路缓缓西行，车窗外连片的草坪花坛掠向车后。汽车内，德奎副主任与大家谈笑风生，不时响起一阵阵笑声。他颇有兴趣地问起了西北销售公司的业务范围、经营规模、营销方式、经济效益等情况。田玉军总经理如数家珍一一作了回答。尤其是当田总经理汇报到今年9月1日西北销售公司度过60岁生日时，德奎副主任忙说："这可是家老企业了，足以说明它在国家经济社会发展中的重要地位和作用。"

当来到兰州分公司时，这里的干部职工满怀喜悦欢迎省人大和省总工会领导的到来。一条红底白字的"工会永远是我们的家"的巨型横幅格外醒目。李德奎一行与职工群众一一握手，表示亲切慰问。走进这里的作业区，“工作有计划、行动有方案、步步有确认、事后有总结”的巨型广告牌赫然映入眼帘。就在排成长龙的油罐区，李德奎等领导认真听取了有关负责人的介绍。兰州分公司主要负责兰州石化公司和省石油公司成品油的产销衔接与资源配置，担负着区内外铁路、民航、军队等专项用户成品油销售货款的结算任务，年结算量达到150万吨以上。特别是分公司所属的西固油库，总库容19万立方米，年装卸车能力360万吨，公路发运能力30万吨，是一座集成品油储存、管输、铁路装卸、公路发运于一体的综合性一级油库。自2003年以来，连续两届被评为中国石油十大“标杆油库”。听着这些情况介绍，李德奎等领导不时赞许地连连点头。德奎副主任又详细询问了油品的存贮、输转等操作流程，还了解了分公司的经营管理、职工素质及工会工作等情况。当听到分公司领导汇报他们专门建立了工会组织，由分公司党支部书记兼任工会主席，配备了工会专职干部的情况后，德奎副主任说：“这很好，工会工作很重要，尤其是企业工会工作抓好了，对增强企业凝聚力大有好处。”

紧接着，李德奎一行又来到兰州分公司监控中心看望职工，与正在值班的职工亲切交谈。在一台微机操作台前，德奎副主任与一位女职工聊了起来：

“你参加工作几年了？”这位今年毕业于青海某大学、名叫王婕的女职工回答：“我今年刚大学毕业，才分到公司，还是实习期。”

“现在每月能拿到多少工资？”

“基本工资800多元，加上奖金，还有其他补贴，每月能有1600多元的收入。”

“实习期间就能有1600多元的收入，真不错啊！”李德奎听完这位女职工的一番话，满意地连连点头，并笑着对田玉军总经理说：“看来你们企业的效益很好，职工确实得到了实惠。”

田玉军又笑着说，凡分配到公司的大学生，我们都为大家办理了医疗、养老等保险，他们也享受着公司的各项补贴。

离开兰州分公司，李德奎一行又来到了位于定西路东端的西北销售公司机关。一走进公司办公楼一楼大厅，同样受到职工的列队欢迎，特别是那条“工会永远是我们的家”的长型横幅显得格外鲜艳夺目，给现场烘托出了浓浓的亲情。李德奎等领导与职工亲切握手，热烈的掌声久久回旋在一楼大厅的上空。

李德奎在这里首先参观了公司企业文化展室，从讲解员生动悦耳的讲解中，感受了60年来西北销售公司经历的不平凡岁月，创造的一个又一个辉煌和为中国石油工业发展、为甘肃经济建设与社会进步做出的重要贡献。

在参观公司建立不久的物流调度指挥中心时，李德奎一行对高度现代化的远程监控系统表示了极大兴趣。电视屏幕上显示的44个现场监控点的远程调度指挥、炼区生产信息、省区销售库存信息、配置计划执行及气象动态信息的查询等图像，令每个人都强烈地感受到高技术的科学化管理。尤其是物流中心一群着装整齐、充满阳光的技术人员队伍，显示出了企业的勃勃生机。

在与公司领导班子座谈中，田玉军总经理一番热情洋溢的主持词，使在场的每一个人心里都热乎乎的。他说："今天虽然是立冬，可西北销售公司从机关到生产一线，到处都充满阳光。省人大常委会副主任、省总工会主席李德奎等领导来我公司检查指导工作，带来了省人大、省总工会对具有60年历史的西北销售公司这个老企业的关心与厚爱，使我们切实感受到了工会组织的温暖。"接下来，西北销售公司党委书记张贵生代表公司领导班子汇报了工作。他既介绍了成立于1946年9月的西北销售公司60年的发展历程，又介绍了目前公司主要负责西北辖区11家炼化企业、9家省区公司成品油资源的产销衔接、优化配置和一次配送，负责陕、甘、宁、青、新、川、渝、藏、内蒙等9个省区销售公司成品油销售业务管理，主营业务辐射范围占全国版图面积63%的情况；既介绍了去年以来，公司适应"十一五"发展规划的要求，坚持科学发展观，高举中国石油大旗，维护"四统一"体制，以"四个确保"为基础，以建设和完善"五个中心"为目标，努力实现"五个全面提升"，将公司锻造成管理有力、服务精细、业绩显著、品牌突出、和谐有序的一流销售企业的"1455"发展战略；又介绍了公司加强工会组织建设、坚持职代会制度、维护职工合法权益等有关工会工作的情况。

听完张贵生书记的汇报后，李德奎发表了重要讲话。他首先代表省人大和省总工会向西北销售公司广大职工表示亲切慰问，对公司的改革与发展表示良好祝愿。并满怀喜悦和激动之情，高度评价了西北销售公司的工作：一是历史长。公司组建的历史比建国时间还长，在60年的艰苦奋斗中不断发展壮大，说明这个企业的存在和发展对整个国家的经济建设和社会发展非常重要。二是辐射面广。业务范围涉及到10多个省区，辐射面占到国土面积的60%以上，是一个有着相当实力的石油营销企业。三是管理先进。企业现代化管理的水平很高，整个管理手段相当先进，虽然是一个老企业，但与新形势下的新技术、新管理却跟得很紧，充分体现了公司领导班子开拓创新、奋发进取的精神。四是经济效益显著。企业经济效益十分显著，去年销售收入达到700多亿元，今年将突破1000亿元。同时对地方经济建设贡献巨大。今年将为我省上缴税金达1亿元，这对甘肃经济发展和社会进步是很大的贡献和有力的支持。

李德奎高兴地说，像西北销售公司这样涉及能源的企业都是国家的重要企业，关系到国家的经济命脉，关系到国家的发展战略。因此，西北销售公司的工作和所处的地位非常重要，关系到整个经济和社会发展的大局。正是由于西北销售公司强有力的保障和卓有成效的工作，为辖区内地方经济的发展提供了有力支撑。公司的领导班子这么年轻，这么富有朝气、活力和开拓精神，企业的发展前景又十分喜人，相信西北销售公司各项工作会越来越好，对地方经济建设做出更大贡献。

李德奎还充分肯定了公司的工会工作，尤其对公司在加强职工民主管理、尊重职工民主权益、维护职工劳动、健康等方面合法权益和推进企业文化建设方面的一些好做法表示赞赏。并就进一步加强工会的组织建设，配备好工会干部、发挥工会在企业发展中的建功立业作用，积极开展职工职业技能大赛、重视职工培训、推行集体合同、签订劳动合同、创建劳动关系和谐企业、维护职工合法权益、让职工充分享受企业发展成果等工作提出了要求。希望西北销售公司在认真贯彻全国工会六中全会精神、创建和谐企业、创建和谐劳动关系方面发挥带头和示范作用。

李德奎的重要讲话，使西北销售公司领导班子成员深受鼓舞。对工会组织有着深厚情缘的田玉军总经理的一番话道出了大家的共同心声："工会永远是我们职工的家，省总工会领导今天的到来，使我深感家的温暖，真是有家的感觉真好。李德奎副主任的重要讲话，对于我们西北销售公司的全体干部职工，是向今年工作目标冲刺的动力，是明年工作的努力方向。我们一定要按照讲话的要求，在加强工会组织建设、搞好职工培训、提高职工素质等方面积极探索，努力工作，在创建劳动关系和谐企业中发挥好一个具有60年历史的石油企业的带头作用。"

德奎主席下矿井

4月8日下午。

在华亭煤业集团陈家沟煤矿，出现了一位特殊的矿工。只见他一身蓝色矿工服，一顶黄色矿工帽，配上一副闪亮的矿灯，俨然一位老矿工的模样。他就是省人大常委会副主任、省总工会主席李德奎。

李德奎是在省总工会副主席刘天明的陪同下，结束了在庆阳市为期4天的调研后，这天上午11点钟风尘仆仆赶到华亭煤业集团的。一见到华煤集团董事长缪寅生、党委书记朱同印，李德奎就提出，一定要下井看望采掘一线的职工。并兴冲冲地说：“我还是70年代曾在靖远煤矿下过矿井。”当华煤集团的领导告知说现在矿井采掘一线现代化程度很高，采掘一线的工人按按电钮，掌子面就可以实行机械化综采，和过去已经大不一样了。李德奎更为高兴地说：“那更得下井看看了，作为省总工会的主席，在五一劳动节来临之际，看望井下的职工更应该了。”

李德奎一下汽车，就直接来到华煤集团会议室，听取了华煤集团的工作汇报，并详细了解企业工会工作、集体合同和劳动合同签订以及农民工加入工会、权益维护等方面的情况，并发表了重要讲话。座谈会结束已经是中午近1点钟，华煤集团的几位领导考虑到德奎主席长途乘车一路劳顿，又开了一个多小时的座谈会，因此建议吃过午饭好好休息一会，下午3时再下矿井。可德奎主席仿佛下井心切，坚持下午两点就到矿井。并说：“既然到了矿上，就尽量多看一些地方。”

于是，下午还不到2点钟，李德奎就早早登上矿上安排的去矿井的汽车。不一会儿就在华煤集团几位领导的陪同下，来到准备下井的陈家沟煤矿。李德奎先是参观了调度中心，详细观看了采煤流程。得知陈家沟矿是华煤集团打造“中国西部煤业航母”的现代化骨干矿井，专营煤炭采掘，矿井工业储量1.24亿吨，服务年限42.6年；1997年建成投产以来，经过近3年大规模技术改造，现已达至年产煤150万吨以上，目前拥有固定资产2.15亿元等情况后，李德奎对华煤集团、对陈家沟煤矿的超常规发展赞不绝口。他还与在场的职工一一握手，感谢他们为发展我省煤炭工业做出的贡献。

走出陈家沟矿调度室，李德奎就在有关工作人员的带领下，径直来到了陈家沟煤矿井口更衣室。不一会儿，德奎主席身穿一套深蓝色矿工服，脖子上围上了一条毛巾，头上戴了顶黄色的矿工帽，足蹬一双齐膝深的雨靴，穿过一个长廊，就来到了井口处。乘上了下井的矿用电瓶车后，还和一起下井的矿上领导不时交谈，从井下职工的工资收入、作业时间，到劳动安全、班中就餐等，样样事他问得都很详细。

陈家沟矿井离地面有300多米深。德奎主席乘上矿用电瓶车后，先是经过大约有1000多米长的一个斜坡道。当电瓶车停在写着201洞的地方后，有10来名正在当班的矿工一字排开迎接德奎主席的到来。李德奎忙走上去和他们握手，并拉着一个矿工的手说："工作几年了，每班几个小时，工间能休息吗？"那位矿工一一回答后，德奎主席忙说："大家辛苦了。"

穿过一个大门，李德奎和大伙一道沿着巷道踩着水迹继续向矿井深处走去。刚才坐电瓶车时还有些凉意，可此时巷道的温度已近三十度，巷道里也没有了电灯，完全靠着大家头上的矿灯照明。此时，德奎主席似乎一点儿倦意也没有，一直走在大家的最前头。可我已经看到，他穿的矿工服的背上，已经湿了一大片，额头上、两鬓角都是汗水，矿工帽下露出的头发也已经被汗水浸透了。可他全然不顾这些，依然大步流星朝矿井深处走去。

大约走了半个多小时，来到了一个尽是台阶的斜坡道处，每个人几乎都要弯着腰走下台阶，德奎主席竟然不一会儿就走下台阶，又走过一段又是水又是泥的巷道，终于来到了采煤的掌子面。有人提出就站在掌子面上方看看，可德奎主席坚持要到掌子面综采现场看看。要到掌子面综采现场，必须经过一段107米长的斜坡道，而且都是很陡的台阶，加之巷道尽是支架，地方十分狭窄，走下去很是费劲。德奎主席沿着几十个狭窄陡峭的台阶一直走下百米多长的斜坡。就在掌子面38—39支架段，德奎主席站在支架之间狭小的空档里，饶有兴致地听着陈家沟矿矿长刘世康有关机械化综采的作业情况，还现场观看了水冲式割煤机、刮带板运输机的联合作业，深为煤矿井下的现代化水平而赞叹不已。尽管当时巷道里又闷又热，可德奎主席还是问长问短。就在离开掌子面的时候，他心里仍然牵挂着井下作业的工人，一边上着台阶，一边问着刘世康矿长：

"工人每个班在井下多长时间？"

"基本上是8个小时。"

"每个班能采多少原煤？"

"大约2600多吨。"

"工人的收入怎么样？"

"矿上实行吨煤工资含量包干，每个工人月收入在3000元左右。"

"工资直接发给工人吗？"

"工资每月都按时发，还有奖金，2006年采煤一线工人年收入都在3万元以上。"

听着矿长这些回答，李德奎笑了。他说，井下工作还是很辛苦的，我们各级组织都要多关心他们，多给他们以温暖。尤其是农民工已成为井下作业的主力，要关爱他们，尊重他们，把他们真正当成我们矿山的主人。

就在返回地面的途中，陪同德奎主席一道下井的省总工会副主席刘天明，也不顾满脸汗水，与矿上的同志一边走一边聊。听说矿上在工资分配方面坚持向生产一线和艰苦岗位倾斜，井下作业的采煤队队长和一线工人的收入，都要高于矿机关的干部和工作人员，刘天明称赞说，这就体现了对生产一线工人的关爱，体现了对劳动的尊重。又听说矿上通过技术比武、岗位练兵，培养采掘一线技术骨干，刘天明更为赞赏。他说，采煤技术日益向着现代化迈进，就是要让工人们掌握更多的现代化生产技能，涌现出更多的采煤技术能手，工会要把这项工作当作一项长期任务抓下去……

不知不觉，在井下，德奎主席与大家度过了两个多小时。当上到地面时，几乎每个人都是汗淋淋的，看得出大家还是有些疲劳。可德奎主席稍事洗理之后，又一口气参观了华煤集团的砚北煤矿、华亭煤矿等处的农民工公寓、农民工食堂、农民工活动场所。每到一处，他总是看得那样认真，问得那样详细。来到砚北煤矿农民工食堂时，德奎主席仔细看了写在黑板上的食谱和每个菜的价格，正好有一个农民工正在吃着一碗香喷喷的炒面。德奎主席问道：

"老家是哪里人？"

"是庄浪县人。"

"到这几年了？"

"已经8年了。"

"工作还好吗？"

"这里工作很好，每月都能拿到3000来元。"

"这碗面条多少钱？"

"才4块钱。"

这位叫陈利的小伙子一一回答了德奎主席的问话，显得颇有些高兴。他还对记者说，矿上对农民工很关心，吃饭、住宿样样都照顾到了。他在这里干得舒心，家里也很放心。就是由于他在矿上干，收入好，老家新房都盖起来了，村里的人很羡慕。

也是在砚北煤矿农民工活动室里，德奎主席还看到了贴在墙上的工资分配公开表,谁出多少工,谁发多少工资,在这个表上都一目了然。他对同行的华煤集团的领导说,你们把民主管理、民主监督、厂务公开、班务公开、队务公开真正落到了实处,这个一定要坚持下去,让每个农民工都能享受到主人翁的权利。

就这样,李德奎从上午11时走进华亭煤业集团,从井下到井上,整整忙碌了一天,把省上领导和省总工会领导对煤矿职工的一片深情厚意,留在了华煤集团,留在了华煤万余名职工的心中……

暮色苍茫看劲松

——记中石油庆阳石化公司总经理、党委书记张栋杰

这是公元2006年11月16日。

雪后的陇东大地，山山峁峁白雪皑皑，飕飕冷风中，裹着黄土高坡一股股挡不住的寒气。庆阳市庆城县深处的马岭川道，油罐车川流不息，环江水静静流淌，构成了一幅石油城壮美的风光。

就是在这天晚上，具有“陇东明珠”美誉的中石油庆阳石化公司，彩球高悬，灯火通明，到处都披上了节日的盛装。偌大的公司俱乐部礼堂里，更是高朋满座，千余名身着红色工作服的员工在这里隆重集会，庆祝庆化原油年加工量跨越百万吨大关。

庆祝大会上，公司总经理、党委书记张栋杰正在发表讲话：

“跨越百万吨，实现了庆阳石化原油加工量的历史性突破，掀开了庆阳石化历史崭新的一页。”

“使庆化人所思、所想、所盼的梦想终于成真！”

“跨越百万吨，是庆阳石化的辉煌，更是庆阳石化迈向新征程的起点。”

……

这犹如诗一般的语言，回荡在礼堂的上空；犹如一团烈焰，燃烧起千余名职工心头火一般的激情，会场上不时响起一阵又一阵长时间暴风雨般的掌声。

目睹此情此景，只有庆化人心里最明白，这掌声是全公司员工对他们的总经理在短短一年多的时间里，为改变庆化困难局面所付出辛勤劳动的最高奖赏！是全公司员工对自己的总经理无比信赖、真诚感谢的真情回报！

目睹此情此景，记者不禁为之惊叹，张栋杰竟能如此赢得人心！他的形象也在我

脑海里一次次放大起来：

张栋杰，一个来自甘肃天水市武山县的西北汉子，自参加工作以来，就与石油结下了不解之缘。他曾是长庆油田采油二厂的厂长，为长庆油田陇东油区的建设与发展做出了重要贡献，尤其是为西峰油田的开发、建设立下了汗马功劳；

他曾是长庆油田公司的总经理助理，已经举家搬迁到古城西安；

他曾是甘肃省人大代表，荣获过全国“五一劳动奖章”、甘肃省劳动模范、甘肃省功勋企业家等等荣誉称号；

他是2004年4月在一种特殊的情况下，被调任庆阳石化公司党委书记、总经理的。

两年多来，张栋杰在庆化公司又走过了怎样一条不平凡之路？这样一种强烈的职业意识，促使我对张栋杰进行了一番深入采访。在记者与众多干部职工的交谈中，记录下了在不足1000天的日子里，张栋杰为庆化的振兴与发展流下的汗水，付出的心血，奉献的智慧。并又一次感受到了张栋杰的非凡气魄和人格魅力。

坚持以人为本，努力建设一支心气顺、风气正、士气高、正气浓的职工队伍，是庆化稳定、改革、发展的迫切需要，也是广大员工的热切渴望——

这是张栋杰担任庆化公司总经理后说的第一句话，也可以说是他亮出的第一个治厂之方。

事情还得从2004年的春天说起。

这一年的春天，对于庆化公司可以说是一个黑色的春天，是一个多事的春天，也是一个让庆化人足以惊心动魄的春天。

就是在这个春天，庆化公司发生了一场持续20多天的聚众上访、震惊中国石油上层的风波。

也就是在整整20多天里，庆化公司管理乱了，人心散了，有的生产装置停了，整个企业到了瘫痪的边缘。

严峻的形势，引起庆化公司上级主管部门——中国石油天然气总公司的极大关注，一个解决庆化公司问题的决定也在紧张的酝酿之中。

2004年4月22日，对于时任长庆油田公司总经理助理的张栋杰来说，又实在是一个不寻常的日子。因为他怎么也没有想到，这天一个突然来自北京的电话，火急火燎地把他叫到了北京。

就是在这一天的下午，张栋杰随同长庆油田公司总经理王道富一起来到了北京。究竟有什么事谁也心里没有底。张栋杰总觉得有一种预感，可想来想去还是一头雾水。这天晚上他终于失眠了，整整一个晚上辗转反侧，也没有想出个究竟。

在北京一见到中石油股份公司高级副总裁段文德，他就开门见山：庆化近一段一直在闹腾，总公司党委决定栋杰同志到庆化公司任总经理、党委书记，要立即到任，尽快把局面扭转过来……

听着段文德副总裁的话，张栋杰情不自禁地看了看王道富总经理，脑海里似乎也闪出过什么，可当他再看看段文德那不容商量的一脸严肃时，张开的嘴又闭了起来。正在这当儿，又见到了中石油总公司总经理陈耕同志。他来到张栋杰面前，半是微笑半是命令地说："栋杰同志，庆化这个班子就交给你了。到了庆化，一要抓稳定，二要抓安全，三要抓发展，四要抓队伍建设。集团公司党委相信你能把庆化的事情办好。"此时此刻，张栋杰深深感到，陈总给予他的是信任，是力量，更是沉甸甸的压力。

就在与总公司几位领导谈话的当天下午，张栋杰与王道富乘飞机返回西安。在飞机上整整一个多小时，他的思绪就没有停止过。

从一参加工作就围着庆阳的山山洼洼打转转，好不容易进了西安城，板凳还没坐热，又得回到马岭川；

女儿正在西安上学，妻子身体不好，常埋怨自己顾不了家，到西安后刚刚安好了家，看来又得分开；

父母亲都已是年近八十的老人，多么需要自己在身边照顾。

尽管张栋杰心情很不平静，也想到再返回庆阳会遭到父母、妻子、女儿的不理解甚至埋怨，可他想的更多的还是中石油几位领导语重心长的叮咛。

就这样，2004年的4月24日中午，张栋杰连回家向妻子、女儿告一声别都没来及，就与中石油股份公司的有关领导和长庆油田公司总经理王道富一道赶往庆阳。

4月25日的下午，庆化公司召开有100多人参加的干部大会，中石油股份公司有关领导宣布关于调整庆化领导班子并任命张栋杰为庆化公司党委书记、总经理的决定。中石油股份公司高级副总裁段文德在会上说：总公司党组决定张栋杰同志任庆化公司总经理、党委书记，这不仅是对张栋杰同志的重用，也是对庆化公司的重视。他思想素质好，大局观念强。思维敏捷，决策果断，工作有魄力，善于处理复杂问题，组织协调能力和驾驭全局能力比较强；他工作踏实肯干，热情高、标准高，要求严，为人正派，相融性好，自身要求严格，群众威信比较高。由他担任庆化总经理兼党委书记，有利于庆化的改革和发展。

张栋杰也在会上作了表态发言，表示决不辜负总公司领导和庆化广大职工的希望，和全公司员工一道尽心竭力把庆化的事情办好。

2004年4月25日的这天晚上，竟然成了庆化公司的不眠之夜。全厂千余户人家都静静地守候在家里，从电视上收看公司干部大会实况录像节目。

也就是在这天晚上，鞭炮声响彻了整个马岭川道，张栋杰也成了庆化人谈论的焦点人物。

可人们放炮归放炮，但仍然担心着这位新来的总经理能不能带领庆化人走出困境。特别是那些参与过聚众上访的人,更担心新来的总经理会不会给他们点“颜色”看。因此,人们都关注着张栋杰上任后的第一把火究竟怎么烧。

张栋杰压根就没有想着要烧什么火,倒是4月27日他在新班子组建以来的第一次干部大会上一番充满深情的坦诚讲话,让全公司的员工吃了定心丸。

他语重心长地对到会的同志说,我不想讲过去怎么样,只讲当前和今后怎么做。并响亮地提出要通过落实各项政策规定,把员工的心稳定下来,把员工的力量凝聚起来。为此,他当众宣布,启动落实国务院休假政策,实行5天工作制,启动双休日;全面落实集团公司、股份公司制定的各项政策,包括业绩政策、奖惩政策、福利政策和其他相关政策,使员工的合法权益切实得到维护和保障。

这一句句掷地有声的庄严承诺,引起了会场上一阵又一阵经久不息的掌声。细心的人曾做过统计,两个来小时的会,鼓掌声就达45次,有的掌声持续时间很长、很长。在场的许多人都流下了激动的泪水。一位曾参加过聚众上访的员工对记者说,收看了4月25日晚上调整公司领导班子大会的电视录像后,竟激动地在自家卫生间里,关上门放声哭了整整半个多小时,这天晚上他又含着眼泪听完了张总经理的讲话。也就是听了这次讲话,他一颗悬着的心才放下了,各种担心忧虑也没有了,感到上级确实给庆化派来了一位好领导,庆化有希望了。

张栋杰在大会上讲稳定,更重要的是通过一点一滴的小事来抓稳定,增强企业的凝聚力。在上任后的几天时间,他几乎走遍了厂区的角角落落,深入到群众中去了解情况,听取意见,发现问题。用一片真诚化解一些员工心头的忧虑。有个曾在群众上访中表现较为活跃,一连三次到北京上访的员工总是担心自己以后的日子不好过,张栋杰了解情况后,主动找他谈心,既指出他的不正确做法,又鼓励他放下思想包袱好好工作,只要吸取教训改了就好。后来这个员工打消了顾虑,努力工作,还竞聘担任了一个车间的班长。由于工作积极主动,带头参加公司举办的各类政治和文化活动,深受员工好评,现在这个员工已被吸收为中共预备党员。

经过一段时间的深入调查,张栋杰发现,公司一些涉及员工切身利益的问题长期得不到解决,这是造成庆化公司内部一度不稳定的重要原因。因此,他在公司领导班子会议上明确提出,要把解决员工关心的热点和难点问题,作为维护企业稳定的突破口。长期以来,庆化公司因为没有为员工建立住房公积金,成了全公司员工的一块心病,也是大家长期反映的热点问题。张栋杰便多方奔波,积极向公司争取资金,落实政策。上任不久,不仅为全公司员工建立了住房公积金,还为大家争取到了一定的住房补贴,解决了员工的后顾之忧。过去庆化公司一直没有为员工办理养老、医疗等保险,员工们对此反映强烈,意见很大。张栋杰就和班子成员一道反复研究,千方百计筹措资金,并于新班子上任的当年,就挤出2000多万元,为每位员工办理了“三金”。到庆化工作不几天，张栋杰就听工人们说，在长达16年的时间里，庆化没有给员工涨一次工资，不少人每月收入也只有几百元，就这有时还不能按时发放。知道这个情况后，张栋杰一连几个晚上都睡不着觉："工人的收入太低了，这样下去工人们怎么能安心生产，员工队伍又怎么能够稳定。现在再有困难也得设法为员工增加收入。"他想尽一切办法，让员工的实际收入尽可能与中石油系统的一些企业接轨。就这样，2004年全公司员工的年平均收入就达到24000多元，比过去翻了一番还要多。记者在采访中得知，2005年员工年人均收入达到28000元，预计2006年年人均纯货币收入将突破3万元大关。同时，在张栋杰和班子成员的齐心努力下，公司还为员工建立了大病补助保险、工伤保险、意外伤害保险、女职工特殊疾病互助保险、补充医疗保险，筑起了员工抵御各种风险的坚强屏障。公司建立了困难员工救助制度和"送温暖基金"，又坚持为员工按时发放各种劳保用品等等。实施了救助困难员工子女上学等"温暖工程"，全面启动了员工健康疗养制度，组织数百名员工外出疗养，送先进模范到国外旅游。

正是通过对这一件件多少年来员工反映强烈的实际问题的解决，不只是让全公司员工得到了实惠，更让员工看到了张栋杰办事的气魄和实心，从而赢得了全公司员工对新一届领导班子的信赖。

要管好一个企业，核心的问题是发展。要发展就必须要有战略管理、战略思路、战略目标、战略部署、战略措施，这是一个企业家，一个管理者的第一要务——

这是张栋杰走上庆化公司总经理岗位后，对领导班子提出的要求，也是他为自己确立的工作目标。

如果说，张栋杰上任后通过抓一件件关乎员工切身利益问题的解决，赢得了人心，换来了企业的稳定，那么他号召在全公司唱响发展主旋律则吹响了庆化发展的冲锋号。颇有战略眼光的张栋杰，为庆化谋划了这样一幅宏伟的发展蓝图：

用三年左右时间，使庆化原油年加工量力争达到150万吨。

力争实现当年保平，两年翻身，三年盈利。"当年保平"是2004年经营情况要保平，"两年翻身"是要消化历史旧账，"三年盈利"就是三年内公司全面实现盈利。

企业的增长方式、运行质量要达到中国石油中等企业的水平。

按照这一发展思路，张栋杰带领新一届班子连续两年来砍出了四板斧：

第一板斧就是狠抓企业内部管理。在张栋杰的主持下，组织专门力量对公司外围单位的资产、人员进行清理摸底，清理了业绩、奖惩、福利等有关规定，加强了内部审计管理，对基本建设、经济合理、资金运行等方面进行全面审计；围绕安全生产责任管理，建立了管理制度，严肃各项工作纪律，健全了一整套统揽公司全局的制度和管理流程。张栋杰还提倡把以人为本的管理理念融入各项管理工作的全过程，在全公司营造了忠诚、敬业、责任、求实、奉献的和谐氛围，在员工中大力倡导忠诚于企业，敬业奉献，尽心尽力做好本职工作，在其位，谋其事，对工作高度负责，树立强烈的主人翁责任感，说实话、办实事、务实绩、求实效，爱岗位、爱庆化，乐为庆化的事业流大汗出大力。并通过发动各个层次的干部、员工找管理方面存在的问题，抓管理工作中的重点环节，明确每个管理层面的职责和权利，严格每个管理环节的办事程序，从而改变了一度存在的干部不敢管，员工不服管以及管理无制度、规章不落实、纪律不严格的局面，使企业很快步入了依法、依规、有序管理的正常轨道。

第二板斧就是狠抓技术改造和认真筹划庆化发展中长期规划。新班子上任的第六天，张栋杰就带领全公司员工打响了一场以装置大检修、设备大改造为主要内容的攻坚战。同时确定了庆化中长期发展目标，在很短时间内就编制了庆化150万吨 / 年配套改造工程九个项目工程建议书，并以150万吨 / 年加工规模对生产装置存在的能力不配套进行补齐改造为重点，制定了庆化"十一五"发展规划。终于实现了庆化生产厂区的加工来料系统按照150万吨设计定位的目标。而且也促成了150万吨 / 年原油管线的建成投运，结束了庆化30多年来原油依靠罐车拉运，加工成本高，利润空间小的历史。从而也使庆化的设备改造和装置炼化配套能力都上升到了一个新的水平，一举实现了至2006年11月16日，年原油加工量突破100万吨的历史性跨越。一位中石油系统的资深专家惊叹地说："庆化公司用中国石油最落后的装置，创出了一个同行业中等企业的水平，真是奇迹啊！"

第三板斧就是解放思想，转变观念，全面推行管理创新。在张栋杰看来，庆化这些年来发展之所以缓慢，原因固然很多，但与干部员工的思想不够解放，观念、管理都比较滞后不无关系。因此，他从庆化的实际出发，先从体制创新着手，在炼油主要企业实行了优化组合，推行扁平化管理。对干部实行轮岗，要求操作人员必须一精二懂三会；在多元经济实行资产经营，全部推向市场。并围绕这些改革，在全公司推行精简机关，设立附属；压缩编制，精干管理；壮大多种经营，组建多种经营集团；关停扭亏无望企业等一系列改革改制，大大激发了企业的内在活力，打破了过去一潭死水的僵局。同时，又在企业内部推出了五种创新机制：

竞争上岗机制——管理人员竞聘上岗，专业技术干部全员竞聘上岗，中层干部轮岗锻炼，工人技师考核竞聘，操作人员双向选择；

薪酬激励机制——易岗易薪，干什么活拿什么钱，享受什么待遇，实行员工收入与企业效益、工作业绩、装置指标"三挂钩"；

绩效考核机制——推行员工业绩合同，主业生产单位逐月拔高指标考核，多元经济实行经营成果分段考核；

技能考评机制——工人技师奖金激励机制，联合装置运行操作人员奖金抬高制，

一精二懂三会操作人员奖金加分制,低技能人员奖金下浮制;

学习培训机制——进行学历培训,外出考察培训,开展技能鉴定,轮岗培训。

在管理上更是推出了一系列创新制度和办法。诸如在安全管理上,全面推行HSE建设,在质量管理上推行了QHSE体系建设,ISO—9000认证等,在生产管理上推行了"十放心,六不走",管理人员走动式管理、操作人员全天候巡查等制度,在经济管理上推行了计划管理、合同管理、结算管理、财务管理、资产管理、采购管理、价格管理等。并建立了强有力的监督系统,完善了监督体系,提倡员工监督,实行厂务公开、严格纪检监察等。这一系列改革和创新机制的推行,犹如给庆化公司注入一针强心剂,企业的各项工作都呈现出了勃勃生机。

第四板斧就是轰动全公司的管理人员和技术干部岗位竞聘。在张栋杰就任庆化公司总经理两个月之后,他就大刀阔斧地组织进行了全公司中层干部、管理人员、工程技术人员、安全监督及班组长的岗位竞聘。召开了42场中层管理岗位副职和专业技术岗位竞聘大会,参加竞聘的达到300多人。通过竞聘有43人走上了中层副职岗位,有65人走上了专业技术岗位,有47名操作工人走上了班长岗位。通过竞聘,鼓舞了全体员工的爱厂热情,激发了全体干部奋发有为的斗志,同时也优化了干部队伍的结构,提高了管理人员的整体素质,搭建了优秀人才脱颖而出的平台。不少员工感慨地说:"如今不光是企业蒸蒸日上,我们个人的前途也一片光明!"

作为一个企业家,要让职工信赖你,尊崇你,追随你,首先是你对职工要有满腔的热情,要理解他,信任他,尊重他,帮助他,造福他,说到底就是企业的领导人要把职工当人看,把职工的事当事干——

这是张栋杰对自己做人做事定下的标准。他常说,我这个总经理管的就是员工吃喝拉撒的事,员工再小的事对我来说都是大事,都要用心去做好。他还常要求公司领导班子成员和每一个干部,作为企业,关乎员工的事,说了就要做,做就要做好;给员工承诺了的事,就一定兑现,不要哄人,哄一次可以,哄两次、三次员工就不会答应。我们要求员工对企业要有责任心,我们更应该为员工诚实做事,这是每个干部的立身之本,也是干一番事业的基础。

他这样要求大家,但首先是自己带头做到。

多少年来,庆化员工家属的生活用水靠一个露天水库,由于水处理技术不过关,水质达不到饮用标准。员工为此反映了不知多少次,历届领导班子也都采取措施进行过整治,但都没有从根本上解决生活用水又苦又涩的问题。张栋杰上任了解了这些情况后,很快组织人员进行现场考察,并筹集100多万元资金,专门打了一眼水井,又安装了水净化装置。从此全公司生活用水全部用上了纯净水,使建厂30多年来一桩老大难问题终于得到解决,从员工到家属一个个都笑得合不拢嘴。

公司有200多名单身员工，长期居住在半山腰已经有20多年的土窑洞里，居住条件非常简陋。张栋杰到庆化公司不久的一天晚上，突然下起了罕见的暴雨。这时他牵挂着住在窑洞的员工和家属的安全，连忙打电话叫来公司各职能部门领导，来到半山腰查看窑洞、查看水情、慰问员工家属。还就地了解大家的意见和呼声，现场拍板，由公司组织人力，统一对窑洞进行加固和粉刷，使这部分员工的居住环境和条件有了明显改善。

公司的职工食堂过去只有两间平房，设备十分简陋，饭菜品种少，质量差，员工群众意见很大。张栋杰看到这种情况，立即要求后勤有关部门对职工食堂进行改造。修建十几间平房扩大了职工食堂的面积，又投资100多万元配备了一整套厨房设备，使职工食堂的条件大为改善，饭菜质量明显提高。公司每天当班的生产一线职工都可以免费到职工食堂就餐，公司又专门给食堂发放了一定的补贴。每逢企业设备大检修，还坚持免费为员工送餐到现场，大家再也不用为吃饭的事犯愁。不仅如此，在张栋杰积极倡导下，庆化公司还加大公共服务设施的建设力度，先后投资四五十万元，在生活福利区修建了标准较高的浴池，让员工家属洗上了桑拿浴。还在生产厂区修建了四五处标准化的卫生间，很受职工欢迎。

由于公司多年来没有修建过职工住宅，员工住房条件普遍较差，这也成了长期以来员工反映比较强烈的问题之一。张栋杰一担任庆化总经理，就几上中石油总公司，为员工争取住房补贴资金。不仅使每户员工一次性最多拿到五六万元、最少拿到二三万元的住房补贴，而且多方联系，在西安泾河源、庆阳西峰，为员工建立了生活基地，修建了商品实用住房，使在职员工和离退休员工都不再为住房而担忧。

公司原来修建的职工阅览室，在长达十多年的时间里，都没有新添过一本书，而且设施非常陈旧。又是在张栋杰的关心下，对阅览室等员工活动场所进行了大面积改造，并设立了乒乓球、棋牌等员工活动室，一个个都进行了装修，使公司的所有文化活动场所焕然一新。公司还一次性投资10万元，为阅览室新添了4000多册图书，群众性的篮球、排球、音乐、戏曲等10多个业余文体协会也都相继成立起来，还给每个员工都发放了书报费，员工的业余文化生活一下子丰富起来。

对于一些员工生活工作中存在的实际困难，张栋杰更是关怀备至。

公司有位叫张迪的员工，今年才38岁，1996年不幸患上了骨髓空洞症，虽经多方治疗，病情没有根本好转，完全丧失了劳动能力，只好病退在家。谁料弟弟开出租车又不幸遇害，留下两个年幼的孩子，父亲又患病去世，母亲长期患病，这些生活负担全都压在他和妻子的肩上，境遇十分困难。张栋杰到庆化工作的第一年春节，就和公司的其他几位领导到张迪家慰问。看到他们生活困难的情景，张栋杰心情非常沉重，当场拍板由公司拿出2万多元，为张迪在生活区修建一个小商店，经营一些日用小商品，并且水电费全部由公司承担。同时，又为他的爱人在公司后勤单位安排临时工，每月也有了450多元的工资。公司除为张迪本人发放低保工资外，每月还发给200元的补贴。这样一来，使张迪一家人的生活有了基本保障。张迪和他的妻子见人就说："是张总，是庆化公司救了我们一家啊！"

张栋杰就是这样实心实意为员工办实事，因此，赢得全公司员工的深深爱戴。记者在采访中听到了不少员工这样的心声：盼望着张总能到更高层次上工作，因为他是个想干事、会干事、能干大事的人。可又担心，一旦张总调走了，庆化的发展受到影响……

我始终有一个信念，不干则已，干必干成，干必干好。人这一辈子，生命是短暂的，有效的工作时间是屈指可数的，能够干点事情的环境和机会一生中没有几次。要体现人生的价值，体现一个人的政治责任和社会责任，就必须珍惜机会和环境，认认真真干好每一件事，才能无愧于时代，无愧于组织，无愧于家庭和父母——

这一番充满哲理，又不乏深刻的话语，实际上就是对张栋杰忠诚于事业、无私奉献的崇高精神境界的最好诠释。

在庆化采访的日子里，许多员工说，自打走进庆化的那天起，张栋杰似乎把自己的一切都交给了庆化，一年四季，没冬没夏，没黑没明，整个身心都扑在了工作上。

初到庆化那阵子，他几乎每天都工作十几个小时，星期六、星期天，不是在厂区这里走走，那里看看，就是在生产现场、装置线上，检查生产情况，要么就是在办公室里。抄抄写写，思考着、谋划着庆化的未来。由于过去20多年都在工作生活比较艰苦的地区和企业工作，他也是疾病缠身，可他从不把自己的病放在心上，工作忙起来连吃片药的时间也顾不上。刚到庆化时，一连多日的辛劳，他终于病倒了。可说啥他也不去医院，就躺在自己住的房子里，一边打着吊针，一边还召集会议布置着工作，让不少人看了都心疼和犯急。他患有糖尿病多年，本应在生活上多点关照，可他远离住在西安的家人，来到庆化公司，住在招待所，吃的食堂饭，一连几个月都回不了一趟家。到庆化公司的第一年过春节，他不仅没有回老家看望年迈的父母，也没有回西安与妻子和女儿团聚，而是让妻子和女儿从西安来到庆化过春节。可妻子与女儿来了以后，他哪里顾得上与家人共享团聚之乐，大年三十晚上把她们娘俩丢在招待所里，自己到生产一线慰问员工去了。等到回到招待所住处时，已经到了深夜。大年初一清晨，等妻子和女儿睁开眼睛时，又不见了他的影子。原来他又带领公司机关的有关人员，到生产岗位、到一些困难员工家里去拜年去了。

公司机关的几位工作人员说，张总自打走进庆化，好像把自家的事全都抛在了脑后，除过外出参加会议，他几乎把自己就拴在了厂里。有时上北京开会，几过西安而不入家门对他来说已经成了习惯。不知有多少次，都是从庆阳赶到西安，一下汽车就上飞机赶往北京。从北京飞到西安，又是一下飞机就上汽车，赶回公司。有好多次，随行的同志都劝他回家看看，他只能是淡然一笑，仿佛也有难言的苦衷。

这两年多时间，和张栋杰朝夕相处的庆化公司的员工们，都有一个共同的感觉，他一年到头都在忙着，而且显得格外地忙，忙得连一点家里的事都顾不上，尽管为此遭到父母的数落，妻子的唠叨，女儿的埋怨，可他还是依然如故。

2006年夏季，女儿面临高考。不知有多少人在为子女高考忙碌着，张栋杰却一点儿也顾不上，也管不上。女儿要到兰州面试，本来答应女儿陪她一起去，可当时正好中石油总公司召开会议，他只好赶往北京，陪女儿上兰州面试的事只好交给了妻子。面试那天女儿看到几千名考生大都由父母陪着，惟有自己看不到父亲的影子，心里很不是滋味。后来女儿考入北京公安大学，按说张栋杰去北京开会的机会也不少，可每次到北京，他总是来也匆匆，去也匆匆，连到学校看看女儿的空也没有。倒是随行的工作人员趁他开会时，打个电话给他的女儿，或者悄悄把孩子接来让父女俩见上一面。女儿总是高高兴兴来到父亲住的地方，一见到父亲难免撅起嘴巴，埋怨爸爸不去看看自己的学校，眼里总是闪着泪花。往往就是那个时候，在场的人也都感受到张栋杰那股难以抑制的酸楚。在没有人的时候，他也曾为此伤心过，落泪过。

张栋杰的父母也都是近80岁的高龄老人了，总想着能让儿子在自己身边多待几天，多说几句话。张栋杰又何尝不想如此呢？可常因工作忙，总是满足不了父母的心愿。2004年春天，父亲因患带状疱疹病，加之延误了诊治时间，身上的疹子让老人钻心地疼。老父亲含着眼泪打电话要张栋杰赶紧回去。张栋杰当时正在北京参加总公司一个重要会议，一时难以离开，只好让妻子把老人从老家接到西安照料。

其实像这样的事，在张栋杰身上实在是太多了，用庆化员工的话说，每个人都能说上一箩筐。

记者与张栋杰交谈，他如数家珍地述说，来到庆化还不足三年时间，但在中石油总公司发展战略的带动下，经过全公司千余名员工的齐心奋战，庆化三步走的发展战略展露曙光，有的已结出丰硕成果：

第一步，原油年加工量跨越100万吨，实现工业总产值、销售收入、上缴税金、员工收入第一个翻番。

第二步，“十一五”末实现庆化技术改造大发展，力争原油年加工量突破300万吨。

第三步，“十一五”以后，随着西部石油资源结构发展和长庆油田陇东油区勘探开发进程的加快，进一步扩能改造，升级换代，达到同行业中等以上炼油企业水平。

说起庆化的这些巨大变化和今后的发展前景，记者称赞张栋杰为此付出的心血，他却激动地说：选择了石油就意味着奉献，就选择了无休止的付出。有家不能回，有父母不能孝，有子不能教，但我终生无悔。这就是张栋杰的胸怀，这也许就是他走到哪里，就把辉煌写在哪里，把奇迹创造在哪里的真谛。

他从雪域高原走来

——记中国石油西北销售公司党委书记张贵生

一连三次的采访，把中国石油西北销售公司党委书记张贵生的名字深深嵌在了记者的脑海里。还真应了新任西北石油销售公司总经理田玉军的那句话：了解张书记在西藏高原度过的24个春夏秋冬，一定会让人油然而生敬意，心头泛起层层感慨、激动的涟漪……

一连几天，张贵生那浓浓的武威乡音，时时萦绕在记者的耳际，他讲述的一桩桩亲身经历的故事，也不时浮现在眼前，令人似乎看到：

茫茫川藏线上，他驱车检查工作的一串串足迹；

唐古拉山风雪之夜，他与职工一道抢险救急的高亢呼号；

格尔木无垠荒漠，他跟随运油车队洒下的滴滴汗水；

……

（一）

我们不妨把时光拉回到40年前。

1964年10月16日，这是一个令全中国人民无不感到自豪、令全世界人民无不关注的日子，因为这一天，我国第一颗原子弹爆炸成功，举国上下沉浸在一片喜庆欢腾之中。也就是在这一天，高原古城拉萨走来了一位稚气未脱的小伙，他就是张贵生。张贵生出生在甘肃武威黄羊镇一个农民家庭。还不满20岁的时候，他就离开了家乡，走进了西藏。初到拉萨那阵，西藏自治区正在筹建之时，虽说百废待兴，但到处却都充满热腾腾的生气。面对此情此景，血气方刚的张贵生早已把高原反应带来的种种不适抛于脑后，暗暗下定决心：一定要在雪域高原干出一番事业，为西藏的繁荣和兴旺贡献青春年华。

就是怀着这样一腔豪情，张贵生被招工到了拉萨市油库，当上了一名油料员。一走上工作岗位，张贵生浑身就像有使不完的劲，每天一上班犹如上足了发条的闹钟，总是没有停闲的时候。不仅把自己从事的工作干得井井有条，而且一有空不是帮助别人干这干那，就是把油库的工作区域打扫得干干净净。看着张贵生机灵、勤快的样子，油库的领导和同志们无不伸出大拇指，都夸小伙子是个好苗子。很快领导就安排他到油库的财务工作岗位。猛一听说让自己搞财务工作，仅有初中文化程度的张贵生开始心里还真有点打怵。一连几个晚上，他辗转反侧：财务工作可是个细心活，又需要一定的财务知识，凭我喝的那点墨水，能挑起这副担子吗？……又是一连几个晚上，他暗暗思量：人常说世上无难事，只怕有心人，搞财务工作对我来说是有很多困难，可这是组织对我的信任，只要自己肯学习，肯钻研，就没有过不去的难关。于是他满怀信心，暗下决心，一定把财务工作干好，决不辜负领导的信任和希望。

就这样，张贵生走上了拉萨市油库财务工作岗位。

一个才来几天的毛头小伙子，就干起了财务工作，他能拿得起来吗？一时间，油库内传来种种议论，不少人也表示出种种担心。

“还是后生可畏，这小伙一看就是个精明人，往后准能干大事！”也有许多人向张贵生投来赞叹、敬佩和信任的目光。

担心也好，赞叹也罢，带给张贵生的却都是激励和鞭策。一接手财务工作，张贵生还真有股子初生牛犊不怕虎的劲头。上班的时候，他一遍又一遍学习熟记油库财务管理的各种办法规定和有关财务知识，还经常跟在一些老财务人员的身后，看他们是怎样入账、出账，又看他们是怎样设置记账科目。只要一些老财务人员有点儿空，他总是缠着人家，不是请教有关的财务专业知识，就是询问油库财务工作的特点。就这样整天满脑子都是进账呀、出库呀等各类各样数据和明细账目，巴不得让自己很快就成为油库财务工作的行家里手。

每当夜幕降临，油库的人们总能看到，张贵生宿舍的灯几乎每天都亮到深夜。他把自己一个人关在房子里，伴随他的全是一摞摞财会业务书籍，一本本做账记账的表册。他一头埋在这些书堆里学着、背着，还不时在笔记本上记着，把书本圈了又圈，划了又划。有的时候，整整一个晚上，他就拨弄着一把算盘，打过来，拨过去，不厌其烦，不嫌枯燥。就是凭着这么一股子苦学苦钻的精神，张贵生很快不仅精通了财务工作的基本知识，也熟练掌握了油库财务管理的特点和规律，成了一名响当当的财务工作的业务骨干。在两年多时间的财务工作岗位上，他没有发生过任何差错，使油库领导和同行们无不对这位来自甘肃武威的年轻人刮目相看，赞许有加。

张贵生的勤奋执著和对工作的任劳任怨，不仅受到同志们的好评，也引起组织上的关注和器重。当他满怀信心在油库财务工作岗位上要干出个样子来的时候，一个意想不到的变化又摆在了张贵生面前：

一天上午，油库的一位领导兴冲冲来到张贵生面前，他看了看正在埋头工作的张贵生，便笑着拍了拍他的肩膀说：过会到我办公室来一下。张贵生连忙放下手头的工作，怯生生走进了库领导的办公室，心里也禁不住犯着嘀咕。看着站在自己面前英气勃勃的张贵生，库领导满含信任的目光说："小张，大伙都看到了，你来油库工作两年多时间，样样工作都干得很出色。库领导商量过了，调你担任油库的油料调拨员，相信你在新的工作岗位上会干得更好。"

听完库领导的话，张贵生先是一愣，顷刻，一股热流涌上心头，趁着年轻人的那股激动劲，他脱口而出：领导这么信任我。就是豁出全身的力气，我一定把工作干好。

虽说没有干过油料调拨员，可从平日的观察中张贵生深知这可是一项责任十分重大的工作，不仅要负责油料的按计划调拨，又要负责一些单位油料的供应。加之当时进入西藏的油品，大都靠汽车长途运输，油料调拨计划的落实，就关乎到整个西藏的油料供应，关乎到新生的西藏自治区的大大小小车辆的正常运行，关乎到人民群众的正常生活。想到这些，张贵生更加掂出了这份工作的分量。从接上工作的那天起，他就不敢有丝毫的懈怠，在熟悉油料调拨业务的同时，张贵生凭着一股子劲，暗暗编制着一幅油料调拨的"流程图"。每月每季的油料调入计划是多少，哪个地区、哪个大的单位，每月的用油量有多大，在他心里都有一本账。调入的油料应该什么时候入库，什么时候是用油单位供应的高峰期，他都摸索出了一套规律，并掌握了一定的服务规程。甚至哪一路运油车队该进藏了，哪一些用油单位该到油库加油了，张贵生久而久之都能算出个八九不离十，常常也因此让同行们叹服不已。每当有经过长途跋涉的运油车队的汽车司机们进入油库，张贵生像对待亲人一样，嘘寒问暖，端茶送水，总是在最快的时间内办理好油料入库手续，用自己热情周到的服务，驱走了司机师傅们长途行车的疲劳。每当有来自四面八方的用油单位前来办理油料供应手续，张贵生也总是热情接待，来时问一声好，走时道声平安。就这样寒来暑往，不管是为油库运油的，还是到油库加油的，都打心眼里喜欢张贵生这位年轻的油料调拨员。尤其是那些从内地往拉萨拉运油料的司机们，遇到什么困难和问题，也都忘不了找他帮忙，不管是谁找来，不管是什么事儿，张贵生也总是尽力相帮。在许多司机师傅的眼里，张贵生也就成了他们在雪域高原的朋友和亲人。

人们总是青睐那些在平凡岗位上默默无闻、勤奋工作的人。张贵生在不到3年的时间里，把个不起眼的油料调拨员工作干得有声有色，他也在众多的同行中崭露头角，1969年就走上了拉萨油库副主任的岗位。这时他满打满算也才刚刚20岁。

（二）

光阴荏苒，转瞬已到了1972年。张贵生离开他进入西藏后工作、生活了整整8年的拉萨市油料库，调到新成立的西藏自治区石油公司。先是担任仓储科副科长，后又担任油料科科长。还是由于他的努力工作，到了1977年就被任命为西藏自治区石油公司副经理，还当选为公司党委委员，成为区石油公司当时最年轻的干部。

70年代那阵，进入西藏的油料，完全靠汽车经青藏和川藏两条公路运输，全区各地的用油只能到区石油公司油库领取，给工作带来很多不便和困难。加快西藏油库的合理布局和石油网点建设，就成了西藏建设棋盘上一颗重要的棋子，也成了当时西藏石油公司面临的一块必须啃下的硬骨头。公司党委经过研究，把打好这一硬仗的任务交由张贵生挂帅。他没吐半个难字，勇敢地挑起了这副重担。当时，西藏的73个县市连一个加油站都没有，自治区石油公司提出了要在县县建设加油站的发展规划。然而面对西藏地域辽阔，交通不便，各种物资运输困难的实际状况，县县建设加油站的规划又谈何容易。可负责此项工作的张贵生没有被这些困难所吓倒，他组织和带领有关人员先是制定建设加油站的规划，然后又和有关技术和管理人员一道，深入实际调查研究，对建设县县加油站进行科学论证。在那段日子里，张贵生几乎每天都奔波在全区各县之间，有多少个白天与黑夜都是在汽车上度过的。渴了喝一口自带的凉水，饿了就啃几口干粮。虽说工作和生活都十分艰苦，可在张贵生看来，能为西藏的石油储备与供给事业出把力，再苦再累心里总是甜滋滋的。因此，为加油站建设工作，张贵生几乎跑遍了分布在西藏120万平方公里上的70多个县市，掌握了加油站建设、布局的大量第一手资料，为县县建设加油站奠定了基础。

在大量调查研究中，张贵生发现，县县建设加油站遇到的最大困难就是建筑材料难以保证。因为当时西藏的建筑材料都必须从内地购买，不仅汽车运输十分困难，而且那时的物资供应也非常紧张，有不少建筑材料甚至奇缺。为解决这些实际问题，张贵生一方面跑自治区有关部门寻求帮助，一方面不是跑商业部，就是跑铁道部，争取物资供给和铁路运输方面的支持。一旦一些建筑材料和相关物资被运送到甘肃柳园或者成都，张贵生又千方百计组织汽车转运进藏。有一段时间，由于采购的建筑物资不能及时运往西藏，急得张贵生整天都忙得团团转，今天人还在湖南株洲制桶厂，明天人又到了北京铁道部，要么又出现在广州铁路局。真是一家家求情下话，既要落实包装物资，又要落实火车运输计划，总算把建设加油站所需的各类物资及时运输进藏，保证了加油站建设的顺利进行。正是凭着张贵生的这股顽强拼搏精神，靠着各方面的关心和支持，西藏石油公司在短短几年时间里，就在全区各县市及青藏、川藏沿线，建立起了100多个加油站，而且县县都有了自己的油料库，改变了西藏历史上县市没有加油站的状况。至今每当看到分布于西藏各地的加油站、油料库，凡是了解情况的人,都会为张贵生为此付出的辛劳而赞不绝口。

凡是与张贵生一起在西藏工作过的人都知道,从走进西藏的那天起,他就与石油有了一种割不断的情结,就是这种情结,让张贵生在西藏石油事业发展中为自己的人生写下了光彩的篇章,也把许多可歌可泣的故事留在了雪域高原,留在了西藏人民的心中……

1997年的初春,西藏发生了一场极为严重的雪灾,致使格尔木至拉萨的输油管线结冰,造成唐古拉山输油管线严重堵塞,输往拉萨的油一时间难以畅通,眼看就要影响到拉萨的成品油和过往汽车的油料供给。西藏石油公司的领导一个个都急得如火烧眉毛。又是张贵生自告奋勇,挺身而出,连夜驱车赶往受灾地区,与参加抢修的部队官兵和职工群众一道参加抢修工作。一连六七天时间,他就和工人们一起吃在加油站,住在加油站,直到把堵塞的油管打通他才放下了心。

还有一件令张贵生和熟知情况的人刻骨铭心的事,直到现在讲起来,还真能把人的心提到嗓子眼上来:那也是一年寒冬的一天,正在格尔木出差的张贵生,突然接到西藏石油公司的紧急电话,要他赶到成都参加一个重要会议。张贵生再三合计,从格尔木到成都无论如何也赶不上参加会议的时间。只能取道兰州乘火车赶往成都。可当时铁路还未通到格尔木,通往兰州的班车也没有,只好乘坐一辆大卡车往兰州赶。谁料路经青海境内的橡皮山时,天气突变,一时间狂风夹着大雪纷纷扬扬,把整个橡皮山顷刻笼罩在冰天雪地之中。加之山路弯弯,车辆一时失控,眼看就要翻入几十米高的悬崖,所幸被一个土坎挡住,才避免了一场车毁人亡的横祸。然而由于汽车被卡在土坎之下,进不能进,退不能退,张贵生和司机只能在风雪中苦苦等待,终于等来了一辆过往的大卡车,才把卡在土坎下的汽车拖了上来……

在西藏经历的种种艰难坎坷,使得张贵生对在高原工作的不易有种更深的理解和体味。因此,在他不管是担任西藏石油公司的副经理、总经理,还是担任党委书记的日子,他总是时刻惦挂着工作在一线的职工,尤其对那些在青藏、川藏沿线各个加油站、油料库工作的职工的冷暖,常常记在心上。他几乎每年都要抽出时间,到青藏、川藏线上走几次,看望慰问沿线油库、加油站的职工,了解他们的工作,听取他们的意见和呼声,帮助他们解决生活中的实际困难。尤其是每年的春节和藏历新年的时候,不管工作再忙,张贵生宁肯放弃与家人团聚的机会,也要专门腾出时间,走进一个个加油站,深入到一个个油料库,向职工嘘寒问暖、拱手拜年。不管是汉族职工,还是藏族职工,都把张贵生当作自己最好最好的朋友,最亲最亲的贴心人。尤其是那些藏族职工只要一见到他,就像久别的亲人相逢,把他团团围住,有的给他献上洁白的哈达,有的双手合十,连连说:“扎喜得勒、扎喜得勒。”那曲安多油库是西藏最为边远的一个油库,几十名职工常年扎根这里,很少有与外界交往的机会,生活十分艰苦。一次,张贵生经过长途跋涉，专程到这里看望职工。听说远在拉萨的公司总经理来看望他们，油库的工人们又惊又喜，有的甚至激动地流下了眼泪，说他们是头一回见到这么大的官。张贵生也和大伙围坐在一起，喝着一样的酥油茶，与工人们一起无拘无束地交谈。几位藏族职工高兴地拉起张贵生跳起了藏族舞，那个高兴劲，比过年还要热闹。要是在平常听说哪位职工生病了，或者家里有了事，张贵生竟能几天几夜放不下心。特别是对藏族职工他更是多了几分关爱。一次拉萨西郊油库一位叫多吉的藏族职工深夜突发急性阑尾炎，肚子疼得满床打滚，情况非常危险。半夜2点多钟的时候，多吉的妻子火急火燎地赶到张贵生家门口，一声紧似一声敲开房门，上气不接下气地说："多吉肚子疼得要命，得赶紧救救他呀！"说完竟呜呜哭了起来。张贵生二话没说，就来到多吉家，又安排油库的消防车，把多吉送到医院抢救。他背着多吉又是透视，又是化验，一直忙乎到天大亮。多吉病好出院后，逢人就夸张经理是救活他命的活菩萨。正是由于张贵生对职工的一片深情，也换来了职工对他的爱戴。因而在他调离西藏石油公司途经那曲时，那曲石油分公司的许多职工知道后，自发在路边等候着他，有的送上食品，有的献上哈达。其情其景张贵生现在说起来，仍然心潮难平，感动不已。

（三）

大凡由内地到西藏工作的人，几年之后都不免会产生调回内地的念头，不仅因为气候的不适应，单就对亲人的思念，常常让许多人揪心。张贵生同样也不例外，他曾不止一次地勾起想调回内地的心思。所不同的是，当这些念头在脑海出现时，张贵生总是让理智战胜了亲情，一次又一次把想调回的念头压了下去。他不仅放弃了调回内地工作的一个个机会，而且还把妻子接到了西藏，把家安在了拉萨。至于对父母的思念之情也只能深深埋在心底，一连多年见不到父母一面，对他似乎已经成了习惯。为了工作，不要说顾不上家乡的老人，就是在拉萨的家他也顾不上。

就在铁路修到格尔木的那一年，张贵生带领一部分工人整天都忙着在格尔木筹建石油转运站，一连几个月都回不了家。一天突然接到单位打来的电话，说是他爱人也出差不在家，结果他家被盗，屋里的财产几乎被洗劫一空，催他赶快回拉萨看看。可当时石油转运站的工程建设正在节骨眼上，许多事情都需要他协调处理，否则铁路专运线就不能按期完成。张贵生虽然心急如焚，但为了工作不受影响，他还是没有回拉萨，连向警方报案的事也放在一边，仍然一心一意忙着格尔木转运站的工作。结果家中被盗案子一直未破，使自己一家蒙受了重大经济损失。每当为此事遭到家人抱怨时，他总是像做错事的孩子低头不语，以长久的沉默任凭家人的数落。

在一些亲朋眼里，张贵生为了工作不仅把自己紧紧拴在了西藏，甚至连妻子、儿女也都搭了进来。张贵生的两个孩子都出生在西藏。由于受气候影响，两个孩子从小就容易生病，感冒发烧成了三天两头的常事。在实在没有办法的情况下，张贵生只好与爱人商议,先后把两个小孩都送回武威老家,由岳母帮助照料。让孩子从小就离开父母身边,不管是张贵生还是他的爱人,那份牵挂,那份想念,是每个做父母的人都能体味到的。尤其到了年关节日,爱人思念子女常常茶饭不进,泪水涟涟。张贵生每当此时,总是对爱人说:我和你一样,心里也时时想着孩子们,可我们自家的事与公家的事比起来,再大的事也是小事,哪头轻哪头重,我们啥时都得掂准啊!

直到现在一说起没能在母亲临终前见上一面的事,张贵生心头总是泛起深深的的歉疚。从他走进西藏到母亲去世的18年间,张贵生只和母亲见过4次面,而且每次见面都是来去匆匆。在这18年间,他和父母没有在一起欢度过一个春节。有多少次都答应春节时回老家与父母一起过年,有多少个除夕之夜,父母都守望着大门盼望着儿子的归来,可都因为工作忙,一次次让父母的企盼成了泡影。还是在1973年的时候,趁着出差的机会张贵生回到了离别9年之久的武威老家。这是他到西藏工作后第一次走进家门,父母真是喜出望外。母亲拉着他的手摸了又摸,看了又看,高兴的泪水盈满眼眶。当张贵生告诉母亲他是出差路过回家看看,在家里不能多待时,母亲双手紧紧抓住儿子,嗔怪地说,快10年了才回来一次,就不能多住几天。张贵生又何尝不想多陪陪父母,可工作上的事要紧,他只能很快告别父母,又踏上远去的路程。临走时,母亲依依不舍,再三叮咛他有空多回家里来看看。直至张贵生走出很远一段,猛回头看见父母还站在路边,望着他远去的身影,母亲还不时扯起衣襟擦拭着眼睛。1982年5月的一天,张贵生正在格尔木参加上级召开的输油干线建设工作会议,突然传来母亲病危的消息,家里人也接连打来电话和电报催他回家。可当时会议十分重要,关乎格尔木至拉萨输油管线建设的大事,他又是西藏石油公司此项工作的负责人,实在难以离开。等到会议结束他急匆匆赶回家时,母亲已经去世了。家里人说母亲临咽气时还在叫着他的名字。跪在母亲遗像前的张贵生只能满含热泪,默默无语……

早在20世纪80年代,中央就曾有过规定,内地进入西藏工作的干部,可分期分批调回内地安排工作。这时,妻子、孩子、亲朋,也都纷纷劝他尽早提出调回内地的申请。并已经有人帮助他通过国家人事部联系到了接收的单位。当时爱人又正患有严重的肺气肿,身体状况很差,动不动就得住进医院。张贵生也看到一批批干部都相继返回内地,不免动了调回内地的念头。可看到一些比自己早到西藏的同志还没有调走,加之当时西藏石油公司领导干部变化较大,格尔木至拉萨输油管线工程建设任务繁重,张贵生又只好放弃了调回内地的念头,把这个机会让给了其他一些同志。虽然遭到亲朋好友的不少埋怨,他还是毫不动摇地留了下来,这样一待又是整整8年。

(四)

就这样,张贵生自打1964年走进西藏算起,在雪域高原整整战斗了24年,把人生最宝贵的一段年华,献给了西藏的石油事业,也铸就了他最为光彩亮丽的人生华章。

1988年8月，按照中央有关政策规定，组织上把张贵生从西藏石油公司党委书记兼总经理任上，调到兰州工作，安排到中石化西北石油销售公司担任党委副书记、纪委书记。俗话说，新官上任"三把火"。张贵生到西北石油销售公司上任后的第一把火，就烧到了公司各基层领导班子和干部队伍的建设上。他还是像在西藏工作时一样，凭着那股子一丝不苟的精神，一头就扎进了公司所属的各个基层单位，带领人事、党群等部门的干部，进行了为期8个月的调查研究，摸清了领导班子建设和干部队伍的许多基本情况，为公司进行领导班子调整与充实做了充分准备。当了解到公司所属的一个基层分公司领导班子不团结，职工队伍中存在不少矛盾和问题时，张贵生便专门到该公司调研。一些熟知情况的人暗中对他说，这个单位是好进难出，弄不好就会陷入各种人际关系的旋涡之中。身为纪委书记的张贵生却毫不退却，他想，只要我们凭着公心去办事，就没有化解不了的矛盾，解决不了的实际问题。他还是毅然走进了这家公司，又是走访群众，又是找干部谈心，了解到这里确实存在一些歪风邪气，严重干扰着公司的各项工作。果然像人们说的那样，张贵生走进这家公司的第三天，就遇到了一个找上门来的无理取闹者。只见他满身酒气，一进门就冲着张贵生又吼又叫，原来这是个谁也不敢惹的"刺头"。面对这种情况，张贵生义正辞严：有什么问题、什么意见、什么要求都可以反映，但谁要无理取闹决不允许。张贵生一番掷地有声的话，立时震住了来人，他看着不卑不亢的张贵生只好悻悻而去。后来，张贵生带领公司几位同志经过深入调查了解，及时建议公司党政领导调整了这家分公司的领导班子和一些中层干部，并帮助和支持这个分公司狠煞了一些歪风邪气，很快使这个单位出现了职工队伍面貌一新、各项管理明显改善、经济效益连连提高的喜人变化，一跃而成为全系统的安全先进单位。

1989年张贵生又改任为公司副总经理，主管全公司的职工培训工作。经过一番调查摸底后，张贵生发现：公司1000多名职工中，有相当一部分来自复员退伍军人和老职工退休后顶替招工的子女，普遍文化水平较低，业务技能单一。为此，张贵生在公司领导班子的支持下，从抓职工的业务技能培训入手，先后在全公司储运、计量、化验三个工种的职工中广泛开展技能比赛，并按照初级、中级、高级工的标准，分别进行职业技能培训。到竞赛与培训结束时，全公司评聘了3名工人技师，还有200多名职工分别被评聘为中、高级工，从而激发了广大职工学技术、钻业务的热情。

安全管理对油库来说是头等重要的大事。1991年西北销售公司把抓全公司安全工作的重担压在了张贵生的肩上。他又一门心思研究起了如何开创安全工作新局面的问题，并结合公司实际，提出了安全工作的奋斗目标：没有上报等级事故、没有火灾、没有伤亡、没有跑冒滴漏、没有混油、没有污染。这个要求对石油储运工作来说，标准是很高的，要真正做到确实有不少困难和压力。不少人都为此忧虑和担心。可张贵生不打退堂鼓，他按照确定的目标针对全公司安全工作的现状，一抓安全教育，唱响安全第一的主旋律；二抓安全奖励，对安全工作实行一票否决制，建立全员、全方位、全过程、全天候安全责任制，使全公司安全管理横向到边，竖向到底，不留死角；三抓安全领导，在全公司层层明确了一把手为安全第一责任人的职责；四抓制度完善，对全公司的各项安全管理制度进行了全面修订和完善。经过这些扎实有效的工作，到1994年，西北销售公司就创下了安全生产1000天的目标。这不仅开创了全公司安全工作的新局面，也为后来安全管理的进一步强化奠定了坚实基础。到2005年3月28日，西北销售公司已连续安全生产5000天，这个指标在全国石油销售系统也名列前茅。

1994年，对西北销售公司来说，是变化最大，也是最为困难的时期。因为上级取消了公司的经营销售权，仅让承担资源配置、品种调剂、运输协调的职能，靠着向各省区石油公司收取资源配置费维持正常开支。就在这时，张贵生又承担起了全公司计划配置的任务，他经常跑上级部门，跑炼油企业，千方百计协调资源的配置工作。而这其中让他最为头痛的就是向各省区石油公司收取配置费，因为哪一家公司都总是在这个问题上打折扣。张贵生为此不知跑了多少路，费了多少口舌，终于攻下了一个个难关，每年都能要回四五千万元，保证了全公司的正常运转。

1998年，随着中石化系统的体制改革和资产重组，中石油公司正式成立。随之在石油系统推行了"统一价格、统一调度、统一预算、统一销售"的经营方针。西北销售公司的职能也随之发生了变化。作为公司主管业务工作副经理的张贵生，在公司主要领导的支持下，又抓起了落实中石油"四统一"经营方针的工作。当"四统一"从1999年初开始正式实施时，真是困难重重、阻力很大，价格问题、销售问题、货款回笼问题、欠款清算问题等等，都像一道道坎横在面前。从一些省区石油公司到炼油企业，对此都有这样那样的意思和想法。面对这些实际问题和困难，在张贵生的积极倡导下，西北销售公司在做好与各省区石油公司协调的同时，对炼油生产企业实行了"三个承诺"：第一保证炼厂管理畅通，第二保证货款不拖欠，第三保证产品不压价。靠着这一真诚服务，深探打动了生产企业，也解除了他们后顾之忧，并一举打破了西北销售公司面临的坚冰。不少炼油企业与西北销售公司密切合作，并围绕油品升级换代，大量生产高标号油品，仅此一项每年就为西北地区的10多家炼油企业每年增加效益4亿多元。

2002年，52岁的张贵生又挑起了西北销售公司党委书记的重任。他还和抓管理、抓销售工作一样，以满腔热情投入到了公司的党建工作之中。围绕公司的经营销售中心，抓公司内部改革改制，抓精神文明建设，抓干部队伍培养，抓职工队伍稳定，抓职工生活、工作中种种具体问题和困难的解决，把各项工作都做得扎实有效。既有力保证和配合了公司的各项经营管理工作，又赢得了广大职工的好评，被职工亲切地称为值得信赖的好书记。

不论是在西藏，还是在内地，凡与张贵生一起工作过的人都知道，他是个十分重视学习的人。他深知自己很小参加工作，文化底子差，因此不论工作多忙，他都把学习文化钻研理论当作一件大事。他经过自学考试获得了大专文凭，还先后参加了中央党校中石油公司分校、商业部干部学院等方面举办的学习班和岗位培训，参加全国厂长经理考试，使自己的理论水平和业务能力不断提高。在现任西北销售公司党委书记岗位上，他更加注重学习，不管工作再忙，抽时间读书已经成了多年的习惯。

今年7月，上级又调整了西北销售公司领导班子。张贵生驱车上千公里，专程到玉门石油管理局接来了原玉门石油管理局局长、新任公司总经理的田玉军，并高兴地说，玉门精神必将为西北销售公司带来新的生机与活力。人们也已经欣喜地看到，张贵生与40岁刚出头的田玉军总经理真可谓珠连璧合，正在携手并肩，满怀信心，开创西北石油销售公司更加美好的明天。

张贵生，平平凡凡，朴实无华。说他平凡朴实，是因为他不管是在雪域高原，还是在西北石油销售公司，不论在什么岗位上工作，既没有惊天动地的壮举，也没有什么豪言壮语，都是在平凡的工作岗位上，靠着默默无闻，勤奋敬业，却干出了不平凡的业绩，用实际行动践行着“三个代表”的重要思想，诠释着“特别能吃苦、特别能战斗、特别能忍耐、特别能奉献”的“西藏精神”的深刻内涵。

张贵生光彩照人，可歌可颂。说他光彩照人，是因为他不管是24年的西藏生涯，还是在西北石油销售公司的各项工作，都取得了骄人的成绩，用无私奉献、勤奋工作的辛勤汗水，书写了人生看似平凡却又无比壮丽辉煌的篇章，把共产党员的先进性真正体现在自己的实际行动上。他所荣获的青藏线建设先进个人、甘肃省直机关党委优秀党务工作者、甘肃贸易经济合作厅优秀党务工作者等一个个殊荣，以及西藏自治区人民政府颁发的建设西藏做出贡献荣誉证书，就是最好的说明。他的这些荣誉，不也正是当代共产党人应有的奉献精神和思想品格的生动写照吗？

乐为职工付辛劳

——记刘家峡水电厂工会主席张志福

刘家峡水电厂工会主席张志福，个头不高，一身富态。圆嘟嘟的脸庞，洒满福气。一笑起来，几乎眯成一条线的双眼，透出几分慈祥，总给人以和蔼可亲的感觉。由于他待人随和，大伙都称他“志福主席”；又因他乐于热心为职工办事，工人们都说他是个好人。今年54岁的张志福，在刘家峡水电厂已经度过了36个春秋。1970年他被招工到刘家峡水电厂后，这个自幼生长在甘肃临夏回族自治州和政县的农家子弟，满怀对工厂生活的憧憬，抱着干一番事业的志向，以燃烧的激情投入到各项工作之中：

当水轮发电机检修工，只有高中文化的他，克服缺乏专业知识带来的种种困难，刻苦学习，勤奋钻研，掌握了水轮发电机的基本原理，成了设备检修的技术“大拿”；

当发电机维修电工，他凭着自学的专业知识，一点一滴揣摩维修技术，成为电机维修的“能工巧匠”；

……

就这样，张志福在生产一线整整摸爬滚打了十个年头。他用一步一个脚印的扎实工作和显示出来的聪明才智，赢得了职工群众的赞誉，也引起了党组织和厂领导的注意。1980年的一天，一纸调令，张志福出人意料地被抽调到厂部劳动人事科，干起了劳动调配的工作。

那年月，劳动调配可是个令人眼热的工作，对在生产一线当惯工人的张志福来说，是项全新的业务。然而，干啥事都有股子韧劲的张志福，一接手劳动调配工作，就干得不同凡响。他坚持在干中学，在学中干，几乎自学了一整套有关企业劳动管理的法律法规，熟悉了本厂劳动调配的一系列规定和制度，没有多长时间就把全厂的劳动调配工作干得井井有条。可他并不就此满足，又考入省电大，系统学习了劳动经济管理的有关课程，工作也由主管劳动调配调整为主管工资管理，他同样干得十分出色，被厂领导视为一个难得的好苗子。很快他就加入了党组织，又被调到厂党委组织部。还是凭着出色的工作，1993年，张志福通过竞聘走上厂党委组织部部长的岗位。不满三年，他又被上级党委经过考核和民主推荐，任命为刘家峡水电厂的纪委书记，还分管着企业宣传以及工会、共青团等工作。短短五年时间，他同样把各路工作干得令人刮目相看。

进入新世纪的2001年，迎接张志福的又是一次工作岗位的新变动。

就是在这一年，由于企业领导班子、机构设置和干部队伍的精简、调整，张志福卸去厂纪委书记的职务，挑起了刘家峡水电厂工会主席的担子。

对于工会工作，张志福并不陌生，尤其是面对企业改革不断深化、权益保障问题日渐突出的情况，他深知工会工作的重要，更明白工会代表和维护职工权益责任的重大。可当他真的走上工会主席岗位时，一贯善于琢磨，凡事都想出点新道道的张志福，还真费了一番心思：不能墨守陈规，不能拘泥于老套套，要在以往工会工作奠定的基础上，结合企业实际，创出一条工会工作的新路子。

就是怀着这样的想法，张志福在刘家峡水电厂工会主席的岗位上，描绘出一幅幅开拓进取、锐意创新的图画：

创新工会工作的第一步，张志福就在全厂的厂务公开上来了一番独出心裁。他走马上任时，尽管厂务公开制度已在全国、全省的一些企业普遍推行，可在刘家峡水电厂还处于局部试点。于是，张志福一竿子插到职工群众之中搞调查，倾听职工群众对厂务公开的要求与呼声。在对水工分厂调查后，张志福看到了在全厂推行厂务公开的希望。

原来，水工分厂泥沙班过去由于分配中的平均主义现象严重，职工意见很大，长期又苦于没有好的解决办法。经过细心人的探究，问题就出在班组分配不公开、考核办法不透明，班长与职工之间缺乏沟通。找到了问题的症结，这个班开始试行分配的公开化。他们把每个人的奖金、工资分配与劳动出勤挂起钩来，以工时定奖金，同时把挂钩办法和每个人的奖金多少在班务会上公开，让每个人明明白白，从而消除了分配中互相猜忌的情况。张志福在深入基层调研中，发现水工分厂泥沙班的这一好做法后，一连几天就蹲在了泥沙班，查看班务记录，调阅分配表册，研究工时与奖金挂钩细则，找班组职工个别谈心。从工人们赞同的话语中，更让他看到了推行班务公开带来的好处。于是，他又与水工分厂工会及泥沙班的同志们一道，深入研究了泥沙班班务公开的内容、形式，从理论和实践的结合上，总结出了泥沙班班务公开的典型经验。继之，张志福又在厂党政领导的重视和支持下，在水工分厂召开班务公开现场会，推广泥沙班经验，对全厂实行班务公开做出部署。并制定了全厂班务公开的程序，对班务公开的提出、审查、公开、检查、整改、建档等程序都做了规范；制定了全厂班务公开工作一览表，对公开的内容、公开的形式、公开的时间及要求、责任人、检查部门及人员都做了明确规定；制定了全厂班务公开检查考核标准和班务公开检查与奖罚办法，从而使班务公开工作在全厂120个班组全面开花。张志福又乘势而上，提出了建立全厂三级厂务公开网络的新思路。由于厂党委和行政的高度重视、各有关部门的全力配合，张志福和厂工会的同志们，在学习、借鉴省内外企业推行厂务公开先进经验的基础上，创造和摸索出了刘家峡水电厂推行厂务公开的一整套新形式。尤其是制定的厂务公开实施办法、厂务公开责任制度、厂务公开延伸办法、厂务公开一览表、厂务公开检查考核标准等配套规章，既有超前性，又有可操作性，不仅受到本厂职工好评，也引起上级部门的关注。省电力公司、西北电网公司都相继在刘家峡水电厂召开现场会议，推广他们厂务公开工作的经验。张志福也以此为契机，不仅在厂务公开上不断创出新路子，而且在完善新形势下的企业职代会制度、探索职工参与企业民主管理实现形式、研究职工民主评议企业领导干部实用性等方面都摸索和形成了一些颇具新意的新思维、新载体、新途径，把一个总在追求、不断创新的工会主席的形象和名声，树在了职工心中，远播于行业内外。

要说创新，张志福对工会建设"职工小家"工作的创新和思考，才真叫人叹服。

当上厂工会主席后，张志福惟一有点压力的是：刘家峡水电厂工会曾经是全国总工会授予的"模范职工之家"，千万不能在他手里砸了这块牌子。可每当面对"模范职工之家"牌子时，他总是在深深地思考："职工之家"的内涵究竟是什么，什么才是真正意义上的"职工之家"？于是，他还是沉到职工群众中去调查，了解职工群众对工会"职工之家"的期盼，倾听职工对"职工之家"的反映，掌握"职工之家"的活动现状。通过一番调查，张志福悟出了这样一个道理：所谓"职工之家"，不只是一种形式，重在所包含的内容，不能把"职工之家"概念化、口号化、表象化，更不能把"职工之家"简单地视为设立了一个房子，挂上了"职工之家"的一块牌子，而应该把它作为一个载体，一条渠道，一种途径，让职工充分行使在企业当家做主的权利，享受人性化管理的浓浓亲情，体现企业内部管理者与劳动者利益共享、风险共担的和谐氛围。思谋出这些道理，张志福便在全厂工会系统响亮提出：打破传统格局，创新"职工之家"模式，发掘"职工之家"内涵，实施"职工之家"人性化、亲情化管理，并向一线班组延伸的工作思路。就这样，一个整顿基层工会，创新、发展"职工之家"的工作，也随之在全厂红红火火开展起来。

张志福还是采用抓好典型、解剖麻雀的办法，先从抓班组"职工小家"入手，探寻创新"职工之家"的新形式、新思路。他带领厂工会的同志，下到水工分厂的水工班蹲点，共同探讨、策划、制定“职工小家”建设的应有标准、活动内容、运转形式。在集中基层职工意见、建议、意愿的基础上，张志福为全厂的班组“职工小家”绘就了这样一幅图画：

在“职工小家”，要让职工的各种实际困难，都得到关心和解决；

在“职工小家”，让职工的各种合理利益诉求都得以理解，人性、人情得以尊重……

就是本着这一理念，张志福和厂工会的同志们，以全新的思路，创造“职工小家”新的品质，着力把全厂的“职工小家”建成：

“温馨之家”——处处以人为本，让每一个职工心情愉悦，展现风采，张扬个性，如处家中，其乐融融。

“学习之家”——营造尊重劳动、尊重知识、尊重人才、尊重创造的浓厚氛围，为职工学习文化、钻研学术、学习政治理论、培养职工业余兴趣、展示个人才能创造有利条件。

“民主之家”——让职工知厂情、议厂权，使自身享有的合法权益得以充分保障，当家做主的民主权利得以充分行使，通过班务公开、民意小组月会等形式，集心合力，培育职工爱厂爱岗、敬业奉献精神。

“安全之家”——把安全管理、安全措施、安全标准、安全责任、安全考核等一系列安全生产的指标，通过创建“职工小家”的“安全之家”，落实到班组，落实到人头，形成自下而上，横向到边、纵向到底的安全生产保障体系，为职工撑起一把确保生产安全的保护伞。

张志福就是凭着这样一股子创新激情，以抓“职工小家”建设为切入点，不断赋予了刘家峡水电厂“职工之家”建设活动新的内涵。不管是基层分会的“职工小家”，还是车间班组的“职工小家”，都基本实现了形式和内容的完美统一，使之提升到了一个新的水平。上级工会推广他们的先进经验，一些新闻媒体报道了他们的先进事迹。张志福凡事都要与众不同，都要琢磨点新道道、新路子的名声，在甘肃省乃至全国电力工会系统广为传扬……

如果说张志福因为在工会工作中勇于创新而受到职工好评，那他敢于为职工的利益仗义执言，奔走呼号，更在职工中赢得了“好人”的口碑：

这些年，电力企业的改革改制力度不断加大，每一次改革都牵动着职工的具体利益。作为工会主席，张志福就认准一个理：凡是企业改革的重大方案，凡是涉及职工切身利益的重大决策，必须听取职工意见，必须提交职工代表讨论，厂工会必须参与企业改革方案制定的全过程，代表职工群众充分发表意见，从源头上维护职工的合法权益。为此，每当职工群众遇到一些具体困难和实际问题时，张志福总是挺身而出，敢于替职工说话，乐于为职工解忧。

有一年，厂里多种经营单位管理体制改革后，不仅合并精简了一些工作岗位，而且职工全部实行竞争上岗。由于岗位减少，加上一些部门和单位对转换岗位的职工不愿接收，使相当一部分职工难以安置，一时间人心惶惶，意见纷纷。一些职工找到张志福反映情况，希望厂工会为他们做主。张志福听后二话没说，满口答应一定帮大家妥善解决问题。于是他来到多种经营单位，找领导沟通意见，找有关部门询问有关方案，终于和有关方面领导达成共识，妥善安置了转岗后的全部职工，使每个人都各得其所，无一下岗。工人们见到张志福都说“得好好谢谢张主席”，张志福却眯着眼嘿嘿笑道：“谢什么，这原本就是工会的份内事。”

一段时间，厂里不少职工对住宅楼的物业管理费收取意见很大，不断有职工找到厂工会、找到张志福来反映。张志福耐心听取职工意见，又深入职工住宅区深入调查。本来厂里为加强物业管理，收取一定的管理费用是件好事，可就是由于管理办法不够完善，只制定收费标准，却没有服务承诺，加上一些服务项目不落实，甚至服务质量差，因而引起职工不满。于是，张志福带着职工群众的意见，找到物业管理部门反复协商，并理直气壮地提出要重新修订物业管理办法。就这样，在厂工会和张志福的极力推动下，物业部门修订了管理条例，补充了服务承诺条款，并先后三次提交厂职代会讨论通过，最终受到职工好评。

在刘家峡水电厂，职工们都有一个共同的感受：张志福对职工有着一颗善良的心。用他的话说：“我就见不得职工受苦、受难，看见谁遇到难处，不去帮一把，不去管一下，心里总是放不下，过不去。”

2003年，厂里有个职工因遭遇车祸，不幸夫妻双亡，留下两个孩子，一个当年刚考上大学，一个还在上小学。噩耗传到厂里后，张志福整整一天都缓不过神来，那位职工的影子似乎时时在他眼前晃悠。他当即赶到遇难者家里，看到一片凄凉景象，看到挂满眼泪的孩子时，张志福心里一阵阵酸楚。鉴于家里再无亲人的境况，他与有关人员商议，先把孩子托付给他们的亲戚照料，又拉着孩子们的手说：“你们的亲人走了，有厂里照料你们，孩子的学还要上，遇到困难就来找厂工会，就来找我。”一番话使在场的人都感动得满面泪花。紧接着，张志福多方奔走，又是发动厂里职工捐款，又是申请保险公司赔偿，帮助上大学的儿子筹集了一部分上学费用，并作为他的上学基金由厂工会保管起来。现在这个职工的大儿子已经从学校毕业，在工厂安排了工作；二儿子上学的资金仍然由厂工会筹措着、保管着。两个孩子现在见人就说：刘家峡水电厂工会，就是我们的家，张主席就是我们最亲最亲的亲人。

厂里机械分厂有个叫杨永明的起重工，眼看都快50岁了，可爱人没有正式工作，两个孩子也无一人就业。这事常让老杨犯愁，他找到张志福诉说内心苦衷。张志福虽然只拍了拍他的肩膀，当时并没说什么，可过后他一连几天都在为老杨儿子就业的事奔波。听到工厂要招兵的信儿，他专门找到厂武装部，向他们介绍老杨家的困难，一再希望能在招兵时对老杨的儿子特别给予关注。张主席的一番诚意也感动了武装部门的同志，感动了招兵部队的同志。后来在体检、政审都合格的情况下，老杨的一个儿子高高兴兴入伍当兵，现在已经复员回厂，又被送到省电力技校学习。老杨现在高兴得整天都合不拢嘴，一家人说起来，总忘不了是张主席为他们一家办的大好事。

厂里有个还不满30岁的退伍兵叫韩强，结婚不久，妻子就得了心脏病，治疗费已经花了四五万元，巨额的医疗费用使年轻的小夫妻俩实在难以承受。这事让张志福知道后，他又放在了心上。他找到韩强所在分厂的领导，与工会的同志商量，还在全厂发动职工为小韩捐款，很快为他筹集了1万多元，帮助小韩的妻子成功进行了手术。小韩感动地说："多亏张主席关心，是全厂职工给了我妻子第二次生命。"

张志福是一个平平常常的人，却以高起点、高境界认识和对待工会工作，因而把一个企业工会主席的角色演绎得有声有色。这不正说明，在工会工作这个舞台上，同样能演出大戏、好戏，同样能出名角。真是应了唐诗中的一句："居高声自远"啊！

老兵新传

——记省交通工会主任王毓周

认识省交通工会工作委员会主任王毓周同志，往少里说也有近10个年头了。

可前几天的一个下午，当我们面对面坐着交谈的时候，我还是不由得细细打量了一番这位军人出身的老同志：

圆型脸，大眼睛，穿一件咖啡色短袖T恤，显得满有精神，浑身都透出一股子军人的特有气质，看上去比实际年龄要年轻得多。

交谈中，毓周主任像拉家常一样，述说着他在省交通工会工作的12年中，经历的一件件事儿，没有一件不令人为之感动。我也从心里头感受到这位昔日的“老兵”用心血和汗水书写的多彩新传。

1950年出生的王毓周，1969年应征入伍，曾任过天水军分区参谋，天水市人武部副部长、漳县人武部部长、党委书记，县委常委，直到位居陇南军分区副司令员，大校军衔。在26年的军旅生涯中真可谓一路春风。

1994年10月，王毓周告别部队，转业到地方工作，开始了他人生中又一个新的征途。祖籍三秦大地的陕西汉子的他，被安排到甘肃省交通厅，任省交通工会工作委员会主任职务。

由军官转行搞工会工作，对王毓周来说，是一项全新而又陌生的业务。可经过12年潜心钻研，执着追求，勤奋耕耘，他在工会这个岗位上，依然干得有声有色、多姿多彩，常常令同行刮目相看，令上级赞誉有加。

初到省交通工会那阵，面对他的是两间简陋的办公室和连同他在内仅有的3名工作人员。如此工作环境和条件，显然与任军分区副司令员时形成强烈反差。当年的“老兵”心里不禁犯起嘀咕，也不止一次地冒出心灰意冷的念头……

然而，不愧是党培养多年，在解放军大熔炉里淬炼过的“老兵”，面对新的工作岗位，王毓周在想：过去在部队当副司令员，是党的事业和军队建设的需要；今天在地方干工会工作，同样是党组织的安排。作为共产党员，不论在什么岗位上都要尽心尽责把工作干好。于是，他拿出在部队工作时那股子一丝不苟、勤奋敬业、勇于创先的劲头，满怀信心地开始了在工会工作岗位上的辛勤耕耘。

“工会”这个字眼，对长期军旅生活的王毓周来说，实在是太生疏了，工会工作究竟如何开展，在他的脑海里俨然是一片空白。可王毓周并没有因此却步，而是打定主意从头学起。有着一股子倔劲的“老兵”，到工会上班的头几天里，便先把自己关在房子里，从《工会法》、《工会章程》到与工会工作相关的业务知识，认真、系统地学习了一遍。并从学习中，细细体味着工会作为工人阶级的群众组织，作为党联系职工群众的桥梁和纽带，所担负的维护职工合法权益的基本职能和具有鲜明的工会组织特色的工作方法和活动方式。也正是从这些学习中，他深深领悟到：别看交通工会人不多，单位不大，可它却是全省2万多名交通职工的娘家，是职工利益的代表者和维护者，责任不轻啊！

认识到了工会工作的重要，看到了工会工作的大有作为，王毓周仿佛也找到了大显身手的舞台。开始抓工作，他就扑下身子搞调查研究，深入到省交通厅直属的十多个企事业单位，一个一个调查工会组织建设、工会干部配备、工会经费拨缴、工会活动开展等情况。在调查中王毓周发现，工会工作说起来重要，可实际抓起工作来，真是困难重重。他上任后遇到的最大困难就是工会组织不够健全。有的单位尽管成立了工会，可不是干部不到位，就是经费没保障，工会组织名不副实的情况很是普遍。“老兵”如同找到了发起总攻的突破口，他暗暗下定决心，打开全省交通工会工作的局面，就得先从组织建设抓起。于是，在一段时间里，他一方面向厅党组、厅领导汇报工会组织建设的情况，与有关组织人事部门共同协商加强基层工会组织建设的有关问题，一方面深入到一个又一个企事业单位，找工会干部了解情况，找有关党政领导交换意见，共商选配好工会干部、落实工会主席政治经济待遇、按时足额拨缴工会经费等具体问题。就是由于王毓周这种一竿子插到底和锲而不舍、百折不挠的精神，常常使厅领导和一些基层的干部为之振奋和感动。一时间，加强工会工作、支持工会工作、配好工会干部，竟成了全省交通系统的热门话题。正是经过王毓周和省交通工会同志们的不懈努力，很快就使全省交通系统的工会组织建设状况出现了喜人变化。由原来只有十几个直属企事业组建工会，发展到全省交通系统的25个厅直属单位和14个公路总段都建立健全了工会组织。建起了39个县级建制的工会委员会、195个科级建制的基层工会，成立了1790多个工会组织，配备了392名工会专兼职工会干部，各单位工会主席都落实了同级副职待遇，全系统形成了健全的工会组织网络。

迈出工作的第一步后，王毓周又把强化工会工作制度建设，作为推出的又一台好戏。他在带领省交通工会工作人员深入调查、认真研究的基础上,从全省交通工会工作的实际出发,先后建立了工会主席联席会议、工会工作目标责任制考核、工会干部退休探视欢送、女职工"四个一"活动、工会慰问困难职工、工会干部联系困难户、职代会工作等近十项工作制度,把全系统的工会工作都纳入了规范化、目标化、科学化管理的轨道。并把开展的各项工会工作和工会活动,都融入全省交通事业发展的大局之中,不管是生产经营、道路运输安全,还是企业文化建设,处处都显示着工会的作为,处处都能听到工会的声音。而且王毓周是个凡事都讲认真的人,对工会工作的各项制度从不马虎,落实起来一丝不苟。谁家的职代会开了没有,谁家的女职工特殊利益保护落实了没有,谁家的工会经费按时上缴了没有,他都照章办事,严格要求。有个企业在职代会评议领导干部时,担心引发矛盾,没有严格按评议干部的有关程序进行。王毓周发现后毫不客气地进行了批评。从此,便规定全系统每一个企事业单位召开职代会,都必须事先将会议的内容、议程向省交通工会报告并经批准,从而使全系统的职代会工作每年都提高到一个新的水平。

这几年,交通系统的职工都有一个共同的感受:上至省交通工会,下到各基层公路养管站,工会活动总是开展得红红火火,工会的触角已经延伸到了各个领域,工会组织的影响力、凝聚力真是今非昔比。之所以有这样的赞誉,关键在于王毓周自主持省交通工会工作以来,始终坚持了一条把工会工作做在路上的工作思路,抓住了创建"职工小家"这个工会工作的牛鼻子,使工会工作真正沉到了基层,沉到公路养护一线。

针对省交通系统点多线长,特别是公路养护职工大都分布在远离城区的公路沿线,生活条件较差、业余文化生活单调的实际,王毓周走马上任不久,就把在各基层工会开展创建"职工小家"活动作为工会工作的着力点。在他的倡导下,各基层工会,尤其是各公路总段,都相继制定了"职工小家"建设细则和考核标准。王毓周与省交通工会的同志每年都要深入到公路沿线,检查"职工小家"建设和开展活动的情况。并从省交通工会经费中千方百计挤出一定资金,为一些公路养管站的"职工小家"购买图书、订阅报刊、配备文化体育设施;省交通工会还采取召开现场会、组织先进"职工小家"评选等形式,不断深化"职工小家"建设的内容。就这样经过近十年时间的努力,现在全省交通系统各基层工会都建成了"职工小家"。不管你走到那个公路段的任何一个公路养管站,都可以看到这里的"职工小家",读书看报有学习室,业余娱乐有文化室,吃有小食堂,住宿公寓化,电视机、电冰箱、洗衣机、电脑、电话应有尽有,和城里的职工没有什么两样。每当谈起"职工小家"的温馨生活,养路工人们都会说:省交通工会的王主任可没少费心啊!

当工会干部就要把职工的冷暖时刻挂在心头,王毓周是这样要求全省交通系统的工会干部的,也把代表和维护职工合法权益作为自己行动和工作的准则。每逢年关节日，王毓周都要带领省交通工会的同志慰问困难职工，组织全系统的工会组织开展送温暖活动。遇到一些有特殊困难的职工，王毓周总是想方设法为他们分忧解愁，满腔热情帮助他们渡过难关。天水公路总段有位职工的儿子患尿毒症，换肾手术需要约20万元费用，对这个仅靠工资维持生活的职工来说简直就是一个天文数字。王毓周得知这个情况后，便以省交通工会的名义发出倡议，号召全系统工会组织向这位职工伸出援助之手。王毓周又专门来到这个职工家里，不仅送去了救济款，还一再叮咛这位职工：工会已经做好应对预案，一旦进行换肾手术，确保应有的资金，一定会让孩子的手术顺利进行。这位职工的一家人无不感动得热泪盈眶。

省公路局有位职工的只有13岁的儿子不幸患上淋巴肿瘤，王毓周闻讯后，很快和省交通工会的同志带着3000元慰问金来到医院探望，使他们在最为忧虑的时候得到了精神上的慰藉。那位职工拉着王毓周的手感动地说："王主任真是我们职工的贴心人。"

还有一次，王毓周在甘南公路总段调研时，听说一位30多岁的女职工因工作环境导致婚姻问题还没有解决。他便把这件事记在了心上，后来在与公路总段领导交谈中，他便建议为这位女职工调整了工作岗位，很快就使这位女职工的婚姻问题得到满意解决。后来这件事在职工中传开后，不少职工感慨地说："这样的工会主席我们咋能不欢迎啊！"

在全省交通系统工会干部中，一说起王毓周主任来，大家除了称赞他工作抓得紧，要求严，标准高，作风雷厉风行外，还夸他是个有情有义的好领导。

陇南公路总段原工会主席雷雨田，在工会岗位上整整工作了30年。他热爱工会工作，热心为职工服务，从不考虑个人的名利得失，就是在临退休前夕也没有想着给组织提出什么要求。可王毓周为他想到了，他专门找有关部门和领导，一再建议应该对一个辛辛苦苦在工会岗位上服务了一辈子的老同志有个妥善的安置。王毓周对工会干部的一片情意，令有关部门的领导也为之感动。在政策允许的情况下，让这位老主席享受了应有的待遇。直到现在这件事仍然在交通系统的工会干部中传为美谈。

正是由于王毓周的有情有义，现在全省交通工会系统都形成了这样一种好风气：不管是哪位工会干部退休，王毓周和交通工会的同志都要出面，召开一个欢送会，大家叙叙友情，送一份小小礼品，留下永久的纪念。就这么个举动，却温暖了许多工会干部的心。大家常常会笑着说：在我们交通工会，才真正是人走茶不凉啊！

王毓周带领省交通工会的同志们以卓有成效的工作实绩赢得了省交通厅领导对工会工作的高度重视：是厅党组专门召开全系统工会工作会议；是厅领导十分重视养护道班文化建设；是厅领导发表有关加强工会工作和民主管理的专题讲话，支持工会开展职工技术素质提升活动；更是厅党组重视从工会干部中选拔领导干部。所有这一切都为全省交通系统工会工作创造了良好环境。

王毓周，这位昔日的“老兵”，在工会岗位上用对职工的一片热诚铸就了今日的“新传”。我们相信，他这篇还没有写完的“新传”，伴随着新时期全省交通事业蓬勃发展的铿锵音符，会写出更加动人的篇章。

咬定青山不放松

——省交通工会坚持十年抓“职工小家”建设札记

这是8月初的一天早晨。约摸8时左右，记者随同省交通工会主任王毓周来到了距兰州市区仅8公里的北龙口高速公路服务区。一下汽车，映入眼帘的便是整齐的楼房，一片连着一片的花坛草坪，宛若是镶嵌在兰州至白银高速公路上一块风格独具的绿洲。

走进北龙口服务区宽敞的办公大楼，所见所闻更令人为之一振。但见这里多功能厅各种文体娱乐设施一应俱全，图书阅览室里各类报刊书籍琳琅满目，处处充满着浓郁的“职工小家”的温馨氛围。尤其是这里宽阔的篮球场、羽毛球场、乒乓球场以及台球室、棋牌室等等，给我们留下了难以忘记的印象……

这天上午10时左右，王毓周主任又带领我们走进了靖远公路管理段三滩养管站。一踏进养管站的院子，一股文明之风便扑面而来：院子四周绿色如茵，办公楼大厅各种图表赫然醒目。走进职工宿舍，整齐统一的桌椅、床架，干净整洁的被褥，比起标准化的公寓一点儿也不逊色，职工的小食堂、洗衣间、文化室更是样样齐全。生活在这里的25名养路工，谁不说在这里工作与生活比在自己家里要舒坦得多……

其实我们看到的北龙口服务区和三滩养管站，既是省交通工会坚持十年抓基层“职工小家”建设取得丰硕成果的一个缩影，也是全省交通系统工会工作下沉，基层工会工作充满生机与活力的生动写照。记者了解到，也从一些公路总段和公路养管班站感受到，由于省交通工会十年坚持不懈的努力，如今在全省交通系统，“职工之家和“职工小家”建设已遍地开花。工会组织作为党联系职工群众的桥梁和纽带，作为各级行政的亲密合作者，在职工群众中的吸引力、凝聚力和影响力空前提升，越来越显示出工会组织的重要地位和作用。

省交通系统现有38个基层单位，共有职工2万多人，目前各单位全部建立了工会组织，其中县级单位工会38个，科级工会组织195个，有工会小组1700多个，工会会员达20700多人，占职工总数的96.87%。近年来，面对交通管理体制、经营机制的不断改革和我省公路大发展的形势，给交通系统的工会工作既带来严峻挑战，也带来展示作为的良好机遇。省交通工会以建设"职工小家"为载体和途径，把工会工作的重点放在基层，而且坚持十年不辍，从而大大增强了全省交通基层工会的活力。记者日前在省交通工会采访时，王毓周主任颇有些自豪地说，十年来，我们交通系统各级工会组织上下同心，锲而不舍，紧紧围绕建设"职工小家"这个目标，不断开拓创新，从而抓出了工会组织的活力，抓出了工会组织的影响，抓出了工会组织的新作风、新形象，抓出了工会工作的新局面。之所以能使此项工作十年不辍，最根本的经验就是全系统的工会组织、工会干部依靠党政的坚强领导和有力支持，并形成了以下几点共识：

创建"职工小家"，开掘工会活力源泉。省交通工会在多年的工作中悟出这样一个道理，工会工作的重点在基层，工会组织能否有凝聚力、吸引力、感召力，关键在于基层工会是否充满生机与活力。于是，他们紧紧盯住基层工会这个工会组织的前沿阵地，盯住工会小组这个工会组织的最基本的细胞，从上世纪90年代初开始，就以在基层工会创建"职工小家"为载体，努力开掘增强基层工会组织活力的源泉。为此，他们在全省交通系统大张旗鼓开展创建"职工小家"活动，各公路总段、各基层工会都相继制定了"职工小家"建设的细则与考核标准。尤其是全省各级公路总段，把"职工小家"建设与道班建设融为一体，同规划，同建设，同验收，同考核，从而形成了党政工齐抓共管"职工小家"建设的生动局面。为使"职工小家"建设真正让职工感受到家的温暖，体味到家的温馨，从省交通厅、省交通工会到各基层单位的党政工组织，都积极从多方面或筹措资金，或支援物资，为"职工小家"建设创造了十分有利的条件。经过十多年的不懈努力，现在全省所有的公路养护站，基本上实现了公寓化管理，职工住有整体划一、物品齐全的集体宿舍，吃有职工自愿搭伙的小食堂。而且每个道班基本上都配备了电视、冰箱、洗衣机，安装了电话，有的还配置了电脑，建起了洗浴室，至于扑克、象棋、乒乓球、羽毛球以及读书室、阅览室等各种文化娱乐设施更是应有尽有。不仅一改养路道班过去那种生活环境艰苦、文化生活单调的情况，而且也树起了养路工在全社会的新形象。广大养路职工也正是从工会组织所做的这些看得见、摸得着的实事上，真切感受到了工会组织的温暖，感受到了建设"职工小家"的好处，对工会组织的亲和力大大增强。各基层工会同样以建设"职工小家"为切入点，在职工中广泛开展劳动竞赛、读书自学、结对帮带、技术比武和班务公开、民主管理等各项工会活动，使基层工会的活动明显增强，成为促进全省交通改革发展的一支重要力量。

创建“职工小家”，夯实工会组织基础。近些年来，在一些地方和行业，借企业改革改制之机，随意撤并工会组织的现象时有发生。而在全省交通系统，正是由于省交通工会紧紧抓住建设“职工小家”的工作不动摇，不放松，不仅使工会组织没有削弱，工会干部没有减少，工会的阵地没有丢掉，反而使工会的地位不断提高，工会的组织建设不断发展，工会的基础建设不断加强。现在全系统凡是建立了工会委员会的单位，工会主席均享受同级党政副职待遇，在近400名工会干部中，大专以上文化程度的占到90%以上。省交通工会这几年贯穿始终的一条工作思路就是：以创新工会工作带动“职工小家”建设，以“职工小家”建设推动全系统的工会工作，用“职工小家”建设的成果显示工会组织的作为，赢得工会的地位。为此，他们把建设“职工小家”放在全省交通工会工作的全局中认识和把握，并以此作为提升交通工会工作整体水平的强力抓手，持之以恒，一抓到底。省交通工会不仅制定了“职工小家”建设的标准，而且还通过搞评比：要求每个公路总段年年围绕“职工小家”建设进行总结评比，不断深化建家内容，不断创新建家形式，不断提高建家水平，不断赋予建家新的内涵，把“职工小家”建设渗透于各项生产经营、内部管理、精神文明创建等各项工作的全过程；抓典型：先后总结出了酒泉文化路口养护班、平凉市南湖养管站、省交通厅恒达公司工会、省交通厅长达公司北龙口服务区等“职工小家”建设的先进典型，为全系统建小家活动起到了很好的示范作用；抓推广：在总结先进典型的基础上，省交通工会采取召开现场会、印发典型经验材料、组织现场观摩等形式，积极推广“职工小家”建设的各类经验，从而在全省交通系统既形成了“职工小家”建设的规范化标准，又创造了因地制宜、各具特色的“职工小家”建设模式。由于“职工小家”建设的不断深化，使工会组织的基础建设得到明显的加强，工会工作的整体水平得到全方位的提高。如白银公路总段工会，在党政领导的重视和支持之下，把在班站建设“职工小家”纳入到总段总体工作进行安排部署，提出了“建家就是建段，建家就能兴路，建家就是建队伍”的思路。通过持之以恒地抓“职工小家”建设，总段工会的各项工作和活动不断向班组延伸，大大夯实了工会的基础建设，同时也使工会在全局工作中的作用得到有效发挥，工会的各项工作得到了党政领导的好评和职工群众的信赖。总段所属的会宁段“职工小家”还被全国总工会命名为“模范职工小家”。现在白银公路总段工会依靠党政领导的重视和支持，正在全段15个养管站、7个收费站开展以“院落目标化、食宿公寓化、活动集体化、管理规范化”为标准的“职工小家”建设，以此为载体，把全段工会工作提升到新的水平，使之更加适应全省交通事业改革发展的需要。

创建“职工小家”，强化工会维护职能。在“职工小家”建设的过程中，省交通工会始终把强化班组民主管理、深化各公路总段段务公开、维护职工群众的合法权益作为建家工作的一条主线，使职工关心的工资奖金分配、先进模范评选、住房分配、子女就业以及企业改革等问题，都能通过“职工小家”设立的各种台账、橱窗得以了解。既把工会代表和维护职工合法权益的各项职能落到了实处，又切实维护了职工的合法权益。如平凉公路总段南湖养管站“职工小家”，认真落实职工民主参与、民主监督、民主管理的各项权利，一方面通过“职工小家”各种宣传阵地向职工宣传国情、路情、段情、站情，一方面组织职工认真学习《工会法》、《劳动法》等关乎职工切身利益的法律法规，教育和引导职工懂法知法，依法维护自身的权益。同时还坚持每半年召开一次班组民主管理会，每季度召开一次民主生活会，每年评议一次班站长。并根据养管站制定的管理办法、定额工效工资考核办法，协助养管站有关行政部门对养管站站务和每个职工劳动出勤进行公开、公正的考核，为职工行使民主监督、民主参与、民主管理的权利创造了有利条件。又如阿克塞养管站“职工小家”，设立了站务公开专栏，对职工关心的考勤、工资、伙食账目一一进行公示，每年召开两次民主生活会，职委会成员自觉接受群众的民主监督。工会组织也正是通过这些渠道，不断强化了维护职能。全系统的各级工会还通过“职工小家”这个途径，积极为职工办实事、办好事，解除了许多职工的后顾之忧，使广大职工在工作、学习、文化等方面的合法权益得到了切实保障。如榆中公路段三角城养管站，为了满足职工的求知学习和提高技能的需要，为“职工小家”订阅了各类报刊，并专门设立了阅览室。今年又对“职工小家”重新进行装修、粉刷，配备了统一的公寓化设施，购置了象棋桌、乒乓球台，购买了消毒柜、压面机等，为改善职工的物质和文化生活创造了条件。省公路工程总公司五公司“职工小家”，建立了特困职工档案，近3年来通过送温暖活动，为特困职工发放补助金15000多元。还先后开展助困捐赠活动7次，累计捐款5万多元，共慰问困难、患病职工60多人次。就是通过这些具体细小的工作，进一步增强了工会组织的凝聚力。

共享阳光

——中石油兰州石化公司关爱农民工调查

近几年,关爱农民工几乎成为社会的热点话题。兰州石化公司关爱农民工的事也常常被人们广为传颂,诸如组建农民工工会,建立农民工公寓,重奖农民工劳模等等,也屡屡成为媒体的热点新闻。近日记者就兰州石化公司关爱农民工的事进行了一番调查,所见所闻果然名不虚传:

在农民工公寓,记者看到,每一个房间窗明几净,床铺整洁,被褥统一,写字台、挂衣柜应有尽有;

在农民工食堂,记者看到,统一的厨具排列有序,一色的液化气瓶保证供给,有的食堂馒头机、压面机、绞肉机、和面机、冰箱、冷藏柜样样不少;

在农民工学习室,记者看到,《甘肃工人报》、《中国石油报》等报纸和各类杂志、书刊摆满报栏和书架,体育健身器具、文化娱乐设施、乒乓球、扑克牌、象棋,品种真够齐全;

在农民工劳动现场,记者看到,一个个挥汗如雨的年轻人,身穿统一的工作服,不管是装卸产品的,还是开着铲车的;不管是扛袋的,还是装车的,干起活来都是那样的欢实、卖力,要不是专门采访,真难看出他们与公司的正式员工有什么两样……

目睹这一幕幕情景,令人深深感受到,在兰州石化公司,以人为本的全新理念已经贯穿于关爱进城务工人员的各个方面,全公司正在形成一切想着进城务工人员,一切为着进城务工人员,处处尊重进城务工人员的浓厚氛围,广大进城务工人员也正在真真切切感受到兰州石化公司这个大家庭的温暖。

全新理念托起关爱农民工的阳光

兰州石化公司是2000年10月由原兰州炼油化工总厂、兰州化学工业公司的主营业务合并组建的西部地区最大的炼油化工联合企业。名列我省“工业企业60强”之首，年销售收入超过250亿元，共有员工达12800余人。

随着新公司的建立，一整套全新的经营机制、组织体系和管理理念，在兰州石化公司应运而生。顺应全新的管理模式，该公司党政工领导，从以人为本、创建和谐社会的目标出发，把全心全意依靠员工、全心全意服务员工，千方百计满足员工的物质和精神需求，千方百计调动员工的积极性、主动性和创造性，千方百计发挥员工的潜能，千方百计帮助员工增强生存和发展的能力，作为实施企业经营和管理的落脚点。并在继承和发扬企业管理优良传统的基础上，努力创建企业管理的新思想、新观念、新机制、新模式，以与时俱进、富有鲜明时代特色的先进文化引领企业的各项管理工作。从而建立起一套以尊重人、理解人、关心人、信任人为核心的符合人性、符合人的动机愿望、员工与企业价值取向相一致的管理思想和企业文化理念。

令人欣喜的是，这种适应现代企业制度的全新管理理念，被融入兰州石化公司对进城务工人员管理的各个方面，使全公司千余名农民工兄弟，共享着新的管理理念播洒的缕缕阳光。

现在，兰州石化公司的广大职工，常能听到公司总经理、党委书记喻宝才，公司党委副书记、工会主席李政华等领导挂在嘴边的一句话：“农民工是公司员工队伍的重要组成部分，关爱农民工就是关爱我们的亲兄弟，帮助农民工兄弟创建幸福生活，是我们企业义不容辞的责任，也是创建社会主义和谐企业的重要措施。”

这不仅是兰州石化公司党政领导的肺腑之言，也是现如今全公司各级组织、各级领导和广大员工形成的共识。正是由于有了这种共识，围绕关爱农民工，兰州石化公司制定和出台了一个个从政治、经济、生活、文化等各个方面，尊重农民工政治地位，维护农民工合法权益，落实农民工各项待遇，改善农民工学习、工作、生活条件的办法、规定、制度等。在出台的《农民工管理规定》中明确要求，凡招用农民工，必须与农民工签订劳务合同，劳务合同文本由公司统一制定。合同的基本内容包括：合同期限、用工形式、工作内容、工作时间和休息休假、劳动报酬、劳动纪律、保险福利待遇，双方权利、责任和义务，合同的变更、终止与解除，劳动争议处理等涉及农民工切身利益的问题。同时明确规定，农民工在务工期间，执行标准工时工作制或综合计算工时工作制，无论执行何种工作制度，每日工作时间不得超过8小时，每周不得超过44个小时。各用工单位不能随意延长工作时间。确因生产或工作需要延长工作时间时，要按规定支付加班工资。对于农民工的工资、津贴及各种福利待遇，兰州石化公司也都做出了明确规定，做到了农民工的月收入不低于省政府规定的兰州地区最低工资标准，每月个人收入达到750元以上；并对农民工在岗期间实行保健津贴和夜班津贴，每日发给2元7角钱的岗位津贴，倒班工人每天发给3至6元的夜班费；公司还为每个农民工都办理了意外伤害和医疗附加保险，每人每年发放105元的保险津贴；定期为农民工进行健康检查，每月又为每人发放10元钱的医疗补助；农民工回家探亲，每年可报销一次往返路费。同时，还对在石化公司从事劳务满一年的农民工，每年发放150元社保津贴，并建立动态激励机制，在此基础上每年增加20元，以此鼓励农民工自己积极参加社会养老保险。

正是由于兰州石化公司对农民劳务工的管理做出了一系列明确的规定，特别是在许多涉及农民工切身利益的问题上都有具体要求，因而全公司所有使用农民工的单位，都把关爱农民工，落实和保障农民工的正当权益，纳入了职工队伍建设的整体工作之中。使每个农民工和正式职工一样，享受到了企业主人的应有权利和待遇。如公司油品储运厂在为员工过生日时，让全厂200多名农民工和正式职工一样，一起唱生日歌，一起吃蛋糕和长寿面。有的车间组织文体和竞赛活动，农民工和正式员工一起参加，奖品一样发放，没有任何区别。在企业组织的各类先进模范评选中，对农民工和正式员工更是一视同仁。仅去年以来，油品储运厂就先后有21名农民工被评为先进生产者，有23名农民工被评为技术能手，受到生产经营、安全生产、精神文明建设等7个特别奖励的农民工就有143人次，奖金总额达14000多元。就是通过这些工作，使农民工和正式员工融为一体，形成了企业各项工作的巨大合力。

组建工会为农民工撑起维权巨伞

如今，让兰州石化公司千余名农民工引以为自豪的就是，公司组建了农民工工会，有了替农民工说话办事的“娘家人”。不少农民工逢人就说，工会为我们农民工撑起了维护合法权益的“保护伞”，我们再不用为自身利益被侵害而犯愁了。

事实也正是如此，农民工工会的成立，不仅架起了企业党政与农民工兄弟联系的桥梁，而且使农民工各种合法权益的维护与保障有了坚强的组织保障。

记者在采访中深深感受到，兰州石化公司工会把加强工会在农民工中的工作，积极组建农民工工会组织，是放在做好新时期工会工作、巩固党的阶级基础、扩大党的群众基础、落实全国总工会提出的“组织起来，切实维权”工作方针的高度来认识，并积极开展工作的。因此，公司工会从本企业农民工队伍的实际情况出发，把组建农民工工会作为全公司新形势下工会工作开拓创新、与时俱进的突破口和切入点。2004年兰州石化公司工会在广泛调查研究的基础，发出了《关于组建兰州石化公司农民劳务工会组织的通知》，明确提出，凡与兰州石化公司签订了劳务合同的单位提出加入工会申请，经上一级工会批准，作为集体会员单位加入工会，农民工个人作为集体会员参加工会活动。《通知》一经发出，犹如巨石击水，在广大农民工中激起强烈反响，一时间，农民工们奔走相告。劳动之余，茶余饭后，加入工会成了议论的热门话题，组建农民工工会成了大家共同的心愿。各使用农民工的单位的工会，组建农民工工会的热情空前高涨。化工储运厂工会按照公司工会的通知精神，在全厂近400名农民工中，广泛开展学习宣传《工会法》、《工会章程》的活动，让农民工了解工会的性质和作用。并以此为契机，将过去一贯称呼的"民工队"改称为农民劳务工，在全厂范围内广为宣传农民工兄弟的作用、价值和对企业的贡献。还按照《工会法》和《工会章程》规定，以农民工装卸队为单位组建了3个农民工基层工会，把所有的农民工都纳入了工会组织之中。农民工工会建立后，按照厂、公司工会的安排开展了大量工会活动，并从工会的角度反映了许多农民工工作、生活等方面的具体问题，充分表达了农民工的意见和呼声。如厂工会根据农民工工会反映的意见，及时建议厂里，在不到一年的时间内就先后三次对农民工的日工资、吨位计件工资进行了调整，使农民工收入有了显著提高，从而也使农民工尝到了加入工会组织的甜头。现在化工储运厂不管是召开职代会、工会工作会、年度总结表彰会，都有农民工代表参加，打通了农民工自身维权和参政议政的渠道。现在兰州石化公司已经在所属各单位建立了十个农民工工会委员会。各农民工工会通过开展各种活动，把广大农民工紧紧连结在一起，成为广大农民工信得过、靠得住的组织，也成为公司各级党政组织做好农民工工作的好帮手。

在积极组建各基层农民工工会组织的同时，今年3月，兰州石化公司又专门召开了首届农民工工会会员代表大会，出席会议的农民工代表以无记名投票方式选举产生了公司农民工工会委员会，选举了由农民工担任的兰州石化公司农民工工会主席。使全公司的农民工工会工作走上了规范化轨道。为支持农民工工会的工作，公司工会按农民工人数，每人每年200元，公司行政又按每人每年100元，拨付基层农民工工会活动经费，用于农民工工会开展各项活动和工作。从增强农民工的工会意识考虑，各农民工工会每月收取每个农民工会员的5角钱工会会费。为了确保公司工会和公司行政拨付的工会经费，真正用到农民工身上，兰州石化公司工会还专门制定下发了《农民工基层工会经费使用管理办法》，明确规定了农民工工会经费使用的范围是：工会举办的思想、文化教育所需支出的费用；工会订阅的图书、报刊费用；工会干部和积极分子学习、培训奖励费用和工会代表大会的费用；工会慰问特困、伤病农民工费用；组织农民工开展集体活动费用等。还要求，农民工工会经费使用情况每半年要向农民工会员公布，接受会员的监督。现在兰州石化公司每年用于农民工工会的经费就有30多万元，为农民工工会的各项活动和工作提供了坚强的财力保证。同时，从公司工会和各分厂工会都积极支持农民工工会开展各项活动，大胆替农民工说话办事，维护农民工的合法权益。今年兰州石化公司炼油厂有个车间在工资计算时，与农民工发生意见分歧，农民工工会及时向厂工会反映了农民工的意见。厂工会在了解情况后及时出面协调，纠正了车间有关人员的做法，维护了农民工的权益。目前，在兰州石化公司，从公司党政领导到工会组织，都十分重视通过农民工工会这个渠道了解农民工的意见、愿望和呼声，在企业做一些重大决策时，注意听取和采纳农民工工会的意见和建议。而且，遇到什么困难和问题，通过农民工工会向工会组织反映，寻求工会组织帮助，已成为全公司广大农民工的自觉行动和共同愿望。

殷殷深情洒向农民工都是爱

这是2005年春节前的一天。

兰州石化公司油品储运厂有位家在甘肃庄浪县的农民工，在满怀喜悦回家过年的路上，乘坐的客车在途经定西时不幸发生车祸，被送往当地医院紧急抢救。该厂领导闻讯后，便急匆匆赶往医院看望，还带去了这位农民工所在工作部门员工捐献的1380元钱。当厂领导出现在这位农民工的病房时，这位农民工感动得热泪盈眶，他深知厂领导是放弃与家人团聚的时间来看望他的。同病房的人知道后，无不称赞兰州石化公司待农民工真好！

还是在油品储运厂，农民工王宏章、成尚军先后在兰州举行婚礼。令他们二人谁也没有想到的是，就在他们各自结婚的那天，公司工会的一位领导和厂里的党委书记、工会主席及他们所在单位的领导，都赶来参加他们的婚礼，并赠送了礼品。这件事一直让王宏章、成尚军两位农民工无比骄傲、无比自豪……

其实，像这样关爱农民工的事儿，在兰州石化公司真是举不胜举，也只是公司上上下下尊重农民工、爱护农民工的一个缩影。

为了维护农民工的政治权益，兰州石化公司党委明确规定，对于政治上要求进步，符合入党入团条件的农民工，要积极吸收他们加入党团组织；对在企业生产经营技术改造、消除安全隐患、保护国家财产等方面做出优异成绩的农民工同正式员工一样，纳入评先选模的范围，并按同样的原则进行表彰奖励。在2004年度评先选模活动中，全公司就有两名农民工被评为公司级劳模，和正式员工劳模一样，获得公司5000元奖金的奖励；有57名农民工被评为公司先进工作者，和正式员工一样获得了公司2000元奖金的奖励。

对农民工在政治上一视同仁的同时，兰州石化公司十分重视保障和维护农民工的经济利益及各项生活待遇，尽最大努力改善农民工的工作、学习和生活条件。公司组织工会、劳资等部门，专门就农民工的用工形式、基本收入、居住条件等进行了调查，提出了改进意见，加强了农民工的劳动保护工作，并参照正式员工的标准，为每个农民工按时发放了工作服、工作鞋、洗衣粉、肥皂、手套、口罩等劳保用品，对农民工每月实行医疗门诊费发放制度。自去年以来，公司先后对脏、差、苦岗位的农民工进行了体检，还安排10名农民工到外地享受公费休假疗养。公司还投入200多万元改造了4个农民工公寓，统一配备了床铺、被褥，设置了集体厨房，配备了瓦斯炉具，解决了农民工的住宿和吃饭难的问题。在每个农民工公寓，又统一建立了文体活动室，配发了各类报刊和文体活动器材，经常组织开展丰富多彩的文化、体育活动，极大地丰富了农民工的文化生活。油品储运厂十分重视在农民工中发展党员，对已经是党员的农民工，吸收他们和正式员工中的党员一样过党组织生活，还在农民工中发展了两名入党积极分子作为重点培养对象。为体现对农民工的关爱之情，厂里筹资50万元，将原来农民工居住的房间进行了维修改造，更换了门窗、电线，粉刷了房间，又新建了水冲式厕所，设立了文化活动室和自行车棚，大大改善了农民工的居住和文化生活条件。由于厂里处处关爱农民工，广大农民工也爱企业、爱岗位，勤奋工作，争做贡献，仅2004年，全厂农民工中受到嘉奖的职工就有22人次，受到各种表彰奖励的农民工就有800多人次。炼油厂工会把关爱农民工落实到一点一滴的小事上，多年来他们坚持每年为农民工集体过生日，以各种形式，举办农民工联谊会、演唱会，既活跃了农民工文化生活，又增进了农民工与企业的向心力和亲和力。同时，厂里对农民工公寓实行标准化管理，配备了专门的安全、卫生管理人员，使每个农民工感受到了大家庭的温馨气氛。使用农民工较多的化工储运厂近几年在先后为近400名农民工办理了人身伤害意外保险的同时，又增加了农民工的保健、医疗费等津贴，按年度给每个农民工发放养老保险补贴，还专门组织对农民工进行了职业健康普查，为每个农民工都注射了乙肝疫苗，每年都为回乡探亲农民工报销了往返车票。在农民工工寓，厂里更是舍得投入，配发了冰柜、洗衣机、热水器、电视机、乒乓球台、各类乐器等设备，不仅改善了农民工的住房、生活条件，还使农民工的文化活动丰富多彩。

在调查中，更令记者深为钦佩的是，兰州石化公司不只是关爱农民工的今天，更关心着农民工的未来。公司专门出台了农民工培训办法。对农民工进行引导性培训，让他们了解基本权益维护，法律知识，城市生活常识，寻找就业岗位等方面知识；进行安全与健康培训，提高他们安全健康保护意识；进行生存与发展培训，根据农民工本人意愿，面向未来，通过培训帮助其掌握一门技能，做好本人未来职业储备，实现个人发展；进行职业技能资格培训，对一些具有一定知识和技能，且从事技术工种和特种作业的农民工，实施强化培训，鼓励其参加职业技能等级鉴定；对评为公司级以上先进个人、劳动模范的农民工，实行奖励培训，根据个人意愿，由公司出资培训。这些培训举措的出台，为农民工的就业与发展，开辟了广阔道路，深受农民工的称赞。公司所属的一个分厂的农民工中，就有64人提出参加电、气焊培训，有46人提出参加计算机应用培训，有37人提出参加电器、家电维修培训，有42人提出参加汽车驾驶培训，有25

人提出参加摩托车、汽车维修培训……广大农民工纷纷称赞说，兰州石化公司既关心我们今天的工作，又为我们的今后操心，真是对我们关爱到家了，我们真为能在这里务工而光荣，而庆幸。

农民工成为兰州石化生产建设生力军

兰州石化公司对农民工政治、经济、生活、文化等多方面的关爱，换来了广大农民工兄弟对企业深深的热爱。如今奋战在各个生产岗位上的千余名农民工，已经成为兰州石化公司生产发展、和谐稳定的一支重要力量。他们正在以不畏困难，敬业爱岗，吃苦耐劳，埋头苦干的精神面貌，支撑起兰州石化公司蒸蒸日上的一片蓝天。

兰州石化公司的领导和广大员工都会清楚地记得：2002年10月，在化工储运厂油品储罐发生大火的危急关头，由60名农民工组成的抢险队始终冲在灭火第一线，他们扛沙袋，垒防护墙，终于扑灭了大火，保住了国家财产。催化剂厂是全公司工作条件最为艰苦的岗位之一，115名农民工承担了很多急、险、脏、苦、重的工作任务，从不喊苦，从不叫累，出色完成了一次次艰巨任务，为企业发展做出了积极贡献。特别值得一提的是化工储运厂的370多名农民工，日夜奋战在化工产品装卸岗位上，每年近300万吨的产品，就是靠着他们的肩膀，一吨一吨装上搬下，使产品运送到了四面八方。

也正是在这样一个个艰苦的岗位上，锻造了兰州石化公司这样一支特别能吃苦，特别能战斗的农民工队伍，也培养和造就了一个个农民工先进模范标兵。

兰州石化公司化工储运厂机装车间临洮装卸队队长赵宪，是一位已经干了20多年的农民工。经过20多年的艰苦磨砺，他已经把自己融入了兰州石化这个大家庭之中，想主人事，干主人活，尽主人责。他带领的临洮农民工装卸队，主要承担着公司化工产品上百个品种、型号，13个库区、80余万吨产品的发运、出入库任务，产品装卸量占机装车间6个装卸队的65%以上。赵宪带领全队170多名农民工兄弟不怕苦、脏、累、险，创造了一个个令人惊叹的成绩，刷新了一个个装卸指标，并连续8年实现安全无事故。2004年他被评为公司劳动模范，今年又当选为兰州石化公司农民工工会主席。

田伟雄是位年仅21岁的小伙子，从到公司油品储运厂原油车间当上农民劳务工的那天起，这位来自甘肃会宁的农家娃，就像主人一样干起活来格外地欢实。一次原油车间集中人力和物力突击对夹层内的油和水进行清理，田伟雄不管是拉管子、扎铁丝、接蒸汽、掀盖板，还是操作压缩机和抽油泵，哪里苦，哪里累，他就出现在哪里。经过他和大家共同努力，共回收原油100余吨。别看田伟雄年纪不大，可干起活来真有股子虎劲。在2004年的卸油中，经他自己接卸的原油车就达1500余台，卸原油近8万吨，让同行赞叹不已。由于他的吃苦耐劳，业绩显著，被兰州石化公司授予劳动模范称号。当他走上领奖台接过5000元奖金时，人们无不向这位年轻的农民工投以赞许的目光。

春风得意马蹄疾

——中铁二十一局集团电务电化公司改革发展纪实

转眼，由原兰铁建设集团所属的电务公司和电化公司整合重组的中铁二十一局集团电务电化工程公司，即将迎来挂牌运营两周年的日子。

两年，对一个改制重组的企业来说虽然还是一段短暂的经营历程，但每每不论是从各类报端，还是从有关会议传来的信息，又不能不让人为他们在短短两年中创造的骄人业绩而叹服。

正是怀着由衷的敬佩之情，“五一”劳动节前夕，记者特意采访了这家企业，见到了公司总经理张天舒同志。当他坐在我对面的时候，这位个头不高，40出头，浑身都透出股精灵气的年轻经理，说起公司重组两年来的喜人变化，眉宇间洋溢着抑制不住的激动和兴奋。他如数家珍般向记者展示着企业发展的美好画卷：

2005年在建工程28项；

完成施工产值4亿多元；

新签合同20项，总额1.52亿元；

上缴款3072万元；

职工年收入增长达15%；

……

倾听着张总经理介绍的用一组组数据组成的发展画卷，记者深深感受到改制重组的决策，犹如给中铁二十一局集团电务电化公司插上了腾飞的翅膀，使之在实现企业“优化资源配置，做优做强做大”发展目标的奋斗中，发生了和正在发生着巨大而深刻的变化，显示着无限广阔和美好的发展前景。

然而，企业整合重组的道路并不平坦，能有今天的生产经营局面和骄人业绩，电务电化公司的领导班子和广大职工，既饱尝了改制重组带来的阵痛，越过了一道道前所未遇的难关，又付出了大量汗水与心血，从而也写下了一段段催人奋进的篇章。

聚心合力　打造运行新机制

2004年5月18日，这是令中铁二十一局电务电化公司的职工既难忘而又引以为自豪的日子。

就是从这天开始，昔日的兰铁建设集团下属的兰铁电务公司、兰铁电化公司两个企业，整合组建了中铁二十一局集团电务电化工程公司，并正式挂牌运营，使两个经营管理模式、运行机制和企业文化不尽相同的企业走在了一起，从而也把打造新的管理体制和运行机制，切实做到企业整合、职工合心的艰巨任务摆在了公司领导班子面前。

企业整合初期，摆在新组建的公司领导班子面前的状况是：只有在建工程量4800万元，没有新的施工项目和生产任务，企业生产经营处于低谷，两个企业共计有债权3000多万元，债务3000多万元。加之企业历史包袱重，退休人员多、资金短缺、业主单位少、脱离铁路的四大压力重重压在了公司领导和职工群众的肩上。职工群众对企业整合后的发展前景无不忧心忡忡。面对这种情况，公司党政领导深感稳定职工队伍，是确保企业真正整合、职工真正合心的当务之急。于是，公司领导班子从教育职工解放思想、转变观念入手，引导职工充分认识企业整合重组的重要意义，看到企业整合重组的发展远景，积极探索和适应企业整合重组后，以铁路通信、信号、接触网、电力、变电为主要专业和房建为辅的施工企业新的管理体制和运行机制。针对企业整合重组后，机构需要重新设置、人员需要重新安排等实际问题，公司党政领导班子及时统一思想，达成共识。一方面引导职工振奋精神，增强信心；一方面教育职工打消等待、观望的消极情绪，把整合重组作为进一步解放思想，转变观念，加快企业改革的动力，作为公司再创辉煌的良好机遇，使广大职工认清形势，转变观念，尽快适应企业改制重组的管理模式和经营理念。为此，公司党委把确保整合重组工作顺利进行，作为党建工作的重中之重，并把深入细致的思想政治工作，贯穿到整合重组的全过程。公司党委利用员工大会、党员大会等各种形式，向职工群众讲企业重组的前景，讲企业面临的困难，讲企业整合重组的政策，努力为企业整合重组保驾护航，清除各种思想障碍。党委书记齐字旗带领有关部门人员，下基层，到现场，认真了解职工思想动态，倾听职工对整合重组的意见、呼声。并通过座谈交流、促膝谈心，及时澄清员工对整合重组的模糊认识，化解一些员工对整合重组存在的担心和忧虑，切实保证了企业整合重组中人心不乱，队伍不散，经营势头不减。同时，根据企业重组后名称变更的实际，公司党委在建立和理顺党组织机构的同时，按照有关规定在公司内部及时建立了纪委、工会、共青团组织机构，还按照企业新的管理体制和运行机制，研究制定了《电务电化公司党委工作制度》、《中层干部及部门理论学习考核办法》、《开展四好领导班子活动实施办法》、《电务电化公司工程项目党组织建设实施办法》等一系列规章制度，使企业党建和群团工作适应了整合重组的需要。

正是由于党委强有力的保驾护航，公司按照上级整合重组的整体部署，制定了切实可行的整合重组推进方案，大刀阔斧地进行了一系列内部改革，先后确定了公司管理机构及人员；确定了公司内退和退休人员有关规定；合理设置15个行政管理部门，对原来两个企业机关人员进行了优化组合。并根据整合重组后新的管理体制和实际工作需要，把选配机关部门负责人和单位领导班子作为公司重组后的首要任务。通过认真履行选任和考核程序，先后选拔了40多人走上公司机关管理岗位，使98%以上的管理人员都达到大中专以上文化水平。同时，公司一重组就十分重视工程技术人员队伍的建设。针对两个单位整合前业务不尽相同的实际情况，公司行政部门采取请进来、送出去的办法，对工程技术人员队伍进行全面培训和学习，让他们全面掌握能共同承担起原来两个企业生产业务，掌握适应企业重组后的施工技术、施工业务、管理方法，从而使全公司各类专业技术人员达到250多人，其中具有高中级职称的工程技术人员就有120多名。针对企业整合重组后的员工队伍结构变化，公司十分重视技术工人队伍的培养和建设，采取岗前培训、专业训练、技能鉴定等形式，对技术工人进行了全面培训和轮训，造就了一支以170多名高级技工、130多名中级技工为骨干的技术工人队伍，为企业发展提供了人才保证。公司还顺应新机制的需要，打破论资排辈和干部工人界限，在出台的绩效挂钩的工资制度中，给技术工人一定的倾斜，极大地提高了技术工人的生产积极性和创新热情。

正是公司党政采取这些得力措施，精心打造企业整合重组后全新的运行机制，把重组前两个企业员工的心紧紧聚合在了一起，形成了促进企业发展的巨大合力，从而使新组建的中铁二十一局集团电务电化公司如沐春风，改革发展不断迈出实质性步伐。

众志成城　创造企业新辉煌

公司一挂牌，随着公司新的管理体制和经营机制的运行，公司总经理张天舒，就与公司党政领导班子认真分析形势，在研究公司现状和市场情况的基础上，明确提出了公司三步走的三年发展目标：

2004年为公司整合重组的起步年，完成产值1.2亿元，承揽工程1.5亿元。

2005年为公司步入正规年，确保企业走出困境、持续发展，新签合同、施工产值、营业额等都要提升新水平；

2006年为公司的发展年，自揽新签合同额1.5亿元，完成施工营业额4亿元，职工年收入平均增长10%。

从公司挂牌的那天起，电务电化公司的党政领导班子，带领全体员工在极其困难的条件下，齐心协力，顽强拼搏，艰苦奋斗，迎难而上，战胜了一个个困难，创造了一个个辉煌业绩：

2004年，电务电化公司重组挂牌后，中铁二十一局集团公司就下达了承揽工程1.5亿元的经营目标。面对如此艰巨的任务，电务电化公司的领导明知困难重重，可他们并没有说一个“难”字，而是在公司内部打响了一场再苦再难也要啃下承揽工程1.5亿元这块硬骨头的攻坚战。从公司总经理、党委书记到各业务部门、生产单位的领导，从公司机关到生产一线，全公司上上下下都围绕着实现1.5亿元的目标而操劳、而奔波。在认真分析形势之后，公司的决策者们，提出了立足铁路，拓展行业，诚信经营，科学管理；追求效益，规避风险；分工负责，统筹协调；以人为本，奖罚分明的经营原则。一时间在全公司形成人人为揽任务、找工程献计献策，提供信息的浓厚氛围。

真是功夫不负有心人。经过全公司的共同努力，电务电化公司终于在2004年以良好的信誉在武威至嘉峪关铁路电气化工程招标中一炮打响，承揽到武嘉电气化SD4标段工程3.02亿元的施工生产任务。

武嘉电气化SD4标段工程的一举中标，极大地鼓舞了员工的士气，广大员工铆足了劲投入到工程建设之中。公司也及时提出了“干一项工程、树一座丰碑、交一批朋友、占一方市场、创一份效益”的经营目标，在全公司大打创建精品工程之战。由于施工图纸一度没有及时到位，工程施工一拖再拖，但承担施工任务的项目部不等不靠，一方面积极与建设、设计、监理等有关部门联络协调，一方面提前与运营等部门签署施工协议，对劳务用工、物资设备进行公开招标，积极做好施工前的各项准备。工程开工后，参加施工的员工夜以继日，艰苦奋战，从公司领导到项目部领导都是亲临现场，指挥生产，检查质量，结果在武嘉全线夺得“两个第一”：第一个建点、第一个开工，不仅赢得建设单位的赞扬，也使得电务电化公司名声大震。

正是凭着这种良好声誉，2004年，电务电化公司又相继承揽到铁通西宁分公司南山路电缆工程、天水联通通信工程、张掖电厂房建和电力、通号工程、宁夏芦花台专用线接触网工程、联通宁夏分公司C网管道工程、西宁纯通无线列调工程以及武嘉电力拆工程、兰武二线列调工程、武嘉电化工程、兰州连城电厂通号工程等一大批施工任务，工程总金额达1.7亿元。不仅全面完成了中铁二十一局下达的经营目标，而且一举扭转了电务电化公司生产经营的被动局面，为快速发展奠定了基础。

进入2005年后，面对铁路跨越式发展新一轮会战高潮的到来，武嘉、兰武、青藏等各大铁路线施工相继开始，给电务电化公司既带来了新的发展机遇，又带来了新的困难和挑战。主要是市场竞争更加激烈，任务承揽难度进一步加大，工程承包价格一降再降，建筑材料价格一升再升，利润空间逐步减小。尽管如此，电务电化公司审时度势，确立了以经营为龙头，多方出击，确保经营任务的扩张；以完成施工产值为重点，狠抓落实，向安全质量要效益；以规范管理为手段，强本固基，提升企业创效能力，确保综合效益上台阶；以实现强企富工为目标，求实创新，全面提高公司综合素质，走良性发展道路的经营方针。提出了2005年新签合同项目1.5亿元；完成营业额4.1亿元；完成建安产值3.2亿元；完成集团公司综合收益3200万元，偿还债务3000多万元；人均年综合收益完成2.8万多元；全员劳动生产率达每人年28.37万元；员工人均收入增长8%的发展目标。在这一艰巨任务面前，电务电化公司的广大员工仍然不退却，不动摇，豁出浑身力气而拼搏。为此，公司加大二级市场占有力度，在已有的兰州铁路局，青藏铁路公司，甘、青、宁建筑市场的基础上，强攻二级市场。他们改撒网为布网，改等鱼入网为引鱼进网，确定专人专责盯片、盯项，收集有效信息，使公司的工程任务承揽捷报频传，呈现强劲发展的势头。在2005年，公司不仅在建工程规模空前，亮点频闪，在建项目达到28项，完成施工营业额4亿多元，而且开辟了许多新的经营市场，先后承揽到了精伊铁路线、天兰铁路线、兰州铁路枢纽、嘉疏提速等大线铁路工程，以及酒泉卫星发射基地、金川公司、兰州铝厂等地方铁路专用线，甘肃移动、联通等地方通信工程。并历史性地打入了广铁集、迁曹铁路，挺进了强手如林的华南市场和华北市场。2005年完成营业额4亿元，新签合同1.5亿元，实现利润211万元，完成中铁二十一局集团下达计划的105.5%，职工年收入增长15%，高于年度计划的7个百分点。电务电化公司开始露出走出困境、全面振兴的曙光。

按照三步走发展战略，2006年电务电化公司进入发展之年。今年初，公司领导又以非凡气魄提出了新的经营目标：自揽新签合同1.5亿元，完成施工营业额4亿元，实现利润400万元，处理历史净债务1000万元。尽管实现这些目标仍然举步维艰，不利因素很多，但电务电化公司的决策者们还是充满着必胜的信心。他们清醒地认识到，"十一五"期间，我国将新建铁路17000公里，建设总投资达到12500亿元。2006年铁路建设投资就将达1600亿元，与兰州相连的精伊霍铁路站后电气化工程、南疆二线、西格二线二期、兰青二线、包兰线电气化改造等工程，都为电务电化公司提供了千载难逢的发展机遇。今年以来，他们正是用这一喜人形势引导职工振奋精神，正视困难，团结一致迎接电务电化公司全面发展的到来。为此，目前全公司上下正在以抓好武嘉电气化工程，兰武二线B4、B8段标、格尔木信号工程等9个重点项目和武嘉SD4标段7月开通、兰武二线武南站改信号、接触网、兰州铝厂跨线立交大桥等7项重点工程为突破口，努力创建电务电化公司更加美好的明天。

以人为本　营造企业新和谐

说起电务电化公司整合重组以来走过的不平凡之路和创造的辉煌业绩，公司总经理张天舒、党委书记齐字旗共同的感受就是：坚持以人为本的科学发展观，始终把企业的改革发展与员工的切身利益紧密挂起钩来，把广大员工是否享受到改革发展的成果，作为检验企业整合重组成功与否的标准。

就是从电务电化公司重组挂牌的那天起，公司党政领导就把营造企业的和谐文化氛围和建立稳定和谐的劳动关系，作为推进企业改革的重要指导思想。公司从员工最关心的热点问题入手，以工会组织为主渠道，切实加强企业的民主管理，落实职工群众参与企业管理的各项职权。针对公司整合重组的实际情况和职工群众普遍存在的一些忧虑和担心，公司全面推行厂务公开制度并明确规定了厂务公开的程序、周期，对项目部承包经营结果，作业队长招聘结果，干部选拔任用、评聘，员工养老金、保险金、住房公积金管理，企业内部员工上岗待岗办法以及大宗物资采购、重大基建工程等员工普遍重视和关心的问题，公司和各项目部都利用职代会、职工大会、党员大会、党支部委员会等形式，定期向员工公开。并及时以厂务公开的形式，向员工报告项目部生产经营情况、经济承包基数、劳动用工、奖金分配包括二次奖金分配办法，现场经费使用、伙食费使用等直接关系切身利益的问题。通过强化职工民主管理，增强了职工当家做主的主人翁意识和支持改革、参与改革的积极性，在企业内部形成了管理者与劳动者彼此信任、相互支持的和谐关系。

同时，公司在生产管理中，切实贯彻全心全意依靠工人阶级的方针，充分尊重职工在企业的主人翁地位，尤其是注意维护一线职工的经济利益，使他们充分享受到企业改革发展的成果。为此，公司在生产一线积极推行项目责任承包制，以内部预算为项目承包基数，并签订内部承包合同，承包实现金额风险制度，建立了激励机制，让一线员工真正尝到多劳多得的甜头。同时，公司为体现对一线员工的关心，认真落实项目管理办法，打破了旧的生产管理模式，打破了收入分配界限，注重向生产一线倾斜，对质量优、效益好的项目部及时给予奖励，真正体现了以岗定薪、按绩分配的原则。正因为公司十分重视企业效益与职工收入的同步提升，因而重组以来的2004年和2005年，全公司员工的工资收入每年都有较大比例增长，使大家切实感受到整合重组给自己带来的好处，更加焕发了投身企业改革和生产建设的热情。

为了建设和谐企业，密切党群干群关系，电务电化公司还以加强党风廉政建设为载体，发挥职工群众的民主监督作用。公司同各项目部经理、支部书记签订了廉政建设合同，和民工队长签订了廉政责任书，把干部的廉政情况置于员工群众的监督之下，既增强了各级干部的民主和群众意识，又防范了各种侵犯员工合法权益和以权谋私等不正之风的发生,也保证了职工关心的一些热点问题的解决。与此同时,电务电化公司党政工团组织形成合力,致力于企业文化建设,以丰富多彩的文化活动,宣传教育活动,劳动竞赛,实施送温暖工程等形式,不断加强和探索用文化理念来增强职工的凝聚力和创造力,营造企业的和谐氛围。为此,公司以认真实施《企业文化建设实施纲要》、《企业行为识别系统》和企业文化在重点工程建设项目基地为重要依托,在公司大张旗鼓开展争创文明管理,体现企业人文精神的先进集体和先进个人活动。同时通过开展劳动竞赛和创建青年文明号,完善职工互助保障体系,建立职工互助合作保险基金,建立送温暖工程基金和"三不让"承诺专项基金,进一步增强职工群众之间、企业与职工之间利益共享、责任共担的凝聚力,从而使一种突出新型社会主义企业和谐氛围在这里得到生动的体现。

中铁二十一局集团电务电化公司整合重组的时间是短暂的,但他们创造的辉煌业绩已向社会昭示,他们走出了一条使企业振兴、职工幸福之路。我们相信,他们一定会沿着这条道路坚定不移地走下去,而且会越走越好!

雄关作证

——中铁二十一局电务电化公司鏖战武嘉电气化施工写真

这是2006年8月末的一天中午。

初秋的大漠名城嘉峪关，天高云淡，和风徐徐。秋阳给大地抹上一层淡淡的金光，别有一番景致。

伫立于新改造的嘉峪关火车站，远处祁连山峰逶迤多姿，白雪皑皑，近处高楼林立，望不到尽头的一条条铁轨伸向戈壁远方。只见一列列火车呼啸而过，新安装的电气化接触网凌空飞架，把个即将实现电气化运营的嘉峪关火车站装扮得更加现代、壮观。

目睹这里的现代化气魄，中铁二十一局电务电化公司的有关负责同志显得颇为激动，他向记者讲述了为实现武威至嘉峪关铁路的电气化改造，承担工程施工的电务电化公司的建设者，艰苦鏖战的日日夜夜和一桩桩感人事迹。把电务电化人战天斗地的壮美画卷一幅幅展现在我的眼前……

时间得追溯到2004年。

随着西部大开发战略的全面实施，兰新铁路线国家重点工程建设规划正式启动，武威南至嘉峪关电气化工程也拉开了帷幕。

也就是在这一年的5月，原兰州铁路建设集团公司整体划归中铁二十一局集团公司，隶属于原兰铁建设集团的原兰铁电务公司和兰铁电化公司，整合重组为中铁二十一局电务电化工程公司，迈出了铁路建设施工企业全面实行市场化经营的重要一步。

也就是在这一年，面对重组后的中铁二十一局电务电化公司的决策者和广大职工的，不仅是解放思想，转变观念，适应新的管理体制和运行模式的需要，更重要的是开辟市场,找米下锅,迈好整合重组后的第一步。

还是在这一年,千载难逢的机遇摆在了电务电化公司的面前,武威(南)至嘉峪关铁路电气化改造工程招投标全面打响。新组建的电务电化公司的决策者,紧紧瞄住这一重点工程建设,铆足了劲夜以继日地投入到了工程的招投标之中。电务电化公司的广大员工也视武嘉电气化改造为生命线工程,一个个都摩拳擦掌,眼巴巴盼望着在武嘉建设工地上一展身手。

兰新铁路武威南至嘉峪关电气化改造工程,东起武威,西至嘉峪关,线路全长467.2公里。这是国家重点建设项目之一,也是我国铁路网“八纵八横”中最主要一横的组成部分,总投资达21亿元。铁路主管部门以总共4个标段面向社会招标,一时间来自全国铁路建设系统施工企业的代表纷纷云集河西走廊,都期盼在武嘉工程建设中占领一席之地。真可谓群雄争霸,竞争十分激烈。

凭着长期电务电化施工的丰富经验,凭着过硬的技术队伍,更凭着前期工作的精心准备,中铁二十一局电务电化公司的广大员工,终于迎来了2004年7月15日,这个令他们梦寐以求和欣喜若狂的日子。因为就是这一天,电务电化人在激烈的招投标竞争中,几经较量,几经拼搏,一举在武嘉电气化改造工程的许三湾至嘉峪关SD4段中标,圆了电务电化人奋战河西走廊之梦。

中标武嘉SD4段工程项目,确实让中铁二十一局电务电化公司的职工激动、振奋,同时又让每一个电务电化人深感任务艰巨,责任重大。

从工程中标的那天起,电务电化公司的领导就没有轻松过。总经理张天舒、党委书记齐字旗,一次又一次召开班子会议,研究工程建设的具体计划;一次又一次召集工程技术人员座谈,讨论工程建设的具体方案。张总经理还带领规划、设计等部门的技术人员深入标段现场认真勘察,掌握施工沿线的基本情况。经过电务电化公司领导班子深入细致的分析,大家清楚地认识到,要拿下总长度110公里,沿线要通过7个车站、6个运营区间、总投资3亿多元的从酒泉境内许三湾到嘉峪关火车站的铁路电气化改造工程,真是一块难啃的硬骨头。这段建设工程的五大硬指标,就像大山一样横亘在电务电化公司的决策者和广大员工的面前:

工程的设计标准高。设计时速为每小时160公里,预留每小时200公里。这不仅是国内铁路建设史上的最高设计水平,也是电务电化公司施工中首次遇到。

工程施工与铁路正常运营矛盾突出。由于铁路运营正常进行,因而只能在运营间隙或者夜间施工,使有效工作日受到严重影响。

确保铁路行车安全的要求很高。由于施工与正常运营交叉并行,给确保行车安全增加了困难,又提出了更高要求,实现施工、运营两不误、两安全的任务十分艰巨,责任十分重大。

自然环境艰苦，施工困难重重。工程建设沿线地处茫茫戈壁，气候恶劣天气多变，生活艰苦，条件简陋，保障工作难度较大。

任务紧，工期短。下达的建设工期仅有18个月，按照正常施工，像这样的工程量，至少需要两年半的时间……

面对这超乎常规的五大硬指标，中铁二十一局电务电化公司的决策者虽然犯过难，发过愁，可他们并没有丝毫的退却，而是经过深思熟虑，科学分析，响亮提出了争创“四高、两第一”的工程建设目标。总经理张天舒就像指挥决战的将军，在全体职工中坚决要求，打好武嘉施工仗，为新组建的电务电化公司争光，在工程建设中努力做到：高标准，一次创国优；高质量，一次创国优；高起点，实行全新的设计标准、全新的技术要求；高效益，获利30%。确保工期争第一：全线4个标段SD4必争第一；确保业绩创一流：综合效益、客户评价力争名列4个标段之首。

总经理的这一番决心，就像在一把干柴上浇了油，在全公司员工心头燃起了熊熊大火，决战武嘉成了广大员工的共同心声。很快，公司成立了以张天舒总经理挂帅的项目部，由公司党委副书记程永和为项目部常务副经理，坐阵指挥SD4标段整个工程建设。

当重担压在程永和肩上时，这位年轻的党委副书记、纪委书记感受到的只是责任和压力，他不仅没吐半个不字，反而在班子会上甩出一句斩钉截铁的话：“就是豁出命来，也要打好电务电化公司重组后的头一仗！”可公司上上下下谁都知道，他家里七八十岁的父母需人照顾，儿子又正好面临高考，他远赴千里之外的嘉峪关，自家的困难可想而知。可此时此刻他哪里顾得上这些，满脑子装的都是武嘉工程，装的都是SD4标段。家里的事只能甩给了妻子。

就这样，2004年9月6日，程永和副书记率领首批160多名员工，如同出征的将士一样，满怀一股子豪气，踏上奔向嘉峪关的征途。

9月，在内地还是秋高气爽的季节，可大漠戈壁，白天时而风沙弥漫，夜晚更是寒气逼人。员工们全然不顾这些，一心想着就是早日动工，早日投入施工建设。项目部很快做出统筹安排，把员工分布在施工区段的清水、酒泉、嘉峪关一带。大家克服吃饭、住宿、气候等方面的困难，全身心投入开工前的各项准备工作。可是，由于受一些客观条件的影响，加之工程设计标准几经变更，整个施工设计图纸迟迟拿不出来。一时间急得项目部的领导和参加施工的员工一个个都像热锅上的蚂蚁。身为项目部常务副经理的程永和，更是着急得饭吃不下，觉睡不着。眼看着时间一天天过去，程永和再也沉不住气了，他一方面向公司总经理张天舒汇报有关情况，建议从上面督促有关方面尽快拿出图纸，一方面主动上门找设计单位，积极为他们提供建设现场有关资料。尽管负责此项工程设计的单位当时正面临着内部体制改革、单位整体搬迁等实际问题，可设计部门的同志还是被程永和的一片真诚所感动。他们克服实际困难,很快派出专人,深入工程现场勘测。这时,已是2004年的10月份,嘉峪关一带已经到了寒风透骨的季节。程永和与设计部门的同志一道,常常是带着干粮,背着水壶,早出晚归,深入施工现场认真进行踏测。一连三天从酒泉的许三湾步行到酒泉火车站,沿线一段一段勘查、测量,整整走了80多公里。饿了就啃口干饼子,渴了喝口自带的凉开水,直到弄清了现场资料和自然环境,从而使设计图纸很快就拿了出来并得以批准。

设计图纸的问世,给早已摩拳擦掌等待施工的广大员工以极大的鼓舞。项目部的领导趁热打铁,在工程还没有开工之前,首先打响了一场有声有色的思想发动和宣传战役。针对SD4工程涉及牵引、供电、通信、电力、信号、房建六大专业,综合技术要求很高,而新整合的电务电化公司过去仅为单项作业,这样大规模综合工程尚属首次的实际情况,公司在全体员工中广泛宣传武嘉工程的意义,发动所有参建员工和工程技术人员探讨适应市场经济的工程管理模式。以全新的思想观念和市场竞争意识,投入整个工程建设,从而为打响工程建设的第一炮奠定了坚实的思想基础。

就这样,2004年11月26日,随着武嘉段酒泉至文殊区间电气化改造工程第一杆的竖立,终于打响了武嘉线许三湾至嘉峪关SD4标段全面开工之战。

从工程开工的那天起,电务电化公司的员工齐心协力,艰苦奋斗,接连打了三个漂亮战役,用心血和汗水在大漠戈壁谱写了一曲又一曲辉煌乐章:

打响的第一个战役就是首先搞好接触网基础区段建筑工程，主要任务是开挖2500多个电缆柱坑和40多公里长的电缆地沟。像开挖基础、编钢筋网、混凝土浇筑、安装杯形基础内模、一次浇筑成型、组立支柱等等,每完成一项任务都是体力和毅力的较量。当时已进入冬季,工人们每天都在野外作业,戴着皮手套也常常冻得双手失去知觉。可为了抢时间、赶工期,员工们早已把寒冷置之度外,有的人双手冻得又红又肿,毅然奋战在施工工地;有的人双手裂开了一道道血口子,也全然不顾。项目部也及时开展了百日大会战竞赛,参建员工以战天斗地的精神,不断向创新基础工程建设指标叫板。大家克服了一个个困难,确保工程顺利进行。基础浇制所需的水泥、砂子、钢筋,由于工地运输不便,工人们只能从几十米、几百米外的地方人背肩扛,甚至连用的水也得从几公里外靠人去拉。在整个施工的日子里,作业队长朱保华,从开工那天起就始终坚守在施工一线,每天总是盯在关键岗位。测量时每天步行区间十多公里,有时连续几天都睡不了觉,吃不上饭,不是指挥吊车立杆,就是指挥放线,真是把工地当成了家,爱人小孩有病他也无法抽出时间去照顾。在施工十分紧张的时候,公司总经理张天舒一连七天守在施工现场,与职工同吃同住,随时协调解决施工中遇到的具体困难和问题。正是由于各级干部的尽心尽责,广大员工的实干苦干,保证了SD4段工程建设首战告捷。

接触网基础工程建设的顺利完工，迎来的就是立杆敷缆，必须竖立2000多个电杆，敷设100多公里的电缆，这可是一场施工难度大、技术含量高的硬仗。特别是由于受行车运输的限制，经常都得在夜间施工。工人们基本每天都是在凌晨3点钟起床，打着手电筒进入现场工作。不管是寒冬还是酷暑，大家就是这样日复一日，大干苦干，把一场立杆敷缆的战役打得轰轰烈烈，可歌可泣。在战役最为紧张的关键时刻，公司党委书记齐字旗，深入施工现场坐阵指挥施工。他深入到每一个施工点，检查工程进度，了解职工生活情况，把思想工作做到现场，把发挥党员的先锋模范作用倡导在现场，做到哪里有施工点，哪里就有党徽在闪耀。特别是在工程进入嘉峪关车站站场改造时，齐书记先后三次来到施工现场，一呆就是两个多月，和员工们一道大干苦干。期间他近80岁的老岳父病重住院，家里人打电话催他回去，他也没有离开现场。也就是在这期间他还是带着病坚持在施工一线。有时工人们看到他因为长期的胃病，加上工地吃住条件都很差，往往吃饭时只喝点稀汤，都劝他回兰州，可他哪能听得进去。在他心里，确保SD4工程顺利完工，确保武嘉电气化早日开通是压倒一切的大事。在嘉峪关车站改造的日子里，公司总经理张天舒更没有睡过一个安稳觉。他一直守在作业现场，与项目部的同志们一道制定施工方案，多方奔走协调关系，作业紧张时他和大家一起加班加点干活，有时竟然整整24个小时都摸爬滚打在作业点上。一次，为了争抢工程进度，员工们连夜加班，张天舒也不例外，和大家整整干了一个晚上，直到凌晨时，才在工地的汽车上迷糊了一阵。

就是在公司领导和参建员工这样夜以继日地忘我拼搏和苦干实干中，SD4施工段整个立杆敷缆施工又提前完工，受到建设单位的高度赞扬和好评。

紧接着，电务电化公司SD4项目部的同志们又趁势而上，打响了安装百天会战的战役。在整整100天的大会战中，承担许三湾至酒泉和嘉峪关车站电力贯通线施工任务的电力作业队，在项目副总工程师兼作业队长闵令臣和队党支部书记张宏的带领下，克服重重困难，风餐露宿，昼夜奋战。常常中午吃不上饭，员工们就自带干粮在施工现场解决，使许三湾至酒泉和嘉峪关的电力贯通线施工任务圆满完成。期间共组立电杆1500多根，钢柱12架，架设线100多公里，埋设高压电缆近20公里，安装变压器51台，并实现了全部一次试压成功。为元山子至酒泉所有分区所，接触网工区、直房站、红外线机房共47台变压器全部带电打下了基础，也为酒泉信号电源线和嘉峪关一路35千伏供电线送电做好了准备。变电作业队的员工们，为确保清水、红山堡、嘉峪关三个变电所，元山子、上河清、酒泉三个分区所和清水、酒泉、嘉峪关三个配电所施工任务的完成，在项目部副经理李和平与作业队长孟思泉的带领下，面对作业人员少、生产任务重、工期要求紧的实际，打破常规施工，参战员工白天黑夜连轴转，抢时间，争速度，使全部施工任务都按时或提前完成。

由于800多名员工的坚韧不拔，艰苦奋战，电务电化公司所承担的武嘉SD4施工任务，到2005年底就完成了1.8亿元的工程量，所有指标都名列武嘉工程全段的前茅。每当谈及工程建设取得的骄人成绩，电务电化公司的员工们总会如数家珍似地谈起一段段感人肺腑的故事：

通信专业通信光电缆割接、设备搬迁是工程建设中的一项重要工作，施工难度大，技术含量高，稍有马虎就会影响整条干线的通信设施，甚至造成通信瘫痪。如在许三湾车站通信割接过程中，工期任务十分紧张，往往还受外部不少因素的干扰和制约。项目副经理李越带领通信作业队的广大员工，克服常人难以想象的困难，严格细化施工方案，争时间，抢速度，确保了许三湾车站通信割接的提前开通，创造了两小时内进行双向干线电缆割接和设备搬迁同步进行的奇迹。

信号专业是电气化工程的重中之重，SD4标段共有信号工程七站七区间128公里，大部分处于荒无人烟的戈壁滩上，给工程建设带来许多难以估量的困难。施工的员工没有住房，只好住进帐篷，一年四季不要说洗澡，连吃饭用水都十分困难。可工人们没有被这些困难吓倒，一个个都挺了过来。还是以许三湾车站信号改造为例，当时施工的日子正逢秋末冬初，河西走廊的气候已是滴水成冰，野外施工的员工几乎每天都在寒风中鏖战。硬是拼着一股子大干苦干的热劲，不到三天就啃下了许三湾站信号工程改造这个硬骨头，为全线信号改造开了先河。

在SD4段工程建设中，最让电务电化人引以为自豪的是，在整个工程建设中，他们引入了全新的管理机制，大胆采用铁路电气化改造的新技术，从而把全公司的管理提升到了一个新的水平。在整个施工中，每个作业队都实行了经济效益与业绩挂钩，项目部包施工队，施工队包个人，多劳多得；各专业队单独核算，不吃大锅饭，坚持按贡献考核；实行倒推成本法，按照市场价格进行成本评估，奖罚分明，责任追究。同时，大胆采用各种新技术，充分发挥电子计算机作用，提高接触网安装工程技术参数，使之达到了工厂化加工，现场一次性安装成功；把微机连续三显示改四显示等新技术大胆运用在信号改造的施工之中，大大提高了工程技术管理，也培养了一批年轻科技人员，涌现出了一批高科技成果。

现在目睹已经全线实现电气化通车的武嘉铁路，曾为之流过血、淌过汗、贡献过聪明才智的人，都无不充满喜悦和自豪。每当回顾参与工程建设的艰辛岁月，那一场场硬战中涌现出的先进模范人物，如群星闪烁般浮现在大家眼前：

程永和，这个坐阵指挥SD4段项目建设的副总指挥，在两年多的时间里，许三湾至嘉峪关的100多公里铁道线上，无处不留下他的足迹，每一个施工点上都出现过他的身影，他把整个项目部就当成了自己的家。今年7月8日，是他老父亲89岁的生日，母亲、妻子几次都打电话说，希望作为长子的他能回兰州为父亲过个生日。他又何尝不想回去呢？可不行啊，那阵子正是施工的紧急关头，他只能把对父亲的生日祝福默默埋在心里。

电力作业队党支部书记张宏，是位曾在老山前线荣立战功、火线入党的退伍老兵。参加SD4段工程建设后，他还像当年在老山前线作战时一样，靠着一股子敢打敢拼的劲头，投入工程建设之中。从许三湾到嘉峪关的杆坑开挖、电杆组立、电缆沟开挖都在戈壁滩上，成了电力施工的拦路虎。张宏总是哪里有困难就出现在哪里，尤其是电杆运输要靠人拉肩扛，他总是走在人拉肩扛队伍的最前头。脸上晒脱了皮，脚上打了泡，他还是坚持在施工第一线。从今年春节过后上到工地，连一次家也没回过，全部心思都扑在施工建设上。人累得落下个腰腿疼病，有时坐下就起不来，还是不离开工地，还说这和老山前线比起，不知要好多少。

张文龙是2004年从甘肃农大工民建专业毕业的大学生，一分配到电务电化公司他就参加了SD4段工程建设，这也正好为这位年轻的大学生提供了施展才华的战场。作为房建作业队的工程技术人员，小张从一投入工作，就对铁路沿线的施工现场进行了实地考察，每天很早出发，夜里很晚才回到住处，从来不喊一声苦，叫一声累。更为可贵的是他善于钻研，勤奋学习，勇于实践，在施工现场解决了不少技术难题。他提出的"混凝土过程中垫块材料的选择"技术，不仅大大提高了施工进度，还节约了施工成本，受到大家一致好评。

像这样的同志在SD4段工程建设中实在是数不胜数，我们很难在这里一一说完。就是通过他们几个，我们同样能感受到电务电化人勇创一流、敢为人先、无私奉献的精神，同样能感受到在武嘉电气化改造工程建设中，他们用辛勤汗水写下的辉煌篇章。

日前，武嘉铁路电气化已全线贯通。当人们在嘉峪关火车站欢聚庆贺之时，无不盛赞为工程建设洒下辛勤汗水的建设功臣，他们当中，就有我们光荣自豪的中铁二十一局电务电化公司的员工。

巍巍嘉峪关将永远作证，中铁二十一局电务电化公司是一支特别能吃苦、特别能战斗的队伍！

雄关将永远作证，中铁二十一局电务电化公司的广大员工是西北边陲、大漠戈壁实现铁路电气化伟大的开拓者！

看似寻常最奇崛

——记全国劳动模范陈虎

今年的"五一",靖远煤业公司王家山煤矿显得格引红火,矿长陈虎荣获全国劳模的消息,犹如一团烈火,把全矿职工的心烧得热乎乎的。

一时间,全矿上下沉浸在激动、喜悦、兴奋的浓浓氛围之中。从矿部机关到采掘一线,从工作岗位到生活小区,陈虎矿长当上全国劳模成为人们的热门话题。

有人说:陈虎当上全国劳模,是他多年来扎根矿山、无私奉献、扎实苦干的应有回报,当之无愧;

有人说:陈虎当上全国劳模,是王家山煤矿全体职工的光荣和自豪,是上级组织对王家山矿工作的肯定和最高奖赏;

还有人说:陈虎当上全国劳模,是党和政府对煤矿工人政治上最大的关怀和爱护。

……

谈论中,陈虎在煤海创业的一个又一个坚实的脚印不时在人们眼前聚焦,他走进王家山煤矿第一天的情景也一幕幕在人们眼前浮现:

那是2004年8月13日。王家山煤矿迎来了一个难得的好天气。整个矿区晴空万里,微风习习。这天下午,全矿100多名科级以上干部聚集在会议室,仿佛都在等待一个激动人心时刻的到来。

约摸下午1时左右,在靖远煤业集团公司主要领导的带领下,陈虎走进了王家山煤矿的会议室。刚一落座,靖煤公司的领导就兴冲冲地说:我今天是专程为你们送矿长来了,他就是我们靖远煤业有名的开拓者陈虎同志。

顷刻,在场人们的目光齐刷刷向着陈虎望去,脸上无不溢满信任和赞许的笑容。会议室里,靖远煤业公司领导同志的讲话,又如千钧重锤,重重地敲在人们心头:"王家山矿这些年生产经营生机勃勃，凭着国际领先的急倾斜厚煤层长壁综放开采技术的优势，原煤产量连年激增，成为靖远煤业的一面旗帜。这次集团公司决定陈虎同志担任矿长，将使王家山矿如虎添翼，发展得更好更快。”接着公司领导的话茬，陈虎从座位上站了起来，说出了一番话语不多，却落地有声的话：“决不辜负上级领导和职工群众的希望，与全矿职工同心协力把王家山矿的事情办好，廉洁自律，事事为职工做出榜样！”就是这几句朴实无华的表态发言，把陈虎与职工群众的心紧紧连在了一起……

其实，对于陈虎，王家山煤矿的职工并不陌生，因为陈虎这个名字，在靖远煤业公司几乎是家喻户晓。这不仅因为他是全省劳动模范、全省煤炭工业科技先进工作者、全省职工职业道德“十佳标兵”。更重要的是他扎实苦干、勇于负责，竭尽全力干实事、干大事的虎虎生气，深得人们的赞佩。这次他挑起了王家山煤矿矿长的重担，使全矿职工更加看到了企业进一步腾飞的希望。从陈虎走进王家山矿的那天起，有关陈虎的故事就在全矿职工、家属中久久、久久地传谈着……

1965年8月，陈虎出生在会宁县一个农民家庭。1986年，他以高出本科录取分数线27分的成绩，考入西安矿业学院。在4年的大学生活中，他勤奋好学，刻苦钻研，掌握了全套采煤理论和专业知识。1990年毕业时，他主动放弃到城市工作的机会，自愿选择了条件较为艰苦的靖远矿务局，并被分配到魏家地矿当技术员。

陈虎来到魏家地矿那阵，正值矿上移交试生产，各类技术资料很不规范。陈虎以年轻人特有的锐气和闯劲，白天深入生产一线调查研究，了解矿井煤层赋存条件和地质构造，晚上整理技术资料，填补缺漏，分类汇编。仅用两个月时间，就理顺了移交的技术资本，为矿井技术管理和生产组织走上正轨奠定了基础。

当矿上把组建魏家地矿第一个综放队的重任压在陈虎肩上时，他仿佛有了施展抱负和才华的广阔舞台。在组队的那些日子里，陈虎大胆借鉴国内先进矿井综放队的经验，积极探索高突矿井安全回采技术途径，围绕瓦斯防治、综放设备管理、工艺流程等方面的技术难题，引进先进适用技术，使科研成果迅速向现实生产力转化。综放队组建以后，身为队长的他更是夜以继日奋战在生产一线。每天下井最早的是他，加班加点最多的是他，休息最少的还是他，几乎每天都干满12个小时以上。就在陈虎任魏家地煤矿综放队队长的几个年头里，细心的人曾悄悄为他算过一笔账：每周工作48个小时，一个月工作336小时，一年工作4032小时，5年等于干了8年的活。

陈虎就是凭着一股子钻劲和实干劲，很快得到领导和职工群众的青睐。

1995年，当靖远煤业公司大水头煤矿依托“高瓦斯突出煤层综采放顶煤开采技术”，突破高突矿井综放开采技术禁区，筹建靖远煤业集团第一支高效综采队时，靖煤公司领导又一次把目光盯在了陈虎身上。从挑起大水头矿综采队队长担子的那天起，陈虎就一头扎进了综采队建设上。他带着50多名职工专程到山西潞安局王庄矿学习综放顶技术，在这里一呆就是60多天。60多个日日夜夜，白天他领着职工参加学习培训，苦练基本功；晚上他又和职工一道挑灯夜战，认真抄写综采放顶煤技术规范、设备操作规程和管理制度，很快就制定了适合大水头煤矿实际的综放管理办法和措施。

然而，和一切事物一样，前进的道路总是不会平坦的。在大水头矿百万吨综放队建设的过程中，同样遇到过一个又一个严重困难。可陈虎硬是凭着一股敢拼、敢打的硬骨头气概，经受住了一个又一个严峻考验，攻下了一个又一个难关，打了一个又一个综采放顶煤的漂亮仗。有时他竟然冒着生与死的考验，始终奋战在综采放顶的第一线，做出了一桩桩感人肺腑的事迹：

1994年4月的一天，大水头矿101工作面在回撤综采设备时，突然出现火情，加之约70米范围内冒顶区压力较大，瓦斯浓度高，一氧化碳超限，随时都有发生重大事故的可能，整个工作面2000多万元的设备面临着被封闭的惨重损失。紧急关头，陈虎置个人安危于不顾，带领职工冲进工作面，一边采取均压通风棚和打钻注浆，一边组织人员加紧设备回撤，保证了所有设备完好无损。

还有一次，正在过春节的时候，井下煤层突然起火，正在休假的陈虎闻讯后，迅速赶到火灾现场，带领职工投入灭火工作。在浓浓烟雾中，他整整8个昼夜守在起火现场，干了一班接一班，又是打眼注水注浆注凝胶，又是喷洒阻化剂，终于有效控制了火情。

他和职工群众一起大搞技术革新，致力技术进步，经他参与的《高瓦斯松软煤层大断面全煤巷、无钢带锚网支护技术研究》和《破碎煤层注水、瓦斯抽放钻孔技术研究》，被有关科技部门鉴定评为国内领先水平。成果投入使用后，每米巷道进尺节约350多元，创造了巨大的经济效益。尤其是他自行设计的"小型压力拆卸机"、"锚杆自动缠绕机"等20多项技改项目，受到职工群众的交口称赞。

要说让职工群众对陈虎最为赞赏的还是他在大水头矿综放队烧起的"三把火"。他借鉴外省先进企业的经验，率先在综放队实施成本"倒算法"，把材料、费用支出与职工工资捆在一起，按节一奖一、超一罚一的比例对工资总额进行奖罚，既增强了职工的主人翁责任感，又改变了以往材料浪费现象。他带领职工充分利用井下回收的每一个螺丝、每一个垫片，清仓利库，盘活库存，减少了资金占用，使成本显著下降。他带领的大水头矿综放队，原煤产量年年刷新记录，一年上一个台阶：由年产37万吨跃升到年产100万吨以上，月产突破10万吨大关，开创了靖远煤业高突矿井百万吨综采的先河。从此，陈虎的名字传遍了靖远煤业大大小小的矿山，上上下下对他无不刮目相看。

陈虎用连连创造的业绩，不仅一步一个脚印实现着自身的价值，也赢得了上级领导和组织的信任。2000年6月，陈虎被任命为靖远煤业红会一矿副矿长，主管全矿安全质量标准化工作和生产经营工作。那时，红会一矿年产量仅有60万吨，井田周围地方小窑密布，胡挖滥采，超过1亿吨的矿井储量遭到严重破坏，整装煤田被破坏得千疮百孔，大大缩短了矿井开采年限；且井下地质条件差、矿井涌水量大，煤层坚硬不易垮落，企业亏损严重，职工人心浮动，生产经营举步维艰。面对如此情况，陈虎一上任就向矿领导班子提出一个大胆设想：在加强防灭火管理和探放水工作的基础上，积极组织技术力量进行攻关，实施综放安全复采技术。经过一年的工业性试验，获得巨大成功，解放矿井储量1亿吨，延长矿井开采年限50年，提高了资源利用率。同时，针对红会一矿煤层坚硬的实际，他积极推广应用坚硬煤层综采放原煤技术取得成功，工作面单产提高4.32倍，矿井生产能力由60万吨提高到80万吨，再提高到100万吨到150万吨，实现了稳产高产，职工收入也有了显著增长。

2004年，陈虎又走上了王家山煤矿矿长的岗位，为他施展才华提供了更大的舞台。虽说这些年，陈虎从最基层采煤队干起，前后几次调动工作，一个单位比一个单位艰苦，一个担子比一个担子重，一个任务比一个任务难啃，可每调到一个新的单位，他总是干得出色，干得让人叫好。

担任王家山矿矿长后，陈虎就把科技兴矿作为高产高效矿井建设的有力手段，紧紧抓住急倾斜原煤层长壁综放开采核心技术的优势，多方奔走，争取建设资金，继续实施技改配套工程，推动深部集中生产改造，成功装备了三个急倾斜综放工作面，构建起了年产300万吨的现代化矿井，从而使王家山矿插上了腾飞的翅膀。

原煤产量达到193.21万吨，同比增长50.6万吨。工作面单产突破2.7万吨，达到2.736万吨，同比提高了28.25%，综采机械化程度达到了100%。

实现煤炭产销量186.87万吨，同比增销11万吨，煤炭综合售价实际达到110.76元/吨，销售收入首次突破2亿元大关。

吨煤完全成本85.29元/吨，比计划指标降低了3.97元/吨，同比降低10.5元/吨。

全矿完成利润2595.18万元，同比增盈3300多万元。

职工人均收入达到16800元，同比增长了14.4%……

这些数字看似简单而又枯燥，可正是这些数字的背后，浸透着陈虎和王家山矿广大职工的辛勤汗水，浸透着陈虎与矿领导班子一班人的心血。

就在记者在王家山矿采访时，矿工会主席高丽生说过的一番话深深留在了记者的脑海里：

陈虎矿长从走进王家山矿的那天起，就把整个心思操在了矿山建设上。心里想的，嘴上讲的，不是矿上的安全生产，就是企业的经济效益和职工的生活质量，经常是吃在矿上，住在矿上，很少把个人的事放在心上。

是的，陈虎虽然到王家山矿工作的时间不算长，但他扑着身子干工作的那股劲，却使王家山矿发生着日新月异的变化，不仅原煤产量上去了，经济效益上去了，职工收入上去了，就连矿区的面貌也变了样。如今的王家山矿，绿树成行，彩灯高悬，道路平整，环境清洁，到处都洋溢着和谐温馨的浓郁气氛。每当说起这些变化，职工群众无不对陈虎矿长的创新进取精神发出由衷的赞叹。

天府彩虹

7月初，出差去了趟四川成都。

公务之余，漫步于闹市街头，一个个独具蜀都情调又颇有现代气息的商厦、店铺栉比鳞次，令人目不暇接。在市中心太升北路，一家看似楼层不算太高的楼顶上“天府阳光”四个大字，极抢人的眼球。也许是对兰州的阳光大厦太熟悉，又知道玉门石油管理局在成都设有“金玉阳光”四星级酒店的缘故，目睹“天府阳光”4个大字，我不禁驻足凝视许久。陪同我们的一位朋友说：“天府阳光” 是由中石油四川石油管理局开办的。如今执掌这家四星级酒店的总经理，是一位来自玉门油田的工会干部，她的名字叫赵彩红。

说起赵彩红，我们也算是老熟人了，她曾经在玉门石油管理局工会从事宣传工作。记得以前我每次去玉门油田采访，几乎都是局工会的有关领导和她一起，带着我们走井场，下站点，采访新闻，了解情况。那时彩红同志留给我的印象是热情、活泼，大方中又不乏沉稳。生长在玉门油田一个普通石油工人家庭的她，说话有板有眼，办事洒脱利落，总给人以不同凡响之感。特别是对工会宣传工作颇有热情，常有一些稿件投往报社，也屡有稿件见诸报端。

有一次我去玉门油田采访，却没有像往常一样见到彩红同志。一打问才知她已经被派往广州一家五星级酒店，学习酒店经营管理业务，为玉门油田在兰州打造五星级酒店作前期准备。当时我曾为玉门局的领导慧眼识才而赞叹不已。

果然，2002年由玉门石油管理局在兰州创办的甘肃省惟一一家五星级酒店——阳光大厦挂牌时，赵彩红已经成为大厦高级管理层的一员，并担任了销售经理一职，掌管起了阳光大厦整个从客房到餐饮的营销业务。几次在阳光大厦再见到她时，赵彩红确实今非昔比。如果说当年在玉门局工会宣传工作岗位上的她是那样充满激情，富有活力，那么此时的赵彩红更显得端庄大方，活脱脱一个高级酒店管理者的形象。我也知道，在阳光大厦创办的头几年里，作为营销经理，为打开营销局面，她几乎走遍了兰州的大街小巷，联系了数以百计、千计的机关、单位、工矿、企业，还在大厦领导支持下，策划了一个又一个独具匠心的营销活动。也正是通过这些工作和活动，使赵彩红的聪慧和才能得以充分展示和发挥。

也正是基于赵彩红日臻完善的管理能力，2004年，当玉门石油管理局的决策者决定要把设在成都的办事处改造建设成四星级酒店并由兰州的阳光大厦托管时，便把此项任务的担子压在了赵彩红身上。尽管当时她有着不少实际困难，但她还是远赴成都，全身心投入成都办事处的改建工作。终于在玉门局领导和阳光大厦的支持下，一家由玉门石油管理局成都办事处改造建设的四星级酒店——金玉阳光很快挂牌运营。正当赵彩红不负使命，正待回到兰州之时，却出乎意料地让她又走进了四川石油管理局所属的安国酒店，也就是今天的“天府阳光”。

得知彩红同志现为“天府阳光”总经理，我在惊喜之余，更多的是振奋和自豪。自豪的是我们甘肃人能在巴蜀大地打造出这样一片天地！陪同我们的那位热心朋友，也十分熟悉彩红同志，很快帮助我们联系并接通了彩红的电话。通话中彩红同志显得格外激动，邀请我们一定到“天府阳光”作客。第二天下午，我应约来到了“天府阳光”。令我没有想到的是，当我们的汽车停在酒店大院时，彩红同志和酒店领导班子成员，在这里迎候我们。一见面互致问候之后，话题自然要谈到彩红同志怎么走进了“天府阳光”，并已正式调到了四川石油管理局。交谈中我才知道，由于兰州阳光大厦托管并对玉门局成都办事处实行四星级酒店的成功改造，给了今天“天府阳光”前身四川石油管理局安国酒店以极大启示。经四川石油管理局和玉门局两家领导商定，做出了由阳光大厦托管安国酒店的决定，彩红同志又一次成为实施这一托管方案，并打造“天府阳光”酒店的最佳人选。随着甘肃阳光大厦对“天府阳光”托管的成功运行，2006年，赵彩红也由兰州的阳光大厦正式调入“天府阳光”，并被任命为总经理。接任“天府阳光”总经理职务时，赵彩红面临的尽管是亏损严重的困难局面，但毕竟给她提供了一个展示自己综合素质和才能的平台。走马上任后，她团结酒店领导班子一班人，抓管理、抓经营、提升服务质量、创造服务特色，很快就扭转了酒店经营的被动局面。不论是管理水平，还是服务质量，都打开了一片新的天地，“天府阳光”的人气也与日俱增，日显红火。就在赵彩红任总经理的当年，“天府阳光”一举扭亏为盈，几百名员工也都喜滋滋领到了多年不曾有过的奖金，“天府阳光”开始走上了良性发展之路。

作客“天府阳光”，那优美的环境、精良的服务给人以深刻印象。尤其是彩红同志领着我们参观酒店一楼大厅时，目睹那古朴的装饰，旋转式的叶片吊扇及错落有致的小型茶座，使整个大厅弥漫着温馨优雅和极富情调的浓厚气息。在这里我们还领略到了酒店经营的韩国烧烤的异国风味，目睹了韩国料理者的彬彬有礼。真真切切看到，这里已经成为在成都的韩国人休闲、聚会的绝好场所。

细细品味“天府阳光”，令人流连忘返之处很多很多。当彩红同志特意把酒店办的一张《阳光时报》展现在我的面前时，我不禁为之一惊。这是一张四开四版的小报，内容还是蛮丰富的，设有“相约阳光”、“绿色阳光”、“安全阳光”几个专页。在翻阅报纸时，一篇“今天是你的生日，我们为你歌唱”报道图文并茂，格外醒目。原来是在纪念党的86岁生日时，赵彩红和酒店党委的同志们，带领酒店的共产党员，深入油田钻井架下重温入党誓言，共同表达开创“天府阳光”新局面的心愿。看着一幅幅拍摄于重温入党誓词现场的照片，我不能不为彩红同志这一创意而赞叹。也正是从这一创意中，我能体会到赵彩红那执着于事业的满腔激情。我也相信在玉门精神熏陶下成长起来的赵彩红，会凭着满腔激情，把“天府阳光”的一片彩虹燃烧得更加灿烂！

三湘大地铸忠诚

——甘肃电力职工赴湖南抗冰抢险纪事

引　子

这是2008年2月24日。

傍晚时分，一辆被黄泥弄得面目皆非的越野车，在蒙蒙细雨中由湖南省长沙市向娄底市奔驰。

汽车掠过道路旁一座连着一座的民房村舍，一片接着一片被冰雪压倒的树木，四处一片漆黑，很难见到一处亮光。

公路上时能看到一辆辆挂着抗冰抢险条幅，来自河南、陕西、江苏、青海、新疆、宁夏、黑龙江、吉林等省区的车辆来往不断。

目睹这一切，令人强烈地感受到，湖南冰雪灾害的严重。

然而，更让人心灵上受到强烈震撼的是，记者随同甘肃省总工会赴湖南慰问团，在抗冰救灾现场，亲眼看到甘肃电力职工艰苦鏖战的情景：

夜，黑得伸手不见五指，淅淅沥沥的细雨不停点地下着，在距湘西娄底市约50多公里，满是齐脚深的泥泞和雨水的工地上，工人们尽管满身泥水，浑身上下湿淋淋的，一个个冻得瑟瑟发抖，可谁也没有停下手中的活，在手电筒微弱的光亮下，惟一能看到的就是工地上高高飘扬的"党员先锋队"的队旗；

攀上怀化洪江市龙船塘瑶族乡一座人烟罕至的大山顶上，在黔平线抢险现场，只见两个刚从高达几十米铁塔上下来的青工，头上脸上尽是汗珠，双手却冻得又红又肿，手指已经麻木，手背上布满一道道血口子；

在洪江市拓口镇一个叫松山的大山深处，一顶简单得不能再简单的帐篷，一个用来化雪烧水的铁盆,一堆小小的柴火,三个胡子长得老长的工人,日夜就吃在这里,住在这里,守护着“三牌线”抢修的各种物资。

这就是我们甘肃的电力职工!

这就是我们甘肃的工人阶级!

此情此景,每一个身临其境的人不能不从心底发出这样的共鸣:电力职工是何等的辛苦,光明来得是多么的不易!

正是我们的电力职工,靠着钢铁般的意志,靠着超乎常人的毅力,无畏艰难困苦,历尽万般艰辛,在抗冰抢险中,把“人一之、我十之,人十之、我百之”的甘肃精神,演绎得可歌可泣,多姿多彩,为甘肃的工人阶级,为甘肃人民,在三湘大地竖起了一座辉煌的丰碑,铸就了对国家、对人民的无限忠诚!

就是这座丰碑,向全社会昭示:

工人阶级永远是我们国家战胜一切困难的中流砥柱!

国有大型企业永远是我们国家改革发展、全面建设小康社会的重要靠山!

这就是这场抗冰抢险战斗留给我们每一个人最为深刻而又神圣的印痕!

2008年元月,伴着新春佳节的临近,一场突如其来、近乎残酷的灾害向我们袭来:南方十余个省市区遭受了50年未遇的雪灾、冻灾。一时间:

广州火车站数十万旅客滞留;

贵州全省高速公路瘫痪;

湖南全省半数以上电网遭受冰雪凝冻侵袭;

……

严重的灾情,揪着全国人民的心,更揪着党中央、国务院领导的心。很快,党中央一声令下,来自新疆、青海、宁夏、河南、陕西、江苏、黑龙江等十多个省区的电力抢险队,分别从全国各地赶赴湖南、贵州等南方受灾省区,打响了一场抗冰抢险与电网重建的战斗。在这场没有硝烟的战斗中,就有我们甘肃的1300多名电力职工。

2月24日,是湖南省又一个细雨绵绵的日子。整整一天下个不停的细雨,加上还未化尽的冰雪,天气显得异常的潮湿、寒冷。这天晚上,已是深夜10点多钟,在距湘西娄底市50多公里外的五民线电网抢修重建工地上,几十名工人踩着泥泞,冒着雨水,在刺骨的寒风中,靠着手电筒的微光,在继续工作着。尽管他们每个人从早上7点钟一直干到现在,吃的是干硬的方便面,喝的是冰冷的凉水,甚至是雪水,一个个显得那样的疲惫,可他们谁也没有放下手中正在放线的工作。他们就是甘肃送变电公司赴湖南抢险的职工。其实,这只是我省电力职工,在湖南抗冰抢险战斗中夜以继日、忘我工作的一个缩影。

始终在一线指挥的总经理

在湖南十几个省区的抢险队伍中,人们都传着这样的说法:肖创英是惟一始终在前线指挥,惟一在抢险工地与职工共度春节,惟一在抢险工地待的时间最长的省级电力公司的总经理。

肖创英是甘肃省电力公司的总经理、党组书记。在带领1300多名职工赴湖南抗冰抢险的30多个日日夜夜里,他始终站在指挥第一线,与工人们同扛一根电杆,同拉一条电线,同啃干馒头,同饮冰化水。用工人们的话说:工人身上有多少泥,肖总身上的泥比工人还多;工人身上流多少汗,肖总身上流的汗比工人一点也不少。多少条山间泥泞小道,是肖总带着大家蹚出来;多少座铁塔,是肖总和工人们一起喊着号子重新竖起来,是肖总与大家一道用汗水写下夺取援湘抗冰抢险胜利的壮丽篇章,危难时刻绽放出一个党员领导干部的人生光彩。

2月2日,星期六,腊月二十六。还有4天就是农历戊子年的春节。

可就是这天凌晨1时30分左右,熟睡中的肖创英被一阵急促的电话铃声惊醒。

他一骨碌翻身下床,一抓起电话就听到急促的声音:湖南电网因冰雪灾害毁坏严重,要求甘肃电力公司组织抢险队伍,赶赴湖南抗冰抢险,重建电网……

电话是国家电网公司抗冰抢险保供电领导小组下达的命令。

从接到电话的那一刻起,肖创英紧绷的神经再没有放松过。整整后半夜,他满脑子盘算的都是赴湖南抗冰抢险的事,调集队伍赶赴湖南抢险的方案也开始在他心中形成,整个思绪仿佛已经飞到抗冰抢险的现场。

第二天,虽然是个星期天,可甘肃电力公司各级领导干部,纷纷向公司机关赶来。肖创英主持召开紧急党组扩大会议,传达国家电网公司关于抗冰抢险的紧急命令,部署抽调精兵强将赴湖南抢险的具体事项。

就是在这次党组扩大会议上,肖创英胸有成竹,指挥若定,显示了应对紧急、复杂情况的非凡才能:成立援助湖南抗冰抢险指挥部,下设综合联络、施工现场管理、技术与供应、后勤保障4个工作组,统筹指挥抢险工作。令在场的领导们没有想到的是,肖创英当场宣布,由他担任赴湖南抗冰抢险总指挥,率队前往抢险一线,坐阵指挥电网重建战斗。

当时,在场的几位领导面面相觑,谁都知道,肖总患有慢性胃病,每天还在吃着中药;谁都知道,他已经做好了2月4日回湖北与家人一起过年的安排。可看着他一脸的凝重,大家又能说些什么呢,知道就是说了,也改变不了他的决定。

就这样,当天中午,肖创英就带领12名有关人员,赶赴兰州中川机场,搭乘下午1时40分飞往长沙的飞机。不料飞机在机场长时间晚点,等赶到长沙时已经是晚上10点多钟。一到长沙,肖创英顾不上一路劳顿,当晚就来到国家电网公司湖南抗冰救灾指挥中心领受任务。

看到一路风尘的肖创英,国电公司有关领导为之一惊。面对这位亲临抢险一线的总经理,他们说不清是兴奋还是感动,除了久久的握手就是连连的点头,并当即把2座各装机120万千瓦水电厂送出任务的五民线和三牌线与2条500千伏线路的抢修任务,交给了甘肃省电力公司。

五民线和三牌线位于湘西娄底和怀化两市境内,多为少数民族聚居区。接受任务后,肖创英带领其他工作人员,由武警同志带路,用两天时间查看受灾现场,了解电网受损情况。由于电塔多分布于大山深处、丛林之中和高山峻岭之上,道路多为羊肠小道,有的地方干脆就没有路,加上冰雪融化,道路泥泞,山陡路滑,行走十分困难,不少地方得靠着扯树枝、攀岩石才能到达倒塌的铁塔现场。在查看现场的两天里,肖创英和他的同事们,几乎每天都是早上5点钟出发,硬是靠双脚爬上了一个个人烟罕至的山头,踩出了一条条雪水、冰水与泥土混在一起的泥泞小道,满身、满腿、双脚都是揩之不去的黄泥。有时一整天吃不上一口热饭,喝不上一口热水。在沿途老乡家里要碗开水泡个方便面,就成了最好的美餐。

查看受灾现场一路走来,电网损坏的严重程度和灾区人民期盼早日通电的眼神,在肖创英心里打下了深深烙印。抢修电网、早日通电成了他日思夜想的大事。在他的安排和统一调配下,甘肃送变电公司、兰州供电公司、兰州超高压输变电公司等单位的千余名职工,从兰州迅速向湖南集结,纷纷赶赴电网重建的现场;50多台车辆携带大量物资,沿着积雪、结冰的道路,长途跋涉2000多公里,将近百吨施工设备和物资运送到工地。一场我国电力建设史上前所未有的战斗,在三湘大地密林深处、崇山峻岭一个接着一个打响。

肖创英在带领职工抢修电网的同时,他似乎想得更多、更深、更远。面对电网遭受重创的严峻形势,他不止一次地在想:今后的电网建设该如何应对像冰雪凝冻这样突如其来的自然灾害的侵袭。于是,他把省电力设计院的工程技术人员调到了抢险一线,认真分析杆塔覆冰受损成因和防覆冰措施;他把兰州超高压输变电公司的有关人员调到了抢险一线,巡查电网受损的缺陷,他更庆幸自己亲临一线参与和指挥抢险重建,不仅在与职工并肩战斗中感受到了一线职工的艰辛,更是在组织进行一场电力抢险救灾的综合性实战演练,为加快甘肃电网建设积累了难得的宝贵经验。

最令抢险一线职工感动的是,在抢险救灾的日日夜夜里,肖创英在极端艰苦和困难的条件下,仍然时刻牵挂着职工的生活和健康。他从工人们喝冰水、啃冷饼、住帐篷、宿民房的艰苦生活条件中,深深认识到,关心职工的生活与完成电网抢修同样重要。在物资紧缺,食品蔬菜无处购买的情况下,肖创英断然决定,从兰州调运食品。一夜之间,兰州市大街小巷的大饼,被省电力公司购买一空,几乎脱销;整整七个卡车的羊肉、牛肉、猪肉,各种蔬菜,也日夜兼程送到了每一个施工点,就连电褥子、棉大衣,以至防感冒、防腹泻的各种药品肖总都想到了,还调来一些医务人员,每天巡回在施工现场。大伙也同样看到,肖创英每天都是吃着治疗胃病的中药,与工人们一样在冰天雪地里辛劳着、奔波着。

肖创英的家就在湖北武汉市,离抗冰抢险的娄底市也就是两三个小时的车程。他原打算是在腊月二十六赶回武汉过年的。家里妻子、儿子及弟妹们也都眼巴巴等着一家人团聚。不料湖南抢险救灾任务,使一家人的期盼成了泡影。按说节日期间,他抽空回趟武汉是完全可以做到的,可他就是放心不下日夜奋战在施工一线的职工,更关心着大家远离家乡,远离亲人,在抢险工地上过年的事情,只好把对亲人的思念,把与亲人团聚的企盼压在心底。妻子眼看着等不到他回家过年的影子,心里怎么也放不下对丈夫的牵挂,于是她让儿子从武汉赶到娄底,陪同父亲一起过年。腊月二十八,当刚满20岁的儿子出现在肖创英面前时,他先是一惊,紧紧拉着儿子的手,还没等说什么,倒是儿子先开了口:“妈妈怕你孤单,特意让我来陪您过年。”一边说着一边把父亲上下打量了一遍:一身蓝色工作服衣裤粘满黄泥,一双劳保鞋已经被泥巴弄得看不清原来的本色。看到这一切,儿子虽没说什么,但心里却在想:爸爸真是太苦了。儿子的到来,给肖创英带来了惊喜,也带来无限亲情,让儿子感受一下抗冰抢险的艰辛,也便成了肖创英的心愿。

2008年大年三十终于来到了。在这个万家团圆的日子里,湖南各地虽在一些主要城市通了电,可绝大多数农村仍然一片漆黑。甘肃电力职工抢险救灾的湘西娄底、怀化两市的不少地方看不到过年的气息。除夕之夜工地上的职工仍然紧张地工作着,有的没有住的地方,有的喝不上热水,有的虽说有些食品,却找不到一个生火煮饭的地方。在大山深处,在竹林丛中,度过在异地他乡的除夕之夜。

然而,除夕之夜最忙乎的还是肖创英总经理。他明知有不少职工在十分艰苦的施工现场,他明知有不少工地断电缺水,他也明知一些工地山高路远,道路泥泞,甚至吃饭喝水都非常困难。但作为抢险救灾总指挥的他,要想尽一切办法,让工人们过好除夕。于是他安排负责后勤保障的有关人员,几乎跑遍了娄底市的各大超市,几乎把一家超市的300多斤饺子、火腿肠、变蛋、花生米买了个精光,还没忘让买几串鞭炮。或是在工地附近的民房里,或是在村街边的小店里,肖创英一个晚上带着儿子,赶了三个施工点,为工人们送去热腾腾的水饺,为在场的每个工人敬上一杯拜年的美酒。尽管环境是艰苦的,年夜饭也是再简单不过的,可当工人们接过总经理亲手敬上的酒,吃上总经理送上的饺子,不知有多少人心在发热,眼在流泪。他们哪里知道,此时的肖总一直在受着胃部隐隐作痛的折磨。等到跑完三个施工点,已经是深夜11点多钟,倒是儿子的提醒，肖总才给家中打去了新年祝福的电话。

正月初四，对肖创英来说是进入湖南抢险救灾最艰难的一天。这天，天气格外寒冷，怀化市境内的一处电塔重建现场，要在几乎没有道路，加上被冰雪压倒的竹林树木横七竖八挡道的大山上，必须把每根重一吨多的10多根水泥电杆抬到几十米高的山顶。探出一条上山的路，就成了重建电塔的当务之急。这天早上，肖创英带领8个人背上干粮，早上7点钟就从住地出发，沿着满是冰雪和丛林的大山一点一点往上爬，仔细探寻着上山的道路，不少地方都是抓着枝条，摸着冰块，硬是大家手拉着手爬上去的。整整一个上午见不到一处有人烟的地方。直到中午好不容易见到一家住户，肖创英就和大家一起在老乡家里烧了点开水，泡了碗方便面就是一顿午餐。直到晚上8点钟才拖着疲惫的身子返回住地。等到研究好上山的路线，安排好工作已经是晚上11点多钟了。

其实像这样的情况，在湖南抗冰抢险的日子里，对肖创英来说又何止这样一天。不管是在郴州，还是在娄底和怀化，他几乎每天只能睡三四个小时，往往连治胃病的药也顾不上吃，一天吃一次饭也成了常事。多数时间他都是每天早上5点钟就起床往工地上赶，走遍了甘肃电力职工担负重建任务的几百公里的每一个施工现场，到处都留下了他与工人们共同作业的身影。每到一处他总是这样鼓舞大家：只要能让电网提前一个小时通电，就能多发电120万千瓦，创造经济效益1140万元。工人们正是从肖总经理的强烈责任感中，增强了战胜困难的勇气，在抗冰抢险的战斗中打了一个又一个漂亮仗。

30多天的操劳与奔波，抢险救灾的职工眼睁睁看到自己的总经理人瘦多了，脸也黑了，不管如何强打精神，还是掩盖不了一脸倦容。

肖创英就是这样始终站在抗冰抢险的第一线，用自己的行动带动了公司参与抢险的各级领导干部。大家都像肖总一样，不畏艰险，吃苦在前，与工人们在三湘大地的抗冰抢险现场摸爬滚打了30多天，把一段段感人的佳话留在工人中间。

省电力公司副总经理文博，是赴湖南抗冰抢险的副总指挥。在抗冰抢险的日子里，他同样度过了无数个不眠之夜，走遍了所有抢修重建的现场，有不少线路也是他和肖创英总经理一道一次次进行查询的。一次他带领几个人步行到怀化境内的一座大山深处查看线路，整整走了一天，却迷失了方向，电话也无法接通。当时真是冰天雪地，文博和随行的几个人又冻又饿，在大山密林中钻来钻去，真是吃尽了苦头。直到赶来寻找他们的人打开汽车的灯光，他们才找到了下山的路。回到山下几个人几乎都成了泥人，可谁也没吐半个苦字。

甘肃送变电公司总经理苏龙飞、党委书记花明池是先期赶到湖南灾区的。一进入湖南，他们就赶赴娄底接受抢险任务，研究施工安排，早已把春节、家人都抛在了脑后。施工队伍一到，他们没白天没黑夜，和工人们摸爬滚打在一起，哪里最艰苦哪里就有他们的身影。2月24日夜晚，虽然雨下个不停，可娄底工地的放线任务一刻也不能停止。花明池书记和工人们一样，披一件塑料雨衣，仍然在现场指挥着工作。用他的话说，工人们最苦最累的时候，正是需要我们干部的时候。

兰州供电公司总经理张志立，不愧是抗冰抢险的排头兵，在抢险的日子里总是身先士卒。为了掌握现场详细资料，他总是亲自钻进深山老林中查勘倒塔现场，制订抢修方案，往往一进大山就是整整一天。当接到抢修怀化电网的紧急任务后，又是他带人立即奔赴300多公里的现场踏勘灾情，连夜研究方案，调集力量，组织300多人的抗冰抢险突击队连夜赶赴湖南怀化洪江市深度苗族乡，按时完成了上级下达的抢修任务。

省电力工会主席张柯也赶到了湖南抗冰抢险一线。作为工会主席他深知参与抢险职工的艰苦，更牵挂一线职工的冷暖。每到一个施工现场，他总是向工人们问寒问暖，详细了解大家的吃饭、住宿情况，更忘不了叮咛大家施工中注意安全，让一线职工感受到了工会组织的情意和温暖。

大山深处高高飘扬的党旗

在支援湖南抗冰抢险的甘肃1300多名电力职工中，涌现出了许多可歌可泣的事迹，涌现出了不少勇挑重担，不畏艰难，对国家无比忠诚，视人民利益重于一切的优秀职工。最让人们难以忘记的是，在抗冰抢险的日子里，那始终高高飘扬在大山深处的鲜红党旗，那一个个吃苦在前、顽强拼搏的优秀共产党员。

湖南抗冰抢险真可谓是一场没有硝烟的战斗。这场战斗之艰苦，困难之多，任务之艰巨，环境之恶劣，是常人难以想象的。从接受任务那天起，省电力公司的决策者，就深知这是一场硬仗，是一场攻坚战。为此，抢险指挥部决定：成立党员先锋队，由共产党员冲锋陷阵，打赢这场和平年代前所未有的特殊战斗。正是在"党员先锋队"的旗帜下，奋战在抗冰抢险一线的共产党员，用满腔忠诚和辛勤汗水，写下了人生最为壮丽的华章。

年过五旬的共产党员王存良，是省电力公司基建部副主任兼电力工程质检站站长。他明知赴湖南抗冰抢险超乎寻常，工期紧，任务重，条件差。可强烈的责任感让他顾不得年老体弱，而是主动请缨参加抗冰抢险战斗。从2月2日晚上起，他就随同肖创英总经理首批赶赴湖南。为了摸清抢险工程的情况，从走进湖南的那天起，他就没有睡过一个安稳觉，吃过一顿可口饭，而是辗转上千公里，踏勘每一基倒塌的杆塔，为指挥部制订施工方案提供了大量第一手资料。有时遇到雨雪交加的天气，不少地方山高路滑，他却全然不顾，仍坚持到施工现场查勘，指导工人们施工。不管遇到什么难题，他总是第一个出现在施工的现场。抗冰抢险的30来天时间，王存良完全变了个样，人瘦了，胡子长了，每天总是两脚黄泥，奔波在施工线上。同志们都心痛地说：王主任可真受苦了。可他却乐呵呵地说:能为灾区人民早日通电出点力,这点苦算啥!抗冰抢险凯旋归来后,省电力公司授予王存良"抢险功臣"称号。

在抗冰抢险的日子里,五民线电网重建工地上,有一个被大伙亲切称为"侯队"的人。这个被称为"侯队"的人叫侯振兴,是甘肃送变电工程公司送电三分公司的工人。看上去最多不过40岁刚出头,可已经是一位有23年党龄的老党员。今年春节前的几天,侯振兴刚从玉门施工现场回到兰州。因为已经连续两年春节都在外地施工,没有能和家人团聚,今年他特意从工地上赶回兰州,本想与家人一起过个团圆年,加之70岁的老母亲生病住院,他想着好好陪陪老母亲。可离过年还有4天的时候,侯振兴接到了公司赴湖南抢险的通知。接到命令的当天下午,侯振兴怀着愧疚和依恋的复杂心情走到母亲床前:"妈,今年的春节又不能陪您老人家一起过了,湖南省遭了灾,好多地方断了电,上级要我们到那里抢险救灾……"说话间,侯振兴双眼紧紧望着母亲。从母亲的眼神中,他看懂了母亲先是惊奇、遗憾,很快又很平静的心情,但却怎么也禁不住满眼热泪:"国家的事大,救灾的事大,就放心去吧,家里的事就不要牵挂,妈等着你早日归来。"就这样侯振兴当天晚上就踏上了去湖南长沙的列车。2月4日一到驻地,当兵出身的侯振兴一放下行李,便请求施工任务。得知他们主要承担500千伏五民线抢抢险项目,侯振兴二话没说,就先去每个塔位实地踏勘铁塔和导地线的受损情况,仅用一天半时间就查清了项目部所承担的9基铁塔受损情况。大年初一,省电力公司赴湖南抢险指挥部,在湖南湘潭市壶天镇召开抗冰抢险誓师大会,并向每个项目部的"党员先锋队"授旗。侯振兴代表甘肃送变电公司的共产党员,从总经理肖创英手里接过了"党员先锋队"队旗,并和在场的共产党员共同喊出了"最艰苦的担子我们挑,最危险的地方我们去,最紧要的关头我们上,最困难的时刻我们到"的铮铮誓言。从接过"党员先锋队"队旗的那一刻起,侯振兴就感受到了神圣的使命和沉甸甸的责任。他不止一次对先锋队的队友们说:是我们为党争光的时候到了。就是凭着这股信念,他带领先锋队的同志,不论在多么困难的情况下,始终奋战在急、难、险、重的抢修第一线。侯振兴带领的施工一队负责500千伏五民线438号至440号三基受损铁塔的抢修任务。由于抢险任务工期紧,侯振兴就和工友们实行立塔、架线工作同步进行,创造了电网铁塔重建的奇迹。工人们无不称赞"侯队就是我们干好工作的一面旗帜"。

甘肃送变电公司三分公司经理童明坚,既是五民线和烟城线工程的总指挥,也是施工作业现场的总指挥。在抗冰抢险的日子里,用工人们的话说他可真是吃尽了苦头。一次,穿越五民线时,由于走的尽是山路,黄泥已经糊到了小腿上,童明坚膝关节又红又肿,走起路来钻心的痛。可他强忍着疼痛,坚持巡完了整个线路。在线路放线的关键阶段,他每天工作都在十几个小时,确保了工程的顺利进行。特别令大家感动的是,童明坚已经连续六年没有在家过春节,父母亲盼望与儿子今年一起过年又落空了。说起这些,老童虽然眼里噙着泪花,嘴里却没有半句怨言。

在抗冰抢险的日子里,广大共产党员的模范作用,无时不影响、带动和感召着参加抢险的每一个职工,"党员先锋队"的队旗,高高飘扬在大山深处,崇山峻岭,像一盏明灯指引着大家战斗。青年突击队中,农民工中,参加抢险的职工中,一桩桩感人事迹、一个个先进人物不断涌现出来:

兰州供电公司职工方国祥由于冒雨抢修,浑身衣服湿了个透,晚上发起高烧,浑身酸痛,十分痛苦,可第二天爬起来还是坚持上工地,同志们劝也劝不住。

兰州供电公司职工刘艺军是五民线的一位项目经理,从腊月二十八赶到怀化洪江市深度苗族乡施工现场后,由于每天都在爬高山,建铁塔,累得喉咙发炎,又患上感冒,可说啥也不下工地。被大家强行拉去输液,一拔掉针头,他又出现在了工地上。

有个叫张得科的职工今年已经31岁,春节前夕刚办了拖了很久的婚事,谁料新婚第8天,就接到了抗冰抢险的任务,他二话没说告别了新婚的妻子就赶赴湖南。

有个叫吴中秋的职工,老父已经80岁高龄。由于三四年春节没回过家,今年春节前夕他已经回到了成县老家。可进家门的当天就接抗冰抢险的通知,他当天就离开80岁的老父赶回兰州,随着队伍赶赴抗冰抢险一线。

兰州倚能公司材料员段积玉,在施工中踝关节扭伤,痛得已经难以行动,却仍然不肯离开工地。被大家强行送到一家医院检查,诊断为骨裂。

甘肃送变电公司三分公司副经理冯玉功,原来在云南执行施工任务,已经把爱人和女儿接到云南准备过年。可妻子和女儿到云南的第二天,他就接到了赴湖南抢险的通知,只好告别妻女急匆匆赶往湖南。

抗冰抢险的日子里,感动人心的事迹真是举不胜举,就连公司新闻中心的记者们,后勤保障工作的司机师傅们哪一个人又按时睡过一次觉,按时吃过一次饭?省电力公司新闻中心主任雷达,从走进抗冰抢险现场的那一天起,就没有离开过现场一天。一待就是30多天,先后组织采写各类稿件900多篇。

……

一场艰苦卓绝的抗冰抢险战斗,锻造了一个又一个吃苦耐劳、勇于奉献的优秀职工。就是在湖南抗冰抢险的第一线,有7名优秀职工光荣地加入了中国共产党,因为他们经受了冰天雪地的洗礼,经受住了艰难困苦的考验。

2月25日上午,湖南怀化220千伏黔平线9号铁塔重建现场,竖起一面鲜红的中国共产党党旗。7名奋战在抢险一线的职工,在党旗下举起拳头,进行庄严的入党宣誓。肖创英总经理在入党宣誓仪式上说:

"这支在抗冰抢险重建一线加入中国共产党的新生力量,是在特殊环境下,经历了严峻考验的同志,是在极其困难的环境和条件下表现突出的同志!"

肖总的话让在场的每一个人心潮澎湃，久久难平，大家又一次感受到了危难时刻中国共产党的伟大力量，大家无不把深情的目光齐刷刷聚焦于中国共产党党旗——伟大的旗帜，胜利的旗帜上！

三湘大地铸丰碑

2008年2月2日至3日4日。

这是让甘肃电力人刻骨铭心的32天！

这是让甘肃电力人饱尝艰辛的32天！

这是让甘肃电力人尽展雄风的32天！

这是让甘肃电力人书写辉煌的32天！

因为在这32天里，甘肃电力在三湘大地竖起了一座座将载入史册的丰碑。

因为在这32天里，甘肃电力人在三湘大地唱响了一曲曲“人一之，我十之，人十之，我百之”的甘肃精神的赞歌。

在一个多月的支援湖南抗冰抢险电网重建战斗中，省电力公司共承担了500千伏五民线、500千伏三牌线、220千伏城烟线、220千伏黔平线4条线路的抢修重建任务。这4条线路总长度为384.36公里，杆塔978基，需消除缺陷776项，涉及受损杆塔205基；需拆旧建新杆台49基、加固修复19基，合针68基，占到受损杆台的三分之一；需更换导地线31.46公里，占到线路总长度的8%；需更换光缆67.48公里，占线路总长度的18%。

在完成这些艰巨任务的过程中，甘肃电力公司显示出了高超的指挥艺术和灵敏的应变能力，调集了甘肃送变电公司、兰州供电公司倚能电力集团公司、兰州超高压输变电公司，甘肃电力信息通信中心、甘肃电力光明监理咨询公司、甘肃电力设计院、甘肃电力物资公司、甘肃电力明珠物业公司等8个单位的1300多名职工投入了抗冰抢险工作。共出动了车辆50多台、机具设备30多台套。形成了全公司上下紧密合作，召之即来，来之能战，战之能胜的巨大抗冰抢险的合力。

由于有着坚强有力的指挥体系，有着高效快速的反应机制，有着现场安全质量的精细管理，有着可靠的后勤保障，有着强有力的思想政治工作，在人员设备物资集结困难，工作量大，工作地点分散，施工地形复杂，生活环境不适应，工期时间紧，质量标准高等重重困难面前，省电力公司支援湖南抗冰抢险指挥部，带领1300多名职工，顽强拼搏，无所畏惧，打了一个又一个抗冰抢险的漂亮仗，比国家电网公司最新要求的工期提前5天圆满完成任务，在湖南郴州、娄底、怀化等境内，竖起了电网重建的一座座丰碑。被国家电网公司领导高度评价为“甘肃电力职工无愧是一支最能吃苦、最能战斗、最能奉献的陇原铁军！”

在省电力公司召开的支援湖南抗冰抢险表彰大会上，肖创英总经理说，湖南抗冰抢险是一场没有硝烟的战斗，在这场战斗中形成的“抗冰抢险精神”，必将成为甘肃电力巨大的精神财富，激励广大电力职工把陇原电力事业不断推向前进。

副省长石军热情称赞说，我省电力职工赴湖南抗冰抢险的全面胜利，充分体现了省电力公司领导班子是好样的，职工队伍是好样的，工程技术人员是好样的。大家在抗冰抢险中的英雄行为，为甘肃人民争了光，树立了新时期陇原工人阶级的新形象！

正像石军副省长所说的：一场天灾，一场情，融化的是冰雪，不变的是精神。甘肃电力抗冰抢险的勇士，在三湘大地建起的是一座座电网铁塔，铸就的是国家对人民的无限忠诚，展现的是甘肃人民顾全大局、勤劳朴实的胸怀和风采。他们锻造的抗冰抢险精神，为正在大力弘扬的甘肃精神增添了新的内容，赋予了新的内涵，必将激励全省人民在构建和谐甘肃的伟大事业中勇往直前，无往不胜！

播洒春风满陇原

20世纪80年代末至今的20年，在人类历史的长河中只不过是短暂的一瞬；可20世纪80年代末至今的20年，在甘肃工会发展史上，却是一段可歌可颂的辉煌岁月。

这20年中，我省工会依靠党的领导、政府的支持，肩负代表和维护职工合法权益的神圣使命，满怀对广大职工的深厚感情，在陇原大地燃起一团经久不息的“送温暖”活动之火，描绘了一幅幅情暖人间、爱洒陇原的历史画卷。

20世纪80年代的末期，伴随着我国经济体制改革的滚滚大潮，地处内陆甘肃的相当一批国有企业和城市集体企业的生产经营、改革发展遇到了前所未有的严重挑战。由于市场经济的推行，经济结构的调整，企业经营机制的转换和企业管理体制改革力度的不断加大，企业经营困难、效益下滑、职工下岗分流、工资拖欠等深层次矛盾日益突出，致使不少企业职工生活陷入困境。就是在这种情况下，省总工会在省委、省政府的高度重视和大力支持下，从1988年起，在陇原大地唱响了“向困难职工送温暖”的时代强音。一时间，从省城兰州到河西走廊，从甘南草原到陇中大地，从陇南山区到陇东高原，由各级工会牵头组织的各种形式的送温暖活动，犹如缕缕春风，吹拂着陇原大地，把党和政府的关怀送到了千家万户，温暖了数以万计的劳动模范、工亡职工遗属、病伤残疾人员、生活困难职工的心田。弹指一挥间，由省总工会率先在全国工会倡导开展的向困难职工送温暖活动，已经坚持了整整20个春秋。20年来，送温暖活动不仅持之以恒，经久不衰，而且随着时代的发展，不断赋予了送温暖活动新的内涵。尤其是从1992年中华全国总工会根据党中央的精神，动员和组织全国各级工会实施“进万家门、知万家情、解万家难、暖万家心”的送温暖工程以来，给我省工会的送温暖活动注入了新的生机与活力。陇原大地的送温暖活动犹如燎原烈火，更加燃烧得红红火火，全省上下到处涌动着爱的暖流。省总工会乘势而上，努力把送温暖活动融入全省改革发展稳定的大局，积极创新送温暖活动的形式，不断丰富送温暖活动的内容，全力拓展送温暖活动的领域，高度重视送温暖活动的效果。使送温暖活动成为工会组织发挥党和政府联系职工桥梁纽带作用的重要载体，成为工会组织为职工群众办好事办实事，密切与职工群众联系的载体，成为扩大工会政治社会影响的有效形式，架起了党和政府及社会各界与职工群众之间沟通、理解、信任、支持的金色桥梁。据省总工会统计，20年来，全省送温暖慰问款总计达到5.7780多亿元；累计走访慰问困难职工和劳动模范140多万人次；慰问帮扶困难企业18590多户……

作为我省的政治经济文化中心，兰州市总工会的送温暖活动对全省工会系统具有示范、带动和辐射作用。20年来，兰州市总工会始终站在开展送温暖活动的最前列。早在1994年，在兰州市总工会的努力下，全市就形成了党政重视、工会主抓、各方配合的送温暖活动的社会化格局，筹集送温暖资金近2000万元，对1000多名困难职工进行了慰问，对一批困难企业进行了帮扶。到1997年，兰州市总工会出台了全市开展送温暖活动的实施方案，把送温暖活动作为一项系统工程，提出了送温暖帮困目标，制定了送温暖资金筹措办法，规范了送温暖资金的管理及用途，实现了送温暖活动由节日的走访慰问向经常化的扶贫解困转变。

20年来，甘肃省工会的送温暖活动之所以始终保持了旺盛的生命力，之所以送温暖活动的领域越来越宽，之所以能从工会一家唱独角戏，转化为送温暖活动社会化的大格局，关键在于省委、省政府对送温暖活动的高度重视和大力支持。当送温暖活动刚刚起步时，就得到了省委、省政府领导的热情关注和高度评价。历届省委、省政府领导，都带头参与了省总工会组织的一系列走访困难企业、慰问困难职工、看望劳动模范的送温暖活动。并称赞说，省总工会开展的送温暖活动，对于加强党和政府同职工群众的联系，调动广大职工的生产积极性，维护社会稳定发挥了重要作用，成为甘肃工会的鲜明特色。特别是1995年春节前夕，时任中共中央总书记、国家主席、中央军委主席的江泽民，冒着严寒来到我省，深入兰州三毛集团、兰州石油化工机器总厂慰问职工，极大地鼓舞了全省各级党委、政府和工会组织深入开展送温暖活动的热情。省委、省政府把开展送温暖活动纳入了重要议事日程，从1995年起，每逢春节，省委、省政府都要筹措专项资金，用于为困难企业和困难职工的送温暖活动。特别是2002年省政府与省总工会召开第九次联席会议，就切实保障特困职工基本生活达成共识，提出把特困职工100%纳入低保范围。2004年，省政府与省总工会召开第十次联席会议，决定从2005年起，省财政每年拨付省总工会300万元，用于救助省级困难劳模。同时每年拨付省总工会100万元，用于工会开展经常性的送温暖活动。2007年，省政府、省总工会第十一次联席会议又决定，每年由省财政拨付省总工会350万元，支持工会帮扶困难职工。

甘肃工会的送温暖活动，同样受到了中华全国总工会的极大关注和高度评价。自1992年以来，全国总工会每年都派出慰问团来甘肃，走困难企业，进职工家庭，为困难职工送去党中央的关怀和温暖。

凡是到过甘肃的全国总工会领导，无不对甘肃工会率先开展的送温暖活动给予充分肯定和高度评价。纷纷称赞说：甘肃省总工会的送温暖活动常抓不懈，持之以恒，整个工作有广度、有深度、有力度，年年有新发展，年年有新内容，走在了全国工会系统的前列。曾任全国人大常委会副委员长、全国总工会主席的倪志福，曾专门为省总工会送温暖活动写下了“送温暖工程”的题词。曾任全国总工会副主席、书记处第一书记的张丁华高度评价说：甘肃省总工会开展送温暖活动，在全国工会系统是最早的，摸索出了不少好形式、好经验，特别是把送温暖活动与帮厂扶贫有机结合，使送温暖活动不断得到深化和发展。

省委、省政府的重视与支持，全国总工会领导的充分肯定，使甘肃工会的送温暖活动犹如干柴烈火，愈烧愈旺。省总工会进一步探索送温暖活动的新形式、新方法，送温暖活动的路子越走越宽。从1994年起，甘肃各级工会把省委、省政府实施的“双带整推”发展战略引入送温暖活动之中，在全省工会系统开展了“以大带小、以企带地”为主要形式的帮厂扶贫工作，从而使工会系统的送温暖活动向帮扶困难企业延伸。为此，省总工会通过《甘肃工人报》开辟“愿人人都献出一片爱”的倡议，发动社会各界纷纷向困难企业捐款捐物，扶持生产，奉献爱心。

省总工会关于帮扶困难企业的倡议，在全省引起强烈反响。省委、省人大、省政府、省政协领导和省直各单位热情支持这一倡议，从省委书记、省人大常委会主任、省长、省政协主席，到一些厅局、委办的领导都带头捐款，省上不少从领导岗位退下来的老领导也纷纷慷慨解囊，奉献爱心。当时已84岁高龄的王世泰同志，曾把1000元送到省总工会领导手中，以支持工会开展的送温暖活动；曾任省政协主席的葛士英同志也带头捐款，并称赞省总工会开展向困难职工献爱心活动很好，是帮助政府分忧解难，是为困难职工办实事。

正是由于各级党委政府的高度重视，社会各界的大力支持，全省各行各业、各企事业单位，都广泛深入地开展了“向困难企业献爱心”的活动，仅1994年一年，全省就有160多家企事业单位、非公经济组织和40多万职工向困难企业和困难职工捐款超过100万元。

随着向困难企业献爱心活动的深入，甘肃省总工会把送温暖活动开始向帮助困难企业发展生产，帮扶困难职工脱贫致富，变输血为造血的着力点转移。很快，一个帮厂扶贫、双带整推的新一轮送温暖活动又在陇原大地兴起。长庆石油勘探局工会发动所属8个二级单位，与庆阳地区的8个县区总工会建立帮扶对子，支持当地一批困难企业走脱贫致富之路。金城机械厂是我省国防工业系统的老企业，在实施军转民战略过程中，遇到了许多严重困难，生产任务严重不足，企业负债累累，职工工资拖欠，已经到了停产半停产的边缘。为使其尽快摆脱困境，省总工会牵线搭桥，联系兰州铝厂与金城机械厂结成帮扶对子，签订帮扶协议，并由兰州铝厂为金城机械厂在银行担保贷款，帮助该厂启动生产、摆脱困境。

省总工会在帮助兰州铝厂与金城机械厂帮扶结对的同时，又广泛发动省内各大企业向金城机械厂伸出援助之手。兰化公司、兰州炼油总厂、白银公司、甘肃化工机械厂、兰州机车厂、兰州铁路局、长庆油田、西北油漆厂等数十家企业捐款捐物，靖远煤业公司、兰州三毛集团及省电力系统一些企业，有的为金城机械厂送来了煤炭，有的送来了粮油、蔬菜，帮助厂里的职工度过生活困难。正是在省总工会牵线搭桥，各企业的帮扶救助之下，金城机械厂生产经营有了新的转机。

省总工会实施帮厂扶贫的做法，为已在全国开展的送温暖活动，又闯出了一条新路，因而受到各级领导的极大关注和好评。全国总工会党组书记、副主席、书记处第一书记张丁华说：帮厂扶贫是甘肃省总工会在送温暖活动中创造的又一新经验。全国总工会副主席、书记处书记杨兴富说：甘肃省总工会牵线搭桥，帮扶结对帮助困难企业的做法，符合工人阶级走共同富裕之路的方向，是社会主义市场经济条件下，工会更好地维护职工利益，深入开展送温暖活动的新形式，值得全国各地借鉴。

甘肃省委、省政府领导也相继对省总工会采取结对子形式帮厂扶贫的做法作出批示，时任省委书记闫海旺称赞：企业结对，帮厂扶贫，充分体现了工人阶级团结互助的阶级友情，是工会组织通过送温暖活动，促进企业发展的有效措施，值得发扬光大。从此，帮厂扶贫工作在全省各企业之间更加广泛深入地开展起来，也把甘肃工会的送温暖活动提升到了一个新的水平。到1997年，全省县以上工会牵线搭桥建立的500多户帮扶结对企业中有100多户企业实现了扭亏增盈，进一步增强了全省各级工会开展帮厂扶贫工作的信心。

帮厂扶贫工作的成功经验，给省总工会领导以新的启示，在新的形势下，如何使送温暖活动的有限资金真正花在刀刃上，设立送温暖基金、建立困难职工档案、各级领导干部联系困难职工制度的新思路也随之确立。号召一经发出，全省工会系统，尤其是各大型企业广为称赞，积极行动，甘肃的送温暖活动又进入了新的阶段。这一号召提出的1997年，当年全省就有1600多名工会干部与3500多户困难企业建立了帮扶联系点，建立困难职工档案14697多户，全省有6个市州、15个县市区和300多户企业设立了送温暖基金，基金总额达到2000多万元。

兰州市总工会是甘肃省最早建立困难职工送温暖基金的，一开始就筹措资金60

多万元,先后为15户困难企业、5名困难职工办理低息贷款300多万元,支持企业生产自救,帮助职工脱贫致富。并千方百计用好用活送温暖基金,发动各级工会兴办职工消费合作社等以为困难职工服务为目的的经济实体,两年时间就安置下岗和困难职工3000多人。从而使全市各级工会送温暖基金像滚雪球一样越滚越大,8个县区总工会都相继成立送温暖基金会,11个基层工会筹集送温暖基金146万元。兰州市委市政府大力支持送温暖基金的滚动与发展,很快就让全市的送温暖基金达到1930多万元,扶持了一大批生产处于困境的企业,救助了1000多名困难职工。

靖远煤业集团有限责任公司是以煤为主、多业并举、综合配套的国有大型企业,是甘肃省重要动力煤和出口煤生产基地。多年来积极实施扶贫帮困送温暖工程,建立送温暖长效机制。集团公司成立了以董事长、党委书记为组长,总经理、纪委书记、工会主席为副组长的送温暖领导小组,全公司26个基层单位都成立了送温暖工作机构。建立公司科以上干部每人联系一户特困职工的制度。直到现在,全公司有680多名各级领导干部与1106户困难职工建立了联系,经常上门走访,及时帮扶救助,定期填写“联系情况登记表”,帮助解决工作生活中的各种实际问题和困难。在公司工会热情倡导和努力工作下,靖煤集团建立起了职工互助储金会106个,储金总额达57.89万元,年运转34.62万元,已经成为扶贫济困、开展送温暖活动的重要补充。特别是从2005年起,靖煤集团公司行政一次性注入资金500万元,并计划每年注入100万元,集团公司工会注入30万元,广大职工捐款50多万元,建立了靖煤集团送温暖基金。到2007年底已向224名困难大学生、1560多名困难职工中就读的中小学生发放救助金70多万元;为51名困难职工子女办理了贴息借款15万多元;向65户发生各种灾害的特殊困难职工家庭给予救助7.85万元。

在企业改革改制不断深化的新形势下,省总工会把实施送温暖工程作为保障职工合法权益、维护企业稳定、推进各项改革顺利进行的重要举措,要求各级工会尤其是企业工会,立足实际,大胆创新,多形式、多渠道开展送温暖活动,尽最大努力为职工办好事办实事,为企业改革改制创造良好环境。按照省总工会的要求,全省各企业工会不仅开展了各具特色的送温暖活动,而且建立了一整套送温暖长效机制。酒钢集团公司工会针对企业经营管理体制改革,实行扁平化管理,大幅精简机构、减少富余人员的实际,千方百计为下岗职工和伤残病亡职工遗属开辟新的就业岗位,减免水、电、暖等各种费用,帮助他们解决工作中的实际问题。同时,还积极配合公司党政有关部门,通过设立总经理热线电话,实行公司领导接待日、组织职工代表巡视等形式,促进一些涉及职工切身利益问题的解决,从而极大地丰富和深化了送温暖活动的内涵。金川公司工会在送温暖活动中,没有满足于帮助职工解决一些眼前的生活困难,或者停留在一般性的走访慰问上,而是在帮助职工脱贫致富上下功夫。根据企业内部职工子女待业较多的实际，他们积极开辟外部就业市场，通过多种渠道和形式，在经济发达城市为职工子女寻求就业门路，解决了不少职工子女就业难的问题。长庆油田公司工会的送温暖活动则着眼于为职工在医疗、养老、住房等方面建立和完善保障体系，使每一个职工不同程度地享受到了送温暖活动带来的实惠。兰州铁路局工会自2006年以来，认真落实铁道部党组提出的“不让一名职工家庭生活在贫困线以下，不让一名职工看不起病，不让一名职工子女上不起学”的“三不让”承诺，在开展的各种送温暖活动中，紧紧盯着解决职工的“生活难、看病难、子女上学难”问题，“三不让”承诺也被广大职工亲切地称为“解困工程”、“生命工程”、“希望工程”。

据统计，兰州铁路局工会实施“三不让”承诺以来，共为全局17820多人次困难职工及特困遗属支付救助金1405.2万元；为13390多名患病职工支付救助金1242.2万元；为3470多名困难职工子女支付助学补助408万元；为全局81102名职工健康体检支付811.02万元。

迈进新的世纪，我国经济社会进入新的发展时期，党中央提出了全面建设小康社会的宏伟目标。特别是近几年，党中央提出了和谐社会共建、和谐成果共享的明确要求，既把工会工作推向了一个新的历史起点，又为工会实施送温暖工程提出了新的要求，赋予了更加光荣和重要的使命。按照党中央和全国总工会的要求，甘肃省各级工会在省委、省政府的领导和支持下，顺应形势发展的需要，积极创新送温暖活动的新思路，拓展送温暖活动的新领域，推进送温暖活动的社会化，扩大送温暖活动的覆盖面。全省各市州、市级产业和各企事业单位工会在把送温暖活动积极向就业帮扶、法律援助、医疗救助等领域拓展的同时，切实加强了困难职工帮扶中心建设，建立健全困难职工帮扶救助长效机制。省总工会专门制定了《甘肃省困难职工帮扶中心建设实施细则》，对各市州困难职工帮扶中心的帮扶对象和帮扶项目、帮扶资金来源和管理、场地设施和工作环境、机构配置和人员待遇等都做了明确规定。

省委、省政府高度重视和大力支持困难职工帮扶中心建设。从2005年起，省财政每年拨付100万元，支持困难职工帮扶中心建设。2006年，全国总工会支持地方困难职工帮扶中心建设专项资金到位后，省总工会又抓住机遇，及时向省委、省政府争取配套资金。自2007年起，省财政每年另拨付省总工会350万元，专门用于困难职工帮扶中心建设；省总工会每年也自筹100万元，作为工会的配套资金，实现了按中央财政专项资金1:2配套的要求，为帮扶中心建设提供了有力保障。兰州、天水、白银、酒泉、平凉、庆阳、甘南等市州政府也按要求对帮扶资金配套，使困难职工帮扶中心建设在全省形成了遍地开花的喜人景象。目前：

全省各困难职工帮扶中心共筹集资金3954.36万元；

帮助困难职工213624人次；

发放补助款物3418.05万元；

对困难职工实施生活救助66769人次；

大病医疗救助13346人次；

助学救助11268人次。

近年来，按照党中央的要求和全国总工会的部署，我省各级工会不仅切实加强了在广大农民工中组建工会的工作，而且把他们纳入了送温暖活动的范围。省总工会带头并发动全省各级工会广泛开展各种形式为农民工兄弟送温暖的活动，经常深入建设工地、农民工生产现场，为农民工送关怀，送温暖，送文化。

中石油兰州石化公司是目前西部地区最大的集炼油、化工、机械仪表制造、建筑安装工程、检维修服务为一体的石油化工企业，公司现有农民劳务工12800多人，是生产建设中的一支重要力量。长期以来，公司工会在企业党政的重视支持下，对农民工政治上一视同仁、经济上落实待遇、素质上给予培训、精神上激励需求、生活上关心帮助，使广大农民工切实感受到了企业大家庭的温暖，感受到了工会组织的温暖，充分享受了兰州石化改革发展的成果。目前，兰州石化公司已经建立了10个以农民工工作区域为基础的基层工会组织；全公司18000多名农民工100%加入了工会；自2004年以来，全公司农民工中有5人被评为公司级劳模，268人评为公司和分厂级先进工作者，分别享受到了5000元、2000元的奖励；有1名农民工荣获甘肃省“五一劳动奖章”；有4名农民工加入了党团组织；有10名农民工享受了公费公假疗休养；有900多名农民工受到了不同专业的技术培训。

“金秋助学”是全国总工会近年来倡导的一项重要活动，也是甘肃工会深化送温暖活动的又一亮点。全省各级工会通过开展金秋助学活动，帮助不少困难职工子女圆了上学之梦。金昌市总工会早在十年前就率先开展了救助困难职工子女上大学的活动。经过十年时间的不懈努力，助学活动已经成为金昌市关注困难群体的一项社会化工程，各级党政机关、企事业单位、社会团体及职工个人，都踊跃加入到了助学活动的行列。现在“金秋助学”已经成为金昌市党委、政府、工会的一项共同任务。十年中，全市共筹措助学资金95万元，帮助600名困难职工子女圆了大学梦。

20年来，甘肃各级工会始终把各级各类劳动模范作为送温暖活动的重点，不仅是每年元旦、春节、五一、国庆等重大节日，各级工会都要走访慰问劳模，为他们送去党和政府对劳模的关怀和温暖，而且十分重视帮助劳模解决工作、生活、住房、就医、子女上学就业等方面的实际困难和具体问题，并以送温暖活动为载体，动员社会各界开展多种形式关爱劳模的活动，努力在全社会营造劳模光荣、劳动伟大的良好氛围。

特别是自2003年以来，省委、省政府高度重视帮扶困难劳模的工作，省政府从2005年起每年拨付省总工会300万元，专门用于解决省级劳模的生活困难。同时，全国总工会每年下拨一定资金，帮扶生活困难的全国劳动模范，从而为广大劳动模范筑起了一道牢固的生活保障线，既解除了困难劳模的后顾之忧，又大大激发了广大职工争创先进的热情。据省总工会统计资料显示，仅2003年至2007年的5年间：全省用于困难劳模的帮扶资金共2235万元，帮扶困难劳模1252人次；省总工会下拨省部级以上困难劳模帮扶资金1935万元，帮扶省部级以上困难劳模9719人；发放全国劳模“三金”1035万元，帮扶困难全国劳模3096人次；发放省级劳模生活困难补助金900万元，帮扶困难省级劳模6623人次；同时，全省各市州总工会、省级产业（系统）工会、省总工会直属基层工会帮扶困难劳模2804人次，发放帮扶资金300多万元。

20年来，我省工会持之以恒开展的送温暖活动，把党和政府对广大职工无比关怀的殷殷深情，播撒到了陇原大地，谱写出了一曲曲大爱无垠的动人乐章，传颂着一段段催人泪下、感人肺腑的美妙佳话，彰显了催人奋进的传统美德和人间正气！

2007年春节，中共中央总书记、国家主席、中央军委主席胡锦涛，满怀对甘肃人民的深厚感情，来甘肃慰问人民群众，看望生产一线职工，与干部群众一起欢度春节。使全省人民倍感亲切，倍感温暖，极大地鼓舞了全省工会干部深入开展送温暖活动的热情。

党的十七大提出了加快推进以改善民生为重点的社会建设的目标，强调要使全体人民学有所教、劳有所得、病有所医、老有所养、住有所居，这就为工会系统开展的送温暖活动进一步指明了方向，提出了更新更高的要求。全省各级工会通过认真学习党的十七大精神，明确认识到在新的形势下，送温暖活动责任更重大，使命更光荣，更加满怀信心地站在新的历史起点，把送温暖活动推向新阶段，提高到新水平，使之在社会主义和谐社会建设中发挥更大作用。

2008年新年前夕，胡锦涛总书记视察了天津市困难职工帮扶中心，称赞工会成立困难职工帮扶中心是一个创举。帮扶中心把困难职工当作自己的兄弟姐妹，向他们伸出援助之手，急困难职工之所急，帮困难职工之所需，解困难职工之所难，给困难职工带来了党和政府的关怀，带来了社会大家庭的温暖。胡锦涛总书记还殷切希望各级工会再接再厉，拓展帮扶范围，完善帮扶方式，提高帮扶水平，使帮扶中心成为充满爱心、充满阳光的困难职工之家。胡锦涛总书记的这些重要指示，充分体现了党中央对全国亿万职工特别是困难职工的亲切关怀，对工会工作的高度重视和支持，对进一步做好困难职工帮扶工作，进一步抓好困难职工帮扶中心建设，切实发挥工会组织在推动解决职工群众最关心、最直接、最现实的利益问题，促进社会和谐中的作用指明了努力方向。学习胡锦涛总书记的这些重要指示，使全省广大工会干部对深入开展送温暖活动、做好困难职工帮扶中心工作更加充满信心。在省总工会的统一筹划和部署之下，一个全覆盖困难职工帮扶工作的蓝图正在描绘之中，充分展示工会组织在和谐社会建设中大有作为的新时期已经到来！

回顾过去20年，甘肃工会的送温暖活动，在陇原大地竖起了一座闪亮的丰碑！

展望未来，甘肃工会送温暖活动任重道远，领域更宽广，前景更美好！

愿甘肃工会送温暖活动之火，沐浴着党的十七大精神的春风，燃烧得更红、更旺，光照和谐社会共建、和谐成果共享的新陇原！

力量在工会旗帜下凝聚

——甘肃工会抗震救灾备忘录

公元2008年5月12日。

这是一个让全中国人刻骨铭心的日子。

这一天，一场8级大地震突然降临在天府之国的四川省汶川县。

突如其来的巨大灾难，震撼了中国，惊动了世界，同样牵动了甘肃各级工会组织。

一时间，在省总工会的紧急动员和组织下，全省工会系统和广大职工群众，抗震救灾的力量在工会的旗帜下凝聚，一次次救助灾区人民的大行动，有力有序有效地展开。

（一）

5月12日，星期一。

下午2时许，省总工会机关的同志们和往常一样：

有的正走在上班的路上。

有的正乘坐上楼的电梯。

有的已在办公室开始工作。

谁能料到，就在不到2时30分的时候，突然，省总工会办公楼在摇动，办公室的日光灯在摇动。大家纷纷走出办公室，互相传告着“地震了，地震了”，并相继离开办公楼，走向街头空旷地带。

地震究竟发生在什么地方，震中又在哪里，人们纷纷猜测，议论，加之通讯中断，手机不通，更使大家焦急、迷茫……

就在这时，作为省总工会机关报的《甘肃工人报》社，立即指派两名记者赶往省地震局了解情况。不一会儿，省地震局新闻办公室向新闻单位记者提供了书面情况："据中国地震台网测定，2008年5月12日14时28分4秒，北纬31度，东经103.4度，四川省汶川县发生了7.8级地震。"（后修定为8级地震）

得知地震确切消息之后，《甘肃工人报》社一方面及时向省总工会有关领导汇报，一方面及时调整报纸版面，撤换当日准备付印的稿件，将四川汶川发生地震的消息和胡锦涛总书记做出的重要指示，温家宝总理赴灾区指挥抢险救灾以最快的时间做了报道。

地震虽然发生在四川省汶川，但兰州强烈的震感引起省总工会领导极大关注。"汶川地震是否波及我省？""我省一些地方有无人员和财产损伤？"这一个个问题都让省总工会领导十分牵挂。

5月13日上午，地震几乎成了人们谈论的热点话题。时任省总工会党组书记、常务副主席的省人大常委会副主任孙效东，从省委、省政府召开的有关会议上已经了解到：发生在四川汶川的特大地震，已经波及我省陇南、甘南、天水、平凉、庆阳等10个市州，陇南、甘南灾情尤为严重。

省内严重的灾情，引起省总工会领导的极大关注。如何发动全省工会组织，动员和组织广大职工积极支援灾区人民抗震救灾的谋划，在孙效东等省总工会领导的脑海里不停地转动……

5月13日，整整一天时间，省总工会几位领导的注意力几乎都聚集到了陇南、甘南、天水几个重灾区。孙效东一方面从省委、省政府等有关方面不断了解着灾情，一方面要求有关部门，一次次把电话打到陇南、甘南等重灾区，了解工会组织和职工群众的受灾情况，思考着支援灾区的一个个方案。

也就是5月13日这天下午，台北市总工会交流访问团一行十人抵达兰州。孙效东趁着迎候并会见台北工会访问团的间隙，又专门听取了省总工会办公室负责同志有关抗震救灾情况的汇报：

中共中央政治局委员、全国人大常委会副委员长、全国总工会主席王兆国就抗震救灾工作做出重要批示；

王兆国通过全国总工会转达对我省受灾职工的慰问；

全国总工会下拨100万元支援我省抗震救灾；

省委省政府召开专题会议，部署抗震救灾工作。

听着这一个个情况汇报，就在即将会见台湾工会访问团的会议室里，孙效东当即决定：

晚上8点召开省总工会党组扩大会议,研究工会系统的抗震救灾工作。

此时早已过了下班的时间,一个接一个的紧急电话,很快通知到了每一个省总党组成员及有关方面的负责同志。

结束了与台北市总工会交流访问团一行的会见,孙效东顾不上一天忙碌的劳累,急匆匆赶回省总工会机关,主持召开党组扩大会议。

还不到8点钟,参加会议的同志们一个个都走进了会场,党组成员、副主席朱亚丽来了,党组成员、副主席张其定来了,党组成员、纪检组长王家驹来了,即将调任白银市委常委、组织部长的原省总工会党组成员、副主席宋奋吉也来了,还有省总工会各部门的负责人都来了。会议一开始,孙效东就说:“抗震救灾是当前压倒一切的任务。今天晚上的紧急党组扩大会议,就是专门研究全省工会系统的抗震救灾问题。”

时间已近晚上10点钟,省总工会五楼会议室里仍然灯火通明。党组会议还在继续进行着。孙效东在会上提出,要把抗震救灾作为当前一项重要政治责任和头等任务,并当即决定:

成立由孙效东为组长,其他各位党组成员为副组长、各有关部门负责人参加的省总工会抗震救灾领导小组,实行24小时值班,组织领导全省工会系统抗震救灾工作;

省总筹措150万元资金,分别下拨陇南市总工会50万元,甘南州总工会、天水市总工会各15万元,平凉市总工会、庆阳市总工会各10万元,专门用于地震灾区救助受灾职工和工会干部;

向全省各级工会发出关于全力做好防震救灾工作的紧急通知,全面部署工会系统抗震救灾工作;

调整省总工会近期工作重点,一切工会活动和工会工作围绕抗震救灾展开;

加强抗震救灾期间的新闻宣传和信息报送,把握好正确的舆论导向;

……

省总工会紧急党组扩大会议一直开到10点多钟。当与会人员一一离开会场之时,孙效东仍然言犹未尽。

他叮咛省总工会党组成员、纪检组长王家驹,把动员和组织机关职工向灾区捐款的活动尽快搞起来;

他叮咛副主席朱亚丽,尽快安排召开部分大型企业工会主席会议,发动各企事业单位和广大职工,积极支援抗震救灾斗争;

他还叮咛有关部门,向四川省总工会发出慰问电,表达全省工会组织和广大职工对四川灾区人民的关切之情。

是夜,省总工会办公大楼几个办公室里灯光彻夜通明:

办公室的同志,连夜起草着省总工会关于做好抗震救灾工作的紧急通知;

打字室里，电脑操作人员为赶排紧急通知而忙碌着。

5月14日，《甘肃省总工会关于全力做好抗震救灾工作的通知》，经孙效东签发，迅速发往全省各级工会。通知中就加强组织领导，把抗震救灾作为工会组织当前一项重大的政治任务抓紧抓好；及时掌握情况，随时上报抗震救灾信息；尽快深入基层，努力协助做好受灾职工群众的生活安置工作；加强新闻宣传，切实做好舆论引导和维护稳定工作等方面提出了具体要求。至此，按照省委省政府的统一部署和全国总工会的要求，全省工会系统抗震救灾工作，有力有序有效地开展起来。

(二)

在5月13日晚上省总工会紧急党组扩大会议上，孙效东就指出："要尽快到受灾严重的地方去，进一步查看灾情，看望和慰问受灾的职工与工会干部。"并决定由他带领省总工会慰问团5月14日就赶赴陇南。

然而，按早已安排的计划，5月14日上午，省总工会与来访的台北市总工会交流访问团举行座谈，孙效东代表省总工会与台北市总工会签订友好交流协议书。这天上午，孙效东与省总工会副主席张其定一起参加了与台北市总工会访问团的座谈交流，签订了友好交流协议书，接受访问团一行10人向我省地震灾区的捐款，并审定了省总工会致四川省总工会的慰问电。完成了这一系列工作之后，已经到了将近中午12点的时候。由他带领的省总工会慰问团一行，顾不上中午休息，就急匆匆向地震灾区赶去。

天水是四川汶川地震后，我省受灾较为严重的地区之一。省总工会慰问团赶到天水时，已经是下午5点多钟。一到天水，孙效东一行一方面听取天水市委、市总工会有关领导的灾情汇报，一方面直接来到受灾严重的天水海林轴承公司慰问职工。受汶川地震波及，该公司有18户职工房屋倒塌，暂时住在临时搭建的防震棚中。孙效东走进帐篷，详细询问受灾损失和生活情况，并对大家动情地说：突如其来的地震灾害给大家的生活带来严重困难。我代表省委、省政府、省总工会来看望大家。相信有党和政府的关怀，有社会各方面的大力支持，我们一定能渡过难关，重建家园。他还当场把5万元慰问款交到天水海林轴承公司有关领导手里，用于受灾职工的临时救助。并要求天水市总工会领导，一定要组织人员深入受灾一线，摸清灾区企业、职工群众、劳动模范的受灾情况，把受灾的职工纳入工会困难职工帮扶中心帮扶的范围，及时开展赈灾救助。

离开天水海林轴承公司受灾职工的防震棚时，已经是下午7点钟。省总慰问团一行又急忙向陇南进发。

夜幕已经轻轻落下。汽车在天水至陇南的公路上疾驶。一路上因地震造成的滑坡四处可见，公路旁的山坡上不时有巨石落下。当晚8点多钟，孙效东一行来到了受灾严重的陇南市成县。在这里，他详细听取了陇南市及成县有关领导的灾情汇报，并与他们一起商讨了受灾职工的救助工作。孙效东代表省总工会向成县总工会下拨10万元救灾资金，要求县总工会按照县委县政府的安排，帮助无房职工建房，支援受灾企业尽快恢复生产。

四川汶川的特大地震给成县带来的损失十分严重。不仅全县多处山体滑坡，而且通信和部分交通中断，部分居民房屋倒塌，全县企业停产、学校停课、宾馆停业，造成16人遇难、128人受伤。得知这些情况，孙效东更加关切地震中受伤的群众。5月15日一大早，他就专程到救治伤员的成县医院慰问。由于地震造成医院成为危楼，成县医院只能在临时搭建的帐篷里救治受伤群众。孙效东走进帐篷，一一询问受伤群众的伤情。在一名叫左俊的伤员病床前，孙效东俯下身来查看他腿部骨折的伤情，安慰他好好养伤，争取早日恢复健康。看到不少受伤群众都是席地而睡，孙效东对当地领导说，现在晚上气温比较低，住在地上对伤员治疗有影响，应尽快想办法找到过渡房，安置好受伤群众。随后，省总慰问团一行又来到离成县县城20多公里的红川酒厂，了解灾情，慰问职工，希望厂里积极维修受损厂房，尽早恢复生产。

康县窦坪村在这次地震中受灾最为严重，窦坪村的窦坪小学损失更为惨重。孙效东得知这些情况，特意来到窦坪村和窦坪小学看望受灾群众和教职工。窦坪小学的老师们说，地震时全校5个班中有4个班的学生正在教室里上课，地震发生的紧急关头，学校的10位老师奋不顾身，迅速冲进就要倒塌的教室，把148名学生全部带出了教室，无一人受伤。孙效东听到这些情况，显得格外激动，他对老师们说：你们在危难时刻，救了这么多孩子，真是个奇迹，为人民立了大功，党和人民感谢你们。离开学校时，孙效东把省总工会的3万元慰问金送到校长张金强手里，叮咛他把受灾教职工的救治和生活安排好。

甘南州同样是受汶川地震灾害影响较大的地区。全州死亡13人，受伤20人，有不少企业厂房倒塌，职工住房受损，直接经济损失达到700多万元。孙效东与慰问团的同志们，同样十分牵挂甘南州受灾的职工。一结束在陇南部分灾区的慰问，便急匆匆赶往甘南。

舟曲县是甘南州受灾最严重的县，孙效东来到这里，详细了解了县上的灾情和工会房产及工会干部的受灾情况。并在慰问现场拨给县总工会5万元救灾资金，用于县工会和职工的救灾急用。

天水、陇南、甘南之行，严重的灾情让孙效东和慰问团的同志们一个个十分揪心。一路走来，孙效东满脑子想的都是工会组织如何救助受灾职工走出困境的问题。

5月16日，孙效东一行从甘南舟曲县风尘仆仆赶往兰州。当汽车停稳在省总工会门前时，已经是傍晚时分。孙效东和慰问团的同志连家也顾不上回，就召集省总工会有关部门的人员，共同研究进一步抗震救灾的工作，又决定再筹措150万元，下拨陇南市总工会60万元，定西市总工会15万元，天水市总工会、平凉市总工会、庆阳市总工会、临夏州总工会及中铁二十一局工会各10万元，大唐碧口电厂等企业各5万元，帮助灾区工会组织抗震救灾。并决定再次派出慰问团，由省总工会副主席朱亚丽带领，深入陇南灾区指导工会开展抗震救灾工作。

5月19日至22日，朱亚丽带领省总慰问团先后深入定西、陇南等灾区，进一步了解工会资产和工会干部财产受损情况，走访慰问地震中受灾职工和劳动模范。慰问团到达灾区后，深入到徽县、康县、武都区、文县、宕昌、岷县等6个灾情严重的县区工会，实地查看工会办公楼、工人俱乐部受灾情况。对一些工会干部房屋毁坏情况进行了入户调查。先后向受灾职工、劳动模范、农民工及工会干部和抢险救护的医务人员共发放慰问金达4万多元，使许多受灾职工深受感动。

在派出慰问团到灾区一线的同时，省总工会还相继向陇南市总工会、中铁二十一局工会、大唐甘肃发电公司工会、白龙江林管局工会、白银公司工会等受灾严重的地方和企业发去慰问电，充分表达了省总工会和全省各级工会及广大职工群众的关心，极大地鼓舞了受灾职工抗震救灾的士气。

（三）

要通过工会组织的优势，把各企业和广大职工群众动员和组织起来，全力以赴支援抗震救灾。这是省总工会领导组织抗震救灾工作的重要指导思想。

孙效东在赴灾区慰问之时，就曾做出了发动企业向灾区捐款捐物、奉献爱心的安排，就在赴灾区的路上还多次给省总工会有关领导打电话，要求尽快落实和组织好企业的捐赠活动。5月15日下午，省总工会副主席朱亚丽、马方等领导主持召开了企业工会主席抗震救灾会议。兰州铁路局、甘肃电力公司、中石油兰州石化公司、中石油西北销售公司、白银公司、兰石集团公司、金川集团公司、长庆油田、兰州机车厂、兰州铝业公司等40多家大型企业工会主席参加会议。就是在这次会议上，省总工会向全省各企事业单位和广大职工群众发出了紧急行动起来，支援抗震救灾的号召，要求全省各级工会充分认识抗震救灾工作的重要性和紧迫性，团结动员广大职工全力以赴投入到抗震救灾工作中去，通过各种形式向灾区人民伸出援助之手。与会的各企业的工会主席在会上纷纷表示，坚决响应党中央、国务院、省委、省政府和省总工会的号召，与全国、全省人民一道，为全国和全省的抗震救灾献一份爱心、尽一份责任，做一份贡献，为受灾群众解困，为党和政府解忧。

部分与会的企业当场向我省地震灾区捐款，使整个会场充满爱的暖流。中铁二十一局虽然所属的正在四川都江堰至汶川高速公路施工企业也遭受地震灾害，但该局领导仍然牵挂着我省地震灾情，在会议现场捐款50万元支援我省抗震救灾。中石油西北销售公司也在会场上向灾区捐款10万元。西北永新化工集团把价值30万元的药品和职工自发捐献的5万多元也送到了会场。甘肃水利水电勘测设计院党委、行政和工会的领导都来参加会议，当场捐赠了全院职工的20万元捐款。前来参加会议的省电力工会主席张柯也当场决定，代表省电力公司向灾区职工捐赠20万元。远在庆阳的中石油庆阳石化公司总经理张栋杰得知省总工会召开大企业会议的消息，虽然因路远不能来人参加会议，却专门委托有关人员当场捐赠了15万元，表达了对灾区人民的一片爱心。让与会同志更为感动的是，省劳动模范、著名民营企业家、甘肃青年出租汽车公司总经理李瑞英，是这天中午知道省总工会召开大企业工会主席会议的。下午还不到开会时间，他就怀揣着自己的2万元现金来到会场，希望通过省总工会转送到灾区人民手中。还有曾经在青藏铁路建设工地受到胡锦涛总书记亲切接见的中铁二十一局的五位青年技术人员，也派代表来到会场，每人向灾区人民捐出了1000元。正是这次省总工会大企业工会主席抗震救灾会议之后，一个多形式多渠道援助地震灾区的活动在全省工会系统一浪高于一浪。从地方工会到省级产业系统工会，从企事业单位工会到党政机关工会，动员和组织职工通过各种形式向灾区人民奉献爱心。有的工会组织把职工的一笔笔捐款送到民政部门，有的送到慈善总会，有的送到了红十字会，有的送到了省总工会，还有的企业把捐款直接送到了灾区，彰显了工会组织强大的感召力和凝聚力。

与此同时，省总工会还按照全国总工会的要求，广泛动员和组织荣获五一劳动奖状的企业和广大劳动模范、先进工作者向灾区捐款。一时间，各先进企业和各类劳模先进向灾区捐款掀起热潮，仅送到省总工会的捐款就达400多万元。在组织企业和广大职工捐款的过程中，省总工会机关的干部职工带头捐款4359元，曾任省总工会主席的原省人大常委会副主任李德奎和孙效东等领导，也把捐款送到了省总工会，和大家一道为支援灾区奉献爱心。中组部发出共产党员以上缴“特殊党费”支援抗震救灾的号召，省总工会的共产党员积极响应，短短几天，170名党员共交纳特殊党费47900多元。

如果说，省总工会一系列的工作部署，在工会的旗帜下凝聚起一股抗震救灾的强大力量，那么，省总工会开展的“抗震救灾·奉献爱心”——支援地震灾区大行动，则把全省工会系统的抗震救灾推向了高潮。

中华全国总工会向全国工会系统发出开展“重建家园·再献爱心”大行动的倡议后，引起省总工会领导的高度重视。当时正在北京参加有关会议的孙效东，专门从北京打电话，一方面要求尽快把全总倡议书印发全省各级工会，另一方面要求进一步发动各企业开展向灾区捐赠救灾物资的活动，并为此专门向各级工会发出紧急通知。孙效东结束了在北京的会议回到兰州后，便精心安排部署了“抗震救灾·奉献爱心”大行动。按照省总工会的统一部署，全省工会系统新一轮捐赠活动如火如荼开展起来。短短几天，全省9个市州、30个产业系统，100多家企业就捐赠棉被、衣物、食品、用品等物资53万多件（箱）、价值约3000多万元。仅金川集团公司就捐赠各类救灾物资13.5万件，总价值达285.6万元。5月24日清晨，省总工会举行支援地震灾区大行动出发仪式。孙效东为赶赴灾区的车队送行并发表重要讲话，他说，灾害无情，人间有爱。地震灾害发生后，省总工会按照省委省政府的统一部署和全国总工会的要求，紧急行动起来，急灾区人民之所急，解灾区人民之所难，发起开展了“抗震救灾·奉献爱心”——支援地震灾区大行动。各级工会组织和广大职工群众积极响应，爱心涌动，善举空前，显示了工人阶级在抗震救灾斗争中的伟大力量。

这天清晨，当太阳刚刚升起的时候，85辆满载救灾物资的大型货车由省总工会副主席马方、张其定、纪检组长王家驹带领，分别送往陇南、甘南、白银、庆阳等灾区，把全省各级工会和260万职工的情意带给了地震灾区的广大群众。

（四）

在抗震救灾最紧张的那些日子里，在省总工会机关有不少的同志，没有了正常上下班的时间，没有了吃饭、休息、回家的准头。不知有多少个夜晚，有些办公室的灯光总是亮到很晚很晚。特别是负责抗震救灾信息报送工作的同志们更为辛苦。为保证信息快速报送，他们几乎每天都在加班，常常工作到夜深人静，放弃双休日也便成了他们自觉的行动，谁也没有半句怨言。信息报送工作成为省总工会指导全省工会抗震救灾工作的一大亮点。短短一个月中，就编发关于抗震救灾的信息50多份，坚持每天把全省工会了解到的有关地震灾情和开展救灾的情况，向全国总工会、省委省政府报告，向有关方面和工会系统通报。保证了信息渠道畅通，情况反映及时。有不少信息引起省委省政府有关部门重视，有不少信息引起社会各有关方面对工会抗震救灾工作的关注。

正是由于信息报送得准确、及时、快速，因此，汶川特大地震波及我省10个市州、70多个县区所造成的严重灾情，引起全国总工会领导的高度关注。

在“5·12”地震的第二天，全国总工会就向省总工会拨付了100万元救灾资金；很快，中共中央政治局委员、全国人大常委会副委员长、全国总工会主席王兆国，对甘肃灾情的关注，对受灾群众的慰问，通过全国总工会传达到了我省；

随着对甘肃严重灾情的进一步了解，5月15日，全国总工会又一笔200万元的救灾资金拨到了省总工会；

那些天里，全国总工会几乎每天都在关注着我省的灾情，每天都在询问着救灾的情况，关心着灾区紧急需要的物资。

5月25日，受王兆国同志的委托，全国总工会又派出了由副主席、书记处书记董力率领的慰问团抵达我省。省委副书记刘伟平在兰州会见了全总慰问团一行，感谢全国总工会对我省抗震救灾工作的关心和支持。

全国总工会慰问团这次又为我省带来了1000万元的救灾资金和价值500万元的

救灾物资。在省总工会副主席朱亚丽的陪同下，全总慰问团驱车1600多公里，深入陇南、甘南、天水等重灾区，实地查看灾情，慰问受灾职工，看望受灾工会干部，走访受灾企业。先后为一些受灾企业、劳动模范、工会干部、受困职工和受损工会组织共发放慰问金600多万元，把党中央、国务院和全国总工会对我省灾区人民的关怀带给了千家万户。全总慰问团的到来，让不少灾区的职工像见到亲人一样激动得热泪盈眶。

通过深入陇南、甘南等重灾区的实地查看，全国总工会的领导对我省地震灾情的严重程度有了更进一步的了解，对受损企业和工会组织的恢复重建十分焦虑，对灾区急需的救灾物资更是看在眼里急在心上。并千方百计为我省灾区设法调拨了2000顶帐篷和2600平方米活动板房等急需物资，解决了陇南、甘南等一些重灾县区的燃眉之急。全总慰问团离开我省前，还专门与省总工会的领导进行座谈，共同商讨了进一步做好工会系统抗震救灾的问题。董力在座谈会上就我省工会抗震工作提出了五点要求：各级工会要动员和组织职工在灾区恢复重建中充分发挥主力军作用；各级工会在抗震救灾中要努力帮助受灾职工解决最关心最紧迫的实际困难和问题；各级工会要加强调查研究，积极对抗震救灾中涉及企业生产经营和职工切身利益的问题，有针对性地提出政策建议；各级工会要发挥自身优势，大力弘扬职工群众积极投身抗震救灾的无私无畏精神，各级工会尤其是灾区工会，要尽快恢复正常的组织体系和工作程序。全总领导的这些要求，使全省工会抗震救灾工作方向更明确，重点更突出，增强了进一步做好工会抗震救灾工作的信心。同时，全总领导的到来，也对省总工会在抗震救灾中采取的一系列重要措施，部署的一系列重点工作，开展的一系列重要活动，给予了充分肯定，对于广大奋战在抗震救灾一线的职工所表现出的顽强精神十分赞赏。因此，在全国总工会开展的抗震救灾，重建家园“工人先锋号”创建活动中，我省有30个抗震救灾先进集体，被全国总工会首批授予“工人先锋号”旗帜。又为我省陇南市第一人民医院授予“全国五一劳动奖状”，为陇南公路总段碧口管理段工人申明义授予“全国五一劳动奖章”。还授予两个单位工会“全国抗震救灾先进工会”称号，两名基层工会主席“全国抗震救灾优秀工会干部”称号，给全省广大职工和工会干部以极大的鼓舞和鞭策。

更令人为之感动的是，我省的严重地震灾情，同样引起一些兄弟省市工会的关注，纷纷通过各种形式，对我省工会抗震救灾工作表示关心和支持。贵州省总工会向我省发来慰问电并捐赠了30万元救灾款；青海省总工会也向我省发来慰问电并捐赠了5万元资金；中央国家机关工会给省总工会发来慰问信，向我省奋战在抗震救灾一线的职工和工会干部表示慰问；湖北省总工会在向我省发来慰问电的同时，还捐赠20万元表达对受灾职工的深情厚意；上海市总工会也向省总工会发来了慰问信并捐赠了10万元资金，支持我省抗震救灾斗争；浙江省总工会也发来慰问信，并捐赠20万元。

所有这一切使广大灾区职工感受到了工会组织的温暖。

（五）

在抗震救灾的日子里，在时任省总工会党组书记、常务副主席孙效东的带领下，省总工会领导班子成员都到了灾区一线，有的甚至几次深入到了灾情最为严重的地方。目睹灾区一片片废墟，看着受灾同胞期待救助的面容，望着帐篷里一个个伤员，无一不紧紧揪着省总工会领导的心。在救灾最紧迫的关头，省总工会领导最为急切的心愿就是：千方百计多募集资金，想方设法多筹集物资，帮助灾区人民渡过难关。孙效东不止一次地要求全省各级工会，尤其是灾区的工会组织，把工会困难职工帮扶中心的牌子亮起来，为受灾的职工尽可能提供支持与帮助；把工会的送温暖活动开展起来，尽最大努力解除受灾职工的后顾之忧。

随着抗震救灾工作的强力推进，如何把工会系统筹措的有限资金和物资，真正用到对灾区职工的帮扶救援上，用到灾区企业和工会组织的恢复重建上，成为省总工会领导深入思考的问题。为此，省总工会专门制定下发了《关于加强抗震救灾资金物资管理的通知》，要求各级工会切实增强做好抗震救灾资金物资管理工作的责任感，保证抗震救灾资金物资的管理、分配和使用合法、合规、合理。要按照先重后轻、先急后缓的原则，尽快把有限的资金和物资使用到受灾职工群众和工会组织最需要、最紧迫的方面，发挥抗震救灾资金和物资的最大效能。通知明确规定，工会系统的抗震救灾资金物资主要用于遇难职工（含农民工）遗属救助，因地震伤残职工（含农民工）医疗补助，受灾职工生活困难补助，受灾劳动模范救助救济，工会组织购置因地震损害的办公设备，加固维修因地震损坏的工会办公场所、工人俱乐部等。坚决防止违规调拨或截留、挪用抗震救灾资金和物资的现象发生。同时，省总工会经费审查委员会也发出关于对抗震救灾款物进行专项审计的通知，对工会管理救灾款物的来源、数量和去向，包括分配是否公开、公平、公正，救灾款物是否做到了专账管理、账目清楚、手续完备、运行简捷有效；救灾款物是否存在滞留滞拨、截留克扣、挤占挪用、优亲厚友、弄虚作假、虚报冒领、贪污私分等进行专项审计，做到抗震救灾款物筹集、分配到哪里，审计延伸到哪里。确保救灾款物真正用于受灾地区，用于受灾职工群众。

为了协助党和政府科学、扎实地做好灾后恢复重建工作，省总工会领导结合深入灾区了解到的实际情况，充分发挥工会参政议政职能，就我省灾区恢复重建问题，积极向上级领导部门和有关方面建言献策。在向全国总工会领导汇报我省工会抗震救灾情况的座谈会上，孙效东就灾区恢复重建提出了五点具体建议：

1.要加强对救灾物资的计划和管理，做好救灾物资的供需衔接，做到物尽其用，避免造成新的浪费。

2.灾区过渡建房应从当地实际情况出发，保证资金集中使用，防止盲目和重复建设。

3.灾后重建中,要切实搞好建设规模的科学论证,提高抵御地质灾害的能力。

4.教育和建设部门要对校舍建设制定统一标准,提高校舍抗震防灾能力。

5.要注意从新闻宣传上加以引导,把人们的注意力引导到恢复重建和发展生产,做好本职工作上来,把党中央提出的一手抓抗震救灾,一手抓经济社会发展的方针落到实处。

全国总工会副主席、书记处书记董力热情称赞说:这五条建议针对性很强,对灾区恢复重建很有指导意义。

那么,工会组织在灾区恢复重建中,应该发挥哪些作用呢?省总工会领导在不停地思索着,商讨着……

这是在省总工会召开的又一次专门研究抗震救灾的主席办公会议上。孙效东一番讲话,终于为工会在灾后重建中如何发挥作用破题。他说,工会要找准灾后重建工作的切入点,首要的是要摸清地震灾区职工的情况,要对包括农民工在内的受灾职工本人及家庭情况一清二楚,落到人头,一个不漏。再就是要把地震灾区工会的房产受损情况搞清楚,对市州、县区、企业、乡镇、街道、社区工会的房产受损要逐一核查。弄清楚工会办公场所破坏严重需拆除新建的有多少,工会办公场所受到破坏需要加固维修的有多少,工会办公用品和设施受损需要购置的是哪些。三是要加强对工会接受救灾物资的管理,分类搞清楚全国总工会拨付的救灾资金、兄弟省区支援我省的救灾资金,企事业单位、职工群众、劳动模范捐赠的救灾资金,以及接受的救灾物资的数量及分配流向。四是要发挥工会组织的优势,广泛宣传抗震救灾中涌现出的先进模范人物,大力弘扬一方有难、八方支援的抗震救灾精神,不断赋予争创"工人先锋号"和群众性学赶先进活动的新内涵。

当抗震救灾进入恢复重建阶段后,又是省总工会根据当前我省地震灾区职工群众建房缺乏设计、施工等技术人员的实际情况,在兰州等非受灾地区组织百名建筑志愿者,赴陇南市和甘南州11个重灾县的33个灾后重建示范村开展房屋重建服务。灾区广大群众闻讯后,纷纷称赞说:省总工会想灾区人民所想,帮灾区人民所需,又为抗震救灾办了件大实事。

对于全省各级工会在省总工会的安排部署下,为抗震救灾开展的一项项活动和扎实有效的工作,地震灾区的各级党委、政府和广大职工群众看在眼里,记在心上。一些灾区的党委、政府在写给省总工会的感谢信中说:在抗震救灾的关键时期,省总工会把满载全省工会组织和广大职工群众深情厚意的各种救灾物资送到了灾区,这既是对抗震救灾工作的极大支持,又是对灾区人民的极大精神鼓励。充分证明了工会组织永远是广大职工群众的贴心人。一些受灾企业也专门向省总工会写来感谢信:灾难无情,人间有爱。地震灾情发生后,省总工会及时为我们送来了救灾款物,送来了党和政府对灾区人民的关怀和温暖，不仅极大地缓解了受灾职工群众的困难，也增强了广大职工战胜地震灾害，开展灾后重建的信心。

这一句句充满深情的话语，是对全省工会组织抗震救灾工作的充分肯定，也是对全省工会组织抗震救灾工作的最高褒奖。

就是从这些情真意切的谢语中，人们也许能够强烈感受到，在工会旗帜下凝聚的抗震救灾的伟大力量；能够强烈感受到，在伟大的抗震救灾斗争中，甘肃工会写下的动人篇章！

跋

——写在《今生有缘》付梓时

张克勤

欣闻文志祥同志继出版《情满陇原》、《映日荷花》两部专著之后，又有新作《今生有缘》付梓，有缘作跋，颇感幸之。

我与志祥同志相识有年，是工会工作的情缘让我们成了很好的朋友。而且随着岁月的延续，我们之间以心相交，以诚相待，时间越长，情谊越深，友谊就像陈年老酒，窖得越久越醇厚。这是因为我们共同种下的真诚，并给予了长久的感情滋养和珍惜，不断地付出热情润泽培育的结果。正像书名《今生有缘》一样，能与志祥同志相识、相知，并且不管工作岗位发生什么变化，情意不断，友谊绵绵，乃为余之所缘。他在我熟悉的同仁中，是一位值得信赖和交往的兄长，其品行和才能更令余为之敬佩。

作为《甘肃工人报》总编，志祥同志是用全部心思从事着他所喜爱的这份事业。据我所知从《甘肃工人报》创刊的那天起，他就与之为伴，从记者到总编一干就是近30年。其间，面对报业的竞争，读者的呼声，工会的需求，志祥同志总能与时俱进，求新求变，多次对报纸版面进行调整，使《甘肃工人报》这份甘肃省总工会的机关报，在全省报刊领域稳占一席之地，且独具特色，深受企业和职工喜爱。他为之可谓呕心沥血，殚精竭虑。

在与志祥同志的交往中，我深深感到他思维敏捷，多谋善思，一些工作和活动往往经他参与或点拨，总会有一番新的创意。他在这方面的才能，在许多极具创意和特色的社会活动中，真是演绎得淋漓尽致，往往令人们赞誉有加，更让我为之折服。屈指数来，由他策划并举办的诸如《拥抱香港》陇原万名职工大签名、《迎我澳门》陇原职工赋诗献辞大赛、庆祝建国50周年《黄河之光》大型摄影展览、迎奥运《黄河潮声》大型职工文艺演出、《陇原职工心向党》大型歌会、《奥运之光》大型职工文体表演等一个个大型活动，无不令人刮目相看，赞叹不绝。也正是通过这些活动，不仅扩大了《甘肃工人报》的社会影响，而且密切了工会组织之间的联系，也使志祥同志在企业、在工会组织之间的影响力、感召力乃至个人魅力与日俱增。正像一些企业的同仁所言，志祥同志看似寻常，可他的名字却似一个品牌，把《甘肃工人报》与众多的企业紧紧联结在了一起。

志祥同志不仅是在办报，而且对工会工作倾注了全部的智慧和力量，他勤于思考，善于研究，对工会工作颇有见地。常常能通过《甘肃工人报》这个纽带，架起上到省总工会，下到各企业工会之间联系和沟通的桥梁。有不少企业，不管是党政领导还是工会干部，每每因工作的事情，都乐意和志祥同志商议、探讨。他也是一片真诚，事事处处替企业着想，尽力为企业帮忙。久而久之，不少企业的党政领导和工会组织，都视志祥同志为挚友至交，敬重中更多是信任和爱戴。我还是在武威铁路局工作期间，就知道志祥同志大名的，因为在报纸上看到过他写的不少文章，也常听铁路系统的一些人说到过他，但从未曾有过面晤。担任兰州铁路局工会副主席之后，我们有了工作上的联系与接触，特别是参加《甘肃工人报》举办的几项活动之后，我才真正对志祥同志有了较为深刻的认识与了解。随着来往的增多，他对企业的那份感情，对工会工作的那份热爱，常常使我感动。也就是从这个时候起，凡是工会工作宣传方面的事，我都会找到志祥同志，请他出谋划策。兰铁复线建设中，志祥同志曾一次次来到铁路局工会，商量有关宣传问题，并很快与局工会合作，组织专门力量深入施工沿线采访，很快以题为《大漠丰碑》的长篇通讯在《甘肃工人报》刊发，产生了重要影响，兰铁局工会深为感动。就在《甘肃工人报》创刊20周年的电视晚会上，我曾受兰铁党政工领导委托，现场向《甘肃工人报》社和志祥同志表示了深情谢意。后来，我调任兰铁建设集团任董事长，不久又调任新组建的中铁二十一局任党委副书记。志祥同志仍然关心着我们的企业，关心着我的工作。我也愈加感受到工作岗位越是变化，我们之间友谊的弥足珍贵。就在中铁二十一局挂牌成立之时，是志祥同志提出《甘肃工人报》专版刊发成立情况，让我们企业几位领导都为之感动。每当有重大的社会活动，或重大的宣传任务，志祥同志也似乎对我们企业独有偏爱，如果说中铁二十一局在甘肃有了较大知名度，《甘肃工人报》功不可没，这是我们公司领导的共同认识。像我们与《甘肃工人报》联办的《相约春天》——工会干部新年联欢活动以及胡锦涛总书记为我们公司五位青年技术人员复信的宣传活动，等等，志祥同志无一不是在为提高我们企业的知名度考虑。特别是在2008年抗震救灾中，当省总工会召开大企业工会主席抗震救灾会议时，又是志祥同志第一个给我打电话，建议我们在会上带头捐款。事实证明，他的这一建议，真是给我们当了好参谋。我也从中感受到，在工作中有志祥同志这样的好朋友、好参谋，余之所幸也。

志祥同志在《甘肃工人报》工作已近30个春秋，尽管年龄在变，职位不变，可他对事业追求一直没变。作为朋友我为他遗憾过，也为他着急过，甚至还为他从内心深处有些不平。作为老朋友，闲聊中也难免说到有关情况。可每当谈及此事，志祥同志总是淡然处之，不为所动。据我所知，对他来说，机会和机遇还是不少，有些橄榄枝也曾向他抛来，可他似乎总是放不下他为之付出心血的《甘肃工人报》。在他看来事业胜过一切。因此，他不为名扰，不为利锁，不为物累，不求为人瞩目，至今仍然辛勤耕耘在《甘肃工人报》这片沃土上，没有丝毫的懈怠。每每见到他，总是伏案劳作，笔耕不辍。仿佛苦有所乐，其乐无穷，在自己的人生道路上，就像登山一样不停地登临，从一座山峰跃上另一座山峰。用他自己的话说："我只喜欢干我所喜欢的工作，有缘供职《甘肃工人报》，我终生不悔。"正是从他的这一番话中，我终于明白，他所做的这一切，是在践行一个不懈的追求："人生的价值在于创造一个有价值的人生。"这也许就是志祥同志的《今生有缘》一书将要告诉我们的。也正是志祥的《今生有缘》让我读懂，一些人的人生是质朴的土地，他在土地上奔驰、跳跃、挫折，千般颠簸，万般艰险，但最终走出脚踏实地的自己，进入热爱人生而超然，洞悉世情而不染一尘的境界。这样的人生是我们应该为之追求和尊崇的。

俗话说，世间的亲情与生俱来，友情却是可遇而不可求。也有人说过，没有永恒的友谊，只有永恒的利益。我与志祥之间则不然。多年友好往来的实践证明，友谊让我们共同品尝着人生况味，友谊让我们创造出了许多共同的利益。落雪无声，浸润有情。我愿用满腔的心血浇灌与志祥同志之间的友谊之花，使我们的友谊之果更加庄重。我也真诚祝福志祥老兄事业通达，一切顺意。

2008年8月于兰州

后记

当《今生有缘》书稿送到出版社不几天，就发生了四川汶川那场震惊世界的 8 级特大地震。在那些日子里，我们每天都处于极度的悲痛之中，几乎每天晚上都守在电视机前，看着灾区惨状的一幅幅电视画面，为灾区人民忧虑万分，为灾区同胞心急如焚。这个时候，在北京新华社工作的女儿，几乎每天都打来电话，询问甘肃地震灾情，提醒我们保重身体。还不时通过手机，发来新华社编辑制作的反映抗震救灾情况的新闻。也有不少熟识的朋友、同事，或打来电话，或发来手机短信，表达着深情的牵挂和问候。那一刻，无不令人感受到亲情、友情的温暖。

拙作《今生有缘》之所以成书，实则是想对曾经给我的工作以关心和支持的领导和朋友寄予一份感念，也是通过对自己人生经历的回望，留下一些不应忘却的纪念。书中记叙的每一个人，都曾对我走好人生之路产生过重要影响。如果说我能在自己供职的岗位上，锲而不舍，孜孜以求，正是从他们身上汲取了不尽的政治营养。然《今生有缘》付梓在即，总感言犹未尽。由于篇幅所限，尚有不少领导、同仁、朋友，难能通过此书以表感念之情。因而，随着书作面世日期的临近，似乎常有一些人的影子萦绕在脑际，他们都是令我难以忘怀，也不能忘怀的人：

忘不了，当我离开部队迈入甘肃省总工会大门的时候，是时任省总工会副主席的洛林同志，让我参加了省总工会的写作组，常给我一些写作任务，不仅亲笔为我修改稿件，而且还不时给我以赞许。

忘不了，就在《甘肃工人报》创刊的前夕，是时任省总工会主席的白明同志，专门找我谈话，让我参与报纸创刊的筹备工作，也便有了我与《甘肃工人报》的不解之缘。

忘不了，曾任省总工会主席的曹坤根同志，在任期间对我的工作多有关心嘉勉，以至于在有关场合提出应予奖励，曾令我十分感动。

忘不了，曾任省总工会主席的窦恒通同志，特意带着我采访省委有关领导，还多次对我说，你这个记者是称职的，也是令我满意的。

忘不了，曾任省总工会副主席的王有发，早在担任兰州炼油总厂工会主席期间，我们就关系密切，给了我工作上不少支持。那年我们一起参加中国工会十一大，我每天晚上都要去一家邮局发电讯稿，几乎每次都是他为我作伴。一天晚上发完稿件，寒风中我们并肩走在北京街头。偶遇一叫卖烤红薯小贩，有发主席买了两个，我们边走边吃。

忘不了，曾任玉门石油管理局局长的刘世洲同志，在与我十多年的交往中，对我的工作真没少帮忙。记得《甘肃工人报》还没有实行微机照排时，还是在世洲局长的帮助下，通过省财政厅专门下拨10万元，帮助《甘肃工人报》社建立了微机室，一举实现了《甘肃工人报》打字、排版的电脑化。

忘不了，曾任兰州铝厂厂长的刘铁军同志，对《甘肃工人报》及我本人似乎有着一份特殊感情。在他的提议下，兰铝不仅聘我为荣誉职工，还邀我参加了兰州铝厂在北京举办的有关活动。

忘不了，曾任甘肃化工机械厂厂长、全国劳动模范的邓代维同志，在任时支持《甘肃工人报》社开展了不少活动，尤其是我们联合举办的《拥抱香港》万名职工大签名活动，曾成为中央电视台滚动播出的新闻。为此，邓厂长还专门发给我们报社1万元奖金，创造了企业嘉奖报社的先例。

忘不了，白银公司党委副书记、工会主席温克立同志，在企业生产经营十分困难，工会经费严重不足的情况下，千方百计筹措资金，保证每年《甘肃工人报》订数都在千份左右，用他的话说，再难也不能少了《甘肃工人报》。

忘不了，玉门石油管理局工会副主席郝义东同志，待我不是兄弟胜似兄弟，每到兰州，时间再短也忘不了来我办公室坐会儿。听说我女儿在北京工作，一次进京开会，还抽空特意看望女儿。那年我因病住院，他知道后专程到医院看望，关切之情令我与家人感动不已。

忘不了，曾任省总工会宣传部部长的张汉民同志，他是我从部队到地方工作的第一任直接领导。老部长在工作上给予我不少器重，生活上更是关怀备至。在我还没成家的时候，几乎每年春节、除夕之夜我都是在老部长家中度过，也许他的夫人和我同姓的原因，老两口对我别有情意。

忘不了，金川集团公司工会主席吴国贤同志，多年来把《甘肃工人报》作为宣传企业、宣传工会工作的主要媒体，每当公司有重大活动，不管是劳模表彰、技术成果展示，还是文体表演、书画展览，总是要在《甘肃工人报》强势宣传，以这种方式关心和支持着我的工作。

更忘不了，那些我曾采访过的劳动模范，诸如张金榜、何其实、董松江、芦巨才、董兰英、吕玉凤、王仁娣、李景兰、曹同维、高玉江、郝晓玲、王菊花等等，留给我许许多多的美好回忆。至今我还记着，张金榜参加全国劳模大会归来，曾专门送给我一双时兴的北京塑料底布鞋。有着刀具大王之称的芦巨才师傅，曾把亲手打造的一把菜刀送我，说是我让看看他的手艺。郝晓玲劳模出席全国人代会时，还没有忘记给我寄来一枚大会的纪念封……

不能忘的人和事还有很多很多，可纸短情长，仅以此书实在难以了却余对许多领导、同仁、友人的感念之情。也只能把对他们的深情永久地埋在心里。如果说我能在《甘肃工人报》这个岗位上，一直能够矢志不渝地走下来，整整走了近30个年头，原因固然很多，但不少领导、同事，尤其是许多企业朋友对我的关心、支持和工作的肯定，不能不说是一个重要原因。是他们的信任给我以心理和工作上的巨大支撑，成为激励余敬业爱岗，勤奋工作的不竭动力。

有位领导在一本书序中写到："大凡幸福的人，都是那些一生都在做自己想做的事，并且终有成就的人。这样的人由于心中拥有执着的理想，即使历经坎坷、充满艰辛甚至遭遇意想不到的苦难和厄运，也能处变不惊，气定神闲，矢志不渝地去奋斗，在孜孜不倦的追求中实现自己的人生价值，同时成为一个对社会有贡献的人。"这段话精辟透彻，极富哲理，细细品味，感慨良多。我不敢说自己有什么成就，更不敢说对社会有什么贡献，也谈不上心中拥有什么执着理想。但惟与《甘肃工人报》的缘分，却让我一直做着自己想做的事，这是令余足以引为高兴和自豪的。

余自幼喜文，学童年代常以文人为慕。虽曾从戎，学过医道，但爱文之心未泯。加之生性喜静，爱好寥寥，闲暇之余多与书为伴，偶以习作为趣。幸以《甘肃工人报》为业，方有一块耕耘之地，终以圆梦成真，乃余今生兴事。供职《甘肃工人报》三十有年，余十分珍惜这一神圣之职，常年乐此不疲，付以全部之心血，以求事业之兴旺，报纸之发展，寒暑春秋持之以恒，不懈不弃，个中甘苦自有己知。并常以不事张扬，不被"好"或"坏"之评说左右，守得住平淡，耐得住寂寞，对自己想要做的工作大胆设想，小心求证，多想拥有的，少想缺少的做事为人之理念自勉。虽然岁月更迭，年轮增进，但回望从业之路，尽管平淡无奇，倒也略有几分自慰。更有以报为"媒"，与众多企业领导和劳模结缘，实为余人生之巨大财富，仅以此为足矣。

人们常说，人往高处走，水往低处流。常有朋友为我在《甘肃工人报》一干三十有年而惊叹，也有人为我不谙官场之道而抱怨。也有朋友嗔怪我："你把工作看得太重。"面对朋友们的关心，我几多沉思几多彷徨。但冷静之余，总在想，能有机缘走向高处，恐是为人之所望，但若为之刻意谋求，难免累及身心。所幸有朋友谓我“把工作看得太重”，细思之，其中多有褒奖之意。一个人一旦看重了工作，也许其它什么都是微不足道的。“人贵有自知之明”。我常想本人出身寒门，又没读过大学，能在《甘肃工人报》坚守如此之久，不能不说这是幸运，是机缘，不能不感谢组织的关心，领导的栽培，同仁们的支持。作为个人，应把自己看得轻些再轻些。看轻自己，才能做到轻装上阵，没有任何负担地踏上漫漫行程，人生之路也才能更坦直。这就需要有一种自我满足的心态，当然这种满足，是一种努力后得到的满足，是对人生的一种豁达与释然的态度。经过艰苦跋涉之后，对拥有的一切的一种肯定，随之而来的是一种轻松、一种愉快、一种再接再厉的信心。有了这种心态，人就能放得下一切：放得下名，放得下利。如果不能成为一棵大树，就做一丛灌木；如果不能成为一丛灌木，那就做一棵小草。重要的是只要保持自己的本色，生命同样绚丽多彩。说这些，并非证明本人有多么高的境界，多么的脱凡超俗，只是想借拙作《今生有缘》面世之际袒露一点个人的心迹。

幸蒙省人大常委会副主任、省总工会主席孙效东拨冗为《今生有缘》题名，白银有色集团公司党委副书记温克立亲笔作序，中铁二十一局党委副书记张克勤深情赋跋，情笃意重，颇多激励，不胜甚感，深表谢忱。

作　者

2008年8月于兰州